人間復興の
地域経済学

地域とくらしの歴史・理論・政策

岡田知弘・岩佐和幸 編著

自治体研究社

［目次］

人間復興の地域経済学
地域とくらしの歴史・理論・政策

序章 「人間復興」の地域経済学を求めて ……………岩佐和幸　11

　はじめに　11

　1　グローバル化・構造改革と衰退に向かう日本経済　13

　2　地域経済の構造変化と地域存続の危機　19

　3　本書の分析視角―地域形成・地域内再投資力・地域住民主権―　26

　4　本書の構成　28

第Ⅰ部　開発と地域形成の史的展開　35

第1章　バブル崩壊後の大阪都心部における
　　　　土地所有と銀行 ………………………………名武なつ紀　37
　　　　　―銀行所有地の分析―

　はじめに　37

　1　バブル崩壊後の銀行と大阪都心部の不動産　40

　2　1990年以降の北船場における銀行所有地の動向　43

　3　銀行支店統廃合の事例分析　47

　おわりに　49

第2章　今日の不動産資本と都市空間形成…………豊福裕二　54

　はじめに　54

　1　ポストバブル期の土地・不動産市場と不動産資本　55

　2　不動産資本による都市空間形成と地域住民　59

　3　地域住民によるまちづくりの課題　62

第3章　日本資本主義と漁村開発………………………望月理生　68
　　　　　―漁港整備および漁場整備を中心として―

　はじめに　68

　1　資本主義下の漁村と漁港形成　69

4　目　次

2　漁業生産力発展の歴史性と生活過程　73

　　3　日本における漁業・漁村開発の歴史的展開　75

　　おわりに　79

第4章　戦後復興期から高度経済成長期における

　　　　都市開発の一断面……………………………林　昌宏　83

　　　　　　―神戸市と姫路市の比較分析をもとに―

　　はじめに　83

　　1　原口忠次郎と神戸市の都市開発　85

　　2　石見元秀と姫路市の都市開発　90

　　おわりに　94

第5章　地方都市における都市形成過程と

　　　　資本………………………………………宇都宮千穂　99

　　　　　　―反公害運動「高知パルプ生コン事件」からみえてくるもの―

　　はじめに　99

　　1　都市形成と資本蓄積　100

　　2　高知市旭町におけるパルプ工場の立地　103

　　3　域外製紙資本の蓄積とパルプ工場　108

　　おわりに　112

第6章　「見えない」プルートピア…………………徳永昌弘　117

　　　　　　―リッチランド、オジョルスクから東海村へ―

　　はじめに　117

　　1　プルートピアにおける核の力とリスク　118

　　2　呉越同舟のプルートピア　122

　　3　「見えない」プルートピア　130

　　おわりに　134

第Ⅱ部　グローバル化・格差・災害―地域問題の最前線―　143

第7章　日本におけるコロナショックと未完の復興 …… 岩佐和幸　145
　　　　　　―高知県の産業・労働・生活を中心に―

　はじめに　145
　1　中小零細事業者への打撃から破綻リスクの本格化へ　147
　2　労働者の休業・減収と復興への逆風　154
　3　生活困窮者の激増と制度の狭間に立つ人々　159
　おわりに　166

第8章　中国における養蚕業の発展と地域農業の
　　　　構造変化……………………………………… 倪　　卉　171
　　　　　　―広西チワン族自治区の事例を中心に―

　はじめに　171
　1　広西チワン族自治区における養蚕業の発展　172
　2　広西養蚕業における空間構造の変化　176
　3　養蚕業の発展と農民所得の変動　181
　おわりに　187

第9章　米国カリフォルニア州におけるアーモンド生産の発展と
　　　　地域農業の構造変化……………………… 名和洋人　190
　　　　　　―グローバリゼーションと水資源政策を軸に―

　はじめに　190
　1　1990 年代以降の米国農産物輸出とアーモンドの急成長　191
　2　NAFTA とカリフォルニア農業の構造変化　193
　3　カリフォルニア州における水資源問題と
　　　アーモンド農場の実像　200
　おわりに　204

第10章　フィリピン大都市における移動型
　　　　生活様式……………………………ジョン・ランビーノ　210
　　　　―メトロ・マニラにおける路上生活者の事例を中心に―

　はじめに　210
　1　移動型生活様式と調査概要　211
　2　路上生活の背景と移動生活の実態　217
　3　移動型路上生活者の社会経済実態　223
　おわりに　230

第Ⅲ部　地域内再投資力論／地域内経済循環論のフロンティア
　　　　　　　　　　　　　　　　　　　　　　　　　　　　237

第11章　取引ネットワーク構造から可視化される地域経済の
　　　　循環経路……………………………………池島祥文　239
　はじめに　239
　1　データとネットワークの特徴量　241
　2　地方都市の取引ネットワーク　245
　3　地域経済の結びつきと循環経路の析出　248
　おわりに　255

第12章　大都市と地方都市の相互資金流動の
　　　　析出……………………………三輪　仁・池島祥文　257
　　　　―マネーフローデータにもとづく都市間分析をもとに―

　はじめに　257
　1　市区町村間交易データセットの構築　258
　2　市区町村間交易データセットからみる都市と産業の特性　261
　3　企業取引からみえる地域間関係　271
　おわりに　274

目　次　　7

第13章　地域未来牽引企業と地域経済……………藤本晴久　278
　　　　　　　―取引構造の分析を中心に―

　はじめに　278
　1　地域未来牽引企業と「牽引力」　279
　2　鳥取県の地域未来牽引企業の事例分析　282
　おわりに　291

第14章　地域企業の域内／域外取引と
　　　　　地域経済循環………………………………渡邉英俊　296
　　　　　　　―中海・宍道湖・大山圏域の食料品製造業の事例を中心に―

　はじめに　296
　1　中海・宍道湖・大山圏域の概況　297
　2　アンケート調査の結果とヒアリング調査の概要　299
　3　食料品製造業3社の事例　306
　おわりに　311

第15章　地域経済循環の構築における地理的表示制度の
　　　　　可能性と課題………………………………関根佳恵　315
　　　　　　　―愛知県の八丁味噌を事例として―

　はじめに　315
　1　地域経済循環と農業・食品産業　316
　2　日本における地理的表示制度の展開　319
　3　愛知県のGI八丁味噌をめぐる対立と教訓　323
　おわりに　328

第16章　地域経済論に基づく地域金融研究の
　　　　　再構築………………………………………金　佑榮　334
　はじめに―新たな地域金融研究の必要性と分析視角―　334
　1　地域金融における階層性　339

8　目　次

2　総合性を抱えた地域空間に根づく地域金融機関　　344

　おわりに―新たな地域金融研究への展開―　　349

第Ⅳ部　地域住民主権と自治体政策の新展開　　353

第17章　地域経済のグローバル化と公共調達制度の
　　　　　変容……………………………………小山大介　　355
　　　　　　―地域・中小企業と公共調達との新たな在り方を探る―

　はじめに　　355

　1　地域経済における公共調達の意義　　356

　2　国内公共調達制度の再編と地域経済のグローバル化過程　　359

　3　中小企業・自治体を中心とした地域視点への取り組み　　365

　おわりに―地域経済のグローバル化とその対抗軸―　　368

第18章　中小企業振興基本条例の変遷と
　　　　　傾向の変化………………………………大貝健二　　372
　　　　　　―条例文の分析を中心に―

　はじめに　　372

　1　中小企業振興基本条例とは何か　　373

　2　中小企業振興基本条例の制定状況　　374

　3　条例の実態　　378

　おわりに　　382

第19章　医療経営の現状と地域医療政策…………髙山一夫　　385
　　　　　　―新型コロナで浮き彫りになった課題との関わりを中心に―

　はじめに　　385

　1　厳しさを増す病院・医療機関の経営状況　　387

　2　新型コロナへの対応とその課題　　392

目　次　　9

3　望ましい医療政策の方向性　　396
　　おわりに　　403

第20章　地域内再投資力と新たな内発的発展 ···· 多田憲一郎　　408
　　はじめに　　408
　　1　「起業の村」を実現した人材誘致の村　　410
　　2　西粟倉村の地域内再投資戦略　　413
　　3　地域内再投資力と新たな内発的発展　　419

終章　コロナショックと地域経済学 ····················· 岡田知弘　　425
　　はじめに　　425
　　1　災害の地域経済学の適用可能性　　426
　　2　地域形成史の反省　　428
　　3　感染症被害分析における地域経済学的視点の重要性　　430
　　4　自治体の独自施策の展開と評価　　433
　　おわりに―内部循環型経済のクローズアップと鍛え直し―　　435

あとがき　　岩佐和幸　　439

執筆者紹介　　443

序 章

「人間復興」の地域経済学を求めて

岩佐和幸

はじめに

　経済のグローバル化や多発する自然災害を背景に、今日の日本の経済社会は大きな転機を迎えている。国レベルの「上から目線」でなく、人間の生きる場からローアングルで捉えると、全国各地で産業・生活基盤に揺らぎが生じ、人々の生存が脅かされる状況が映し出される。

　例えば、東京・首都圏への一極集中が進み、都市圏内ではオフィス空間の再開発やタワーマンションの建設ラッシュが続いている。しかし、「中流」以上が暮らす高層建造物の裾野では、生活困窮者の増大と次世代への貧困の連鎖が拡がり、「階級社会」化と「二都物語」が形成されるようになった[1]。しかも、社会保障の劣化とセーフティネットの機能不全によって、基礎的生活手段すらアクセスできない層も出現している。2010年代初頭より餓死・孤立死が伝えられてきたが[2]、2020年代に入るとウクライナ危機と円安による異次元の物価高騰がくらしを圧迫するようになり、自助の限界からフードバンクや子ども食堂等の共助が拡がっている[3]。

　一方、農山漁村では、首都圏への過集積の裏面として、究極の「過疎」に歯止めがかからなくなっている。その象徴例が、2021年2月に高知県仁淀川町で起きた「孤独焼死」事件である。事件の起きた集落は、1960年には218人が暮らしていたが、農林業の崩壊によりその後10年で89人まで激減し、

現在はわずか6人にすぎない。そのような中、誰も気づかぬ間に民家1棟で火災が発生し、独居老人が焼死したのである。「日本の末端の末端」で起きたこの悲劇は、全国の過疎地の将来を暗示したものといえる[4]。

　このような状況に対して、「消滅可能性自治体」を公表して危機を煽った『増田レポート』を契機に、ローカル・アベノミクスとしての地方創生が推進されるようになった。にもかかわらず、地方自治体の現場では7割近くの首長が成果は「不十分」であると批判し、自治体間競争による疲弊に加えて、単独対策には限界があったと深刻に捉えている[5]。そればかりか、政府自身が、人口減少や東京一極集中のトレンドを変えることができなかったことを、10年後の総括で認めるに至っている[6]。

　国家／「中央」の論理に基づく「地方」の疎外も、極限に達している。唯一の地上戦が行われた沖縄では、戦後・復帰後も米軍基地負担が集中した結果、「基地・公共事業依存経済」と「貧困と暴力の文化」が刻印されてきた。太田県政以来の脱基地経済への意志と実践も、国は暴力的に否定し、「アメと鞭」を使い分けた辺野古での新基地建設や、米国の対中国戦略と一体化した南西諸島での自衛隊のミサイル配備を推進している[7]。こうした沖縄の軍事要塞化に対して、住民の抵抗運動が粘り強く繰り広げられている[8]。

　他方で、東日本大震災で地震・津波・核災害に見舞われた東北をはじめ、被災の現場では、今も苦悩が続く。度重なる自然災害と「中央」による開発・差別によって歴史的に作り出された東北では、3.11後にはインフラ・巨大産業優先の「創造的復興」が進められてきた。その過程で、廃炉が見通せない中、国は原発の再稼働に加えてGXを旗印に新増設まで掲げるようになっている。東北だけではない。2024年の能登半島地震に象徴されるように、その後も各地の被災者は常に置き去りにされ、「復興災害」が続いている[9]。こうした疎外に抗して、生業・生活に根ざした住民のイニシアティブや[10]、地域歴史遺産を軸に分断をつなぎ直す取り組みは[11]、一筋の光といえるだろう。

　さらに、2020年から3年間続いたコロナ・パンデミックは、医療費抑制と保健所統廃合を推進した新自由主義政策の欠陥を露呈し、潜在的な生活困窮

層を一挙に顕在化させた。国は非科学的対応と自助努力に終始したため、度重なる感染拡大と医療崩壊、自宅放置死を招く結果となった[12]。そして、こうした脆弱な社会保障と政策災害が、生活困窮度の深化と社会の混迷に拍車をかけていった[13]。

それでは、生存・生活の危機を乗り越え、人間らしい生活条件を回復するためには、どのような理論と政策が求められているのだろうか。本書のテーマは、地域を土台に人々のくらしを立て直す「人間復興」という問題意識から、現代日本の地域形成をめぐる問題を、政治経済学の視座から論じることにある。とりわけ、地域形成を主導する資本による開発を歴史的・批判的に捉えながら、地域の持続的発展に向けた理論的枠組や政策的方向性について多角的に論じていきたい。

1　グローバル化・構造改革と衰退に向かう日本経済

各章に入る前に、まずは現代日本の地域経済の到達点を歴史的・構造的に確認した上で、本書を貫く分析視角を紹介しておこう。

図序-1は、近年の日本の国際収支動向を図示したものである。戦後日本は、高度経済成長期以降、国内生産を基盤に製品輸出を拡大して外貨を稼ぎ出す「貿易立国」であった。だが、新世紀以降、その構造は大きく変容を遂げてきた。伝統的赤字品目である食料・エネルギー源の輸入継続に加えて、代表的輸出品目の電気機器も入超に転じ、2011年度以降は貿易収支が赤字に転落するようになったのである。サービス収支も、デジタル分野や研究開発関連の赤字がインバウンドによる旅行収支の黒字を大幅に上回り、赤字が拡大傾向にある。対照的に、一貫して黒字を計上しているのは、海外直接投資収益と証券投資収益で構成される第1次所得収支である。実際、第1次所得収支の黒字額は、貿易収支の黒字額を2005年度に初めて上回り、それ以降経常収支の黒字の基軸が第1次所得収支へシフトするようになった[14]。

実は、こうした国際収支の変容は、日本企業の多国籍企業化と強く結びついている。日本企業の海外現地法人数は、1990〜2022年度の30年余で8000

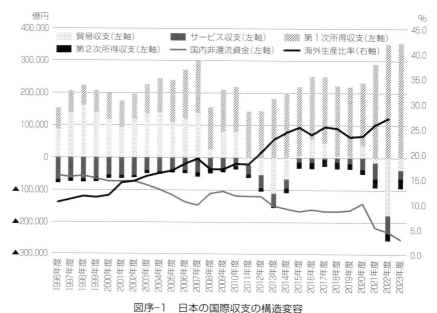

図序-1　日本の国際収支の構造変容

注：国内非還流資金とは、直接投資再投資収益と証券投資等収益の合計で、後者のすべてが海外で再投資されると仮定した数値。海外生産比率は、製造業の国内全法人ベース。
出所：財務省『国際収支統計』時系列データ、経済産業省『第 53 回海外事業活動基本調査』2024 年より作成。

社から 2.4 万社へ 3 倍に増加し、現地従業員数も 150 万人から 557 万人へとスケールが拡大した[15]。その結果、上の図が示すように、製造業の海外生産比率は 1996 年度の 10 ％から 2023 年度には 27 ％まで高まっていった。対照的に、国内での民間企業設備投資は、1994〜2023 年度の約 30 年間で実質 37 ％の伸びしかみられなかった[16]。つまり、1990 年代以降、日本の大企業は国内拠点を再編・縮小しながら海外シフトを強め、子会社の最適配置や現地企業へのアウトソーシングを軸に資本蓄積のグローバル化を進めてきたのである。その結果、日本経済の再生産構造も、一次産業を犠牲に原料輸入・製品輸出を展開する「加工貿易立国」から、製造自体も一国内部で完結せず、グローバル・サプライチェーン／バリューチェーンに基づく「投資立国」へと変容するに至っている。

留意しなければならないのは、日本政府の新自由主義的構造改革が、こうした多国籍企業化を後押ししてきたことである。1980年代の中曾根康弘政権時代には、日米貿易摩擦を契機とする経済構造調整政策が推し進められたが、1990年代後半以降は『経団連ビジョン2020』における「活力あるグローバル国家」や『奥田ビジョン』における「Made by Japan」戦略等を踏襲する形で、橋本龍太郎「六大改革」や小泉純一郎「構造改革」が展開され、「企業に選んでもらえる国づくり・地域づくり」に向けた政策が導入された。さらに第2次安倍晋三政権のアベノミクスでは、官邸主導集権体制に基づく成長戦略において「世界で一番企業が活動しやすい国」を目指した一連の政策が再起動し、国家戦略特区の導入や雇用・農業・医療・福祉分野での「岩盤規制

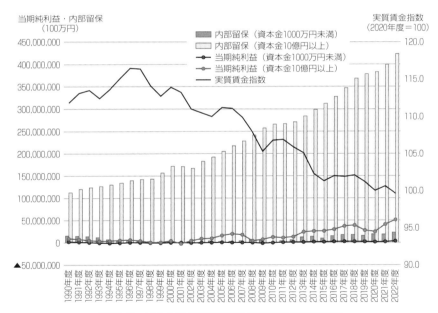

図序-2　法人企業の収益動向と実質賃金指数の推移

注：当期純利益と内部留保は、金融・保険を除く全産業。実質賃金指数は、従業者数5人以上。
　　内部留保は、利益剰余金、資本剰余金、引当金（流動負債と固定負債）の合計。
出所：財務総合政策研究所『法人企業統計調査』時系列データ、厚生労働省『毎月勤労統計調査 令和5年分結果確報』2024年より作成。

序章　「人間復興」の地域経済学を求めて　　15

改革」が着手された[17]。

　こうした資本蓄積のグローバル化とグローバル国家型構造改革を背景に、日本国内では産業再編と社会的格差が広がっていった。**図序-2** は、法人企業の規模別収益動向と実質賃金の推移を比較したものである。不景気の時期を除けば、法人企業は当期純利益を順調に伸ばしてきたが、資本金10億円以上の大企業と下請法上の下請事業者に当たる資本金1000万円未満とでは著しい格差が現れている。それ以上に注目されるのが、内部留保の動向である。ここでも大企業と中小企業の差は歴然であるばかりか、金融保険業を除く大企業では2022年度に423兆円に達し、好不況の波とは無関係に急膨張を遂げた。対照的に、中小企業とともにしわよせを被ったのが、労働者階級である。労働者が受け取る実質賃金は、1996年度をピークに下降線をたどり、内部留保の動きとは対照的に、2023年はピーク時に比べて2割も下落したのである。

　あわせて、**表序-1** を基に、就業構造の変化を検討しよう。有業者総数は、1997年から2012年まで下落し、その後回復したとはいえ、この四半世紀では微増にとどまった。医療・福祉や事業所・個人サービスの拡大により、第3次産業は670万人増加する一方、農産物の全面自由化や開発輸入に基づく地場産品の輸入ラッシュ、海外進出に伴う外来型誘致工場の閉鎖を背景に、

表序-1　有業者数の産業別・従業上の地位別変動（1997〜2022年）

| | | 有業者総数 | 産業別 | | |
			第1次産業	第2次産業	第3次産業
実数	1997年	6,700.3	366.1	2,136.3	4,142.3
	2012年	6,442.1	245.7	1,576.7	4,379.4
	2022年	6,706.0	187.2	1,513.0	4,811.0
増減数（1997〜2022年）		5.7	▲178.9	▲623.3	668.7
増減率（1997〜2022年）		0.1	▲48.9	▲29.2	16.1
構成比	1997年	100.0	5.5	31.9	61.8
	2012年	100.0	3.8	24.5	68.0
	2022年	100.0	2.8	22.6	71.7

出所：総務省統計局『就業構造基本調査』時系列統計表より作成。

食料供給源である第１次産業で半減し、ものづくりの原動力である第２次産業で３割減を記録した。また、従業上の地位別では、自営業主は３分の２、家族従業者では４分の１まで減少し、小規模農家や零細自営業主の廃業・リタイアとともに、大規模経営や大手チェーンの全国展開と市場集中が進行した[18]。また、被雇用者の間でも、リストラに伴う正規雇用の純減とは対照的に、労働規制緩和によって非正規雇用が68％増加した結果、非正規の割合が有業者の３割、被雇用者の４割弱に達している[19]。

　では、新たな外貨獲得手段に基づく「投資立国」化によって、日本は豊かになるのだろうか。確かに、上で述べたように、第１次所得収支を通じて経常収支は黒字を維持している。しかし、直接投資収益の半分は再投資収益が占めており、海外で稼いだ外貨は海外生産拠点で内部留保される。また、証券投資収益も、配当金や海外債券利子が多くを占めるため、その多くがドルから円に転換されず、再度海外で投資に向かう可能性が高い。こうした海外に滞留する可能性の高い国内非還流資金は、**図序-1**が示すように増加傾向にあり、2023年度には推定25兆円と、経常収支の黒字額を相殺する規模に到達している。加えて、こうした「戻らぬマネー」の拡大と日本円の構造変化は、近年の円安圧力の背景となり、2020年代の異次元の物価高騰を通じて庶

（単位：万人、％）

従業上の地位・雇用形態別				
会社等役員	自営業主	家族従業者	正規の職員・従業員	非正規の職員・従業員
386.5	793.1	405.2	3,854.2	1,259.0
347.1	591.0	134.2	3,311.0	2,042.7
354.7	510.8	101.8	3,611.5	2,111.0
▲ 31.8	▲ 282.3	▲ 303.4	▲ 242.7	852.0
▲ 8.2	▲ 35.6	▲ 74.9	▲ 6.3	67.7
5.8	11.8	6.0	57.5	18.8
5.4	9.2	2.1	51.4	31.7
5.3	7.6	1.5	53.9	31.5

表序-2　日本における人口の地域別推移

		面積		人口				
		実数	構成比	実数			増減率	
				1960 年	1990 年	2020 年	1960〜90 年	1990〜2020 年
全国		37.8	100.0	9,430	12,361	12,615	31.1	2.1
	都市部	1.3	3.4	4,083	7,815	8,829	91.4	13.0
	農村部	36.5	96.6	5,347	4,546	3,786	▲ 15.0	▲ 16.7
	市　部	21.7	57.4	5,968	9,564	11,576	60.3	21.0
	郡　部	16.1	42.6	3,462	2,797	1,039	▲ 19.2	▲ 62.9
	三大都市圏	5.4	14.2	3,738	6,046	6,641	61.8	9.8
	東京圏	1.4	3.6	1,786	3,180	3,691	78.0	16.1
	大阪圏	1.9	4.9	1,219	1,812	1,821	48.7	0.5
	名古屋圏	2.2	5.7	733	1,055	1,129	43.9	7.0
	地方圏	32.4	85.8	5,692	6,315	5,974	10.9	▲ 5.4
	過疎地域	23.9	63.2	2,052	1,464	1,167	▲ 28.6	▲ 20.3

注：都市部は人口集中地区（DID）、農村部はそれ以外の地区の合計。
出所：総務省統計局『国勢調査報告』各年版、総務省地域力創造グループ過疎対策室『令和 4 年度
　　　り作成。

民のくらしに打撃を与えている[20]。

　つまり、「投資立国」化の内実は、砂上の楼閣にすぎないのである。そのため、こうした国際収支の新たな状況に財務省も危機意識を抱くようになっており、課題克服に向けた処方箋が検討されるようになった。しかし、その中身は、根本原因である多国籍資本のコントロールや課税強化ではなく、規制緩和による生産性向上や人的資本投資、イノベーション等、あくまで「企業に選んでもらえる」ための欠陥的処方箋に終始している[21]。

　以上のように、海外を優先し、国内を停滞させる多国籍資本のグローバル投資戦略と政府の構造改革は、企業利益・内部留保の増大とは対照的に日本経済を衰退に向かわせるという矛盾を創出している。と同時に、国内では実体経済と金融経済の変容を通じて「底辺へ向かう競争」と生存・生活の悪化をもたらしている。資本と国家の生み出した矛盾を科学的に直視し、グローバル化推進路線からの大転換に向けたポリティクスが不可避な時代を迎えて

18　　序章　「人間復興」の地域経済学を求めて

（単位：万 km²、万人、％）

構成比		
1960 年	1990 年	2020 年
100.0	100.0	100.0
43.3	63.2	70.0
56.7	36.8	30.0
63.3	77.4	91.8
36.7	22.6	8.2
39.6	48.9	52.6
18.9	25.7	29.3
12.9	14.7	14.4
7.8	8.5	9.0
60.4	51.1	47.4
21.8	11.8	9.3

版過疎対策の現況』2024 年よ

いる。

2　地域経済の構造変化と地域存続の危機

　では、こうした社会経済変動は、地域経済にどのようなインパクトをもたらしてきたのだろうか。

　表序-2は、戦後日本の人口変動を地域別に整理したものである。国土面積でみると、農村部は97％と圧倒的なシェアを誇るものの、人口は一貫して減少しており、1960年に過半数を占めていた人口比は、2020年には3割にまで比率を落としている。また、1990年代以降は、政府主導の「平成の大合併」によって郡部の人口は激減し、人口比は1990〜2020年の間に2割強から1割弱に低下した。一方、国土のわずか3％にすぎない都市部に、今では人口の7割が居住するようになっており、市部の人口シェアも9割強に及んでいる。1960年時点の都市部の人口比は43％であったことから、高度成長期以来の都市化社会への激変ぶりを物語っている。

　同様に、エリア別では、1990年代より地方圏全体が人口減少に転じており、人口比も1960年の6割から半数を割り込むようになった。さらに深刻なのが、国土の6割以上を占める過疎地域であり、人口比では1960年の2割強から2020年には1割以下まで比重を下げている。これに対して、三大都市圏の人口は、一貫して拡大基調であり、現在では総人口の過半数が同エリアに居住するようになった。都市―農村間の人口分布の不均等性は明らかであろう。

　さらに見逃せないのが、三大都市圏の内部においても、大きな変化が生じている点である。高度成長期から低成長期を経てバブル期に至る1960〜90年の局面では、東京・大阪・名古屋のいずれの都市圏でも人口が大幅に伸びていた。ところが、バブル崩壊からグローバル化・構造改革へと推移する

1990〜2020年の局面に入ると、東京圏のみが16％増加しており、2020年の人口比を3割まで伸ばしている。一方、名古屋圏の増加率は過去30年間で7％にとどまり、大阪圏では人口の伸びが停止するに至っている。実は、人口の転入超過動向を確認すると、大阪圏ではすでに1974年より転出超過が続いており、経済力の地盤沈下と人口吸引力の低下が同時期より始まったことを示唆している[22]。同じ大都市圏でも、かつての東京・大阪の二眼レフ構造から首都・東京への一極集中への変容が一段と鮮明になってきたといえる。
　それでは、なぜ、東京一極集中がこれほど進んできたのだろうか。ここで東京都の経済力の集中度をまとめた図序-3を基に、検討してみよう。まず、事業所数・従業者数の東京都の全国シェアは1割台であり、人口シェアとさほど変わりはない。ところが、東京に本社・本所がある事業所に着目すると、従業者数では28％まで上昇する。さらに、東京の集中度の高さを一段と表しているのが、金融機能である。給与所得と利子・配当所得では3割前後、法

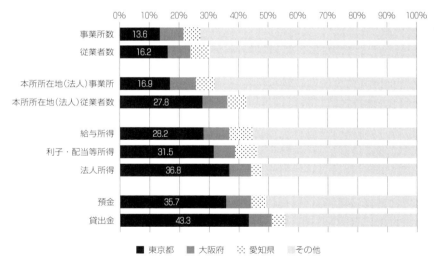

図序-3　経済力の東京一極集中
注：事業所数・従業者数は2021年、所得と預金・貸出金は2022年度データである。
出所：総務省統計局『令和3年経済センサス　活動調査』2022年、国税庁『国税庁統計年報（令和2年度版）』2023年、日本銀行『預金・貸出関連統計』2023年より作成。

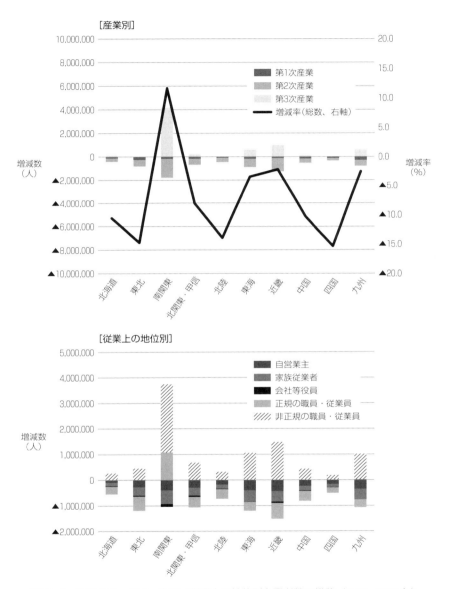

図序-4　地域ブロック別・産業／従業上の地位別有業者数の推移（1997～2022年）
出所：総務省統計局『就業構造基本調査』各年版より作成。

人所得では37%、金融機関の貸出金では4割を超えるシェアを、東京都だけで占めている。つまり、現在の日本は、グローバル化とともに東京を頂点とする地域的不均等発展が一層先鋭化するとともに、経済活動の果実としての貨幣的富が国内外から東京に吸引される構造が一層強化されていったのである。

こうした東京への経済力の一極集中と連動しながら、就業構造の地域的不均等も進行してきた。図序-4は、実質賃金が低下を始めた1997年以降の有

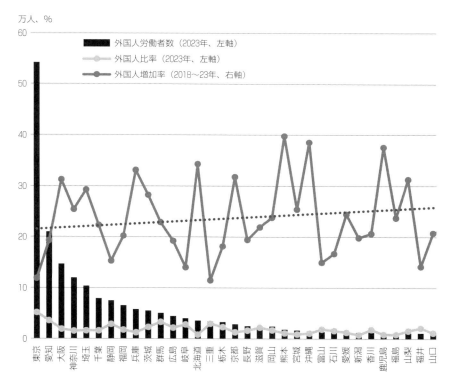

図序-5　外国人労働者の都道府県別動向

注：外国人労働者数は各年10月末、労働力人口は2023年平均。
　　外国人労働者比率は、労働力人口に対する外国人労働者人口の割合。
出所：厚生労働省『外国人雇用状況の届出状況』各年版、総務省統計局『労働力調査』2024年より作成。

業者数の地域別変動を示したものである。全国の有業者数はこの四半世紀では微増であったが、地域ブロック・レベルまで下りると、様相は一変する。有業者が大きく増加したのは南関東＝東京圏のみであり、それ以外は軒並み下落するという対照性が際立っているのである。とりわけ、日本列島の周辺に位置する東北・北陸・四国では、減少率が2桁台と突出しているのが容易に確認できる。また、産業別動向に着目すると、いずれの地域も第1次産業と第2次産業で有業者の減少が著しい。第3次産業ではある程度の増加が見られるが、劇的に伸びているのは南関東だけであり、全国の増加数の6割超を占めている。いわゆる「サービス経済化」「知識経済化」も、地域間格差を伴って進行してきたのである。

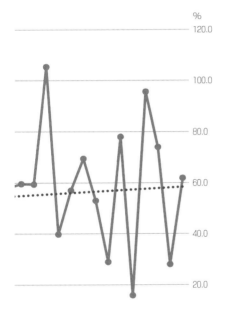

あわせて、従業上の地位別状況にも着目してみよう。ここでは、すべての地域で、自営業主・家族従業者の激減と正規労働者から非正規労働者への置き換えが明瞭に現れ、家族農家・中小零細企業の退場と、リストラ・労働規制緩和による雇用の不安定化が影響している。加えて、非正規雇用は全地域で絶対増を示す反面、正規雇用の増加は南関東のみである。東京圏以外での就業機会の縮減と就労条件の悪化を背景に、「中央」への人口集中が一段と進行したと考えられる。

しかも、「地方」における就労条件の悪化と労働力人口の絶対的減少

序章 「人間復興」の地域経済学を求めて

は、域内での労働力確保をますます困難にしている。そこで、最後の手段として期待されるようになってきたのが、外国人労働力の導入である。**図序-5**は、外国人労働者の近年の動向を都道府県別に示したものである。2018～23年のわずか5年間で、外国人労働者の増加率は全国平均で4割増と高い水準であったが、中でも5割以上の増加率が22県に上った。大都市圏での外国人労働者の絶対増に加えて、北海道や東北、九州を中心に、人口減少地域ほど急速に依存度が高まる様子がうかがえる。とりわけ労働市場の底辺において、都市部の小売・飲食サービス業では留学生が、「地方」の農漁業や地場産業、分工場では技能実習生や特定技能労働者が貴重な戦力として位置づけられた結果、地域における外国人労働力の比率が高まってきたのである[23]。ただし、外国人労働力の導入は、労働力商品の酷使に伴う人権侵害や、労働力再生産の場としての医療・福祉・教育等の社会的費用負担、労働力送出国の発展の阻害といった新たな課題を抱えることになる[24]。加えて、技能実習制度への国内外での批判を背景に、同制度の廃止と育成就労制度への移行が進められており、労働力ではなく人間として地域にどう受け入れていくべきかを注視する必要がある。

　他方で、東京圏とそれ以外の地域との格差・亀裂を背景に、地域自体の存亡の危機に直面しているのが、中山間条件不利地域である。**表序-3**は、過疎地域における集落の最新動向を示したものである。過疎集落の6割は中山間地域に立地しているが、人口25人未満の小規模集落が15％、高齢者比率5割以上の集落が3分の1を占めるようになっている。ここまで規模が縮小してくると、集落機能の維持が困難となり、最終的に無人化もしくは隣接集落との統合へ至る集落が表れるようになった。そればかりか、全国の集落の5％が、近い将来「消滅の可能性」が間近に迫っている様子がうかがえる。とりわけ四国で消滅リスクがより高まっており、冒頭の「孤立焼死」に象徴されるような集落で住み続けることが困難な状況が広がっているのである。

　以上のように、資本蓄積のグローバル化と構造改革という国家政策を背景に、都市と農村の対立あるいは成長を続ける東京圏と「地方」の衰退という地域経済の二極化が、社会階層の二極化と連動する形で立ち現れている。地

域の現場は、社会経済的な構造変化と住民の生活再生産を含む地域存続の危機にさしかかっているが、地方創生に象徴されるように、国の政策は地域的不均等発展の根本矛盾にメスを入れることなく、地域が直面する課題を地域の自助努力と地域間競争に基づく選択と集中によって解決を図る路線に終始してきたのである。

　しかし、同時に注目すべきは、時流に翻弄され、政府の指示に追従するだけでなく、危機に抗して主体的で独創的な地域づくりの実践が新たに繰り広げられるようになってきたことである。実際、多くの自治体において、中小事業者や自治体が主体となって横のネットワークを広げ、独自の条例制定を軸にグローバル化に翻弄されない地域づくりが広がっている[25]。労働運動のサイドでも、最低生計費調査を通じてワーキングプア拡大のエビデンスを作成し、最低賃金の生活賃金への引き上げを通じて地域のくらしを再構築する運動が浸透している[26]。中山間地域でも、**表序-3**が示すように、転入者のある集落が4割に上っており、UIJターン等の移住者のエネルギーを活かしな

表序-3　過疎地域における集落の動向 （2019年）

（単位：集落、％）

	集落計		現状				将来	
		中山間地域の割合	人口25人未満	高齢者人口50％以上	集落機能の維持困難	集落の消滅・再編	今後の消滅可能性	転入者あり
全　国	63,237	61.1	15.1	32.2	4.1	0.7	5.0	40.3
北海道	3,746	43.0	15.2	26.7	3.6	2.6	6.2	40.2
東北圏	14,067	51.2	8.5	20.3	1.5	0.3	3.1	36.7
首都圏	2,060	73.5	9.7	28.1	3.0	0.7	4.7	31.6
北陸圏	2,070	49.1	14.0	36.3	4.3	0.6	4.7	60.0
中部圏	3,589	84.8	18.2	36.2	5.6	0.5	8.4	51.0
近畿圏	3,589	75.2	12.1	31.1	7.3	0.3	6.3	54.6
中国圏	12,368	70.5	24.0	41.0	3.9	0.5	3.6	33.1
四国圏	6,970	63.6	22.3	42.9	9.8	0.8	10.5	36.5
九州・沖縄圏	14,778	57.0	11.7	31.8	3.3	1.1	4.3	44.0

注：市町村担当者の回答に基づく。「今後の消滅可能性」は「10年以内」「いずれ」と回答した合計。
　　消滅・再編集落は、5年前調査時の対象集落に対する割合。
出所：総務省地域力創造グループ過疎対策室『令和元年度過疎地域等における集落の状況に関する
　　　現況把握調査報告書』2020年3月より作成。

序章　「人間復興」の地域経済学を求めて　　25

がら、集落・旧村レベルで地域住民組織を立ち上げ、住民自治とエコロジーに基づく「小さな経済」づくりが取り組まれるようになっている[27]。住民の生活領域であり、社会経済的危機の結節点である地域を舞台に、地域の主人公が意識的に再構築を目指す取り組みの広がりに、私たちはますます目が離せなくなっているのである。

3　本書の分析視角―地域形成・地域内再投資力・地域住民主権―

　以上のように、今日、日本の地域は、生活の場としての存続の岐路に立っているが、それと同時に、国が主導する新自由主義政策の限界が露呈する中、現状打破に向けた下からの地域づくりも浸透するようになってきた。こうした転換期において、今日、多くの研究者や自治体職員、社会活動家が地域の未来に関心を寄せ、さまざまな実態調査や政策提案を行うようになっている[28]。加えて、全国各地で「地域学会」の設立が相次ぎ、アカデミアにおいても地域学部・学科を設置する大学が相次いで登場する等、「地域学」が一種のブームの時代を迎えている[29]。

　そのような状況を踏まえながら、本書では、人間の顔をした地域経済学を目指す立場から、岡田知弘が提起した3つの分析視角に沿って議論を展開してみたい[30]。

　第1に、地域形成論のフレームワークである。そもそも地域とは「住民の生活領域」であり、自然と人間の物質代謝や人間同士の社会関係が一定空間において総合的に結合した存在である。ところが、資本主義段階に入ると、地域は「資本の活動領域」としても立ち現れるようになり、生産力に規定された資本蓄積の態様と空間的広がりが、地域内部の自然環境・建造環境・社会環境を形成・再編すると同時に、都市―農村関係や世界経済・国民経済・地域経済という地域の階層性の中で空間構造を編成するようになる。その結果、地域ごとに多様な外形的・内的個性が刻まれると同時に、「資本の活動領域」にふさわしい地域開発によって住民生活が置き去りにされる「地域問題」を発生させることになる。

26　　序章　「人間復興」の地域経済学を求めて

従来の研究では、特に宮本憲一が「容器の経済学」の一環として、《地域経済・地域問題・地域政策》という３層の理論構成を提起し、その後の議論に影響を与えてきた[31]。それに対して、岡田の議論では、デヴィッド・ハーヴェイの「都市形成論」をヒントに[32]、地域という「容器」自体が資本蓄積の変化に応じて形成・再編される過程を視野に収めた点が特筆される。そこで、本書では、こうした地域経済論の進化を重視しつつ、大都市から地方都市、農山漁村のさまざまな事例を取り上げながら、現代日本の都市・地域形成を歴史的に検討し、資本主導の地域開発がもたらす地域問題の実態を明らかにしていきたい。

　第２に注目するのは、地域内再投資力論である。上記のように、資本による地域開発が進めば進むほど、「資本の活動領域」と「住民の生活領域」の矛盾が激化し、住民生活や自然的・歴史的環境が破壊されてしまう。そこで、地域経済の持続的発展のキー概念として岡田が提唱したのが、「地域内再投資力」である。そもそも、地域経済の再生産には企業や農家、協同組合、NPO等の再投資主体の存在が不可欠であり、それらの活動が雇用・所得の創出や資材等調達による関連業種の集積をもたらすことになる。その結果、地域の中で資本蓄積と労働者の再生産が進行し、住民生活の向上や歴史に育まれてきた景観の形成、物質代謝に基づく自然環境の保全につながっていくのである。

　したがって、地域内で繰り返し投資する力＝地域内再投資力の意識的な創出・強化こそが、地域経済の持続的発展の不可欠な条件であると主張される。ただし、少数の有力企業に依拠した移出型産業の育成だけでは、個別企業の成長には寄与しても、地域経済総体の発展には結びつかない。そこで、地域の多様な経済主体が相互にネットワーク化し、域内産業連関の再構築を軸に地域内経済循環を創出することが、地域内再投資力の向上における重要ポイントであると強調される。

　以上のように、地域内再投資力論・地域内経済循環論は、従来の企業誘致に基づく地域開発の限界を浮き彫りにすると同時に、小規模自治体や域内経済主体に限らず、都市・農村双方の発展の方向性を視野に収め、外来企業の

域内リンケージまでを分析ツールに組み込むことで内発的発展論を一層深化させたオルタナティブな地域発展論である。そこで、本書では、地域内再投資力論の有効性を一層彫琢すべく、企業間の取引構造や物流ネットワーク、地理的表示制度、地域金融といったさまざまな視点からアプローチを試み、その理論的・実証的可能性を追究してみたいと考えている。

第3に、地域住民主権に基づく公共政策の再構築である。「資本の活動領域」としての地域開発から「住民の生活領域」としての地域発展へと転換していくためには、住民が能動的に地域のあり方を決定し、行動に移すことが不可欠である。こうした実践運動を、岡田は「地域住民主権」と定義づけ、社会教育等での学習を通じた自治力の向上を地域づくりの柱に位置づけている。と同時に、地域づくりの推進主体として、基礎自治体を中心とする地方自治体を重要視するのも大きな特徴である。基礎自治体は、住民の生活領域における公権力として、行財政権限を通じて地域内再投資力を高める役割を果たすとともに、住民生活の維持・向上のために分野横断的に政策を策定・実行することが可能な政治主体でもあるからである。

こうした地域住民主権に基づく運動と自治体における新たな地域政策として注目されてきたのが、先に触れた多様な条例制定や住民自治に基づく公共の再生の動きである[33]。また、地域住民生活の維持・再生産を高めるためには、産業政策のみならず、医療・福祉政策や中山間地域の総合的な地域政策も欠かせない。そこで、本書では、全国各地で展開されている住民のイニシアティブとそれに基づく自治体公共政策の機運の高まりとその意義について、多くの事例を素材に論じてみたいと考えている。

4　本書の構成

以下の章では、「『人間復興』の地域経済学」をテーマに、歴史・理論・政策の順に現代日本の地域形成を総合的に論じていく。ここで、本書の構成と各章の内容を簡単に紹介しておこう。

第Ⅰ部「開発と地域形成の史的展開」では、資本と国家主導の開発過程を

通じて地域がどのように形成・再編されてきたのかを、さまざまな時代と地域を事例に検討している。まず第1章「バブル崩壊後の大阪都心部における土地所有と銀行」は、大阪の都心商業地・北船場における銀行所有地の動向を軸に、バブル崩壊後の資本と都市の土地所有との関係の変化を歴史的に明らかにする。続く第2章「今日の不動産資本と都市空間形成」は、大手不動産資本の主導する日本の都市空間形成の今日的特徴と住民の生活領域への影響にメスを入れるとともに、地域住民主導による都市空間形成の課題を提示している。

　こうした資本と都市の土地所有をめぐる議論に続いて、第3・4章では開発と都市・地域形成の政治経済を歴史的に振り返る。第3章「日本資本主義と漁村開発」は、漁村を舞台に繰り広げられた漁港・漁場整備を開発の視点から再検討し、資本による漁村包摂が生み出す「資本の活動領域」と「住民の生活領域」との矛盾を明らかにする。第4章「戦後復興期から高度経済成長期における都市開発の一断面」は、戦後復興期から高度経済成長期においてユニークな開発行政を指揮した兵庫県神戸市と姫路市の両市長の思想と施策を取り上げ、開発主義的首長の構想と政策実行が都市形成に及ぼした影響と帰結を浮き彫りにする。

　一方、開発がもたらした公害・原発問題と地域形成との関係を扱ったのが、第5・6章である。第5章「地方都市における都市形成過程と資本」は、住民による実力行使による公害反対運動で知られる「高知パルプ生コン事件」の舞台となった高知市旭地区を素材に、地方都市における外来資本の進出・撤退と都市形成との関係を検証する。第6章「『見えない』プルートピア」は、日本初の原発立地地域である「プルトニウムの街」茨城県東海村を取り上げ、米国とソ連の原子力都市との比較検討を通じて、核のリスクが顕在化しにくい「見えないプルートピア」の歴史的形成過程を、3.11後の視座から浮き彫りにする。

　第Ⅱ部「グローバル化・格差・災害―地域問題の最前線―」では、今日の地域問題の最重要テーマを、日本のみならず、中国、米国、フィリピンのさまざまな地域とクロスさせながらグローバルに俯瞰する。第7章「日本にお

けるコロナショックと未完の復興」は、新型コロナウイルス感染症の拡大が地域に与えた経済的被害とポストコロナ期の復興過程の実態について、課題先進県である高知県の産業・労働・生活分析を通じて検討する。第8章「中国における養蚕業の発展と地域農業の構造変化」は、中国南部の伝統的貧困地域である広西チワン族自治区に焦点を絞り、養蚕業振興策が地域の農業構造や農民所得に与えたインパクトを検討している。第9章「米国カリフォルニア州におけるアーモンド生産の発展と地域農業の構造変化」は、米国の一大農業地帯であるカリフォルニア州の農業構造の変化をアーモンド生産の急成長を軸に検討し、その実態をグローバルな産地間競争と同州水資源政策の関係を通じて明らかにする。第10章「フィリピン大都市における移動型生活様式」は、フィリピン首都圏の貧困の象徴である路上生活者にスポットライトを当て、グローバル・サウスのメトロポリスの底辺に位置づけられた人々の移動型生活様式の生存戦略と都市の再生産における意義を浮かび上がらせる。

　以上の歴史・現状分析を受けて、第Ⅲ部「地域内再投資力論／地域内経済循環論のフロンティア」では、地域経済発展においてますます重視されている地域内経済循環にフォーカスし、地域内再投資力論の可能性を理論的・実証的に検討している。第11〜14章は、地域内企業のモノ・サービス・カネの地域内外の取引実態を、定量分析を通じて解明している。第11章「取引ネットワーク構造から可視化される地域経済の循環経路」は、信用調査会社の取引データを用いて域内企業の取引ネットワークの定量分析を駆使するとともに、取引構造や資金流出入の可視化を通じて今後の政策的基礎を提示している。続く第12章「大都市と地方都市の相互資金流動の析出」は、地域間企業取引に伴う資金流動を表したデータセット構築をベースに、地域間マネーフローの疎密と大都市へのマネーフロー集中を定量的に明らかにする。第13章「地域未来牽引企業と地域経済」は、2017年施行の地域未来投資促進法で提起された「地域未来牽引企業」に焦点を絞り、当該企業の取引構造が地域経済に与える影響を、鳥取県での実態調査を基に明らかにしている。第14章「地域企業の域内／域外取引と地域経済循環」は、地域内に本社・事業所があ

り、意思決定の自立性を持つ「地域企業」を軸に、域内／域外取引の特徴と域外取引が地域経済循環へ与える影響を、山陰地方の中海・宍道湖・大山圏域の食料品製造業の実態調査を通じて解明している。

　一方、地域経済循環を地理的表示制度や金融論の視点から光を当てたのが、第15・16章である。第15章「地域経済循環の構築における地理的表示制度の可能性と課題」は、グローバル化の中で周辺化される伝統的農産物・食品の保護ならびに地域発展の手段として注目される地理的表示制度（GI制度）の日本への導入と矛盾を、愛知県の八丁味噌における老舗業者の疎外を事例に明らかにしている。第16章「地域経済論に基づく地域金融研究の再構築」は、計量分析に基づく地域金融研究の限界に対して政治経済学的な地域経済論を対置し、制度・空間・規模の階層性ならびに総合性を抱える地域空間に根付いた存在という視角から、地域金融論の理論的再構築を試みている。

　第Ⅳ部「地域住民主権と自治体政策の新展開」では、地域政策を地域住民主権の立場から再構築し、住民自治に基づく地方自治体の公共政策の新たな意義とその広がりを論じている。第17章「地域経済のグローバル化と公共調達制度の変容」は、地域経済のグローバル化と国際協調を背景とする公共調達制度の再編過程に光を当て、対抗軸としての地方自治体や事業協同組合による地域内再投資の意義を、京都府の官公需適格組合を事例に論じている。続く第18章「中小企業振興基本条例の変遷と傾向の変化」は、地域経済主体としての中小企業の振興を目的に、2000年代以降急増する理念型の中小企業振興基本条例を取り上げ、条例制定の面的な広がりと内容の深化を条文分析を通じて解明している。第19章「医療経営の現状と地域医療政策」は、新型コロナウイルス感染症の流行を機に浮き彫りになった日本の医療制度の課題を、医療機関の厳しい経営状況と政策対応を軸に検討するとともに、自治体の役割と地域住民主権という視角から地域医療を支える条件を提起している。第20章「地域内再投資力と新たな内発的発展」は、村内外の多様なアクターの協働とネットワークを通じて「地域価値」の創造を目指す「新しい内発的発展」戦略について、課題先進地域・中国山地の「起業の村」岡山県西粟倉村を素材に分析し、地域内再投資力論の有効性を検証している。

序章　「人間復興」の地域経済学を求めて　　31

最後に、終章「コロナショックと地域経済学」は、本書の締めくくりとして、コロナショックによる科学の問い直しを地域経済学のフィールドから捉え直した論考である。グローバル化、効率性一本槍、「選択と集中」を重視した経済社会ではなく、人間の命と暮らし、地域の個性、地方自治を最優先した「新しい政治・経済・社会」こそが目指すべき道であり、内部循環型経済をベースに、より広域的な経済的取引が重層的に重なる経済構造への転換を理論的・政策論的・運動論的に展望し、人間復興の地域経済学の意義と可能性を提起している。

注

1　東京については、岩見良太郎『再開発は誰のためか―住民不在の都市再生―』日本経済評論社、2016 年、橋本健二『東京 23 区×格差と階級』中公新書ラクレ、2021 年、大阪については、鰺坂学・西村雄郎・丸山真央・徳田剛編『さまよえる大都市・大阪』東信堂、2019 年を参照。東京の「都民ファーストの会」や「大阪維新の会」といった反リベラル・ポピュリズム政治の台頭は、経済的矛盾が生み出した社会的分断・落層への恐怖の反映と捉えることができよう。

2　食料不足で亡くなった人は 2017〜22 年の 5 年平均で 20 人、栄養失調死は 2061 人に上る（厚生労働省『令和 4 年人口動態統計』同省、2024 年）。また、全国「餓死」「孤立死」問題調査団編『『餓死・孤立死』の頻発を見よ！』あけび書房、2012 年も参照。

3　NPO 法人豊島子ども WAKUWAKU ネットワーク編『子ども食堂をつくろう！―人がつながる地域の居場所づくり―』明石書店、2016 年、阿部彩・村山伸子・可知悠子・鳰咲子編『子どもの貧困と食格差―お腹いっぱい食べさせたい―』大月書店、2018 年。

4　「消えていた炎―限界の山里で―（1〜4）」『高知新聞』2021 年 3 月 3〜6 日付、森井淳吉編『過疎山村の変貌―高知県の場合―』地域産業総合研究所、2022 年。同様の問題を考える上で、日本で一番小さい村といわれる高知県大川村のルポ「500 人の村がゆく」『高知新聞』2007 年 1 月 1 日〜2008 年 6 月 14 日付も参考になる。

5　「地方創生『成果不十分』68 ％」『高知新聞』2024 年 9 月 1 日付。

6　内閣官房デジタル田園都市国家構想実現会議事務局・内閣府地方創生推進事務局『地方創生 10 年の取組と今後の推進方向』2024 年 6 月 10 日。

7　宮本憲一・川瀬光義編『沖縄論―平和・環境・自治の島へ―』岩波書店、2010 年、上間陽子『裸足で逃げる―沖縄の夜の街の少女たち―』太田出版、2017 年、沖縄自治構想会議『沖縄エンパワーメント―沖縄振興と自治の新たな構想―』2018 年、川瀬光義『基地と財政―沖縄に基地を押しつける「醜い」財政政策―』自治体研究社、2018 年等を参照。なお、米国の戦略転換に追随した「経済安全保障」政策については、島薗進・井原

32　　序章　「人間復興」の地域経済学を求めて

聡・海渡雄一・坂本雅子・天笠啓祐『経済安保が社会を壊す』地平社、2024 年を参照。

8　ガバン・マコーマック・乗松聡子『沖縄の「怒」―日米への抵抗―』法律文化社、2013 年、三上智恵『戦雲―要塞化する沖縄、島々の記録―』集英社、2024 年。

9　「中央」との関係によって作られた「東北」の近代化については、岡田知弘『日本資本主義と農村開発』法律文化社、1989 年、第 3・5 章、河西英通『東北史論―過去は未来に還元する―』有志社、2021 年、「復興災害」については塩崎賢明『復興〈災害〉―阪神・淡路大震災と東日本大震災―』岩波書店、2014 年を参照。

10　濱田武士・小山良太・早尻正宏『福島に農林漁業をとり戻す』みすず書房、2015 年、山川充夫・瀬戸真之編『福島復興学―被災地再生と被災者生活再建に向けて―』八朔社、2018 年、山川充夫編『福島復興学 II―原発事故後 10 年を問う―』八朔社、2021 年。

11　大門正克・岡田知弘・川内淳史・河西英通・高岡裕之編『「生存」の東北史―歴史から問う 3・11―』大月書店、2013 年、同『「生存」の歴史と復興の現在―3.11　分断をつなぎ直す―』大月書店、2019 年、同『「生存」の歴史をつなぐ―震災 10 年、「記憶のまち」と「新たなまち」の交差から―』績文堂出版、2023 年。

12　伊藤周平「コロナ禍があばく社会保障の脆弱と政策課題―医療・介護・雇用政策を中心に―」伊藤周平編『コロナ禍があばく社会保障と生活の実態』自治体研究社、2021 年。自宅療養死については、遺族が「自宅放置死遺族会」を結成した。「コロナ自宅療養での死亡者遺族会が発足『同じ目に遭わせない』」『毎日新聞』2021 年 11 月 5 日付。

13　雨宮処凛『コロナ禍、貧困の記録』かもがわ出版、2021 年、飯島裕子『ルポ　コロナ禍で追いつめられる女性たち―深まる孤立と貧困―』光文社新書、2021 年等を参照。

14　財務省『国際収支統計』各年版、同『貿易統計』各年版より算出。

15　経済産業省『海外事業活動基本調査』各年版を参照。

16　内閣府社会総合研究所『国民経済計算（GDP 統計）』2024 年より算出。

17　詳しくは、岡田知弘『地域づくりの経済学入門―地域内再投資力論―［増補改訂版］』自治体研究社、2020 年、第 2・3 章を参照。

18　例えば、小売業界では、大手の全国展開を通じて、スーパーにおけるイオンとイトーヨーカドーの二強体制や、コンビニにおけるセブン-イレブン、ファミリーマート、ローソンの三強体制が確立された。とりわけコンビニのインパクトは大きく、地元個人商店の淘汰にとどまらず、中堅コンビニやローカルスーパーの包摂・提携まで生じるようになった。岩佐和幸「コンビニエンスストアの全国浸透と地域経済―高知県の事例を中心に―」『高知論叢』第 113 号、2017 年 3 月を参照。

19　構造改革とワーキングプアの最新状況については、伍賀一道「日本型雇用解体過程の非正規雇用・半失業―21 世紀日本の就業の特徴―」『季刊経済理論』第 59 巻第 3 号、2022 年を参照。

20　「円安招く『戻らぬマネー』」『日本経済新聞』2024 年 1 月 12 日付。2019～23 年の累積では、経常収支が黒字であるにもかかわらず、実際は 3 兆円の流出超過であると算出さ

れている。

21　財務省『「国際収支から見た日本経済の課題と処方箋」懇談会報告書』2024 年 7 月 2 日。処方箋の内容は、①新陳代謝促進・労働移動円滑化による生産性向上、②人的資本への投資・技術の開発・活用（含む再エネ、原発）、③国内投資・対内直接投資の促進、④財政健全化である。

22　総務省統計局『住民基本台帳人口移動報告』各年版。

23　津崎克彦編・駒井洋監修『産業構造の変化と外国人労働者―労働現場の実態と歴史的視点―』明石書店、2018 年。

24　この点について、農業を中心に論じたものに、岩佐和幸「農業労働力のグローバル化―食料輸入大国の新展開―」冬木勝仁・岩佐和幸・関根佳恵編『アグリビジネスと現代社会』筑波書房、2021 年を参照。

25　岡田知弘・高野祐次・渡辺純夫・秋元和夫・川西洋史・西尾栄一『増補版　中小企業振興条例で地域をつくる―地域内再投資力と自治体政策―』自治体研究社、2013 年。

26　後藤道夫・中澤秀一・木下武男・今野晴貴編『最低賃金 1500 円がつくる仕事と暮らし―「雇用崩壊」を乗り超える―』旬報社、2018 年。

27　小田切徳美『農山村は消滅しない』岩波書店、2014 年、藤山浩『田園回帰 1 ％戦略―地元に人と仕事を取り戻す―』農文協、2015 年等を参照。

28　地域経済学における多様なアプローチについては、日本地域経済学会の設立 30 周年記念大会シンポジウム「地域経済学の回顧と展望」での杉野圀明、宮本憲一、中村剛治郎、岡田知弘の各報告が参考になる。『地域経済学研究』第 39・40 号、2020 年を参照。また、地域経済学の意義については、岩佐和幸「地域の現実から出発する経済学と経済学教育―地域経済学の視座―」八木紀一郎（代表）・有賀裕二・大坂洋・大西広・吉田雅明編『経済学と経済教育の未来―日本学術会議（参照基準）を超えて―』桜井書店、2015 年を参照。

29　地域学の教育研究動向については、「特集　地域学のこれまで・これから」『地理』第 62 巻第 4 号、2017 年 4 月号、宮町良広・田原裕子・小林知・井口梓・小長谷有紀編『地域学―地域を可視化し、地域を創る―』古今書院、2024 年を参照。

30　詳しくは、岡田、前掲『地域づくりの経済学入門』を参照。

31　宮本憲一『都市経済論―共同生活条件の政治経済学―』筑摩書房、1980 年、宮本憲一・横田茂・中村剛治郎編『地域経済学』有斐閣、1990 年。

32　Harvey, D., *The Urbanization of Capital : Studies in the History and Theory of Capitalist Urbanization,* Johns Hopkins University Press, 1985（水岡不二雄監訳『都市の資本論―都市空間形成の歴史と理論―』青木書店、1991 年）。

33　岸本聡子『地域主権という希望―欧州から杉並へ、恐れぬ自治体―』大月書店、2023 年等を参照。

第Ⅰ部

開発と地域形成の史的展開

第1章

バブル崩壊後の大阪都心部における土地所有と銀行
―銀行所有地の分析―

名武なつ紀

はじめに

　本章の課題は、1990年代以降の大阪都心部における土地所有の変化を、銀行所有地の追跡を通じて経済史的視点から考察することである。まず、分析の特徴と意義について述べたい。

　都市に人口が集中して諸活動が行われている今日、都市空間のあり方は社会にとって大きな意味を有している。本章では、主に企業活動が行われる場である都心部のオフィス街に注目し、都市空間を構成するさまざまな要素のうち、土地所有について経済史的分析を行う。都市部における土地所有については、その重要性から、経済史分野において、しばしば分析の対象となってきたが、その主たる関心は、郊外における都市化の進展に伴う農地の市街化プロセスであった[1]。これに対し、本章では、都心部を対象としている点に特徴がある。都市の全体像を解明するためには、いずれの分析も必要だと考えるからである。

　現代において、都心商業地の土地は主として企業により所有されているが、そのあり方は1990年代初頭のバブル崩壊以降、大きく変容したと言われている。一般に、バブル崩壊以前の日本では、諸企業にとっては都心の一等地にある自社有地上の自社ビルで事業を行うことがステータスであり、また経済的な信用力の前提でもあった。成長中の企業は、将来的に、より優良なエ

第1章　バブル崩壊後の大阪都心部における土地所有と銀行　　37

リアに移転したり、より大規模なビルを建設したりすることを念願した。自社ビルの新築がしばしば企業の周年事業として行われてきたのは、こうした価値観を象徴している。

　しかし、バブル崩壊後は、各企業における財務の悪化を受けて、大企業であっても本社ビルの敷地をはじめとした所有地を処分する例が多数に上った。国土交通省の『法人土地・建物基本調査』の 2013 年調査結果によれば、同調査が開始された 1993 年から 2013 年まで 5 年ごとの集計において、会社法人の土地所有率は、ほとんどの資本金別階層において漸減している[2]。さらに、こうした「持たざる経営」への変化を後押しした要因として、近年、企業の収益性を判定する際に、ROE（自己資本利益率）や ROA（総資産利益率）といった、経営の効率性を測る財務指標が重視されるようになったことも挙げられる[3]。長期的な地価の下落や財務指標の変化により、長年培われてきた企業による土地への観念が揺るがされたと言えるだろう[4]。

　都心部においては、こうした企業処分地の受け皿の 1 つとなったのが、2000 年代以降に急速に発展した不動産証券化市場である[5]。不動産証券化の代表的な存在である日本版不動産投資信託（J-REIT）は、2000 年に「証券投資信託法」が「投資信託及び投資法人に関する法律」（投信法）に改正されたことにより組成可能となった。2001 年 9 月、東京証券取引所に 2 法人がJ-REIT として上場したことに始まり、リーマンショックによる市場収縮を経て再び成長に転じ、2020 年 3 月末時点で、上場銘柄数 62、保有物件数 4188、保有資産額は約 22 兆円にのぼっている[6]。J-REIT の投資法人は、投資家から資金を集め、それぞれが掲げる投資方針に適する不動産を取得して資産の運用を行うが、全体としての投資傾向は、市場開設当初における首都圏のオフィスビルを中心としたものから、次第に全国の商業施設・ホテル・住宅・物流施設などを含んだものへと変化していった[7]。このように、投資物件の所在地域・資産種別ともに多様化が進んだが、オフィスビルは一貫してJ-REIT 投資法人の主要な投資先であり続けた[8]。

　それでは、1990 年代以降の日本における企業と土地をめぐる関係の変化は、それぞれの都市に何をもたらしたのだろうか。この点を明確にするためには、

まず各都市における土地関係の実態を明らかにする作業が必要である。本章は、この作業の一環であり、分析の意義はこの点にある。

　都心部のオフィス街を分析の対象とする際に、本章では次の2点を重視している。第1に、個別都市の歴史性を踏まえることである。日本のオフィス街は、そもそも変化の前提となる土地所有の形態や土地の権利関係がそれぞれに異なっている。例えば、東京を代表するオフィス街である丸の内は、明治期に三菱が払い下げを受けて発展し、三菱による土地所有やオフィス経営が行われてきたことがよく知られている。これに対して、本章の分析対象である大阪における近世以来の商業地である船場では、小規模分散型の土地所有が特徴であり、今なお個人所有者も一定数存続している。それぞれの都市は、その歴史性に根差した固有の土地関係を抱えて現代に至っているのである。本章では、長期的な視点からバブル崩壊後における都心部の変化を明らかにするために、大阪の都心商業地・北船場（大阪市中央区の一部）を事例とする。船場は近世より続く商業地区であり、歴史的な変容を評価する上で恰好の対象であると考える。

　第2に、産業ごとの動向に注目することである。都心部のオフィス街にはさまざまな産業の企業が本社や支店を置いているが、バブル崩壊による影響や、事業における不動産の位置づけ、また経営判断のあり方は、産業ごとに差異が大きい。したがって、オフィス街で生じている変化については、企業一般で分析するのではなく、個別の産業に即して明らかにすることが意味のある作業となるだろう。戦後の船場においては、事業の上でも、土地所有の上でも、銀行・商社・製薬関係企業が代表的な存在であったが、筆者は別稿において、商社および製薬関係企業の所有地については分析を終えている[9]。そこで本章では、残る銀行所有地の動向を分析対象とする。船場においては、鴻池家など近世の両替商が事業を営み、また旧大阪証券取引所（現・大阪取引所）も船場の北浜にある関係で、長期的に金融業者が集積してきた。関西系銀行の本店や関東系銀行の大阪支店が長年にわたり配置されてきた地区である。

　銀行については、商社や製薬関係企業と異なり、土地所有との関わりにお

いて次のような特徴がある。第 1 に、本店のほかに多数の支店があり、関係する不動産が分散していることである。本章で分析対象とするのは船場の北半分に該当する北船場と呼ばれる 1km² 程度の地区であるが、同一銀行の複数支店がこの地区内に立地しているケースも珍しくない。第 2 に、規制との関係で、銀行法において定められた事業以外は営むことができず、自行で不要となった不動産で自由に賃貸業を営むことが難しいことである。第 3 に、土地を担保に融資を行うという、業務としての土地との関わりを有していることである。この第 3 の点は、まさに不良債権問題と直結する重要な点であるが、本章ではさしあたり、銀行が自己利用地として所有している本店や支店の用地に関する変化の解明を目指す。

1 バブル崩壊後の銀行と大阪都心部の不動産

分析に先立ち、本節では、バブル崩壊後の銀行と船場との関わりについて概観しておきたい。一般に、バブル崩壊後に生じた金融界の変化、とりわけ銀行合併と支店統廃合は、他の諸都市と同様、大阪のオフィス街にも大きな影響をもたらしたという指摘がされてきた。表 1-1 は、全国における主要金

表 1-1　主要金融機関の店舗数（1990〜2015 年）

年度末	全国銀行	都市銀行	地方銀行	地方銀行 II	信託銀行	その他	ゆうちょ銀行
1990	16,596	3,737	7,598	4,732	430	99	24,103
1995	16,954	3,732	8,042	4,632	432	116	24,583
2000	15,315	2,928	7,904	4,000	443	40	24,774
2005	13,617	2,470	7,484	3,312	294	57	24,631
2010	13,460	2,489	7,493	3,138	277	63	24,248
2015	13,767	2,870	7,507	3,056	278	56	24,113

注：「全国銀行」に関しては、店舗外の現金自動設備を除く。
　　「ゆうちょ銀行」に関しては、銀行代理業を行っていない郵便局（分室及び簡易郵便局を含む）を除く。
出所：総務省統計局『日本の統計 2009』『日本の統計 2021』より転記。
　　　原資料は一般社団法人全国銀行協会『全国銀行財務諸表分析』および株式会社ゆうちょ銀行『ゆうちょ銀行　統合報告書（ディスクロージャー誌）』。

融機関の店舗数について、1990 年から 2015 年までの推移を 5 年ごとに示したものである。ゆうちょ銀行を除く諸銀行の合計である「全国銀行」の欄からは、バブル崩壊後にいくぶん増加したのち、長期的な減少に転じ、2010 年以降は微増していることが示されている。1995 年から 2005 年までの 10 年間には、1 万 6954 店から 1 万 3617 店へと 3337 店減少し、この間の減少率は 19.7 ％である。内訳をみると、都市銀行は 1995 年の 3732 店から 2005 年の 2470 店へと 10 年間で 1262 店減少しており、減少率は 33.8 ％である。また、地方銀行は同じ期間に 8042 店から 7484 店へと 558 店減少しており、減少率は 6.9 ％である。

　この時期の変化を、大阪市について、事業所・企業統計調査の結果に基づき確認すると、産業小分類の「銀行」に該当するのは、1996 年には事業所数 652・従業員数 3 万 1170 であるが、2006 年には事業所数 415・従業員数 1 万 8872 となっている[10]。この 10 年間における減少率は、事業所数で 36.3 ％、従業員数で 39.5 ％に達している。こうした事業所数の急減は、船場における不動産のあり方に大きな影響を及ぼしたはずである。以下、新聞記事などから当時の報道をたどってみよう。

　バブル末期の 1990 年 1 月掲載の新聞記事では、梅田から難波までの御堂筋沿いに銀行が約 100 店舗、証券会社が 20 店舗以上、生損保が 40 店舗以上あるとした上で、御堂筋への立地確保を、なお希望する銀行が、限られた空きスペースの確保に積極的に動いている様子を伝えている[11]。また、同年 5 月の記事では、関西新空港や関西文化学術研究都市などのプロジェクトの経済効果で関西における資金需要が高まっているとして、関東系の都市銀行が大阪に支店を増設したり、大阪所在支店の機能を強化したりしていると報じている[12]。同じ頃、好景気で本社社屋の建て替えや移転が相次いでいるとして、大和銀行が大阪都心部の堺筋本町で現本店と比べて延べ床面積が 3 倍となる新本店ビルの建設を急いでいることなどが紹介されている[13]。

　一転して、1993 年頃からは、銀行の合併や支店の統廃合に関する記事が増加する。1993 年 3 月には、さくら銀行が、三井銀行と太陽神戸銀行との合併による店舗統廃合の一環として、太陽神戸銀行系の船場支店を廃止すると報

じられている[14]。また、1998 年 8 月の記事では、1999 年 4 月に阪神銀行と合併予定のみどり銀行が、同年 1 月に船場支店（大阪市中央区）・大阪南支店（同西成区）を廃止し、両支店の営業を大阪支店（同中央区）に引き継ぐと発表したことが紹介されている[15]。

　相次ぐ銀行の合併や支店の統廃合は、大阪都心部における不動産不況の一因としてしばしば取り上げられた。例えば、1999 年 4 月には、日本経済新聞社が実施した「オフィスビル賃貸料調査」の結果を踏まえ、大阪では東京に比べて景気低迷の影響が一段と大きいことが述べられるとともに、金融機関などの支店統廃合が相次いでいることから過去最高の空室率がさらに上昇するとの予想もあることが紹介されている[16]。また、地価についても、2000 年 9 月の記事で、大阪中心部の基準地価の下落が全国的に突出している要因として企業流出に歯止めがかからないことが挙げられ、「商社や銀行はその典型」とされている[17]。

　一方で、銀行の支店統廃合で空いた不動産の利用についても、いくつかの報道がある。例えば、1998 年 10 月の『日経ビジネス』には、東京・大阪のオフィス街において、銀行が撤退した後の好立地の賃貸ビルに流通・サービス業の店舗が入るケースが増えていることが紹介されるとともに、大阪の中心部では金融機関が退去した物件で次のテナントがすぐには決まらないケースが少なくないと記されている[18]。1999 年 10 月の新聞記事では、大阪市内のオフィスビル空室率が 8 か月ぶりに低下したことが述べられ、銀行・商社などがオフィスを閉鎖・撤退した後に、賃貸料の割安感も手伝って中心部へ移転する小規模テナントの入居が目立つことが述べられている[19]。2002 年 6 月の記事では、同年度に関西で少なくとも百店以上の金融機関の店舗閉鎖が決まっているとして、御堂筋周辺のビルにおいても立地や店舗構造を生かして飲食店などに再生される例が紹介されている[20]。また、2003 年 6 月には、銀行店舗の統廃合で空いたテナントを安価に賃借し、御堂筋沿いに国内外の有名ブランド各社が出店しているとの記事がある[21]。

　以上、報道に基づいてバブル崩壊後の大阪都心部における銀行と不動産の関わりを概観した。これらの報道からは、平成不況の時期における銀行の合

併や支店の統廃合が、大阪都心部の不動産に大きな影響をもたらしたことが
うかがわれる。しかしながら、これらの記事においては、地価の下落や街並
みの変化について言及されてはいるものの、底地の所有権の変化にまでは触
れられていない。そのため、諸銀行による支店の統廃合が、賃貸物件からの
撤退にとどまるのか、あるいは銀行が所有していた建物や土地の処分にまで
結びつくものであったのか、判然とはしない。そこで、次節以降、より直接
的なデータを用いて、1990年代以降の銀行の動向が、都心部における土地所
有の状況にいかなる影響をもたらしたのかを明らかにすることを試みる。

2　1990年以降の北船場における銀行所有地の動向

1　1990年と2003年との比較

　本節では株価が下落に転じた1990年以降における銀行経営の変化と大阪
都心部の土地所有との関係を探るため、大阪都心部の土地所有者に関する網
羅的なデータを利用して分析を進める。その際、後述するデータ作成の経緯
に起因する事情から、1990年から2003年までの変化と、2003年以降の変化
について、それぞれ異なる処理を施したデータを使用する。そのため、結果
的には、バブル崩壊後の10年間と、その後の変化とを区分して論じることと
なるが、これは実態に即した時期区分ではなく、データ処理上の便宜的な区
分に過ぎないことを、あらかじめ断っておきたい。

　それでは、1990年から2003年までの変化を分析しよう。筆者は別の機会
に、登記情報を利用して1990年時点および2003年時点における北船場の民
有地における全土地所有者の把握を試みた。その作成方法の詳細は別稿に譲
るが、調査時点であった2003年データが完全データであり、すべての地番と
その所有者が把握できているのに対し、2003年データから遡及して作成した
1990年データは不完全データである[22]。データの集計結果を示しておくと、
不完全データである1990年データで把握できたのは面積71万1860m²・所有
者数1543名であったのに対し、完全データである2003年データでは面積77
万1724m²・所有者数1524名であった。北船場における民有地の面積がこの

間一定であったと仮定すれば、1990年データの捕捉率は面積ベースで約92.2％となる。したがって、両データを使用する際には、1990年データにおよそ1割の欠落がある点に留意する必要がある[23]。

　まず、1990年データからみていこう。不完全データであるため参考にとどまる部分はあるが、筆者が捕捉できた1990年における北船場の土地所有者数1543名のうち、所有者名に「銀行」が含まれるのは28名（行）で、その所有面積は計5万6710m²であった。1行あたり平均2025m²を所有している計算となる。なお、船場の土地所有上の特徴として小規模分散である点が挙げられるが、この平均2025m²は坪換算でおよそ600坪余りとなる。伝統的な町割りとの関連では、これは、間口10間・奥行20間の200坪程度の敷地を基準にすれば、およそ3軒分ということになる。もっとも、実際は最大9325m²から最小27m²までと、所有規模には大きな開きがあるが、概して、銀行は土地所有者としての規模が比較的大きいといえる。実際、全所有者1543名の所有面積ランキングをみると、28行のうち、10位までに3行が、100位までにこれら3行を含めた10行がランクインしている。シェアを計算すると、全所有者数に占める比率は1.8％、面積ベースのシェアは8.0％である。

　次に、2003年データを同様にみると、北船場の全土地所有者1524名のうち、所有者名に「銀行」が含まれるのは24名（行）であった。その所有面積は計3万6258m²であり、1行あたり平均1511m²となる。最大の所有者は9248m²、最小は17m²であった。全所有者1524名の所有面積ランキングにおいては、24行のうち、10位までに1行が、100位までにこの1行を含めた5行が入っている。また、全所有者数に占める比率は1.6％、面積ベースのシェアは4.7％である。

　両データの比較に進もう。まず、土地を所有している銀行数であるが、1990年データが不完全データであるため、実際には1990年に28名（行）より多かった可能性もある。したがって、土地所有者としての銀行は1990年から2003年の間に、4行以上減少したと言える。両データの所有者名を比較すると、1998年に経営破綻し国有化された日本長期信用銀行や、同年なにわ銀行と合併した福徳銀行などが土地所有者リストから姿を消している。ただし、

44　　第Ⅰ部　開発と地域形成の史的展開

1990年代の銀行合併がすべて2003年データに反映されている訳ではない。一般に、土地の登記に関しては、企業合併などに伴う名義の変更手続きが迅速には行われず、長期にわたり旧法人名のままとなっているケースも珍しくないからである。実際に、2003年データでは、旧銀行名のままの所有者が散見される。この点を考慮すれば、実際の銀行所有者はさらに減少したと見なすことができよう。

　続いて、所有面積についてであるが、1990年の計5万6710m²から2003年の計3万6258m²へと大きく減少しており、単純計算で36.1％の減少である。1990年データの捕捉率がおよそ9割であることを考慮すれば、減少幅はこれ以上である可能性もある。ただし、こうした変化は当然ながら全銀行に一律ではない。土地所有者リストを比較すると、全所有地を手放した銀行がある一方で、所有面積が両時点ではほぼ不変となっている銀行も少なくない。

　以上から、バブル崩壊後の諸銀行における経営の悪化や合併は、諸銀行が戦前以来継続してきた北船場における所有地拡大に転換をもたらしたと言えるだろう。一方で、こうした変化が全銀行に一律ではないことも、両データが示すところである。バブル崩壊に起因する銀行再編や支店の統廃合は2000年代においても継続した。そのため、2003年というデータ集計時点はバブル崩壊と土地所有の関係分析においては中間評価にとどまる。次項では、2003年以降の変化について、異なるデータ処理方法を用いて分析を行う。

2　2003年以降の変化

　前項では、1990年データと2003年データの比較から、1990年代における銀行所有地の変化を分析した。本項では、続く2003年以降の変化を明らかにすることを試みる。1990年データや2003年データと同様の網羅的なデータが存在しないため、次の手順で、銀行所有地のうち主要な部分について追跡調査を行った。すなわち、①2003年に土地所有者として現れている全24行のうち、所有面積合計が1000m²を超える8行について2003年時点の所有地一覧を作成し、②そのうち1筆100m²以上の地番計46筆について調査時点の2018年7月に現存するかを確認し、③現存の地番計37筆について登記情

報から所有者の変化を確認した[24]。

　この調査にはいくつかの限界がある。まず、手順②において便宜的に1筆100m²以上という基準を設けているが、銀行にしばしば見られたように、小規模な土地区画の集積を進めて地続きの大規模な土地区画を所有しているものの、登記上、合筆手続きを行わずにいた場合、大規模な土地区画であっても漏れてしまうことである[25]。また、調査時点に存在する地番のみが対象となったのは、登記情報を調査するシステムの都合上であるが、このことにより2003〜18年までの間に他の地番に合筆された土地についても対象外となってしまう。こうした問題点はあるものの、本調査により、銀行合併や支店の統廃合が2000年代に盛んに行われた影響について一定程度明らかにすることはできるだろう。

　さて、調査の対象とした2003年の銀行所有地37筆について、2018年時点における所有者の異同を調べたところ、所有者が同一あるいは銀行合併後の名義となっており事実上変化がないケースが計15筆、売買により所有者が変更となっているケースが計22筆という結果であった。これを面積ベースで計算すると、調査対象計37筆・2万1426m²のうち、前者、すなわち所有継続が63.0％、後者、すなわち売却が37.0％となる。全数調査ではないこと、また調査手法上の限界があることから、この比率をただちに全体にあてはめて解釈することはできないが、2000年代以降にも銀行所有地の売却がかなり進んだことは確認できる。

　なお、参考までに2003年から2018年の間に売却された22筆について売却年の分布を記しておくと、2004年が1筆で上記22筆の総面積7936m²に対するシェア17.5％、2005年が5筆で同30.8％、2006年が1筆で同2.1％、2007年が8筆で同23.5％、2016年が7筆で同26.1％である。この数年間、日銀による低金利政策の下で諸銀行はビジネスモデルの転換を図り、支店配置の見直しが盛んに行われた。したがって、2016年の7筆についてはその原因を慎重に判断する必要があるが、1990年代から引き続いた大阪都心部における銀行所有地の売却は、少なくとも2007年頃まで続いていたとみることができるだろう。

以上、本節の分析からは、次の諸点が示された。第1に、バブル崩壊以降、船場における銀行所有地の何割かが銀行の手を離れるに至ったこと、第2に、一連の変化は少なくとも2007年頃まで引き続いたこと、第3に、その一方で所有地を維持し続けた銀行もあり、変化は諸銀行に一律ではなかったことである。そこで次節では、具体例に即して、銀行の支店統廃合と土地所有上の変化との関係を考察したい。

3　銀行支店統廃合の事例分析

1　三菱銀行本町支店

　本節では、支店の統廃合と土地所有の変化との関係を探る試みとして、バブル崩壊後に統廃合されるに至った2支店の事例を分析する。具体的には、旧三菱銀行本町支店と旧住友銀行高麗橋支店であり、統廃合の時期は、それぞれ1995年と2002年である。両行はバブル崩壊後の銀行再編により、その後、3メガバンクのうちの2行に至っており、この2支店の分析は、大規模な銀行の事例として位置づけることができる。もとより不動産に関する事情は個別性が強いため、2事例の分析では十分とは言えないが、第2節に示された変化と合わせ、実態解明の手掛かりを与えてくれるだろう。

　三菱銀行本町支店から確認しよう。三菱銀行は1996年4月に東京銀行と合併し、東京三菱銀行と改称したが、三菱銀行本町支店は合併前年の1995年11月に廃止され、船場支店に業務が継承された[26]。立地の特性をみておくと、同支店の所在した本町3丁目は北船場の中では南寄りに位置し、南北のメインストリート・御堂筋に面するエリアである。地下鉄御堂筋線の本町駅に近接しており、利用者にとって利便性は非常に高い。

　支店所在地の底地について確認しよう[27]。支店所在地の住所に対応する地番は現在3筆あるが、そのうち面積の最も小さい1筆の土地所有者は個人、他の2筆の土地所有者は同一の法人である。まず、この個人所有地については、1964年の相続によりこの個人に所有権が移転したものである。一方、2筆の法人所有地については、2筆のうち面積の大きい1筆は1953年に、面積

第1章　バブル崩壊後の大阪都心部における土地所有と銀行　47

の小さい1筆は1965年に、売買を通じて同社に所有権が移転している。

したがって、資料から読み取れる限りにおいて、これら3筆の土地所有者は1995年の支店廃止前後で所有者の変更はない。この2筆を所有している法人は1934年に大阪で繊維製品を取り扱う個人商店として創業され、1948年に株式会社となった企業である。現在は繊維事業の他に不動産事業と資材事業も営んでおり、海外にも事業展開している。この土地の上にこの法人の社名を冠したビルが現在もあり、三菱UFJ銀行のATMコーナーが入っている。

以上から、廃止された三菱銀行本町支店の底地はそもそも同行の所有地ではなく、そのため1995年の三菱銀行本町支店廃止に伴って、底地の所有権に特段の移動はみられなかったことがわかる。支店統廃合と土地所有の変化は、直結させて解釈すべきではないことがうかがわれる。

2　住友銀行高麗橋支店

次に、住友銀行の高麗橋支店を取り上げたい。三井住友銀行は、2001年4月にさくら銀行と住友銀行が合併して誕生した。合併時の店舗数は、旧住友銀行が262か店、旧さくら銀行が316か店であった[28]。立地重複店舗は約100か店あり、合併効果を早期に実現することを目指して、合併後は徹底した支店統廃合が進められた[29]。

住友銀行の高麗橋支店は、戦後、住友銀行が大阪銀行と改称されていた時期にあたる1951年に大阪銀行高麗橋支店として開業し、行名復帰後は住友銀行高麗橋支店として半世紀以上にわたり船場にて営業を続けてきた支店である[30]。しかし、江戸時代の三井大阪両替店としての店歴を有する旧さくら銀行の支店と立地が重複しており、両行が合併した翌年の2002年10月15日に三井住友銀行大阪中央支店に統合された[31]。立地の特性としては、住友銀行高麗橋支店が所在した大阪市中央区伏見町2丁目は、戦前より金融業者が集中してきた北浜に近い。また、御堂筋建設以前の船場を代表する街路であり、伝統的に大規模事業者が多数立地してきた堺筋に位置している。船場の中では伝統と近代性の両方を兼ね備えた地区の1つである。

さて、この高麗橋支店の用地のうち主要な地番である伏見町2番地2は、

48　第I部　開発と地域形成の史的展開

支店開業の年である1951年に売買により住友銀行が取得した。面積は、当初は678.34m²であったが、1992年に周辺地番の合筆手続きを行い、1000.51m²となっている。その後、1992年に交換による所有権一部移転が行われ、他企業が持分10万分の6万4407を取得し、共有者となった。建物については、1955年に建設された建物が長期にわたり使用されていたが、1994年に地上9階地下2階、延べ床面積約9,700m²の新ビルに建て替えられた。

　それでは、支店統合により、支店の底地がどのように取り扱われたのか確認しよう[32]。支店統合が行われた2002年10月、この伏見町2番地2の土地は、上述した他企業の持ち分すべてについて信託の対象となり、住友信託銀行㈱が受託することとなった。その後、2013年に受託者が三菱UFJ信託銀行㈱に変更となった。また、信託の受益者については、たびたび変更され、調査時点である2018年7月の受益者は日本リート投資法人（東京都中央区）であった[33]。しかし、こうした変化は、共有者の持分についてのものであり、それ以外の部分については、依然として同行の下にある。

　以上、三菱銀行本町支店および住友銀行高麗橋支店について、支店の統廃合と土地所有の変化との関係を確認してきた。両事例からは、支店の統廃合が土地所有上の変化に直接的には結びつかない事例も存在していたことが示されている。無論、本節で取り上げた2事例はメガバンクに至る大手行の事例であり、他行についてこのケースから類推するのは妥当ではない。もとより、企業が土地を売却するか否かの判断には、財務上の事情に加え、立地などの土地そのものの特性、共有者との関係、信託をはじめとした他の選択肢の可能性、他の保有不動産と比較しての当該企業にとっての優先度、ビルの築年数など、多くの要因が関係する。本節ではこうした諸点に踏み込むことができなかったが、バブル崩壊後の都心商業地について、単純な理解にとどまることは避けるべきであるといえるだろう。

おわりに

　本章では、長期的な視点においてバブル崩壊後の企業と土地との関係変化

を明らかにする目的で、大阪都心商業地・北船場における銀行所有地の動向を分析した。分析の結果を要約したい。

　第1節では、統計および新聞記事を利用し、バブル崩壊後の銀行合併や支店統廃合が大阪都心部にもたらした影響を概観した。その結果、全国的な傾向と同様、この時期、大阪においても銀行の事業所数は急減しており、そのことが都心部における不動産のあり方に大きな影響をもたらしていることがうかがわれた。しかし、それらの資料は、土地の所有関係における変化を直接的に示すものではなかった。そこで、第2節では、1990年代以降の銀行の動向が大阪都心商業地の土地所有にいかなる影響をもたらしたのか、直接的なデータを用いて明らかにすることを試みた。バブル崩壊以降、少なくとも2007年頃まで、銀行所有地の何割かが処分されるに至っていたものの、こうした変化は諸銀行に一律ではなかったことが示された。続く第3節では、バブル崩壊後に統廃合された旧三菱銀行本町支店と、旧住友銀行高麗橋支店の事例を取り上げ、支店統廃合と土地所有上の変化との関係を確認した。両事例からうかがわれるのは、支店の統廃合と土地所有の変化が、直接的な関係をもたないケースも存在していたことである。この点は、第2節の分析結果である、銀行ごとの個別性という点にも符合するものである。

　以上、本章は、経済史的な視点からバブル崩壊後の都心商業地における土地所有の変容を分析する一環として、銀行所有地の分析を行った。本章において示された結果は、筆者がこれまでおこなってきた他産業、すなわち商社および製薬関係企業についての分析結果と照らし合わせれば、製薬関係企業の結果に近いものである。バブル崩壊後における銀行所有地の処分は、大阪発祥商社が2000年前後の時期に相次いで本社ビルの土地を売却したことに比較すれば、変化の程度は小さく、また長期にわたるために緩やかでもある。製薬関係企業の土地所有に関する動向は一律ではなかったが、本章の分析からは、銀行についても個別性がうかがわれる。

　このように、産業ごと、また企業ごとに差異はあるものの、バブル崩壊後の大阪都心商業地において、土地所有に関する大きな変化が生じたことは疑いない。すなわち、戦前以来、大阪都心部の主要な土地所有者であった銀

50　　第Ⅰ部　開発と地域形成の史的展開

行・商社・製薬関係企業が、1990年代以降は、所有地を縮小させてきたことである。さらに、それらの処分地の一部は不動産証券化の対象となっている。

　この変化は、歴史的な視点において、どの程度の規模の変化であると位置づけることができるだろうか。筆者の観察では、大阪都心商業地において近現代を通じた最も劇的な変化は、戦後改革の財産税によるものである[34]。バブル崩壊後の変化は、それ以降の都心商業地の歴史において転換点となったのだろうか。そして、このことは都市・大阪にいかなる変容をもたらすものなのであろうか。こうした点の評価をおこなうには、さらなるデータに基づく分析と、後年における影響の見極めが必要だと考える。

（2021年12月31日提出）

注

1　例えば、高嶋修一『都市近郊の耕地整理と地域社会—東京・世田谷の郊外開発—』日本経済評論社、2013年、沼尻晃伸『村落からみた市街地形成—人と土地・水の関係史尼崎1925-73年—』日本経済評論社、2015年。

2　国土交通省『平成25年土地基本調査総合報告書』（本文）22-23頁、国土交通省ホームページ（https://www.mlit.go.jp/common/001205332.pdf、2021年9月10日最終アクセス）。

3　ROEはReturn On Equity、ROAはReturn On Asset(s)の略称。ROAは利益を総資産で除して算出されるため、企業にとっては、土地処分などの資産の削減により、この数値を改善することができる。

4　もっとも、直近のデータからは、近年、企業による「持たざる経営」への姿勢は、一様ではないこともうかがわれる。『法人土地・建物基本調査』の2018年調査結果によれば、会社法人全体でみると、2018年時点では1998年時点と比較して土地所有率・本社敷地所有率ともに上昇している。これを資本金階級別にみると、資本金の小さな階級においては全体と同様の傾向がみられる一方、資本金の大きな階級において土地所有率・本社敷地所有率ともに低下傾向にあることが示されている（国土交通省『平成30年土地基本調査総合報告書』［本文］14-15頁、国土交通省ホームページ［https://www.mlit.go.jp/totikensangyo/content/001397574.pdf、2021年9月10日最終アクセス]）。また、大手企業を対象とした国土交通省『企業の土地取引動向調査』2021年調査結果によれば、今後の土地所有の有利性について「所有が有利になる」との回答が47.0％、「借地・賃貸が有利になる」との回答が53.0％と拮抗している（国土交通省不動産・建設経済局不動産市場整備課「令和2年度『土地取引動向調査』の概要について」10-11頁、国土交通

省ホームページ〔https://www.mlit.go.jp/common/001336169.pdf、2021 年 9 月 15 日最終アクセス〕）。なお、調査時期は 2021 年 3 月、調査対象は店頭公開企業を含む上場企業と、資本金 10 億円以上の非上場企業および生命保険相互会社の計 4500 社であり、有効回収率は 27.6 ％である。

5　一般社団法人不動産証券化協会編『不動産証券化ハンドブック　2020』同協会、2020 年、6 頁によれば、不動産証券化とは「事業会社などの不動産の所有者が、キャッシュフローを生み出す特定の不動産を自身のバランスシートから切り離し、倒産隔離や信用補完の措置を施すことで当該資産にかかるリスクを目的にかなった形に加工し、有価証券等の流動性の高い投資商品を発行する過程」と定義される。

6　同上、114-118 頁。なお、保有資産額は、開示評価額ベース。

7　投資法人は、建物や土地の所有権や信託受益権を取得する。

8　同上、121 頁、図表 7-8。

9　名武なつ紀「大阪都心部における土地所有の現代的展開─商社所有地の分析─」栩澤能生・佐藤岩夫・髙橋寿一・高村学人編『現代都市法の課題と展望─原田純孝先生古稀記念論集─』2018 年、日本評論社、（第 2 部第 4 論文）189-204 頁、同「現代における大阪都心部の変容と製薬企業」『経済系』（関東学院大学経済経営学会研究論集）第 274 集、2018 年 7 月、1-10 頁。

10　総務省『平成 8 年事業所・企業統計調査』、同『平成 18 年事業所・企業統計調査』。

11　「関西トレンディ─御堂筋、大阪の動脈、流れは南へ、空港にらみ変わる装い─」『日本経済新聞（大阪夕刊）』1990 年 1 月 4 日付。

12　「関西ねらう関東系都銀（上）権限強め出店攻勢─資金需要の伸び『東京上回る』─」同上（大阪夕刊）、1990 年 5 月 9 日付。

13　「関西系企業、本社の移転・新築相次ぐ─好景気で新たな資産─」同上（地方経済面）、1990 年 6 月 23 日付。

14　「さくら銀、4 カ所で支店統合─旧太陽神戸系 4 店を廃止─」『日経金融新聞』1993 年 3 月 18 日付。なお、株式会社三井銀行と株式会社太陽神戸銀行は 1990 年 4 月に合併して株式会社太陽神戸三井銀行となり、1992 年 4 月に株式会社さくら銀行に商号変更した。

15　「大阪市内 3 支店も、みどり銀、来年 1 月に廃止」『日本経済新聞（地方経済面）』1998 年 8 月 20 日付。

16　「特集　オフィスビル賃貸料本社調査、借り手の選別厳しく、東京、大阪」同上、1999 年 4 月 30 日付。

17　「多極化する地価（下）大阪中心部の下落突出─企業流出止まらず、バブルのツケ─」『日経産業新聞』2000 年 9 月 22 日付。

18　「トレンド　貸しビル不況　銀行撤退"跡地"に流通・サービス業が進出」『日経ビジネス』1998 年 10 月 19 日号。

19　「オフィスビル大阪市の 9 月末、空室率 8 カ月ぶり低下─小規模物件で入居─」『日本

経済新聞』1999 年 10 月 16 日付。

20　「銀行の旧店舗、飲食店などに変身―歴史建築生かす、金庫室はバーに（かんさい 21）―」同上、2002 年 6 月 12 日付。

21　「関西経済特集（下）消費に新潮流、生活の質追求」同上、2003 年 6 月 12 日付。

22　データ作成に関する詳細は、名武なつ紀『都市の展開と土地所有―明治維新から高度成長期までの大阪都心―』日本経済評論社、2007 年、16-18 頁を参照されたい。

23　地番によっては複数名の共有となっているケースがあるが、集計に際しては便宜的に 1 名とカウントしている。

24　なお、この調査の際に、土地の形状や土地区画の位置関係を把握するための参考資料として、これらの地番が掲載されている「旧土地台帳附属地図」も参照した。

25　例えば、それぞれ 40m² の隣り合う土地 3 筆を購入し、その後、合筆手続きをして 120m² の土地 1 筆とした場合は本調査の対象に含まれるが、合筆手続きを行わず 3 筆のまま所有している場合には本調査の対象外になる。

26　東京三菱銀行企画部銀行史編纂チーム『続々三菱銀行史』三菱総合研究所、1999 年、546・637 頁。

27　以下、土地の所有状況に関しては、登記事項証明書に基づく。

28　三井住友銀行総務部行史編纂室編『三井住友銀行十年史』2013 年、337 頁。

29　同上、280・337 頁。

30　住友銀行高麗橋支店の店歴については、住友銀行史編纂委員編『住友銀行年史』1955 年、住友銀行行史編纂委員会編『住友銀行百年史』2002 年による。

31　三井住友銀行ホームページ「店舗統合のお知らせ」（https://www14.smbc.co.jp/kojin/tenpo/jouhou/resources/pdf/index_tougo01.pdf）参照。なお、三井住友銀行大阪中央支店は、旧三井銀行大阪支店であり、これは 1691（元禄 4）年に高麗橋 1 丁目に開業した三井大阪両替店が 1876（明治 9）年に三井銀行大阪分店となり、その後の改称・移転を経たものである（三井銀行八十年史編纂委員会編『三井銀行八十年史』1957 年、696 頁）。

32　以下、土地の所有状況に関しては、登記事項証明書に基づく。

33　日本リート投資法人の報道発表文「資産の取得及び賃借に関するお知らせ」（2015 年 6 月 10 日）、「資産の取得完了に関するお知らせ」（2015 年 7 月 2 日）によれば、「三井住友銀行高麗橋ビル」の土地 1390.44m²（一部共有持分権）と建物（区分所有権）の取得価格は 28 億 5000 万円である。

34　この点については名武、前掲書、113-136 頁を参照されたい。

第2章

今日の不動産資本と都市空間形成

豊福裕二

はじめに

　住民の生活領域としての都市空間は、オフィス、工場、店舗、住宅、病院、公共施設などの建築物や、道路、鉄道、港湾といった物的インフラストラクチャ、さらには河川、森林、海岸などの自然環境によって構成されている。それらはいずれも、地域住民の社会経済活動の基盤として機能性や有用性、すなわち使用価値を有すると同時に、それらが総体として作り出す居住環境や都市景観もまた、地域住民の、あるいはその地域を訪れる人々にとっての消費対象として使用価値を有している。

　一方で、現代の資本主義社会においては、都市空間は資本の活動領域として資本の循環過程に組み込まれる。上記のような物的インフラストラクチャの一部は、価値（交換価値）的側面でみれば土地資本、すなわち土地に固定された労働手段および消費手段として、資本が剰余価値あるいは利潤を生みだす循環過程のための物的枠組みとして機能する。D. ハーヴェイは、これらの物的インフラを総称して「建造環境（built environment）」と呼び、それらが資本の空間的運動の条件となるだけでなく、過剰資本の吸収部面の一つとしても機能するとした[1]。このような資本循環に規定された都市空間の形成過程は、しばしば住民の生活領域としての都市空間のあり方と矛盾せざるをえない。

54　第Ⅰ部　開発と地域形成の史的展開

本章の課題は、都市空間をこのような二重性においてとらえたうえで[2]、資本の中でもとくに不動産資本に焦点を当て、彼らの主導する日本における都市空間形成の今日的特徴と、それが生活領域としての都市空間に及ぼしている影響を明らかにするとともに、後者の視点から、地域住民主導による都市空間形成の今日的課題について考察することにある。ここで不動産資本を対象とするのは、後述するように、大量の物的インフラを必要とする製造業による投資が減退するもとで、都市空間形成における不動産資本、とりわけ大手不動産資本の影響力が以前にも増して強まっているからである。

1　ポストバブル期の土地・不動産市場と不動産資本

1　二極化する土地・不動産市場

　日本の土地・不動産市場は、1990年代初頭のバブル経済の崩壊を契機として構造変化を遂げた。それは一言でいえば、いわゆる「土地神話」の終焉であり、右肩上がりの地価上昇から、地価の二極化、すなわち地価の低迷する地域と局地的な地価上昇地域への土地市場の分化である。図2-1は、1980年代以降の公示地価の用途別の変動率を、東京圏と三大都市圏および地方圏についてみたものである。東京圏の商業地から全国に波及した地価高騰の波が、その後住宅地へと波及し、全国的な地価上昇が生じた後、バブル崩壊とともに全国的な地価下落局面に転じたことが確認できる。その後、2000年代半ばに至るまで地価は下落傾向を続けることになるが、2006～08年にかけては東京圏および三大都市圏では商業地、住宅地ともに地価が上昇に転じた。しかし、この時も地方圏における地価はマイナスのままであり、地方圏の地価が上昇に転じるのは、ようやく2016～17年にかけてである。ただし、この地価上昇も地方中枢都市など一部の都市に牽引されたものであり、全国的に地価が上昇局面に転じたわけではない。日本の土地市場は不可逆的な変化を遂げたといえる。

　1990年代における地価の長期低迷は、直接的にはバブル崩壊に伴う不良債権問題の長期化に起因するものであるが、それだけの要因であれば、不良債

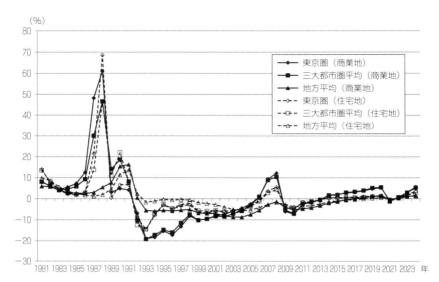

図 2-1　用途別・地域別の地価変動率の推移
出所：国土交通省『地価公示』各年版。

権処理と土地市場の調整が進めば、いずれ循環的に上昇局面に転ずるはずである。しかし、1990年代以降、日本においては次のような土地需要の構造的な減退が生じた。

第1に、製造業のグローバル化が本格的に進展し、製造拠点の海外移転が生じた。日本の製造業のグローバル化の起点は1985年のプラザ合意による円高に求められるが、少なくとも1980年代においては、製造業の国内投資は継続されていた。しかし、バブル崩壊とその後の急激な円高の進展と相まって、東アジア地域を中心に工場の海外移転が増加し、産業の空洞化が生じた。2000年代におけるデジタル家電ブームは、当初、市場を牽引した日本企業による設備投資の国内回帰をもたらしたが、いわゆるモジュール化の進展は、EMS（電子機器の製造受託サービス）の台頭と、一方で、自らは工場を持たず、企画・設計やソフトウェア・コンテンツ等に強みを有する企業の優位性を高め、日本企業の国際競争力は低下した。その結果、2008年のリーマンショックと相まって、エレクトロニクス部門を中心に国内の製造拠点のリスト

ラが進んだ。第2に、日本の人口減少社会への移行である。日本の生産年齢人口は1995年に減少に転じ、総人口は2008年をピークに減少に転じた。人口の減少は住宅需要の減少に加えて、総需要の減退を通じて経済活動全体の縮小をもたらす。これら2つの要因は、右肩上がりの地価上昇を支えていた全般的な土地需要の減退をもたらした。

　「土地神話」の消滅に伴い、日本の土地市場は、「持っていれば資産価値が上がる」市場から、「活用しなければ資産価値が上がらない」市場へと変化した。このため、特定の需要が見込まれる利用価値の高い土地にのみ投資が集中するようになり、これが上述のような地価の二極化の背景をなした。これらの需要としては、都心部の地価下落によって需要の拡大したマンション、規制緩和によって立地が容易となった大型商業施設、インバウンド需要に伴うホテル、ネット通販の拡大に伴う物流施設などがあげられる。また、地域的にはマンションの都心回帰とその後の東京五輪特需に後押しされた東京圏および首都圏に需要が集中した。そして、その開発を主導したのが、次に見る不動産資本である。

2　不動産資本の今日的特徴

　不動産資本の性格とその運動の特徴については、すでに別稿で詳しく論じたため[3]、ここではその要点のみを述べることにしたい。

　まず、不動産資本とは、土地資本投資を通じて地代・地価の増価を実現し、その成果を利潤として取得する資本のことである。そもそも地代とは、土地の独占的な所有および利用が、その利用主体にもたらす超過利潤のことであり、その大きさは土地の位置や豊度によって規定される。都市的地代の場合、とくに位置すなわち立地条件が持つ意味が大きい。また、地価とは地代の請求権である所有権の譲渡価格である。一方、土地資本の投資は、土地の使用価値に変化を及ぼすことで、その土地に対する新たな需要を生み出し、地代・地価に変化を及ぼす。例えば、農地を宅地に造成すれば、それを建築物の敷地として使用できるようになり、また商業ビルを建設すれば、商業用途での利用が可能になり、それだけ地代・地価は上昇しうる。

第2章　今日の不動産資本と都市空間形成　　57

もっとも、地代・地価の増価益を取得するためには、必ずしも自ら土地資本を投資する必要はない。例えば都市周辺に農地を保有する農家は、市街地の拡大によって農地の宅地としての利用可能性が高まれば、宅地転用による地代上昇を前提とする価格で農地を売却し、地価の増価益を得ることができる。この場合、地代・地価の上昇をもたらした土地需要の変化は、土地所有者にとっては外在的であり、彼らはその変化に受動的に対応したにすぎない。このような土地所有を、地代・地価形成への関わりという面から「受動的土地所有」と呼ぶことにしたい。売買差益のみを目的に土地を取得する不動産業者も、自社保有地がたまたま値上がりし、その売買差益を取得する企業も、その意味では受動的土地所有である。

　これに対し、自ら土地資本投資を行う土地所有者は、土地需要の変化をむしろ積極的に生み出す主体である。このような土地所有を「能動的土地所有」と呼ぶことにしよう。この中には、節税目的で農地を転用し、アパートを建設する農家や、自己保有地に自社ビルを建設し、一部を賃貸に供する企業なども含まれる。ただし、これらの主体は、いずれも土地資本投資を継続的に、資本の運動として行うわけではない。このような主体と区別するため、能動的土地所有のうち、地代・地価の上昇を通じた利潤の取得を目的に、繰り返し土地資本投資を行う資本を、ここでは不動産資本ととらえることにしたい。したがって、企業として独立していない企業内の不動産部門なども、継続的な土地資本投下を行う限りは不動産資本として位置づけられる。

　このように、能動的土地所有と不動産資本との区別は、さしあたりは土地資本投資の継続性にあるが、不動産資本による大規模な土地資本投資は、たんにその土地の地代・地価を引き上げるだけでなく、周辺地域の土地需要に影響を及ぼし、その地代・地価の上昇をもたらしうる。例えば、大規模な住宅団地開発や超高層マンションの建設などは、大幅な人口増によって近隣のサービス需要、したがって土地需要を生み出すであろう。このように、土地資本投資が外部経済性を持ちうることが、不動産資本、なかでも大規模開発を行いうる大手不動産資本の独自性であり、能動的土地所有としての零細土地経営との質的相違である[4]。

58　　第Ⅰ部　開発と地域形成の史的展開

「土地神話」の終焉した今日の日本では、土地資本投資におけるこれら大手不動産資本の影響力が強まっている。全般的な土地需要が減退するもとで、局地的な土地需要を生み出し、地代・地価を引き上げるためには、相応の開発規模と、それを可能にする資本力や技術力、企画力が求められるからである。しかし、次に見るように、このような大規模開発は、その地域の都市空間を大きく改変し、しばしば生活領域としての都市空間のあり方と対立せざるをえない。

2　不動産資本による都市空間形成と地域住民

1　マンションブームと景観紛争

　バブル崩壊による地価の急落は、とくに地価高騰の激しかった首都圏において、住宅取得を断念していた人々の「都心回帰」によるマンションブームをもたらした。日銀の低金利政策にもとづく住宅ローン金利の低下に加え、バブル期の計画の頓挫に伴う未利用地や生産拠点のリストラに伴う工場・倉庫跡地など、大量の開発用地が存在したこと、さらに、容積率制限の緩和や建築確認・検査業務の民間開放による建築確認期間の短縮といった規制緩和が、マンションデベロッパーによるマンション開発を後押しした。

　しかし、マンションブームに乗じて大小さまざまな不動産企業が参入した結果、開発用地の取得を巡る競争が激化し、東京圏を中心に地価は上昇に転じた。用地取得コストの上昇を販売価格に反映させないためには、マンションの高層化によって供給戸数を増やし、一戸当たりの販売価格を抑えるしかない。このため、2000年代以降、20階を超えるような超高層マンションの建設が増加した。

　一方で、地価の上昇は資本規模の大きい大手企業の優位性を高めた。2005年の耐震強度偽装問題を契機とする規制強化や2008年のリーマンショックによってマンションブームは一時収束し、その後東京五輪ブームによって再燃するが、その過程で資力の乏しい企業は淘汰され、上位企業への集中度が高まった。全国のマンション販売戸数に占める上位20社のシェアは、2000

第2章　今日の不動産資本と都市空間形成　　59

年時点では 39 ％であったが、2020 年には 58 ％に達した。その後シェアはや
や低下したものの、依然 50 ％以上を維持している[5]。

　マンション開発業者にとって利潤を最大化する方法は、入手した土地に法
的に許容される最大限の高さのマンションを建設することである。このため、
各社は用途地域において定められた容積率にとどまらず、「総合設計制度」、
「一団地認定制度」、地階部分の容積率不算入など、容積率の積み増しを可能
とするあらゆる緩和措置を駆使し、競って高層マンションを建設した。その
結果、本来なら低層住居以外建設できない地域に突如高層マンションが建設
され、景観が大きく損なわれたり、日照が遮られたりするといった被害が各
地で生じた。これは生活領域としての都市空間のあり方と対立せざるをえず、
景観の保全や日照の確保などを求める地域住民と開発業者との間で紛争が頻
発した[6]。

　これらの紛争のなかでも、とくに有名な事例として、東京都国立市の国立
マンション訴訟があげられる。明和地所の建設した高層マンションによって
国立の大学通りの歴史的な景観が損なわれたとし、地域住民がその撤去を求
めた裁判で、一審の東京地裁は大学通りの並木の高さ 20m を超える部分の建
物の撤去を命ずるという前例のない判決を出し、全国的な注目を集めた。最
終的には、二審および最高裁において原告の逆転敗訴となったが、一連の訴
訟は 2004 年の景観法制定の契機になるとともに、最高裁が「良好な景観を享
受する利益（景観利益）は、法律上保護に値する」として個人の「景観利益」
の存在を認めたことは、日本の景観保護に対する考え方において画期となっ
た[7]。

2　不動産資本の主導する都市再開発

　上述の通り、大規模な土地資本投資は、当該土地のみならず、周辺の地
代・地価にも影響を及ぼす外部経済性を持ちうる。なかでも多数の地権者を
巻き込み、区画整理を伴って都市空間を作り替える都市再開発事業は、近年、
民間事業者の主導性が増すなかでそのインパクトが大きくなっている。ここ
ではこうした事業者の典型例として、森ビルを取り上げたい。

森ビルは戦後の高度成長期に、東京都港区虎ノ門地区を中心に賃貸ビルを建設して成長した企業である。その後、都市再開発事業を主軸とするようになり、特に2003年の六本木ヒルズの開業によって一躍注目を集めるようになった。再開発事業は多数の地権者の合意形成を図り、また都市計画決定等の手続きを経て進めなければならないため、多大な労力と時間を要する。六本木ヒルズでは、1983年の計画着手から完成までに20年間を要しており、その間に経済状況が大きく変化する可能性を考えると、民間企業にとってはきわめてリスクの高い事業であるといえる。しかし、実現すれば地代・地価上昇に伴う莫大な開発利益を取得することが可能となる。

　森ビルの描く都市像のモデルは「バーティカル・ガーデンシティ」とされる。これは、地区内に必要な床面積を1棟の超高層ビルに集約することで、敷地の大半を緑地や広場に充当しようとするもので、とりわけモダニズム建築の泰斗であるル・コルビュジエの影響を強く受けている[8]。このため、高層ビルの建設を可能とする容積率が不可欠となり、区画整理による用途地域および容積率の見直しや、総合設計制度や一団地認定制度等、さまざまな規制緩和措置が駆使されることになる。また、容積率は再開発によって実現される追加的な床面積、それゆえ地代・地価の増価＝開発利益を規定するため、その点でも容積率の最大限の実現が不可欠となる。

　とはいえ、マンションのように所有地の容積率を最大限活用するだけでは、再開発事業は成り立たない。とりわけ土地神話が終焉したもとで新たな土地需要を喚起するためには、魅力的な都市空間の創造が不可欠となり、事業コンセプトの企画力とそれを実現する実行力が必要となる。六本木ヒルズの例でいえば、事業計画が本格的に進められたのはバブル崩壊後であり、そこでは「文化都心」の創出をコンセプトに、住・商複合の高層ビルとホテル、美術館、シネコン、日本庭園などからなる複合的な開発が行われた。

　こうした事業は、自治体や公的機関の主導では困難であるとともに、バブル崩壊後の財政支出の拡大で国と地方自治体の財政状況は悪化していたため、公的機関が担うことは一層厳しい状況にあった。一方で、1990年代後半に不良債権問題が深刻化し、その解決には担保として不良資産化した土地の流動

化が不可欠であるとされた。1998年に創設された経済戦略会議では、こうした認識のもと、民間主導による「都市再生」が国の施策として位置付けられることになり、2002年に小泉純一郎政権において都市再生特別措置法が成立した[9]。

　同法の特徴は、何よりも民間主導による都市再開発の強力な推進である。内閣府が「都市再生緊急整備地域」に指定すると、そこでは民間事業者による事業計画や都市計画の提案が可能となるほか、計画決定手続きの迅速化や、認定された計画における容積率の大幅な緩和等、民間主導の開発を容易にするさまざまな措置が盛り込まれている[10]。同法に基づく再開発事業は、その後東京五輪ブームによって勢いを増し、都内各所に高層ビルの乱立する開発プロジェクトを生み出すことになった。

　以上のように、バブル崩壊による土地神話の終焉は、むしろ不動産資本の主導による都市再開発を拡大させることで、高層建築物の立ち並ぶ都市空間を各地に作り出している。はたして、それに対抗した住民主導のまちづくりは可能なのだろうか。ここではとくに都市景観の問題に焦点を当てて考えてみたい。

3　地域住民によるまちづくりの課題

1　都市景観の価値とは何か

　本稿の冒頭で、「都市景観もまた、消費対象として使用価値を有する」と述べたが、使用価値はその性質上、消費主体の主観によって左右される。つまり、ある景観を美しいと思うか、そこに価値を見出すかどうかは、それを消費する主体によって異なるということである。例えば、地域住民にとってはありふれた景観も、他の地域の人々、さらには外国人から見れば、かけがえのない景観として評価されることがありうるし、その逆もありうる。景観の評価を巡ってその主観性が問題となるのは、このような使用価値という側面で景観の「価値」が問われているからにほかならない[11]。

　それでは、交換価値あるいは価格という側面で都市景観の「価値」が問わ

れることはありうるのだろうか。そのための条件は、ある都市景観が特定の人々によって独占されることである。なぜなら、あるものが商品となり、価格を持ちうるための条件は、そのものが独占可能であることだからである。その意味では、地区計画や建築協定のような景観を守るためのルールは、その地域内の地権者が、都市景観の「価値」を独占するための取り決めであるともいえる。ここでの「価値」とは、例えば美しい街並みによってその地域の人気が維持され、住宅の資産価値が高く保たれることであり、あるいは商店街の趣ある外観が保たれ、多くの客が訪れることで超過利潤、すなわち高い地代・地価が維持されることである。実際、アメリカの郊外住宅団地などでは、住宅の資産価値を維持するため、住宅の外壁の色や芝生の長さまでも規定するようなルールが、制限約款として土地所有権に付随するケースが多く[12]、景観の保全は客観的な住宅の資産価値＝価格と結びついている。

　しかし、土地神話が長らく存在した日本では、景観を保全することが土地の資産価値の維持あるいは向上につながるという考え方よりも、むしろスクラップ・アンド・ビルドを進めることが資産価値を上昇させるという考え方が支配的となり、実際に、自由な開発を進めることで地代・地価が上昇してきた。このような状況下では、景観保全の厳しいルールを定めることは、むしろ金銭的価値を度外視した、地域住民の共有する使用価値としての「景観利益」を守る手段ということになる。実際、国立マンション訴訟で地域住民を突き動かしたのは、大学通り沿いをあえて高さ制限の厳しい用途地域に指定するなど、「個人的利益を犠牲にしてでも」良好な住環境と景観を守ってきたという強い自負からであった[13]。

　とはいえ、このような使用価値としての「景観利益」は、ある一定の景観ルールとして実体化されなければ、不動産資本の主導する都市空間形成が生み出す、交換価値としての開発利益に対抗することは難しい。また、このような「景観利益」や景観ルールを、誰が、どのように定め、どう運用するのかという問題も生じてくる。

2 地域住民と都市景観—むすびにかえて

　今日の日本において、景観ルールを実効性ある規制として担保する仕組みの一つとしては、地区計画や建築協定があげられる。ここでは、大手不動産資本の主導する再開発事業をコントロールした事例として、東京都中央区の銀座地区を取り上げる。

　銀座地区は、戦前から存在する商店街組織である銀座通連合会を中心に、地域住民の町会組織とともに意識的なまちづくりを行ってきた地域であり、1998年に、中央区との協議のもと、建物の高さを56mまでとするという地区計画「銀座ルール」を定めた。しかし、総合設計制度等を使う場合は特例を認めるという例外規定があったため、2003年に地区内の松坂屋と組んだ森ビルによる超高層ビルを含む再開発計画が浮上した。そこで銀座地区では新たに「銀座街づくり会議」を創設し、専門家を巻き込んで地域での議論を喚起することで、2006年に、一切の例外を認めないとする地区計画の改正を実現した。また、同時に「銀座デザイン協議会」を設立してそれを中央区の開発指導要綱に位置付け、地区内での開発行為に対し、それが銀座らしい景観デザインであるかどうかを事前協議する仕組みを構築した。その結果、森ビルも計画の見直しを行い、「銀座ルール」に沿った再開発事業が実現することになった[14]。

　この事例は、大手不動産資本の圧力に抗することのできた稀なケースであるが、こうした強い規制が可能であるのは、全地権者の合意を原則とし、かつ都市計画として公的に運用されるという地区計画の性質によるところが大きい。しかし、それゆえ地区計画決定の手続きには時間がかかり、また、景観破壊行為が判明してから地区計画を準備しても、それを阻止することは難しい。実際、国立マンション紛争では、地域住民が新たに地区計画を定めて対抗しようとしたが、明和地所による土地取得後であったため、その正当性自体が裁判で問われることになった[15]。条件の厳しい地区計画のみに依拠することなく、かつ開発行為に対し地域住民との事前協議を可能とするような仕組みが求められる。

　この点に関しては、景観法の後押しもあり、近年、より広域的な景観保全

の仕組みとして、地方自治体による景観計画や景観条例の策定が進んでいる。2007年の京都府における景観条例や、京都市による新景観政策の施行は、その一例であろう。とはいえ、必ずしも歴史的な景観が維持されていない地域では、「地域らしい景観」を定義し、それを保全するルールを策定することは容易ではない。また、その範囲が広域化するほど、景観ルールづくりへの地域住民の直接的な関与は難しくなり、その維持を共通の利益とみなす地域住民の意識も低くなりがちである。「景観利益」への意識は自然発生的に生まれるものではなく、地域住民の都市計画やタウンマネジメントといったまちづくり活動への直接参加という経験を通じて形成されるものである[16]。しかし、住民が身近な景観として意識できる地理的範囲は、それほど広くはない。景観法や中心市街地活性化法などの枠組みを契機として、まずは狭域的な範囲で「地域らしい景観」についての議論を積み重ねることが必要である。その上で、その議論や景観ルールを閉鎖的・固定的なものとせず、外部に対して開かれたものとすることが求められる。

　再び銀座地区の事例によれば、「銀座デザイン協議会」の定める「銀座デザインルール」は、固定的なものではなく、新しい案件の提案に即して常に見直し、再考していくべきものとされている。ある時代の地権者が「銀座らしさ」を固定的に定義するのではなく、その定義づけのプロセスを外部にも開くことで、銀座の歴史や文化を継承しつつ、「銀座らしさ」を常に再定義しようとする試みであるといえる[17]。

　「景観利益」は一定の景観ルールとして明示されなければ維持することができないが、それは社会的に構築されるものであるがゆえに、固定的なものではありえない。何が「地域らしい景観」であるかを決めるのは、地権者だけでも、不動産資本だけでもなく、一方で、ある時代の地域住民だけでもない。求められるのは、過去から現在へと「景観利益」を受け継ぎつつ、それを絶えず再定義するプロセスに、地域住民を中心とする多様な主体が参画できるような仕組みの構築である。

注

1　Harvey, D. *The Urbanization of Capital: Studies in the History and Theory of Capitalist Urbanization*, Basil Blackwell, 1985（水岡不二雄監訳『都市の資本論―都市空間形成の歴史と理論―』青木書店、1991 年、30-32 頁）。

2　地域を「住民の生活領域としての地域」と「資本の活動領域としての地域」の二重性においてとらえる視点は、岡田知弘『地域づくりの経済学入門―地域内再投資力論―［増補改訂版］』自治体研究社、2020 年、16-39 頁に依拠している。

3　豊福裕二「ポストバブル期の不動産業と地域経済」『地域経済学研究』第 34 号、2018年、3-7 頁。

4　ただし、国際会計基準の導入や資本効率の最大化を求める資本市場からの圧力などにより、大手不動産資本にとって、土地・不動産の資産価値を維持し、長期間保有し続けることは必ずしも容易ではなくなりつつある。近年では、不動産の証券化等の手法により土地・不動産の所有権を流動化する一方で、証券化ビークルへの関与を通じて当該物件に対する管理運営権限を保持するなど、大手不動産資本において「土地所有」を相対化する傾向が強まっている。この点について詳しくは、豊福裕二「今日の資本による土地所有と不動産の証券化」『歴史と経済』第 263 号、2024 年、26-37 頁を参照されたい。

5　不動産経済研究所『全国マンション市場 40 年史』2013 年、および『全国新築分譲マンション市場動向 2023 年』2024 年。

6　全国各地で生じた紛争については、五十嵐敬喜・小川明雄『建築紛争―行政・司法の崩壊現場―』岩波新書、2006 年に詳しい。

7　石原一子『景観にかける―国立マンション訴訟を闘って―』新評論、2007 年、201 頁。なお、2009 年には広島県鞆の浦での景観訴訟において、地域住民の「景観利益」の保護を理由として埋め立て工事差し止めの判決が出され、2016 年に住民勝訴のまま終結している。

8　山本和彦『地域価値を上げる都市開発―東京のイノベーション―』学芸出版社、2020年、81-83 頁。

9　経済戦略会議には当時森ビル社長であった森稔も委員となり、同法の成立に強い主導性を発揮したとされている。山本和彦、前掲書、76-77 頁。

10　都市再生特別措置法の内容と同法制定の経緯については、五十嵐敬喜・小川明雄『「都市再生」を問う―建築無制限時代の到来―』岩波新書、2003 年、に詳しい。

11　除本理史は、地域・場所・空間が消費対象となる際、対象の使用価値（機能、有用性）ではなく「差異」「意味」が人々のコミュニケーションを通じて間主観的に構築されるとし、こうした地域・場所・空間の「差異」「意味」を「地域の価値」と呼んでいる（除本理史「現代資本主義と『地域の価値』―水俣の地域再生を事例として―」『地域経済学研究』第 38 号、2020 年 3 月、4 頁）。筆者は使用価値とは、狭い意味での物質的な機能性、有用性に限定されるものではなく、対象のデザインなどの「差異」を感性的に好ましい

と感じるかどうか、といった意味での有用性もまた含んだ概念であると考えている。しかし、ある特定の景観を共通の使用価値とみなす意識、すなわち「景観利益」が間主観的に、社会的に構築されるという点では筆者も同様の認識である。

12　竹井隆人『集合住宅デモクラシー―新たなコミュニティ・ガバナンスのかたち―』世界思想社、2005 年、25 頁。

13　石原一子、前掲書、84 頁。

14　銀座街づくり会議・銀座デザイン協議会『銀座街づくり会議 2004-2014』、2014 年、3頁。山本和彦、前掲書、209-234 頁。

15　石井一子、前掲書、116-119 頁。

16　山田良治は、「住宅や街並み創造のための実践の中で美意識が形成・発展し、蓄積され」、それが「ある水準の社会的美意識として定着したとき、その観点から景観美は人々の共通利益性の対象として認識され」るとしている。山田良治『私的空間と公共性―『資本論』から現代をみる―』日本経済評論社、2010 年、116 頁。

17　中島直人は、都市計画は「過去」や「未来」といった「時間」にどう向き合うのか、という問題提起をするなかで、その実践的な可能性の一つとして「銀座デザインルール」の事例を取り上げている。蓑原敬・饗庭伸・姥浦道生・中島直人・野澤千絵・日埜直彦・藤村龍至・村上暁信『白熱講義　これからの日本に都市計画は必要ですか』学芸出版社、2014 年、232 頁。

第3章

日本資本主義と漁村開発
―漁港整備および漁場整備を中心として―

望月理生

はじめに

　今日、漁港整備と漁場整備は、2001年に成立した漁港漁場整備法を根拠に「水産基盤整備事業」として実施されている。当該法制定時の意図は、「水産物の安定供給システム」の要素として把握される漁港・漁場とともに、「システムの運用を担う漁村」を整備しようとするものであった[1]。しかし、漁港整備と漁場整備は、歴史的にみると全く異なる時期・経緯・意図により、国庫補助事業として制度化されてきた。

　漁港整備は、1918年の「漁港修築奨励費」の成立によって、初めて国庫補助制度が確立される。漁船動力化による漁業「近代化」が目的に掲げられ、欧米諸国の技術の摂取が推進された時期であった。一方、漁場整備は、1974年制定の沿岸漁場整備開発法に基づき、「公共事業」として制度が確立される。当時は、高度経済成長期の重化学工業化・都市化によって海洋汚染が最も激化する時期であるとともに、200カイリ経済水域設定を含む新たな国際的海洋秩序の揺籃期でもあった。したがって、日本資本主義の発達段階や漁業構造、国際情勢が異なっていることから、両制度は、漁業生産力の発展段階を示す歴史的指標であるとともに、漁業を取り巻く社会経済的な状況を反映する指標であるといえる。

　こうした漁港・漁場整備の制度化は、漁業部門から捉えると、国家の政策

的関与を通じて行われる漁業開発になるが、巨大施設の設置と漁場の改良・開発を通じて地域に新たな生産諸条件を形成する点に着目すれば、漁村開発でもある。

　本章のテーマは、日本資本主義のもとでの漁港・漁場整備を漁村開発の視点から理論的・歴史的に明らかにすることである。その際、以下３つの視角から分析を試みる。第１に、漁業経済学の成果を踏まえつつ、地域経済論の枠組みから漁村開発を捉える。その際、第２に、漁業生産力の発展に対する理論的把握を通じて、漁港・漁場整備の歴史的必然性を捉える。第３に、漁村開発の歴史具体的な展開をみる際には、「人間と自然との物質代謝」を基礎とする都市−漁村関係を重視する。以上を通じて、漁港・漁場整備による漁村開発を通じた漁村形成を捉える視座を確立し、漁港漁場整備法の捉え方とは全く異なる、動態的な漁村像を提示してみたい。

　以下、第１節では漁村および漁港の概念を検討する。第２節では漁業生産力の発展を捉える理論の検討を行い、そのなかに漁港・漁場整備を位置づけるとともに、漁村における「生活過程」を検討する。第３節では、日本における漁港・漁場整備の形成を歴史具体的に捉える。「おわりに」では、本章で得られた結論をまとめる予定である。

1　資本主義下の漁村と漁港形成

1　「人間と自然との物質代謝」と漁村

　これまでの漁村研究において、漁港・漁場整備を通じて漁村の開発・変貌過程を捉えようとする研究は、管見の限りなかったといってよい。漁業経済学では、日本資本主義と漁業の展開を体系的に論じたものはあるものの[2]、その体系に「漁港修築奨励費」制度や沿岸漁場整備開発事業を位置づけたものは見当たらず、漁村形成まで体系を拡張する試みもほとんど行われてこなかった。岩切成郎が整理したように、漁村を対象とした先行研究の多くは「漁村の類型を析出する方法」を採っており、漁村の社会経済的構造やその性格を明らかにしたものにすぎなかった[3]。近年では、濱田武士が地域経済

論の概念を用いて「漁港都市」「中核漁村」「漁村集落」の３類型を提示し、類型間の階層構造を指摘しているが[4]、漁業経済学と地域経済論を架橋する理論的な漁村把握には至っていない。

　一方、地域経済論では、漁村開発を扱った研究として、鈴木誠のものが挙げられる[5]。鈴木は、名古屋都市圏を事例に、重化学工業化を目指す地域開発の展開と沿岸漁業の縮小再生産を明らかにするなかで、沿岸漁業および水産業を「沿岸地域社会の自然・文化・生活を担い続けてきた重要な地域産業」と評価している。ただし、肝心の沿岸漁業や「沿岸地域社会」の詳細な検討はしておらず、「干潟・藻場の造成事業」は「地域政策」として把握されているにすぎない。

　こうした漁村開発の研究動向に対して、筆者が注目するのが、岡田知弘の農村開発に関する一連の研究である[6]。岡田は、「人間と自然との物質代謝」を土台とする「都市と農村の対立」を軸に農村開発を位置づけ、農村開発政策を「資本主義の農村浸透にともなう『都市と農村の対立』に対する資本主義的『解決手段』」と規定する。これは、漁港・漁場整備を資本主義のもとでの漁村開発政策として把握する有力な視角を提供するものといえる。ただし、漁業・漁村では、漁業者の生活の場は陸域である一方、水界が「労働対象」であるため、土地が直接の生産手段ではない。したがって、岡田の議論をそのまま適用することはできず、漁村独自の概念設定が必要である。

　漁村を検討するにあたり、地域を「住民の生活領域」と「資本の活動領域」の二重性に規定された存在として把握した岡田知弘の成果も無視できない[7]。岡田によれば、「人間と自然との物質代謝関係」は「本来的な経済活動であり、人間の生活そのもの」である。この物質代謝関係は人間社会と自然との結合のなかで成立しており、「具体的な自然環境と結びついた人間社会」こそが地域の本源的な規定としての「『人間の生活の場』、生活領域」であると指摘する。一方、資本主義社会では「地域空間を形づくる経済的な主体は何よりも資本である」とし、「資本の活動領域」としても地域が存在している点を指摘する。日本資本主義のもとでの漁村開発を論じる以上、「住民の生活領域」と「資本の活動領域」の二重性に規定された地域として漁村を把握する

70　　第Ⅰ部　開発と地域形成の史的展開

必要がある。

　加えて、「都市」における「経済発展」の要因と地域経済の展望を描いた中村剛治郎の「空間概念」に対する指摘も検討に値する[8]。中村は「都市や農村あるいは地域」といった「人類史を貫く空間概念を研究するには、素材的な視点からの分析をまず行って、そのうえで体制的な分析を行う二重規定の方法をとるべき」との方法論を提示する。漁村もまた「人類史を貫く空間概念」のひとつであり、その素材的側面から検討する必要があろう。

　以上を踏まえて、漁村概念を検討しよう。そもそも漁村は、一定の領域において具体的な自然環境と結びついた人間社会であり、「住民の生活領域」として把握することができる。「住民の生活領域」としての漁村で営まれる漁業は、「人間と自然との物質代謝」を通じて、人間の生存に不可欠な食料を生産してきた。生産された水産物は流通過程を通じて都市にも供給され、都市住民の生活を食料の面から支えてきた。それだけにとどまらず、「漁業・漁村の多面的機能」を通じて、陸域と水域との間でチッソやリンなどの物質循環を担うことで、国土環境をも維持している。したがって、ここでは「人間と自然との物質代謝」関係を基礎とした都市－漁村関係が指摘できるとともに、当該関係のなかで都市と漁村の双方の「人間の再生産」が可能となっている。

　一方、都市の「経済発展」に伴う工業化や都市化の進展は、埋立や水質汚濁等の海洋汚染を通じて漁村における「人間と自然との物質代謝」を破壊してきた。しかしながら、視点を変えて都市の「経済発展」と漁業をみると、工業化は漁船動力化や漁網の合成繊維化などを漁村で実現し、都市化に伴う国内市場の拡大は水産物需要を拡大させてきた側面もある。

　以上を踏まえると、物質代謝関係を基礎とする都市－漁村関係は、都市の「経済発展」が漁村の物質代謝を攪乱するという一方的な対立関係だけでなく、都市の「経済発展」に伴って生産手段の高度化と市場拡大をも実現していく相互連関関係として捉えることができる。このことは、漁村が「資本の活動領域」でもあることを示している。

2　一般的労働手段としての漁港形成

　では、漁港はどのように捉えるべきだろうか。ここでも岡田の議論が参考になる[9]。彼は、デビッド・ハーヴェイ[10]の議論を拡張し、資本主義社会では農村もまた資本によって形成されると指摘する。漁村の場合、開発を通じて漁港という「一般的な労働手段」を地域に形成する。

　そこで、地域に形成される「一般的な労働手段」を捉えた代表的な研究として、宇沢弘文、宮本憲一、ハーヴェイの議論を検討しよう[11]。宇沢は、「私的資本」に対比される「社会的共通資本」概念を提起する。「社会的共通資本」は、「社会的インフラストラクチャー」「自然資本」「制度資本」を含むきわめて広い概念である[12]。宇沢はこの概念を用いて農村を「社会的共通資本」「コモンズ」と規定しており[13]、当該概念は漁業にも援用されている[14]。しかしながら、「社会的共通資本」論は、維持・管理のあり方に議論の焦点が置かれており、「社会的共通資本」の形成はアプリオリに前提とされている。

　それに対して、「一般的な労働手段」の形成に着目するのが、宮本とハーヴェイである。宮本は、「再生産論的な視点から、生産過程と生活様式」における「社会資本」を分析し、それを「一般的労働手段」と「共同消費手段」に区分する。このうち「一般的労働手段」は「共同社会の一般的生産条件」と定義され、「生産関係や生産力の発展段階に規定」されるととともに、これを「建設・管理・運営することは、国民を支配する国家の物質的基礎である」と指摘する。

　一方、ハーヴェイは「物的景観」への投資が空間を形成するという視角を提示し、「資本主義のもとでの都市過程」を蓄積と階級闘争にかかわらせて捉える。彼は、都市では資本の循環過程において「生産・流通・交換・消費のための物的景観」が「必然的に創出」されると捉え、それを「生産の建造環境」と「消費の建造環境」という形で規定する。このうち「生産の建造環境」は「生産の物的枠組みとして機能する固定資本」と定義している。

　宮本の「社会資本」論とハーヴェイの「建造環境」論は、どちらも都市を分析対象としており、農山漁村を分析する視角ではない。にもかかわらず、両者は漁港整備を捉える上で有効な視角を提供する。つまり、漁業生産力の

72　　第Ⅰ部　開発と地域形成の史的展開

発展段階と公共投資を介した資本の運動とに規定される形で、漁村内部に「一般的労働手段」「生産の建造環境」としての漁港が形成されていくという視角を提供するのである。

2　漁業生産力発展の歴史性と生活過程

　以上は、資本主義のもとでの漁村と漁港形成を捉えたものである。次に、尾﨑芳治の「社会的生産＝生活過程」論[15]を参考に、漁業特有の生産力発展とその歴史性から漁村・漁港・漁場を位置づけてみたい。

　そもそも生産力とは、「人間自然の諸力能」と「土地自然の諸力」との合成力である「自然の諸力」として、また「物質的生産諸力」として把握される。「物質的生産諸力」は、次の２つの契機で構成される。ひとつは「物的生産諸条件」であり、土地自然に対応した「労働手段と労働対象」である。いまひとつは「人的生産諸条件」であり、人間自然の諸力能に対応した「労働力」である。「物質的生産諸力」は、「生産の物的・人的生産諸条件のあり方によって」規定された「労働の生産力」として現れる。「物質的生産諸力」は、「既得の生産諸力」によって限界づけられており、「人間にとってつねに歴史的・社会的に所与の、彼らの意志から独立した力」である。この「歴史的に所与の自然の諸力」によって「人間の歴史」の連続性が与えられ、発展の基礎がおかれている。

　一定の歴史段階における「物的生産諸条件」および「人的生産諸条件」は、「一定の『生産の編制』」を規定する。この「一定の『生産の編制』」に規定された「物質的生活の生産の独自な仕方」は、「直接的な物質的生産の契機に限定してとらえたかぎり」での、一定の歴史段階に独自な「『自然的関係』規定における物質的生活の生産様式」である[16]。

　このような理解によって、「人間の歴史」の連続性として漁業生産力の発展を捉えることができる。漁業は、漁場という水界を労働対象とし、労働によって有用水産動植物を取得する営為である。これは、人間による自然の取得という「人間と自然との物質代謝」の一側面である。そして、一定の漁業

第３章　日本資本主義と漁村開発　　73

生産力に対応する「生産の物的・人的生産諸条件」として漁港・漁場が捕捉され、漁港・漁場整備の歴史的必然性を論じることができる。

　以上は、「人間の自然に対する関係」である「自然的関係」規定による漁業生産力の発展において、漁港・漁場整備を捉える枠組みである。本枠組みでは、漁港・漁場が整備される空間が前提され、漁業の営為を内包する空間として漁村が措定される。この枠組みは、一定の漁業生産力に規定された独自の生産手段の織りなす漁村景観の形成をも、分析の射程に収めることができる[17]。そして、上述した宮本の「一般的労働手段」やハーヴェイの「生産の建造環境」は、その概念に資本主義的生産様式という「人間相互の関係」である「社会的関係」規定を内包していることは明らかである。

　すでに論じたように、「『自然的関係』規定における物質的生活の生産様式」は、「一定の『生産の編制』」に規定されていた。「自然的関係」に規定された「一定の『生産の編制』」は、現実においては「つねに一定の『社会的関係』規定を受けとっている。」「社会的関係」規定を受けとった「一定の『生産の編制』」は、「特定の分配－交通様式」を規定し、「特定の分配－交通様式」に「媒介」されて「特定の取得様式」が現れる。「交通様式」と「取得様式」を介して、「生産の結果として措定される所有」が生産の前提として措定され、再び「直接的な物質的生産」に還る。これら一連の過程が「社会的・物質的生活の生産の総過程」であり、「直接的な物質的生産過程」「諸個人間での分配または社会的相互補足としての交通」「本来的消費過程」の3つの契機からなる「諸個人としての人間の生活の生産の総過程」である。

　「諸個人としての人間の生活の生産の総過程」は、「自然的関係」と「社会的関係」との相互規定的な「二重の関係」のなかで、諸個人が「生きて活動する現実的生活の総体の生産過程」であり、「その総体性における人間の現実の『生活過程』」である。この「生活過程」は、「自然的関係」と「社会的関係」に関する人間たちの「諸観念・諸表象・意識」を生産する過程でもある。以上のように、歴史的に規定された「社会的生産＝生活過程」の一形態として、「資本主義的な社会的生産＝生活過程」が把握されるのである。

　「社会的生産＝生活過程」の理解に立てば、一定の歴史段階に規定された

「生活」が営まれる地域として漁村が把握できる[18]。それとともに、漁村での「生活過程」を通じて、漁業における「自然的関係」と「社会的関係」の「諸観念・諸表象・意識」が当地で生産されることをも指摘することができる。他方、「諸観念・諸表象・意識」が生産されるのは漁村だけにとどまらない。国家レベルにおいても、一定の歴史性に規定された「諸観念・諸表象・意識」のもとで漁業が捕捉され、利害が絡みながらも国策としての漁村開発が形成されていくとみることができるからである。

3　日本における漁業・漁村開発の歴史的展開

　以上の理論的把握を踏まえ、日本資本主義下の漁業の展開に照らし合わせながら、歴史具体的な過程のなかに漁村開発を位置づけてみよう。日本漁業の展開を特徴づける現象として「漁場の外延的拡大」が挙げられる。近代以降 200 カイリ体制移行期まで、日本は沿岸から遠洋へと漁業開発を進めてきた。これに対し、先行研究でほとんど指摘されていないもうひとつの方向性がある。それは、日本国内における既存漁場の再開発であり、「漁場の内包的深化」ともいえる漁業開発である。ここでは、日本の漁業開発における 2 つの方向性から漁港・漁場整備の形成を位置づける。

1　「漁場の外延的拡大」と漁港整備の形成

　明治以来、漁業における資本主義的発展は、「国内市場の拡大と漁業生産力の拡大」を基盤としてきた[19]。特に、戦前日本の資本制漁業では、沿岸から沖合・遠洋への「漁場の外延的拡大」と、海外漁場の許可独占による「漁業独占資本」[20]の形成が特徴的であった。「漁場の外延的拡大」の基礎となる漁船動力化は、「大型化、鋼船化と互いに因果関係を保ちつつ進行」[21]する。その際、「輸入技術」であった動力機関と動力機関に対応する船舶製造の国内化が条件であったため、日本の工業化とも歩調を合わせて進んでいった。

　機械制大工業の産物である鋼船や動力機関の漁船への適用は、都市を中心とした産業資本による漁業の包摂過程でもある。動力機関は、1911 年に池貝

第 3 章　日本資本主義と漁村開発　　75

鉄工所がボリンダー型焼玉機関を国産化し、翌年には新潟鉄工所も生産を開始する[22]。新潟鉄工所の創設時（1895年）の正式名称は「日本石油株式会社新潟鐵工所」だが、1910年に日本石油株式会社から分離独立し、「株式会社新潟鐵工所」が創立される[23]。ここに、産業資本の蓄積過程としての漁船動力化がある。

　漁船動力化は、漁業における生産手段・設備を大きく変更し、「漁船の変革に対応する漁港変革の必然性」[24]を同時にもたらした。従来の小型和船の時代に必要とされたのは、漁閑期に漁船を引き揚げるための砂浜や、漁船を係留する川口や小規模の築堤ぐらいであった。それに対して、漁船の動力化に伴い大型化・鋼船化が進展すると、大量の漁業用資材の調達積込、燃料油の補給、輸送等の陸上の諸施設、漁業関連諸産業の存在などが、漁港の基礎的条件となっていく。旧来の漁村から新しい諸条件を具備する「近代都市」へ漁港が立地していく「必然性」は、この点にある[25]。

　このように、資本制漁業の発達過程において、漁船動力化を契機とする漁場の外延的拡大と漁港の形成が、戦前期より進展していったのである。ちなみに、沿岸漁業では、昭和恐慌期に10t未満漁船の動力化が進展する。当時は恐慌により漁家経営が「窮迫」しているにもかかわらず、「漁商その他個人」から資金を集めて動力化したため負債が生じ、漁家の「動力化貧乏」を引き起こすことになった[26]。ここに、動力付漁船の購入を介した資本による漁家の、さらには漁村経済の包摂過程の一端が現れている。これは同時に、漁家が信用を介して生産手段から疎外される過程でもある。

　以上を踏まえると、漁船動力化は産業資本による漁村の包摂として指摘できるが、他方で動力化は物的生産諸条件の形成を漁村に要求する。すなわち、防波堤や防潮堤を伴う近代的な「漁港」である。同時に、動力化は石油燃料を必需とし、その貯蔵施設をも要求する。したがって、戦前に国庫補助制度として形成された漁港整備は、動力化に伴い財政支出を利用しながら資本によって物的生産諸条件が形成されていく漁村開発であったといえる。

2 「漁場の内包的深化」と漁場整備の形成

　近代以降、日本国内の沿岸漁場の再開発は、主に漁場整備事業と増養殖事業という形態をとって現れていった。1911年の農商務省訓令第一号により、漁業組合および漁業組合連合会の共同施設事項に、「二　人工漁礁の築設其他漁場の利用に関すること」[27]と、漁場整備が明記される。その後、1925年には「漁業共同施設奨励規則」により、漁礁設置や養殖設備を含む漁業共同施設へ奨励金が交付されることとなった。1926年には「水産増殖奨励規則」が公布されることで増殖事業奨励金の端緒が開かれ、以後さまざまな魚類や海藻類などの増殖事業が奨励されることとなった[28]。

　しかしながら、「海洋のなかでも最も生産性の高い水域」である沿岸漁場において、再開発が恒常的予算のもと公共事業として実施されるようになるのは、高度経済成長期の埋立と水質汚濁による沿岸漁場の環境悪化を契機としながらも、「漁場の外延的拡大」の基盤となっていた海外漁場の喪失が現実化する1970年代前半であった。

　高度経済成長期に入ると日本では、「臨海コンビナート」[29]が国策として建設されるとともに、1962年の全国総合開発計画策定によって新産業都市建設を通じた「地域開発」が推進された[30]。これに伴い、全国各地の沿岸域において工業用地の囲い込みや埋立が進められる。一方、漁業の「基本法」とされた「沿岸漁業等振興法」も1962年に制定され、当該法に基づき沿岸漁業構造改善事業による漁場整備が実施される。高度経済成長期の漁業政策の中心に据えられた当該事業の「最大の拠り所」は、浅海漁場における「増養殖漁場」であった[31]。ところが、「増養殖漁場」は臨海工業地造成との競合が最も激しく、対立のなかで多くの優良漁場は埋め立てられ工業用地に転換されていった[32]。これは、沿岸漁業者が労働対象・生活条件から決定的に切り離される本源的蓄積過程でもあった。

　加えて、工業の発展に伴う水質汚濁が漁業者に重くのしかかった。すでに大正末には水質汚濁防止についての請願・建議が相次いで出され、1928年4月13・14日に水質汚濁防止協議会が開催されたものの、水質保護法制定の要綱が決議されただけで、法制定には至らなかった[33]。戦後になると、熊本県

水俣での事態の社会問題化や東京江戸川での製紙工場排水による漁業被害の対策を訴えた「浦安事件」の発生等を受け、1958年に「水質二法」が制定されたものの、「漁業公害問題」は沈静化しなかった[34]。さらに、人間の本来的消費の廃棄物・排泄物である生活排水が、都市化とともに大量に海へ流出することで、水質汚濁を拡大させていった。その結果、高度経済成長期後半には重化学工業化と都市化によって沿岸漁場の環境悪化は頂点に達した。

　工場排水や生活排水による水質汚濁は、水産有用動植物の再生産基盤を破壊し、沿岸漁場の豊度を低下させた。豊度が低下した漁場では、漁業者が生活の再生産費を確保するため、より高い強度の「漁獲努力量」[35]を投入する結果となり、濫獲が「沿岸資源」の縮小再生産を加速度的に進めていった。他方、水質汚濁は、「水俣病」に代表されるように、本来的消費を介して人間自然をも破壊していったのである。

　こうした矛盾への解決策の1つとして政策的に推進されたのが、「漁場の外延的拡大」であった。1952年の北洋漁業再開以降、水産庁では「沖合・遠洋漁業中心の漁業大型化政策（漁業転換政策）」が進められ、高度経済成長期を通じて「積極的な漁場の外延的拡大政策」が展開された[36]。しかし、「漁場の外延的拡大策」は、「漁業拡大の過程で生じた問題を、さらに高度な漁業拡大で乗り越えようという、問題の拡大再生産」[37]をもたらしたにすぎなかった。しかも1970年代以降の新たな国際的海洋秩序の形成に伴い、矛盾のはけ口であった海外での「漁場の外延的拡大」も、基盤喪失が現実的になっていった。

　つまり、高度経済成長期を通じた埋立や公害の拡大は、当該期に小型動力漁船漁業層や養殖業階層など沿岸漁業の一部が発展をみせたものの[38]、総体として縮小する沿岸漁業における「人間と自然の物質代謝」を攪乱し続けることとなったのである。確かに、1960年代後半の「魚価上昇依存型の成長」[39]は、沿岸漁場の環境悪化と沿岸漁業生産力との矛盾を、漁家経営の所得向上という貨幣的側面で覆い隠していたものの、当該矛盾に対する国の姿勢は無策であった。

　その象徴例として、1972年の田中角栄『日本列島改造論』を挙げておきた

い[40]。同書では、臨海部への「工業再配置」や工業港および流通港の開発などが壮大に語られるとともに、都市部における「水質汚濁」といった公害問題にも言及している。その一方、工業立地等による沿岸漁場の埋立や水質汚濁の被害は全く語られず、「国土総合改造政策」の直接の当事者となる沿岸漁業者や漁業・漁村についても全く触れられていない。当時の「国土計画」立案者は、「国土開発」と沿岸漁業との矛盾に対して見向きもしなかったのである。

　こうしたなか、1970年の「公害国会」では海洋汚染および水質汚濁に関する法規制が進められるとともに、1974年には沿岸漁場整備開発法が制定され、漁場整備が公共事業化されるようになった。全国漁業協同組合連合会が1960年代後半から要求してきた漁場整備事業は、1974年になってようやく水産行政により法的措置がとられるに至ったのである。

　以上みてきたように、高度経済成長期には、工業化・都市化を進める資本と漁業者の濫獲によって、沿岸漁場における「人間と自然との物質代謝」は二重に攪乱され、沿岸漁場の環境悪化と沿岸漁業生産力の矛盾は激化していった。新たな国際的海洋秩序の形成期において「漁場の外延的拡大」の基盤喪失が現実化するなか、法制度化された沿岸漁場整備開発法では、沿岸漁場の環境改善のための漁場整備事業とともに資源量回復のための増養殖事業が実施される。当該期に形成された沿岸漁場の再開発という漁村開発は、海外漁場の開拓が行き詰まりをみせるなか、沿岸域の工業化・都市化と沿岸漁業の維持という矛盾を部分的に緩和するものであったといえる。

おわりに

　本章では、日本資本主義のもとでの漁港・漁場整備を漁村開発として捉え、その理論的・歴史的把握を試みてきた。岡田が規定した農村開発政策[41]と同様、漁村開発政策も資本による漁村の包摂において惹起されるが、そのありようと「解決手段」は漁業・漁村の特質に規定され、独自の形を取って現れていた。すなわち、戦前の漁港整備の形成は資本による漁村の包摂を積極的

に促進し、高度経済成長期の漁場整備の形成は工業化・都市化を進める資本と沿岸漁業との矛盾を部分的に緩和するものであった。

　一方、日本資本主義下の漁港・漁場整備による漁村開発は、その時々の漁業生産力と社会的経済的諸条件に規定されながら、「資本の活動領域」であり「住民の生活領域」である漁村に、公共投資によって新たな物的生産諸条件を形成していった。したがってまた、漁港・漁場整備による漁村開発の展開は、開発を通じた漁村の形成過程でもある。

　このような動態的な漁村形成を踏まえれば、漁港漁場整備開発法にみられる「水産物の安定供給システム」の要素として漁村・漁港・漁場を捉えて整備するという見方は、あまりに近視眼的で一面的であるといえよう。本章で示してきた視座からみれば、今日実施されている漁港・漁場整備も、公共投資を介して漁村に新たな物的生産諸条件を形成し、漁村において「生きた人間」の「生活過程」を新たに形成していくのである。

注

1　長野章「「漁港漁場整備法」の制定とその背景」『日本水産学会誌（特集：水産基本法）』第 68 巻第 2 号、2002 年 3 月、227–238 頁。

2　清水弘・小沼勇『日本漁業経済発達史序説』潮流社、1949 年、近藤康男編『日本漁業の経済構造』東京大学出版会、1953 年、新川伝助『日本漁業における資本主義の発達』東洋経済新報社、1958 年。

3　岩切成郎『漁村構造の経済分析』恒星社厚生閣、1969 年。

4　濱田武士『漁業と震災』みすず書房、2013 年。

5　鈴木誠『戦後日本の地域政策と新たな潮流─分権と自治が拓く包摂社会─』自治体研究社、2019 年。

6　岡田知弘『日本資本主義と農村開発』法律文化社、1989 年。

7　岡田知弘『地域づくりの経済学入門─地域内再投資力論─［増補改訂版］』自治体研究社、2020 年。

8　中村剛治郎『地域政治経済学』有斐閣、2004 年。

9　岡田、前掲『地域づくりの経済学入門─地域内再投資力論─［増補改訂版］』。

10　Harvey, D. *The Urbanization of Capital: Studies in the History and Theory of Capitalist Urbanization*, Basil Blackwell, 1985（水岡不二雄監訳『都市の資本論─都市空間形成の歴史と理論─』青木書店、1991 年）。

11　宇沢弘文『社会的共通資本』岩波書店、2000 年、宇沢弘文『宇沢弘文の経済学─社会

的共通資本の論理─』日本経済出版社、2015 年、宇沢弘文『宇沢弘文傑作論文全ファイル』東洋経済新報社、2016 年、宮本憲一『社会資本論〔改訂版〕』有斐閣、1976 年、Harvey（水岡監訳）、前掲書。

12　宇沢、前掲『宇沢弘文の経済学』45-85 頁。

13　宇沢、前掲『社会的共通資本』46-92 頁。

14　間宮陽介「コモンズとしての社会的共通資本とそのマネジメント」『水資源・環境研究』第 29 巻第 2 号、2016 年 12 月、20-25 頁。濱田武士「社会的共通資本と漁場利用制度」『現代思想（3 月号臨時増刊号)』第 43 巻第 4 号、2015 年 2 月、144-153 頁。

15　尾崎芳治『経済学と歴史変革』1990 年、183-329 頁。

16　岡本清造『水産経済学』恒星社厚生閣、1961 年、では、漁業を「水界資源─有用水産動植物─を採捕する生産活動をその内容とする産業」（同上、19 頁）としている。本節では漁業を「自然的関係」から把握を試みている。そのため、岡本の定義から人間相互の関係として「社会的関係」を内包する「産業」規定を外し、「営為」と改めて規定している。

17　なお、総体としての漁村景観には、家屋などの生活手段も内包されることは付記しておく必要がある。本節は、「直接的な物質的生産」によって措定される漁業生産力の発展から漁港・漁場整備の把握を目指していたため、「生活手段」による漁村景観形成については議論を展開していない。これについては後日稿を改めて論じたい。

18　これは、岡田、前掲『地域づくりの経済学入門─地域内再投資力論─〔増補改訂版〕』が「地域を『生きた人間』の生活過程」から捉えた「人間の生活の場、『生活領域』」規定を、「社会的生産＝生活過程」論から改めて論じたものである。

19　小沼勇『日本漁村の構造類型』東京大学出版会、1957 年、2-12 頁。

20　廣吉勝治「漁業経営の再編過程」長谷川彰・廣吉勝治・加瀬和俊『食糧・農業問題全集⑲　新海洋時代の漁業』農山漁村文化協会、1988 年、127-184 頁。

21　新川、前掲書、85 頁。

22　石田文彦「大正から昭和初期における石油製油技術の発展─ランプ油から動力用燃料油への転換─」『技術と文明』第 14 巻 2 号、2004 年 3 月、25-55 頁。

23　株式会社 IHI 原動機「会社の沿革」（https://www.ihi.co.jp/ips/overview3.html、2020 年 4 月 20 日閲覧）。

24　新川、前掲書、86 頁。

25　同上書、82-88 頁。なお、近藤康男等は、漁船動力化を契機とするマニュ的漁業の発達と、それに伴う「不完全」な漁民層分解による労働市場と商品市場の形成過程に「漁港」という漁村類型を見出している（近藤康男編、前掲書、16-21 頁）。彼らは漁村類型として漁港をみているものの、漁船動力化を契機として漁港が形成されるとする点では新川と一致する。

26　平澤豊『日本の漁業　その歴史と可能性』日本放送出版協会、1981 年、202-204 頁。

27 浅野長光「第二次『漁業法』の制定施行および以後の改正」農林大臣官房総務課編
『農林行政史（第4巻）』農林統計協会、1959年、621-626頁。

28 浅野長光「各種奨励規則」農林大臣官房総務課編『農林行政史　第4巻』農林協会、
1959年、696-700頁。

29 岡田知弘「現代日本の地域経済と地域問題」岡田知弘・川瀬光義・鈴木誠・富樫幸一
『国際化時代の地域経済学〔第4版〕』有斐閣、2016年、69-70頁。

30 岡田、前掲『地域づくりの経済学入門―地域内再投資力論―〔増補改訂版〕』68-90頁。

31 長谷川彰・廣吉勝治「日本漁業の構造と課題」講座今日の日本資本主義編集委員会
『講座　今日の日本資本主義8　日本資本主義と農業・農民』大月書店、1982年、292-293
頁。

32 同上書、292-293頁。

33 高山隆三「大正・昭和初期、戦時期の水産行政」『水産庁50年史』編集委員会編『水
産庁50年史（水産庁監修）』1998年、29-30頁。

34 廣吉勝治「戦後漁業政策の展開と軌跡」戦後日本の食料・農業・農村編集委員会編『戦
後日本の食料・農業・農村　戦後改革・経済復興期Ⅱ』農林統計協会、2014年、340頁。

35 「漁獲努力量」は漁業資源学の用語であり、漁業経済学においても一般的に使用され
る表現である。Hilborn, R. and Hilborn, U., *Overfishing: What Everyone Needs to Know*,
Oxford University Press, 2012.（市野川桃子・岡村寛訳『乱獲―漁業資源の今とこれから―』
東海大学出版部、2015年）は、「漁獲努力量」を「漁獲に要した時間や労力」と定義し
ている。また、川崎健・片山知史・大海原宏・二平章・渡邊良朗編『漁業科学とレジーム
シフト―川崎健の研究史―』東北大学出版会、2017年は、「漁獲努力」を「漁船の大き
さ、数、漁法、操業時間など」と定義している。

36 廣吉、前掲「戦後漁業政策の展開と軌跡」324-330頁。

37 長谷川・廣吉、前掲「日本漁業の構造と課題」295頁。

38 廣吉、前掲「戦後漁業政策の展開と軌跡」330-342頁。

39 「魚価上昇依存型の成長」は、漁業経済学会の「共通認識」となっている（宮澤晴彦
「漁家漁業」漁業経済学会編『漁業経済研究の成果と展望』成山堂書店、2005年、1-8頁）。
しかし、これを提起した志村賢男「高度成長メカニズムと漁業」『漁業経済研究』第22
巻第1号、1975年12月、48-64頁、と「魚価高騰依存型」として改めて整理・検討した
小野征一郎『200海里体制下の漁業経済―研究の軌跡と焦点―』農林統計協会、1999年
では、その意味する内容が異なっていることは指摘しておく必要がある。しかしながら、
本章の課題とは直接の関連性が少ないため、指摘のみにとどめておく。

40 田中角栄『日本列島改造論』日刊工業新聞社、1972年。

41 岡田、前掲『日本資本主義と農村開発』。

第**4**章

戦後復興期から高度経済成長期における
都市開発の一断面
―神戸市と姫路市の比較分析をもとに―

林　　昌宏

はじめに

　都市における開発問題は、規模の大小を問わず頻繁に議論の対象になって
きた。現在も国内外で多種多様な都市開発[1]が続けられており、評価こそ分
かれがちであるものの、オリンピックや万国博覧会、IR（Integrated
Resort：統合型リゾート）をはじめとする大規模イベント・施設招致への期
待感は、依然として根強い。

　現代日本の都市開発史に目を向けてみるならば、アジア・太平洋戦争の敗
戦直後は戦災からの復興が、高度経済成長期には人口・産業の過度の集中に
伴う都市問題が焦眉の課題となり、それらの解決に向けた開発のあり方も問
われてきた。近年では人口減少が顕著化しているほか、地震・津波や豪雨と
いった大災害も頻発している。後者については復旧・復興に関連した開発の
あり方が重要な論点として扱われがちである。

　このような都市問題と開発の関係において都市政府、換言すると地方自治
体の担う役割は、きわめて大きい。地方自治体は、都市開発を企画・実行す
る主体になる。また、開発の方向性は、国の決定した制度的な枠組みや実施
する政策、地方自治体の首長のアイディア[2]、近隣・同格の都市（地方自治
体）との間の競争や横並び志向[3]、経済的・社会的環境をはじめとする要素
が複雑に作用し合いながら決められていく。とりわけ、開発に関するアイデ

ィアを持ち、かつそれに意欲的な人物が首長に当選・就任した場合は、自ら
の目標の実現に向けて既存の制度を積極的に活用したり、新規の制度や組織
の構築を通じて課題を解消したりしながら政策を推進する事態が生じ得る。
それでは、こうした首長には、どういった経験や思考が背景に備わっており、
そのことは政策帰結といかようにして結びつくことになるのであろうか。こ
れについて歴史的アプローチから分析し、その知見を蓄積していくことは、
単に将来の都市開発や災害復興の基礎になり得るだけでなく、不確実な環境
に直面している地方自治のあり方にも示唆を与えることができよう。

　そこで本章は、戦後復興期から高度経済成長期に展開された日本の都市開
発及び開発主義的な性質を備えた首長に焦点を当てることにしたい。彼らは、
どのような都市開発構想を抱き、諸制度の活用等の創意工夫を図っていたの
か。そして、それは都市開発にいかなる影響を及ぼしたのか。これらを明ら
かにするために、事例として個性的な都市開発を推し進めたことで知られる
兵庫県の神戸市と姫路市を取り上げる。

　本論に移る前に、神戸と姫路の両市の要点を紹介しておこう。神戸市は、
横浜市とならぶ全国屈指の港湾都市であり、六大都市の一つとして「株式会
社神戸市」と称される独特の都市経営を展開してきた。その基礎を作ったの
が、元内務官僚の原口忠次郎である。原口は、1949 年に市長に就任すると、
神戸港を核に「山、海へ行く」と呼ばれる都市開発を実現に導くなどした[4]。
これとほぼ時を同じくして、播磨地域の拠点都市である姫路市では、土木建
設会社の経営者であった石見元秀が 1946 年に市長に就任し、「市営企業論」
を基調とした都市開発を展開していった[5]。

　本章は、これらの市長の都市開発構想や実施した政策の特徴を浮き彫りに
しつつ、前述の課題に応えていく。分析によって得られた知見は、評価の振
幅が著しい戦後の神戸市政を捉え直し、かつ戦後の姫路市政の相対的な評価
を実現するための手掛かりにもなるであろう[6]。なお、都市開発構想の分析
にあたっては、可能な限り原口や石見が残した著作や発言録といった史料を
活用した。

84　　第Ⅰ部　開発と地域形成の史的展開

1 原口忠次郎と神戸市の都市開発

1 原口忠次郎のライフヒストリーと都市開発構想

原口忠次郎は、1889（明治22）年11月12日に佐賀県小城郡芦刈村（現在の小城市）で生まれた[7]。若かりし頃の原口は、両親との別離、進学失敗、病気といった挫折を繰り返した。他方で病気の経験が、原口に土木工学を選ぶきっかけを与えることにもなった。

1916（大正5）年に原口は、京都帝国大学工科大学土木工学科を卒業し、内務省に入省した。同省では技師として主に荒川の改修工事事業を担った。その後、1933（昭和8）年をもって退官し、満州国（以下「満州」と表記）に赴任した。満州では、主に新京と吉林の間を結ぶ道路工事や治水事業に従事したほか[8]、若手の育成にも尽力した。こうした取組みを通して、原口は視野を広げる機会を得たと言える[9]。

さて、原口と神戸市との間に縁が生まれるのは、1939年のことである。前年7月に阪神大水害が発生し、その復興事業を託された原口は、再び内務技師に任ぜられ、内務省神戸土木出張所の所長として水害復興計画を推進し、六甲山で砂防ダムを造成したり、各河川の河床を深く掘って川幅を固めたりするなどした[10]。ちなみに1940年に原口は、米国サンフランシスコのゴールデンゲートブリッジの完成を知り、明石と鳴門の両海峡での架橋をこの時期に提案している[11]。1943年には広島市の内務省中国・四国土木出張所の所長になり、1945年4月をもって内務省を退官、岡山県津山市に疎開した。

アジア・太平洋戦争の敗戦を経て1945年11月に原口は、神戸市長（官選）の中井一夫の招きを受け、空襲で焦土と化した神戸市の復興本部長に任じられるとともに、翌年11月には助役に就任している。さらに、1947年4月5日の神戸市長選挙では、原口は社会党の推薦により出馬した。ただし、この時は元衆議院議員の小寺謙吉に敗れた。そのため急きょ同年4月20日の参議院議員選挙に出馬し、当選を果たしている。それから2年半後の1949年9月に神戸市長の小寺が病気で急逝した。小寺の後任に推挙された原口は、同年

11 月の神戸市長選挙に挑み、当選した。市長就任にあたり原口は、隣接町村との合併や港湾管理、戦災復興、民生の安定等を公約として表明している[12]。

原口の市政運営に少なからず影響を与えたのが、1950 年の港湾法の制定、そして 1951 年に神戸市が兵庫県との激しい争奪戦を経て神戸港の管理権を獲得したことである。これによって神戸市では、臨海部と後背地である市街地等との一体的な開発を進める前提条件が整うことになった。

ところで原口は、全国屈指の貿易港である神戸港ならびに神戸市を、どのように発展させようと考えていたのだろうか。1950 年代後半以降の彼の著作には、神戸市と神戸港を中心として西日本各地を航路や道路で繋ぐ広域経済圏の形成案が示されている。原口は「全国の四割に達する輸出品と、二割に及ぶ輸入品をあつかう神戸港は、西日本の偉大な経済力を、その背景にしており、これら各地方との交通体系の整備を抜きにしてその発展を考えることはできません。最近着工された名神高速道路や第二阪神国道の建設は、自動車輸送のいちじるしい飛躍という、輸送分野の変革に対処したものではありますが、その根本的な意義は、神戸港との直結にある」[13]と主張する。原口は、神戸港と瀬戸内海の関係性を次のようにも論じていた。

　　ライン河は、このバージ・ライン・システムを取り入れ、流域の重工業地帯の繁栄と相まって、河口のロッテルダル(ママ)は、ヨーロッパ最大の貿易港となっている。

　　　　　　　　　　　　　（中略）

　　神戸港と瀬戸内海は、ちょうど、ロッテルダム港とライン河の関係にある。瀬戸内海の立地の良さを生かして、バージ輸送による海上輸送の近［代―筆者］化をはかり、ライン流域のような繁栄をわが瀬戸内にもたらさねばならない[14]。

神戸港の発展にあたっては、後背地となる市街地の発展が不可欠であった。しかし実際のところは、原口曰く「神戸の市街地は背後を六甲山系にさえぎられ、東西三十キロ、南北は山から海まで一～四キロ」[15]という狭隘な地形

ゆえに「必然的に神戸の都市発展エネルギーを南の海面へ、北の山へと押しや」[16]ることになった。また「海面埋立への強い欲望、旺盛なるエネルギー、すぐれた技術が、必ず海面をさらに南へ、さらに大きく埋立てていくであろう。しかし神戸の場合、それは六甲山系が秘める山津波による災害をくぐり抜けなければならないという『恐怖の報酬』への覚悟を意味した」[17]とも説明しているとおり、神戸市の都市開発は常に治山治水の課題に向き合うことを宿命づけられていた。

そのほかにも、1959年に原口は「神戸の産業、観光都市、住みよい街、それぞれの発展」というビジョンを発表している[18]。1960年代初頭には、噴出する都市問題に対して、都市の再開発（既成市街地の高度利用）や外郭団体の積極的活用という施策を予算説明にあたって示すようになった[19]。

2　原口市政下における都市開発

それでは原口が提示した都市開発構想は、どのような形で実現されていったのであろうか[20]。

原口が市長に就任した当時の神戸市は、前任の市長の（負の）置き土産ともいうべき1950年3月開幕の日本貿易産業博覧会に関する巨額損失、シャウプ勧告に基づく税制改革などが原因で、極度の財政窮迫に見舞われていた。そのため就任当初の原口は、予算削減や人員整理といった緊縮策を断行した。ところが朝鮮戦争の勃発（1950年6月）による特需景気で市の税収が急増し、財政状態が好転する。これ以後は、周辺2町9村との合併を順次実現するとともに、戦災復興と同時に市立中央市民病院、王子動物園、市庁舎などの施設建設を進めていった。

神戸港の大規模化が軌道に乗り始めたのも1950年代のことである。1951年に神戸港の管理者が神戸市に移り、連合国軍に接収されていた施設が返還されていった。1952年には神戸埠頭株式会社（社長は原口）が設立され、埠頭や突堤の整備も進められた。臨海部では大規模な埋立工事が開始され、竣工した工業用地には神戸製鋼所をはじめとする工場群が立地していった。

こうした都市開発を背景に神戸市は、1956年に人口が100万人を超え、政

令指定都市の指定を受けた。他方で、急激な人口増加と都市化は、数多くの弊害を生み出している。1950年代後半から六甲山山麓で宅地造成が急速に進められ、住宅地に適していない傾斜地での乱開発に拍車がかかったのである[21]。これを深刻に受け止めた原口は、傾斜地における土木工事の規制に関する条例の制定（1960年）や砂防ダムの整備[22]などを進めていった。

　神戸市の都市開発は、1960年代以降さらに加速していくことになる。神戸港では貿易拡大に伴って取扱貨物量が急増し、港湾の大規模化に拍車がかかるようになった。埠頭用地や工業用地が新たに埋立・造成され、そのために必要な土砂は市内の鶴甲山や渦ヶ森から採取された[23]。鶴甲山から土砂を大量に搬送するため、ベルトコンベア方式[24]が採用されている。このようにして「山、海へ行く」と呼ばれる開発が本格化した。

　また、1960年代は「コンテナ化」という物流革命が到来した時期でもある。これに対応すべく神戸港の管理者である神戸市は、新たに「ポートアイランド」という人工島の造成構想を1964年に発表した。その実現に向けて原口は当時、建設大臣であった自民党の河野一郎を説得し、協力を取り付けている。とはいえ、当時の神戸市には、900億円ともいわれる巨額の造成費を捻出する余裕はなかった。そこで考案されたのが、国に事業の一部を関与させる「連合処理方式」である。この方式は、神戸市がポートアイランド中央部の埋立を担当し、防波護岸や防波堤などの建設を運輸省第三港湾建設局、コンテナ埠頭やライナー埠頭の建設・運営を阪神外貿埠頭公団（1967年設立）に委ねる仕組みである。阪神外貿埠頭公団の設立にあたっては、港湾管理権に介入したい運輸省と、それだけは拒みたい神戸市との間で対立が繰り広げられる一幕もあった。最終的にポートアイランドの造成と並行してコンテナ埠頭が整備されることになり、1970年代から1990年代前半まで神戸港は世界屈指のコンテナ取扱港としての地位を維持し続けていくのである[25]。神戸市が担当する埋立事業の費用は、外債発行を通じて調達することになり、1968年には西ドイツ・マルク債の発行に成功した。さらに、ポートアイランドの造成に必要な土砂は高倉山で採取され、高架式のベルトコンベアと前述のバージ・ライン・システムによって山から海へ大量に搬送された。造成地の分

譲も進められ、1980年代にかけて住宅地のほか、店舗、市立中央市民病院や公園をはじめとした公共施設が相次いで建設されていった[26]。

　なお、神戸港の大規模化やポートアイランドの造成にあたり、原口は活発に提案や調整等を行っていた。彼のアイディアは、港湾施設の整備だけにとどまらず、多方面に生かされていくことにもなる。

　まず、市街地や周辺地域の再開発が挙げられる。たとえば、高度経済成長期に入り、狭隘化の著しい市街地の問題を解決するため、1961年制定の市街地改造法を全国で初めて適用し、商店街・住宅・ゴム工場の密集する長田区大橋地区の再開発を実施した。また、中心市街地の三ノ宮で、市街地改造や外郭団体を通じた地下街建設などを進めていった。山地や丘陵地では、観光振興と市民の住みやすさの向上のために、六甲山牧場や市民向けの舞子ゴルフ場といった施設が開発されている。

　つづいて、交通関係でも独自の取組みが見られた。神戸市では、阪急・阪神・神戸・山陽の各私鉄が市内を走行している。それらを相互乗入れの形で接続させるため、市と私鉄4社は1958年に神戸高速鉄道株式会社を設立した。そのほか1962年の阪神高速道路公団の設立の際にも神戸市は積極的に関与し、1963年には第二阪神国道（現、国道43号線）の兵庫県側の開通ならびに阪神高速道路神戸線の着工が実現している[27]。原口の悲願であった明石海峡大橋の架橋は、神戸市独自で調査を実施し、建設省に意見を具申するなどの取組みが行われた[28]。

　原口による市政運営について市民の評価は概ね良好であったが、在任期間の長期化に対する風当たりも強まっていった。未練を残しつつも原口は、1969年11月に5期20年務めた市長を退任した[29]。後任の市長には神戸市助役として原口とともに諸事業の実現に奔走し続けた宮崎辰雄が就任し、市政の大部分が継承された[30]。原口が市政を担当した時期に、神戸市は神戸港の管理権を獲得し、国とは不即不離ともいうべき協力関係を構築・維持しながら、海と山の一体的な開発や市街地・後背地の再開発を実現していったのである。

第4章　戦後復興期から高度経済成長期における都市開発の一断面　　89

2　石見元秀と姫路市の都市開発

1　石見元秀のライフヒストリーと都市開発構想

　本節では、石見元秀が姫路市長として、どのような都市開発を進めていったのかを紹介する。石見元秀は、1900（明治 33）年 8 月 2 日に兵庫県飾磨郡余部村（現在の姫路市飾西）で生まれた[31]。1918（大正 7）年に兵庫県立姫路中学校（旧制）を卒業すると、城陽尋常高等小学校（姫路市）の代用教員や立山（富山県）での土木工事への従事、陸軍少尉の任官などを経て、自ら土木建設業の会社を設立した[32]。会社を設立した石見は、主にダムや鉄道の工事を請負い、1933 年からは満州で事業を展開するようになった。アジア・太平洋戦争が始まり、戦局の悪化で満州を引き揚げた後は、姫路に戻って会社経営を続け、1945 年の敗戦を迎えた。

　さて、戦後直後に姫路市の舵取りを担っていた市長（官選）が、弁護士で衆議院議員の原惣兵衛である。原は、進駐軍の協力を巧みに得ながら、敗戦からの半年間で、空襲で焦土になった市街地の復興計画を策定し、1946 年 3 月には姫路市と近隣 1 市 3 町 3 村との合併を実現させた。しかし、公職追放令が適用されたため、1942 年 4 月の衆議院議員選挙、いわゆる翼賛選挙で大政翼賛会の推薦を受けて当選した前歴を持つ原は、市町村合併の実現直後に市長（正確には市長臨時代理者）の職を辞した。しばらくして後任の市長に推挙されたのが石見であった[33]。

　官吏や政治家としての経歴を持たない石見が、なぜ市長の座を手にしたのか。その詳細は今も不明のままであるが、候補者が次々と市長の就任を辞退したことが原因と目されている。そのため当初は、石見の市長就任に戸惑いを示す市会議員もいた。ところが実際には官選約 1 年の後に、1947 年 4 月から公選で 5 期 20 年にわたって市政を担うことになる。

　1946 年 7 月に市長就任にあたっての抱負を問われた石見は「いまこそ破壊された姫路に百年の大計を□［立―筆者］てるべきで五年計畫十年計畫と小刻みに進むべきだ、それには全市自給自足圏を確立する、この隘路となる輸

送問題を解決するため全市内にトラックの循環道路を設け産業地帯ともいふべき臨海方面を中心に結びつける、農耕地帯は世界的水□[準―筆者]を目標に徹底的機械化を図る、かく考へるとき、うしろを山で仕切られた、神戸とは全く違つた希望と面白さが姫路にはある」34)と語っている。この発言では姫路市内の開発の方向性が端的に説明されているだけでなく、石見の神戸市への対抗意識も透けて見える。

　石見は、市長に就任すると、手始めに復興事業と市営バスの運行に着手した。これらの事業を継続するには、財源の確保が必要であり、そのために彼は競馬等の公営ギャンブルを実施しようとした。GHQや国がそれに難色を示すと、石見は1946年10月に「新規企業は、概ね各都市随意に実施する自由なく、又各都市任意に新しく計画するも、容易に実施出来ない実状にあ」35)ると訴え、戦災都市の結集を呼び掛けている。これに呼応した全国97の地方自治体が、1947年1月に全国戦災都市連盟を結成し、GHQや国に圧力を掛けた36)。公営ギャンブルについては1949年から実施されていくことになり、姫路市は競馬、富くじ、競輪を運営することになった37)。これ以後も石見は、市単独では実現困難な事業においては、関係する地方自治体や国に働きかけを行うなどしながら、目標の実現を試みていったのである。

　1948年1月に石見は「市営企業論」を発表した。こちらには、彼の姫路市政に対する考えがまとめられている。石見は、市長に就任した当初から「今日にみるが如き経済的行詰りのある事を豫想すると共に、他面荒廃せる都市の復興と言ふ絶対的責務を前にして、之が財源を市民の担税力以上の課税に求むべきでなく、まして國庫補助にその多くを求め得ず、かゝる無から有を生み出せと言ふに等しい都市財政の窮乏に直面して、之が打通の道は市営企業及び特種課税なりとし、而も最も斬新なものとして市営競馬並びに市営富籤の實現に努力して来た」38)と説明する。それから「一面にはインフレの防止となり、他面復興財源の大なる対象となるといふ一石二鳥の狙ひであ」るほか「モナコ的存在も社会の激動期、ましてや国家存亡の危機に頻せる現状にあつては、日本を生かさねばならぬと言ふ唯一至上命令の下に、堂々許容さるべしとするのが私の倫理哲学であ」るとして「無税都市」の実現を唱え

第4章　戦後復興期から高度経済成長期における都市開発の一断面　　91

た。「市営企業論」は、のちの石見の市政運営で、さまざまに反映されていくことになる。

2　石見市政下における都市開発

　石見元秀が市長に就任した直後、すなわち1940年代後半から1950年代にかけての姫路市の最優先事業は、空襲で焦土と化した市街地、主に国鉄姫路駅北側エリアの復興であった。これについては、戦災復興土地区画整理事業として国の補助を得ながら進められ、市の公営ギャンブルの収益も財源の一部に充当された。1955年に国鉄姫路駅と姫路城大手門前とを結ぶ全長840m、幅員50mの大手前通りが開通した。1959年には石見の発案に沿う形で、国鉄姫路駅に姫路民衆駅ビルが完成し、市の表玄関が一新された。

　戦災復興と並行して進められたのが、観光や平和に関連した施設の整備である。1951年に姫路城内で市立動物園の開園を実現させ[39]、前述の全国戦災都市連盟の事業として1956年には手柄山に太平洋戦全国戦災都市空爆死歿者慰霊塔が建立された。後者の事業も石見の働きかけによるところが大であり、後述するように手柄山に公共施設が数多く立地する端緒となっている。1956年から姫路城の「昭和の大修理」が始まり、市内の観光客は減少した。それを回復するため、1958年に「西の比叡山」と称される書写山に市営ロープウェイが設置された。

　市街地開発も積極的に進められていった。その代表例が市内を流れる河川改修と宅地造成の一体開発である。1958年に船場川の改修が開始され、あわせて沿岸部での宅地造成が進められた。そのための事業費は、造成地の分譲によって確保するという手法が採られたのが特徴的であり、のちに市内の他の河川で実施されることになる。

　他方で港湾をはじめとする臨海部については、神戸市とは異なる事情を有していた。姫路港の管理権を兵庫県が保持しており、中心市街地と臨海部が5km以上も離れていた。そのため、神戸市ほどの権限や財源を持ち合わせていない姫路市が、臨海部の埋立地を都市問題の解決の拠りどころとするのは困難であった。前述のとおり、石見が市内の山や河川の開発を推し進めたの

も、そうした事情が背景にあったと考えられる。それでも姫路市にとって僥倖であったのは、国や兵庫県が播磨地域を工業地帯として優先的に開発する方針を示したことである[40]。それに乗じて1952年に姫路市は工場設置奨励条例を制定し、富士製鐵（現、日本製鐵）広畑製鐵所をはじめとする既存工場の拡張支援や、関西電力姫路第一発電所の誘致を行うとともに、財政収入の増大もめざした。

　そのほか、1950年代前半には生活環境の向上のため、水道、ごみ処理、学校施設の充実化が図られ、1950年代後半には主に騒音や排煙などの公害問題への対応が行われるようになった。また、1954年から1959年にかけて姫路市は近隣町村（2町11村）を吸収合併していき、1958年には人口が30万人を超えた[41]。

　1960年代に入ると戦災復興は一段落し、新たな開発が展開されていった。中心市街地開発では、国鉄姫路駅南側の駅南土地区画整理事業や、姫路駅前のビル・地下街の建設が進められた。神戸市が全国初の市街地改造事業に着手した翌年の1962年に、姫路市でも国道2号線沿いで同事業が開始されている。さらに都市化に伴って下水処理場の増設や水洗便所改造助成事業、屎尿処理場の新設といった衛生事業の充実も図られた。

　またこの時期には、夢前川や網干川の河川改修工事が行われた。これらも船場川と同様に、河川改修と宅地造成の一体開発が実施され、造成地の分譲を通じて事業費の回収を図る手法が採られている。加えて観光振興を図るため、1960年代に名古山に仏舎利塔、手柄山に市立水族館といった公共施設が相次いで建設された。なお、手柄山は、1966年に姫路市主催の「姫路大博覧会」のメイン会場になった。それにあわせて手柄山と姫路駅の間に開業したのが、延長約1.8kmの市営モノレールである[42]。

　臨海部では兵庫県が播磨地域の開発を優先的に進めたため、工業地帯化はより進むことになった。埋立地には、関西電力姫路第二発電所や出光興産兵庫製油所などが立地し[43]、重化学工業の一大拠点へと発展した。それから1962年の全国総合開発計画の策定等に関連して、姫路市は周辺自治体とともに国へ播磨地域を新産業都市に指定するよう働きかけた。姫路市を含めた播

磨地域は、経済企画庁の判断で新産業都市の対象からは外されたものの、1964 年に工業整備特別地域に指定されるに至っている。

　以上のとおり石見は、市政運営にあたり多くの制約を受けながらも、財源の確保のために公営ギャンブルの導入や工業地帯の開発を推進し、並行して市街地や観光地の開発、衛生事業等の充実化を図っていた。他方で、石見によって展開された都市開発は、神戸市で見られた一体的かつ長期的なビジョンに基づいたものとは言い難い。すなわち観光施設や河川・宅地の開発といった短期的に収益を生み出す事業、ならびに小規模な事業の集積という側面は否めないのである。公共施設の新設についても、都市の格の向上をもたらしたかもしれないが、市民のニーズを反映した内容には必ずしもなっていなかった。そのため、1960 年代中盤になると市民の間で学校施設や道路などの生活インフラの充実を求める意見、さらには手柄山や名古山の開発への異論が強まっていった。また、数々の施設開発や事業が市財政を圧迫するようになり、開業時に注目を集めた市営モノレールも博覧会終了後に大幅な赤字を計上し始めたため、石見の市政運営への不満はより高まることになった。

　6 選を期して 1967 年 4 月の市長選挙に立候補した石見は、元内務官僚で兵庫県出納長であった吉田豊信に約 7 万票の大差をつけられて落選し、市長の座を退いた[44]。その 3 年後に、ある対談で石見は「自治体運営理念を基調として民間企業の妙味を採り入れることができるとして最善を尽して来たことが一部の市民の理解を得られなかったことが残念であったのです」[45]と述べている。姫路市政からの退場を余儀なくされた元市長の思いが、この一言に凝集されているといえよう[46]。

おわりに

　本章では、神戸市の原口忠次郎市政と姫路市の石見元秀市政を事例に取り上げ、戦後復興期から高度経済成長期における都市開発の実態を明らかにしてきた。最後に、それらの特徴を 3 点にまとめてみたい。

　第 1 に、ライフヒストリーと都市開発構想についてである。元内務官僚の

94　　第Ⅰ部　開発と地域形成の史的展開

原口と土木建設会社の経営者から市長に転身した石見は「土木」や「満州」という共通の経歴を有していた。市長就任後の両者は、そろって開発を推進する姿勢を表し、戦災からの復興、そして高度経済成長期の市政運営で辣腕を振るった。これらにおいて、原口が神戸港を核に「山、海へ行く」と称された都市開発を、石見が「市営企業論」を、それぞれ構想していたことも改めて示しておきたい。

　第2に、これらの市長の開発手法や内容についてである。原口の率いる神戸市と石見の率いる姫路市は、いずれも自律性を顕著に発揮し、都市開発を展開していった。神戸市では、港湾管理権等を最大限に活用して神戸港と六甲山系の開発を一体的かつ長期的に進め、それを砂防などの防災対策、観光都市化、都市問題の解消（住みよい街）に繋げていくという特長が見られた。財源不足の問題が生じた際には、市は国の援助を求めつつも、開発の主導権を安易に譲らなかった。これに対して姫路市では、公営ギャンブルによる財源調達やさまざまな市独自の事業の導入・展開を土台としながら、都市の形成が続けられた。とはいえ同市は、神戸市をはじめとする六大都市ほどの権限や財源を持ち合わせてはいなかった。そこで、さらなる発展に向けて近隣自治体や兵庫県、国と連携を深め、全国屈指の工業地帯の開発と財政収入の増大という「利益」を得ようともしていたのである。

　第3に、市政の終局及び得られる教訓についてである。原口は市政を後継に託すことができたが、石見に関しては住みよさの向上を図っていたものの、市民の批判が高じて失脚へと至った。このような事実から得られるのは、中・長期にわたる都市開発にあたっては、都市の格、噴出する都市問題、市民（地域住民）のニーズに応じた柔軟な対応や修正が必要であることや、これらの均整を欠いた場合には、返報を受ける可能性も高まっていくという反面教師的かつ時を超えて共通する教訓である。付言すると、市政の断絶が生じた場合に、それまでの開発（の一部）は御し難いものになりがちで、ハードランディングを余儀なくされる局面も生じやすい。こうした点は、近年の都市開発が抱えている諸種のリスクへの警鐘となり得よう。

第4章　戦後復興期から高度経済成長期における都市開発の一断面　　95

注

1 こちらには、インフラの整備や都市再開発も含めるものとする。

2 アイディアの特徴及びそれの影響の詳細は、秋吉貴雄ほか『公共政策学の基礎〔第3版〕』有斐閣、2020年に詳しい。

3 地方自治体の横並びを志向する性質については、村松岐夫『地方自治』東京大学出版会、1988年、73頁を参照されたい。

4 戦後の神戸市政に関する先行研究は数多い。たとえば、池田清『神戸都市財政の研究─都市間競争と都市経営の財政問題─』学文社、1997年、大森光則『神戸市都市経営はまちがっていたのか─市職員にも言い分がある─』神戸新聞総合出版センター、2001年、広原盛明編著『開発主義神戸の思想と経営─都市計画とテクノクラシー─』日本経済評論社、2001年、佐藤俊一『日本地方自治の群像〔第5巻〕』成文堂、2014年、広原盛明ほか『神戸百年の大計と未来』晃洋書房、2017年などがある。

5 石見元秀による姫路市の市政運営に関する先行研究に、田邉高太郎「播磨地域における政財界の公職追放の影響と戦後復興─戦後の姫路市政を中心として─」『播磨学紀要』第5号、1999年がある。本章については、筆者が分担執筆した姫路市史編集専門委員会編『姫路市史第6巻 本編 近現代3』姫路市、2016年と、その編纂過程で得られた史料群を参照し、石見市政を評価する試みになる。

6 戦後直後の神戸、姫路の両市の都市開発を比較した先行研究は、管見の限りでは存在しない。

7 原口の経歴は、原口忠次郎の横顔刊行会『原口忠次郎の横顔』原口忠次郎の横顔刊行会、1966年、原口忠次郎『わが心の自叙伝〈四〉』のじぎく文庫、1971年を参照した。また、林昌宏『地方分権化と不確実性─多重行政化した港湾整備事業─』吉田書店、2020年で、1950年代以降に神戸港が大規模化していく過程を、林昌宏「原口忠次郎、宮崎辰雄による神戸市政─総体的な再評価に向けて─」川野英二編『阪神都市圏の研究』ナカニシヤ出版、2022年で、コラムとして原口と宮崎辰雄の両市長の略歴及び両者の関係性や市政の変遷をそれぞれ紹介している。本章は、これらの成果も一部参照し、原口市政を石見市政と対比させつつ評価する。

8 具体的には、遼河の改修工事である。

9 原口、前掲『わが心の自叙伝〈四〉』38頁。

10 同上書、46頁。

11 この提案は、戦争時に橋梁の破壊と海峡の閉塞を危惧した軍部が強く反対し、企画倒れに終わった。

12 神戸新聞社編『神戸市長14人の決断』神戸新聞総合出版センター、1994年、170頁。

13 原口忠次郎『夢のかけ橋』のじぎく文庫、1959年、60頁。

14 原口忠次郎「瀬戸内地域の交通体系」『港湾』第41巻第10号、1964年、56頁。こちらの「バージ輸送」とは、押船（プッシャー）と貨物を積載した艀（バージ）を連結し

て貨物を運搬する方法である。

15 原口忠次郎『過密都市への挑戦―ある大都市の記録―』日本経済新聞社、1968 年、14 頁。

16 同上書、14-15 頁。

17 同上書、15-16 頁。

18 新修神戸市史編集委員会編『新修神戸市史―行政編Ⅰ 市政のしくみ―』神戸市、1995
年、102 頁。

19 同上書、102 頁。神戸市の外郭団体に、都市整備公社、神戸高速鉄道、神戸地下街な
どがある。

20 本項（関連する注を含む）での原口の市政運営については、主に前掲『わが心の自叙
伝＜四＞』、前掲『神戸市長 14 人の決断』を参照した。

21 原口は「災害の大半はいまや人災である。人が寄り集まって住む都市ではいったん災
害が起きると被害が大きくなるだけに予防対策を特に大切にせねばならない。災害のた
びごとに追加予算だ、やれ予備費の支出だと大騒ぎするが、起きてしまってから費やさ
れるお金と配慮が防災に使われていたら被害をほとんど出さずにすませることも可能な
のだ」（原口、前掲『わが心の自叙伝〈四〉』86 頁）と指摘する。

22 原口市政は、六甲山系の治山治水にも多大な功績を残している。山と海を一体的に捉
えた戦後の神戸市政の分析は、別稿に譲りたい。

23 土砂採取地は、その後に住宅地などに転用された。

24 鶴甲山のベルトコンベアは、トンネル式であった。渦ヶ森については住吉川河川敷の
道路を整備し、ダンプカーで土砂を運搬した。

25 外貿埠頭公団の設立の詳細は、林、前掲『地方分権化と不確実性』を参照されたい。

26 ポートアイランドは、1981 年に「まちびらき」が行われた。

27 この区間で導入された 1 本の道路用地に 2 本の道路を通し、2 階部分の道路を中央部
の 1 本の柱で支える工法は、海外の事例を参考に原口が提案したとされる。

28 明石海峡大橋は、1998 年に開通した。それまでの経緯は、島田喜十郎『［新版］明石
海峡大橋―夢を実現し、さらなるロマンを追う―』鹿島出版会、2018 年などに詳しい。

29 原口は、6 選出馬に意欲を示したが、自民党がそれに難色を示し、宮崎の出馬の意思
も固かったことなどから退任を受け入れた。その後、1976 年 3 月 22 日に死去した。

30 宮崎市政は、生活環境の改善を進めたほか、六甲アイランドの造成や神戸ポートアイ
ランド博覧会の成功など、原口の路線を一層発展させ「株式会社神戸市」の評価を確立
した。

31 石見の市長就任前の略歴については、播磨時報社編『愛郷のひと石見元秀』名誉市民
故石見元秀氏顕彰碑建立会、1986 年、国立公文書館所蔵史料『任免裁可書・昭和二十一
年・任免巻百三十六』を参照した。

32 会社設立の詳細な年、場所等は、不明である。

33 石見が市長に就任するまでは、宮垣幸吉が市長臨時代理者の職を担った。

34 『神戸新聞』1946 年 7 月 20 日付。

35 全国戦災都市連盟編『戦災復興と全国戦災都市連盟の歩み』全国戦災都市連盟、1962 年、記録 4 頁。

36 同連盟の会長は石見が務め、姫路市役所に本部が置かれた。

37 1950 年代初頭に市営の競艇場の導入も試みたが、市民の反対にあい失敗した。

38 以下は『中国新報』1948 年 1 月 1 日付。

39 この整備にあたって、資金の一部を富くじの一種である動物園くじで調達した。

40 兵庫県は、1952 年に工場誘致奨励条例を制定している。そのほか国や県の動きを受けて、播磨地域の市町村や経済界が 1952 年に播磨地域工業振興促進協議会を、1957 年に播磨地域の地方自治体などが播磨工業地帯整備促進協議会を、それぞれ設立した。

41 その後、姫路市は 1967 年に林田町を編入合併した。1969 年には姫路市の人口が 40 万人を超えた。

42 市営モノレールの建設をめぐり、市民が反対運動を起こしている。

43 一例をあげておくと、出光興産兵庫製油所の進出に対して、地元の漁民が大規模な反対運動を展開した。こうした事情もあって、製油所の本格稼働は 1970 年になった。

44 吉田は、4 期 16 年にわたり教育・福祉サービスを拡充し、それに関係した都市開発も進めた。

45 斉藤源太・石見元秀「対談 斉藤源太・石見元秀」『Academia 学術新報』第 82 号、1970 年、21 頁。

46 石見は、1976 年 1 月 15 日に死去した。

第 **5** 章

地方都市における都市形成過程と資本
―反公害運動「高知パルプ生コン事件」からみえてくるもの―

宇都宮千穂

はじめに

　2004 年、「増田レポート」において「消滅可能性自治体」が発表されて以降、地方都市あるいは地方の農山漁村は、かつてないほどにその存続が危ぶまれている。内閣官房には、まち・ひと・しごと創生本部事務局が置かれ、長期ビジョンと総合戦略に沿った基本目標である「地方に安定した雇用を創出する」「地方への新しい人の流れをつくる」「若い世代の結婚・出産・子育ての希望をかなえる」「時代にあった地域をつくり安心な暮らしを守るとともに地域と地域を連携する」の 4 つが示された。そこでは重要業績評価指標（KPI）と政策パッケージが提示され、地方自治体はこうした上からの政策に沿って、課題解決に取り組むことが求められるようになった。

　だが、そもそもなぜ「消滅可能性自治体」が発生したのだろうか。現代の地方は、世界都市東京を相手に抗いようのない人口流出と深刻化する少子高齢化で苦しんでいる。しかしそれを「地方自治体の努力が足りなかったからだ」と言い切ることはできない。なぜならその背景の一つに、戦後日本ですすめられてきた地域開発のありかた、すなわち資本と地域の不平等な関係があるからである。したがって自治体に自助努力を促す前に、地方で「何が起こっているのか」という現状分析に加えて、「これまで何があったのか」という歴史を再確認しておく必要がある。

そこで本章では、人口減少が進み「課題先進県」と自称する高知県を対象に、資本と地域の関係をとらえてみたい。なかでも地場産業の集積地として高知経済を牽引してきた高知市 旭 街の変遷から、地方都市における資本と地域の関係をみていく。

高知市旭街とは市内西部に位置する地区で、現在は住宅開発が進む地域である。なかでも旭街南部は、かつて「紙の旭」と呼ばれ大小さまざまな規模の製紙工場が集積し、高知市内で最大規模の人口を抱える賑やかな庶民のまちであった。しかし現在はそのような面影はなく、高層マンションが建設され、都市計画事業の影響で古い街並みは広大な更地になっている。本章ではこの旭街南部の変貌を都市形成の視点から分析し、地方都市が抱える課題の背景を明らかにしたい。その際、旭街南部が変化した契機とされる反公害運動「高知パルプ生コン事件」に着目する。

1 都市形成と資本蓄積

1 都市形成分析の意義

資本と地域の関係をとらえる分析視角として、都市形成分析がある。政治経済学の視点から地域研究を行う岡田知弘によれば、都市形成分析には「発生史的都市形成論」と「構造的都市形成論」があり[1]、資本主義社会における都市の分析には、この二つの都市形成論を結合する物質代謝論を機軸におくことが必要であると主張する。都市は、そこに存在する資本が再生産されることによって発展する。資本の再生産過程は価値増殖の論理で説明できるが、それだけでは生産活動が都市空間に与える影響は把握できない。例えば価値視点では、産業廃棄物ですら価値増殖に編入することになるが、使用価値の視点でとらえると、産業廃棄物は物質代謝を攪乱し、私たちの生活や地域社会に悪影響を与えるものとなる。よって都市形成の実態を明らかにするには、資本の成長をとらえるのみでは不十分で、資本がどのような使用価値を作り出し、物質代謝にどう影響を与えるのかをとらえることが必要である。それは具体的には、資本の具体的な生産活動と、その活動の場である地域へ

の影響を明らかにすることである。

　では、実際に都市形成を資本と地域の関係から分析すると何がみえてくるのだろうか。以下では公害問題を例に、物質代謝論をふまえつつ戦前期の四日市市と新居浜市をみておこう。

2　都市形成過程と公害問題─四日市市と新居浜市

　三重県四日市市は、1880～90年代に名望家資本による地域経済の発展がみられた。その中心となったのが、伊藤伝七の興した三重紡績であった。1910年代は名古屋港の発展に伴い四日市港の地位が危うくなるが、四日市では地域の資本が結集、行政内部に関係者を据えて要望を主張して港湾整備をすすめた。ところが1920年、三重紡績が成長して東洋紡績株式会社となると、会社は本社を大阪へ移した。また同時期に、地域の名望家が共同で成立させた電力会社や鉄道などの会社も全国規模の会社に吸収されていく。こうして地元資本の共同体は解体し、その後の四日市市は外部資本の誘致に力を注ぐことになる。それは、四日市が地域間競争に勝利するには、当時の先端産業である重化学工業資本の誘致が必要と考えられたためであった。そして1930年代から40年ごろまでに立地したこれら会社の事業活動が、戦後に深刻化する水質汚染や「四日市ぜんそく」の発生源となったのである[2]。

　一方、愛媛県新居浜市の前身にあたる旧新居浜町では、1920年代に進展した住友資本の事業展開に伴い、深刻な煙害問題が発生した。被害は愛媛県東部地域の広範囲に及び、それら町村は連合体を形成して公害反対運動を展開し、住友から賠償金や操業制限、有害物質の排出制限を勝ち取った。しかし1928年、旧新居浜町とその周辺の11町村は連合から脱退する。理由は、これら11町村内で住友が築港や鉄道整備、道路整備、工場用地造成などを計画していたからである。この計画は町村単位では実施できない規模のインフラ整備であったことから、住友資本と地域は「共存共栄」関係にあり、「単なる煙害事件の為め他の四郡町村と連衡して会社に対抗することは公的情義に於いて忍ふ能はさるものあり」だったのである[3]。

　以上の事例からは、地域内に存在する資本が再生産される過程で、地域が

第5章　地方都市における都市形成過程と資本　　101

発展していく様子がわかる。これは資本の価値増殖によるものであるが、素材的側面をみてみると地域の発展とは異なる面もみえてくる。四日市の場合は、都市形成の主体が地域内資本から外部資本に変わり、当時の歴史段階、すなわち独占資本主義を反映して、その外部資本は重化学工業資本となった。四日市では、それが物質代謝に影響を与えることになり、公害問題の発生につながっていく。一方、新居浜市の場合は、都市形成の主体は財閥資本であり続け、工場を含めた地域全体を再生産していく構造が出現した。そこでは地域が資本との共存共栄を目指すという明確な意思の下、物質代謝が攪乱されたままの都市が形成されていく。

　では高知市旭街での資本と地域の関係はどうか。まずは地域の変化に大きな影響を与えた「高知パルプ生コン事件」を確認しておく。

3　高知市旭町の公害問題─高知パルプ生コン事件

　「高知パルプ生コン事件」とは、1972年に発生した反公害事件である。この事件は、高知パルプ工業（以下、高知パルプ）による公害に対抗するために、市民団体のリーダーらが工場の排水口に生コンクリートを投入して排水を止めたものである。当時、この実力行使に対し、公害で苦しむ市民らは賛同し、新聞報道も市民団体に対して理解を示した。しかし実行メンバーらは威力業務妨害で告訴され、長期にわたる刑事裁判を経て罰金刑となった。

　この裁判は４年間で27回の公判が行われ、被告の証人として住民や行政職員、高知パルプ関係者のほか、宇井純、宮本憲一、飯島伸子、中西準子、田尻宗昭ほか３名、合計８人の研究者が加わった。そのため裁判は、さながら「公害裁判」のようであったといわれ、公害被害の深刻さと企業対応の悪さ、企業と行政との癒着が浮き彫りになっていった。だが判決では、被告らの公害被害に対する正当防衛は認められず、宮本憲一は「司法の公害問題に対する認識の限界を示し」たと評している[4]。

　とはいえ、この事件ののち高知パルプは高知市から撤退した、そして流域河川は清浄を取り戻し、住民は悪臭から解放された。都市形成の視点からみると、「高知パルプ生コン事件」は、資本蓄積による物質代謝の攪乱を止め

たことで地域を救ったとみなされるだろう。またこの事件が、「公害防止協定」や「公害防止基本計画」を策定する流れをつくったことも重要な点である。しかしこの事件は四大公害裁判とは異なり、公害の要因を確定して被害者への補償が行われたものではなかった。また地域社会の環境回復や地域経済の再建がされたわけでもなかった。ではなぜ、地域はこのような公害被害を受けたのか。次節では公害工場が立地する過程をみていく。

2　高知市旭町におけるパルプ工場の立地

1　「紙の旭」の産業と生活

　高知パルプが立地した高知市旭街は、高知市西部に位置し、現在の中心市街地の西端にあたる。旭街とは高知市26地区のうちの一つで、南北にわたる広い地域である。地区の南部は、国道33号線、土佐電気鉄道株式会社（以下、土佐電）の軌道と国鉄旭駅があり、市街化が進んでいた。製紙業の集積地は旭街南部にあり、製紙工場の周辺には商店街に住宅やアパートが密集した生活空間が形成されていた。

　これら施設は戦災を免れて残存し、旭街南部の早い戦後復興の要因となった。それを示すのが、1955年の市内人口である。旭街は高知市第2位の人口を抱え、その数は2万1882人で市中心部の江ノ口や潮江とともに3大人口集中地域であった。また1954年の事業所数をみると「飲食料品小売業」等の小売業全般、「対個人サービス業」「映画以外の興行娯楽劇場付随事業」が多く存在し、生活を支える産業の集積もみられた[5]。住宅地図でこの時期の旭街南部をみてみると、小規模な店舗や住宅が細い路地に沿って建て込んでおり、職住が混在した密集の様子がみてとれる。

　同時期の旭街の産業をさらにみてみよう。旭街における1954年の製造業者上位3業種は、食料品製造業（38事業所）、紙類似品製造業（33事業所）、木材木製品製造業（27事業所）となっており、全製造業事業所数186の5割を占めていることがわかる。一方、製造品出荷額では「紙類似品製造業」が全体の5割を占め、従業員数も同業種が最も多く1100人である。当時の旭街

における従業員総数が4310人であることから、旭街で働く人の4分の1が製紙業に従事していたといえる[6]。

では旭街の製紙業者の営業品目はどのような構成だったのだろうか。高知商工会議所がまとめた『高知商工名鑑』（1957年版）では、旭街の紙関連業者一覧が掲載されている。掲載業者は、高知県事業税が3万6000円以上、資本金30万円以上といった規模の大きな業者に限られたものであるが、その内容は表5-1の通りである。これによれば7業者のうち製紙業者が5業者で、営業品目は機械漉和紙が中心であった。一方、2業者はパルプ製造を行っており、そのうちの1業者が「サルファイトパルプ（SP）」を製造する西日本パルプであった。従業員数は250人で、規模の大きさがうかがえる。

サルファイトパルプ（SP）工場とは、製紙原料である化学パルプを亜硫酸と亜硝酸塩を使用して製造する施設である。この製造方法は、適切な排水処理がなければ水質汚濁等の公害を発生させる。そのためパルプ工場が立地すれば、公害の発生源となることは広く知られていた。それにもかかわらず、このような住宅密集地域に規模の大きなSP工場が立地していたのは、なぜだろうか。

表5-1　旭町に立地する製紙業者

名称	営業の種類	資本金（万円）	従業員数（人）
西日本パルプ(株)高知工場	サルファイトパルプ製造	36000	250
那智紙業(株)	パルプ及び紙	150	90
三好製紙(株)	製紙業	150	18
土佐化成紙業(株)	製紙業	50	
丸茂製紙（企）	製紙業	50	
山英製紙(有)	手すき紙製造	200	37
金星製紙(株)	機械漉和紙製造	1500	223
(株)前田製紙業	手すきインキ止紙製造	380	52

注1：高知商工会議所の会員、および昭和32年4月1日を基準とし、昭和31年10月1日以来引き続き営業を行っている業者。

注2：事業年度の高知県の事業税が36,000円以上、昭和32年4月1日現在資本金又は払込済出資総額が300,000円以上の業者。

出所：高知商工会議所『高知商工名鑑1957年版』1958年より作成。

2 苦境に立つ高知県製紙業

ここで戦後復興期における高知県製紙業の概況をみておこう。図 5-1 は高知県の和紙生産とその全国シェアを示したものである。高知県は、戦前から手漉・機械漉和紙の一大産地として知られていた。ただし全国シェアをみると、その地位は低下傾向にあった。要因として指摘されるのは、第 1 に、戦後直後から1952年ごろまで続いた仙貨紙ブームである。仙貨紙とは、古紙が原料の低品質な印刷用紙であるが、洋紙の代替品として出回り、製紙業界の復興に強い影響を与えた[7]。高知県内でも影響は大きく、1947 年の仙貨紙生産量は県内機械漉和紙の 2 割程度を占めていた。しかし洋紙生産が回復すると、状況は一変する。仙貨紙需要は急速に後退し、それへの依存度が高い業者は休廃業を余儀なくされた。これにより県内最大規模の地場製紙資本の倒産が 2 件あったという[8]。

第 2 に、機械漉和紙の生産設備の古さである。戦後直後こそ残存設備によ

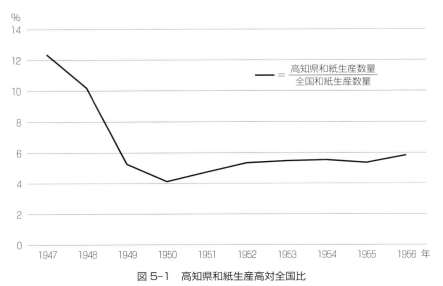

図 5-1　高知県和紙生産高対全国比

注 1：全国生産高は「紙・パルプ年報」1956 年度、高知県生産高は「高知県紙業概況」より引用。
注 2：1950 年までは、全国・高知県ともに機械漉、手漉を含む。1951 年以降は機械漉のみ。
出所：高知県産業経済調査会「高知県機械すき和紙業の実態」『市政研究』第 7 号、1962 年 4 月、16 頁。

って全国に先駆けて生産を開始できたが、設備更新は進まなかった。1950年頃の県内業者は技術的に遅れた抄紙機を使用しており、「高知県紙業の停滞が、このような技術的発展における停滞としてあらわれている」と指摘されていた[9]。

第3に、県内での京花紙生産の比重の高さである。1950年頃までの県内生産は仙貨紙および薄葉紙で8割近くを占めていたが、50年代中頃になると京花紙が最大となる[10]。しかし京花紙は、県外大企業が類似品の大量生産を開始しており、「本県機械漉和紙が致命的打撃を受けることは、必至」であるとされた[11]。

加えて全国的傾向として、戦後の製紙業は原料パルプの不足問題を抱えていた。紙・パルプは臨時物資需給調整法により、戦後になってからも割当切符による配給制が導入されており[12]、原料は不足傾向にあった。県内製紙業の振興には原料パルプの確保は重要であり、こうしたなか原料パルプ製造に積極的にかかわったのが、高知製紙株式会社（以下、高知製紙）であった[13]。高知製紙は、1948年にSP工場の建設を計画し、候補地として宿毛市、須崎市、日章村（現南国市）、高知市旭街を挙げていた[14]。

3　「未晒亜硫酸パルプ工場設置に関する要望書」

しかしこの計画が明らかになると、候補地では建設賛成派と反対派による対立が発生し[15]、工業廃水の影響をうける漁業関係者による抗議運動も高まりを見せた[16]。旭街でも「数十人が『亜硫酸パルプ工場設置絶対反対』の旗を立てて坐りこみをおこない、警官にゴボウ抜きされるという争動」が発生したとの記録がある[17]。しかし高知市は旭街南部へのパルプ工場の設置を1948年に認可し、それに対して高知市議会は以下に示す要望書を高知県知事、高知市長、高知労働基準局長宛に提出した[18]。

　　未晒亜硫酸パルプ工場設置に関する要望書（1948年12月）
　　　凡そ企業が個人であろうと団体であろうと将また地方的であろうと国家的であろうと最小の経費を以て最大の効果を挙ぐべく企画されること

は経済の原則である。されど此の原則は人類の福祉を前提とすることが必須で、若しそれが人類に脅威を与え破滅に導くが如きものであるとすれば絶対に許さるべきものではない。今般本市旭町に高知製紙株式会社が未晒亜硫酸パルプ工場設置のため本市議会に右に関する陳情書提出せられたるところ高知県特産の紙業繁栄のため又産業発展のため本市議会はその設置を敢て阻止するものではない。

　されど調査の結果は企業者の独善的な功利主義的運営と当局の監督並にその措置如何によっては亜硫酸パルプ工場が絶対無害なりとは肯定し得ず市民生活に影響ありと推察される。之を慮るにあまり一部地元民漁業者等より反対の声すら揚っている。この反面本県産業開発のため該工場施設を要望する声もあり因って当局は十分考慮を払はれたい。工場の設置或は建造物を許す場合は近代科学の枠を蒐めたる工場諸施設の完備と責任ある運営とにより被害なき様万全なる措置を講じ市民生活の福祉と地方産業発展と両々相俟つの方途に出られたく、本市議会は本工場設置について特に別紙条項の実施を要望し且市民と共に会社側並に当局の措置を将来に亘り監視するものである。

　別紙条項とされた「要望事項」には、旭街南部に「亜硫酸パルプ工場を設置することは立地上適当とは考えられない」と明記したうえで、7つの条件が記載されている。そこでは汚染物質の除去を完全に行うことに加え、「被害発生の際には会社が全責任を負担してその賠償にあたること」「被害発生に対処する為地元住民、関係地区農民漁民その他関係者よりなる委員会を設けること」とされていた。さらに「被害大なるときは工場を閉鎖すること」まで記載され、設置には十分な対策や覚悟を求める内容となっていた。すなわち高知市議会はパルプ工場の危険性を認識しており、また当の高知製紙も旭町に決定したことに落胆したという[19]。旭町への工場立地が最適とはいえないことは、多くの者が理解していたといえる。

　ではなぜ旭町に決まったのか。それは、要望書に含まれる環境保護の視点以外に、地域産業発展の考え方があったからである。要望書にある「高知県

特産の紙業繁栄のため又産業発展のため市議会はその設置を敢えて阻止するものではない」との文言からは、当時の自治体が産業振興の方針を拒否できない姿が浮かび上がる。こうした状況のなかパルプ工場は設置され、高知パルプ生コン事件まで20年以上にわたって、公害被害が続いていくことになるのである。

　だがここで注意しなければならないのは、工場の所有者が20年間で何度も変わっていることである。その理由は、パルプ工場が製紙資本の拡大過程と密接に関わっていることにある。以下では、パルプ工場をめぐる資本と地域の関係をとらえるために、製紙資本に焦点をあててみていく。

3　域外製紙資本の蓄積とパルプ工場

1　公害被害と「生コン事件」前史

　「高知パルプ生コン事件」の当事者である高知パルプは、1961年に設立された大王製紙株式会社（以下、大王製紙）の子会社である。そして高知パルプの前身は、1950年に設立された西日本パルプ株式会社（以下、西日本パルプ）である。前節で述べたようにパルプ工場の設立認可を受けたのは高知製紙であるが、高知製紙は工場完成間近で倒産する。その後、工場は西日本パルプに引き継がれ、1951年に操業を開始した。この経緯については後述するが、西日本パルプは大王製紙の子会社であり、営業種目は製紙用SPであった。

　西日本パルプが操業を開始するとすぐに公害問題が発生し、水路や川に「黒い水」が流れたという。被害は河口にあたる浦戸湾にも広がり、漁業にも深刻な影響をもたらした。また亜硫酸ガスによる大気汚染は、喘息、喉や目の痛み、頭痛などで人体へ深刻なダメージを与えた。加えて亜硫酸ガスは、金属製品の変色や電気製品の故障といった侵蝕による器物損害も生じさせた。そしてこの公害は、後継の高知パルプでも同様に発生した[20]。

　実は西日本パルプの操業に先立つ1950年に、公害発生を予測した旭街南部の住民は上に述べた「要望事項」をもとに、西日本パルプと「協定書」を作成していた。その内容は、「当時としては全国でも稀にみる厳しい『公害

防止協定』である」[21)]と宮本が指摘するほどのもので、パルプ工場の所有者が変われば協定書も更新されることにもなっていた。つまり地域住民による製紙資本のコントロールを可能にするこの協定書が、実際には守られることなく公害被害は拡大していった[22)]。

この過程について哲学者の丸山徳次は、「正当防衛の急迫性」の要件として「緩慢な暴力」の概念を提示している。パルプ工場の廃液排出は「ケミカルな暴力であり、長期間の継続的・累積的・媒介的な暴力」[23)]であるとし、20世紀以降の新たな暴力であるとの認識を示した[24)]。ただこの間、地域の側はただ暴力を受け続けたわけではない。この事件の公判に参加した宇井純は「生コン事件」の要因として「挙県的工業化計画」「企業の責任」「公害防止協定」「市民運動との連携」を挙げている[25)]。つまり自治体や企業の計画、協定の締結、住民運動の盛り上がりなどの段階で、公害を食い止めることができたかもしれないのである。では、なぜ止められなかったのだろうか。以下では製紙資本の資本蓄積に焦点をあててみていく。

2 大王製紙株式会社の蓄積基盤としての SP 工場

大王製紙とは、愛媛県四国中央市（旧伊予三島市）に本社を置く製紙会社である。戦時下の企業整備によって四国の製紙工場 14 か所が統合されて設立した会社で、創業者は井川伊勢吉である。井川は、戦前から戦後にわたる大王製紙の躍進を牽引した経営者として知られている。

大王製紙が最初に拡大したのは 1946 年からで、戦災を免れた設備を利用して生産体制を整え、仙貨紙ブームにのって大きな利益を上げた。その後、利益を元手に洋紙生産に参入しようと設備投資を繰り返したが、仙貨紙ブームの終焉とともに投資の失敗がかさんで 1949 年頃には多額の借金を抱えることになった[26)]。そのようななか新聞紙需要が急増し、大王製紙はこれをチャンスとみて全国紙向け洋紙製造を目指した。この設備投資にあわせて行われたのが、新聞紙原料すなわちパルプの確保であった。

1950 年、大王製紙は「高知県・日本興業銀行・伊予銀行に働きかけて、高知のサルファイトパルプ（SP）工場をすべて借金で手に入れた」[27)]。これが

高知パルプの前身となる西日本パルプである。この買収について「高知のサルファイト・パルプ工場」の持ち主、すなわち高知製紙社長・河野冨助の孫にあたる河野剛久は、著書の中で次のように記している[28]。

　愛媛県の大王製紙株式会社の井川伊勢吉社長は原料商から製紙業に進んだ人で新聞紙の巻き取りを抄造していて、当時伊予銀行は大王製紙に相当量の融資をしていた。ちょうどドッジのデフレ政策によって全国的な不況に陥った時期でもあって、大王の業績は思った割に伸びずに苦慮していた時に、この高知製紙の倒産が起こった。協調銀行の一つであった伊予銀行はこの事業の将来性を高く評価していて、井川社長に事業の継承を打診した。井川社長に異存はなくこれに応じ高知県および高知市商工会議所を初め各金融機関の支援を得て、1億2千万円でこれを買収、25年11月1日、西日本パルプ株式会社を設立して翌年3月には操業を開始した。

　その後、西日本パルプは1953年5月に大王製紙の西条工場を買収し、製紙部門を発足させた。その翌年、大王製紙は、この西条工場を売却した6000万円を元手に伊予銀行の融資を得て、水質汚濁が少なくパルプの品質の向上が見込まれるクラフトパルプ（KP）工場を愛媛県伊予三島市に完成させて、パルプから製紙までの一貫生産を開始した[29]。その理由は「山を越えた高知からの運賃などで期待するほどの利益効果が表れず、三島工場にパルプ設備の建設を計画」[30]したこととされている。このKP工場は、「これこそ、大王の礎を築いた設備」[31]と評するほどの重要施設になり、それ以降、設備増設が進められていった[32]。

　このように大王製紙にとって1954年のKP工場建設は、転機であったことがうかがえる。だが、『愛媛県史』では、それに先立つ1949年の段階で、井川がKPに着目して調査立案したが、興銀の反対で実現しなかったことを指摘している[33]。すなわち井川は、1950年に高知製紙を買収する以前からKP工場建設を構想していたのであった。

110　　第I部　開発と地域形成の史的展開

1958 年、西日本パルプは西条工場とともに大王製紙に合併され、大王製紙高知工場となった。この過程については、パルプ生産の主流がSPからKPに推移したことにあると、公判記録に残されている。こうして旭街南部のパルプ工場は、多くの従業員を抱えながらも時代遅れの施設となっていくのである。

3 大王製紙の急成長と高知工場の閉鎖

1960 年以降、大王製紙は伊予三島の KP 工場を原料供給の基盤に据え、「第三次五カ年計画」と称した量産メリットを上げるための大増設計画を実行しようとしていた。その規模は「地方都市に一挙に王子製紙苫小牧工場を凌ぐ規模の工場を実現しようとするものであり、周囲の驚きは一様ではなかった」[34] とされるほどのものであった。もちろんこうした経営拡大路線が常に成功したわけではなく、1962 年には会社更生法の適用を受けている。しかし大王製紙は、連鎖倒産や大量解雇を恐れた地元商工会議所や労働組合の強い協力を得た「独自の再建計画」によって[35]、1965 年に更生手続終結の決定を得て再建を成功させた。

これ以降、大王製紙の成長は目覚ましかった。図 5-2 は大王製紙の紙・板紙生産量を全国シェアでみたものである。ここからは KP 工場が完成した1954 年から会社更生法の適用を受ける 1960 年までの急成長と更生手続終了後の 1965 年以降の成長過程がみてとれる。

また全国シェアでは、1953 年にはわずか 0.9 ％だったものが、1999 年には6.7 ％となり、業界 4 位のシェアを占めるまでとなった。戦後の製紙業界は大手製紙会社の合併が繰り返され、主要会社のシェアは 67 ％にのぼり、戦前からの大資本が資金や設備、技術者の点で優位であった。そのなかでここまでの成長を遂げた大王製紙はまさに大躍進だったのである。

この過程のなかで、大王製紙は 1960 年に高知工場閉鎖の方針を決定した。大王製紙にとって、西日本パルプは KP 工場建設の資金捻出に必要な会社であったが、このころになると SP 方式の工場は利用価値がなくなっていた。また当時の大王製紙が、利用価値のない工場に莫大な公害対策資金を投入することは、困難であったことも予測される。

第 5 章　地方都市における都市形成過程と資本　　111

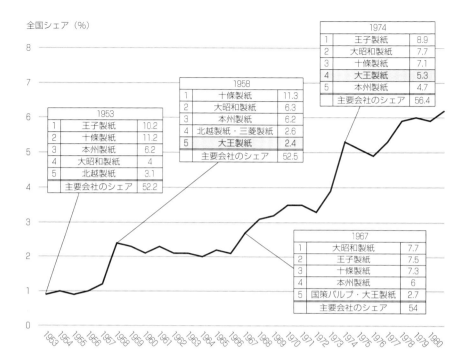

図 5-2　戦後における大王製紙の成長
出所：王子製紙株式会社『王子製紙社史　資料編』2001 年、272-276 頁。

　しかし工場が立地する高知市・高知県・労働組合は、大王製紙の工場閉鎖の決定に強く反対し、同社方針を撤回させた。その結果、大王製紙の子会社として 1961 年に新たに「高知パルプ株式会社」が設立され、操業が継続されることになったのである。だが 10 年後の 1971 年には「高知パルプ生コン事件」が発生し、1972 年に工場閉鎖、操業停止となった。

おわりに

　高知市旭街南部における公害問題の最大要因は、資本が廃棄物処理をせずに資本蓄積を続けたことにある。これに対して住民は運動を展開し、最終的には操業停止に追い込んだ。

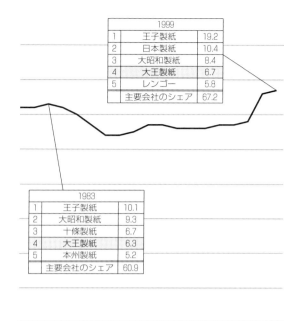

　これまでの研究ではこの最終地点に着目し、企業による公害対策の不備を指摘したうえで、蓄積を続ける資本に対抗するためには住民運動や環境保全活動が必要である点を強調してきた。確かに住民運動は、操業停止を勝ち取るとともに、環境行政の展開をもたらした点で、一定の成果を上げた。操業停止によって物質代謝の攪乱を終わらせ、資本の暴走をくいとめたことになるだろう。しかし本章の分析をふまえれば、操業停止という事実は、以上の理解だけでは不十分である。

　本章の分析で明らかとなったのは、旭街南部の工場施設と製紙資本の蓄積の関係である。大王製紙は、戦後の資本蓄積によって無名の状態から業界第4位にまで成長を遂げた。その基盤となったのは、旭街南部の工場施設である。大王製紙はこの工場を、まず原料供給工場として利用し、その後は本社のある愛媛県でのKP工場建設のための資金獲得に利用した。そしてKP工場完成後は設備増設を続け、その影響から会社が経営危機に陥ると、利用価値の低いSP工場の処分に踏み切ろうとした。つまり操業停止は資本の論理にとっては必然であって、本来であればもっと早く高知から撤退したはずであった。しかし旭街南部の工場は、大王製紙の戦略に反して操業を再開することになった。そこには、自治体や労働組合の要請が力学として働いたから

である[36]。こうしてみると住民は、「操業停止」を資本だけではなく自治体あるいは労働組合からも勝ち取ったということになる。すなわち「高知パルプ生コン事件」は、企業の「不法行為」に対する住民側の抵抗であると同時に、それまでの自治体政策への対抗でもあったのである。

　現在の資本主義社会において資本にとっての地域とは、蓄積のための一要素であって、必要であれば利用し不要であれば捨て去るものである。では有利な条件があれば、資本は地域に永久に存在し続けるのだろうか。それは違う。確かに四日市や新居浜の場合、地理的・歴史的背景、開発規模の大きさといった有利な条件があり、資本はその地で蓄積を続けているようにみえる。だが戦後まで視野に入れてみれば、日本経済の変化に伴い両都市でも価値増殖の場は他地域に移転しつつあることは明らかである。資本は成長する限り、条件の良い中心地域すなわち大都市に集中していく。その移動が早いか遅いかの違いである。

　かつて「高知パルプ生コン事件」を分析した川島哲郎は、大王製紙高知工場の閉鎖は「資本融資のあっせんその他の一時的好条件を提示することによって、阻止できるものではない」とし、高知県側の方策を大王製紙は求めていないと指摘している[37]。また「独占資本の利益を中心として計画立案される中央政府の政策方針に沿って発展しうるのは独占資本と一部の有利な条件をもつ中心地帯」とし、「高知県のような辺境地方が、このような独占中心の政策に追随する方向をとりつづける限り、そこには独占外企業の安定と地方住民の福祉向上をもたらす真の政策は生まれ得ず、あるものはたんに、一時を糊塗する対策か、あるいは地方住民に極端な犠牲を強いながら独占資本に奉仕する反国民的な『産業政策』のみということになる」と指摘している。この表現は時代を感じさせるものではあるが、現代地方都市が抱える課題がこの時代に、何によって形成されたのかを的確に示したものである。そしてそのことは、大王製紙の撤退後の旭街南部の変貌にもあてはまる。「紙の旭」から製紙業は次々と転出し、代わって流通資本が流入・撤退する。その後は県外資本によるマンション開発が展開している。マンション開発は住宅であるがゆえに、その後の維持あるいは撤去が難しい。しかもデベロッパーが最

後まで面倒をみるわけではない。この状況は、川島の指摘した「産業政策」「地域政策」の本質が今も引き継がれているといえるのではないか。

　これこそが現代地方都市が抱え込んできた課題であり、それを解決しない限り地方はこれからも同じ道をたどる可能性が高い。地方都市の真の発展のためには、地方と中央の関係を変えていくことであり、そのためには資本と地域の関係を見直していくことが必要である。そしてそうした転換の柱として、地域住民の視点から住民の生活・福祉最優先の地域政策を構築し実施していくのは、自治体の役割であろう。

注

1　岡田知弘「つくる・まわる：経済」大谷幸夫・羽田正・和田清美『都市のフィロソフィー』こうち書房、2004 年、122 頁。

2　同上、134-141 頁。

3　宇都宮千穂「新居浜における住友資本の事業展開と都市形成過程」『歴史と経済』第46 巻第 4 号、2003 年、1-18 頁。

4　宮本憲一『戦後日本公害史論』岩波書店、2014 年、331 頁。

5　以上の記述は、高知市『高知市統計書（昭和 30 年版）』1956 年による。

6　同上。

7　愛媛県史編さん委員会「第四章第二節三　地場産業の胎動　大王製紙の台頭」『愛媛県史　社会経済 3　商工』1986 年

8　高知県産業経済調査会「高知県機械すき和紙業の実態」『市政研究』第 7 号、1962 年 4月、22-23 頁

9　同上、11 頁。

10　同上、18-19 頁。

11　高知県中小企業基本対策審議会『高知県製紙工業振興基本対策』1964 年、7 頁。

12　四宮俊之「紙・パルプ産業」産業学会『戦後日本産業史』東洋経済新報社、1995 年、231 頁。

13　高知製紙は戦前の企業整備によって誕生した製紙会社で、戦後は河野冨助、楠一親子が経営を担った（河野剛久『私本土佐和紙物語』河野製紙株式会社、1992 年、138-142、147-148 頁）

14　同上書、150 頁。

15　坂本九郎「良心なき企業と行政に抗する最後の手段」『市民』第 16 号、勁草書房、1973年 9 月、93 頁。

16　飯島伸子『新版　公害・労災・職業病年表』すいれん舎、2007 年、112-113 頁。

17　坂本前掲「良心なき企業と行政に抗する最後の手段」93 頁。

18　高知市議会史編纂委員会『高知市議会史』高知市議会、1975 年、155-157 頁。

19　河野前掲『私本土佐和紙物語』151 頁。

20　田中正晴「浦戸湾と高知パルプ生コン事件」『高知人文社会科学研究』第 5 号、2018 年、
　　51-54 頁、「浦戸湾探謎記　第二部　誰のもんぜ③排水口のようなにおい」『高知新聞』
　　2006 年 9 月 13 日付。

21　宮本、前掲書、317 頁。

22　この経緯については、『戦後日本住民運動資料集成 10 高知パルプ生コン事件資料』（全
　　8 巻、すいれん舎）としてまとめられ、詳細な記録が残されている。また坂本前掲「良
　　心なき企業と行政に抗する最後の手段」93 頁のほか、山﨑圭次・坂本九郎・梶原守光・
　　山原和生・宇井純・宮本憲一「座談会　高知パルプ生コン投入事件判決をめぐって」『公
　　害研究』第 7 巻第 1 号、1976 年などにも詳しい。

23　丸山徳次「『緩慢な暴力』と正当防衛」『倫理学研究』第 52 巻、2022 年、45 頁。

24　同上、50 頁。

25　宇井純「高知パルプ生コン事件」藤林泰・宮内泰介・友澤悠季『宇井純セレクション
　　2　公害に第三者はない』新泉社、2014 年、300-302 頁。

26　前掲、愛媛県史編さん委員会「第四章第二節三　地場産業の胎動　大王製紙の台頭」。

27　前掲、愛媛県史編さん委員会「第四章第二節三　地場産業の胎動　大王製紙三島の一
　　貫工場化」。

28　河野、前掲書、158-159 頁。

29　前掲、愛媛県史編さん委員会「第四章第二節三　地場産業の胎動　大王製紙三島の一
　　貫工場化」、および大王製紙社史編纂委員会『大王製紙 50 年史』1995 年、46-47 頁、紙
　　パルプ工業の技術については、猪狩仮将「紙パルプ工業と公害問題」『繊維と工業』第 5
　　巻第 3 号、1972 年、146 頁。

30　大王製紙社史編纂委員会、前掲書、48-49 頁。

31　同上。

32　前掲、愛媛県史編さん委員会「第四章第二節七　産地の成長－紙・タオル　機械製紙
　　の確立と大王製紙の拡張」。

33　前掲、愛媛県史編さん委員会「第四章第二節三　地場産業の胎動　大王製紙三島の一
　　貫工場化」。

34　前掲、愛媛県史編さん委員会「第四章第二節七　産地の成長－紙・タオル　機械製紙
　　の確立と大王製紙の拡張」。

35　同上。

36　宇井純「高知生コン事件にみる公害の典型」『戦後日本住民運動資料集成 10』第 6 巻、
　　すいれん舎、2016 年、244 頁。

37　前掲、高知県産業経済調査会、182-183 頁。

第**6**章

「見えない」プルートピア
—リッチランド、オジョルスクから東海村へ—

徳永昌弘

わたくしたちは
　　　ゆかしい歴史と　原子の火に生きる
　　　東海の村民です

（東海村民憲章より）

はじめに

　米国の歴史家ケイト・ブラウン（Kate Brown）が上梓した著作の書名である『プルートピア』（*Plutopia*）とは、米国とソ連が核開発を秘密裏に進めた時期に、20世紀中葉における近代社会の欲望を満たしうるユートピアとして築かれたプルトニウムの街と、そこに暮らす人々のことを指す。米国はワシントン州東部に広がる砂漠の中にミドルクラスのモデルタウンとしてリッチランド（ハンフォード工場）を築こうとし、ソ連はウラル山脈南部の森林を切り開いて造り上げたオジョルスク（マヤーク・コンビナート）に社会主義的な消費社会を創出しようとした。外界から遮断された閉鎖的かつ排他的な空間で、双方のプルートピアの住人は文字どおりの「核の家族」（nuclear family）であり、ともに科学的進歩と経済的効率性の実現を目指しながら、階級がなく豊かで恵まれた都市生活をアメリカン・ドリームもしくは共産主義ユートピアの具現化と信じていた[1]。その一方で、核兵器製造を目的としたプルトニウム生産への従事や度重なる事故によって、放射性障害を患った

作業員や周辺住民は長年にわたり健康被害に苦しんでおり、両国の被曝者た
ちは健康な生活を取り戻すために「生物学的な権利」を求めて今なお闘って
いる[2]。

　しばしば「プロメテウスの火」や「神の火」とも称される核の力に魅入ら
れたのは、米国とソ連の人々だけではない。核の恐ろしさが身に染みている
被爆国の日本でも、戦争に使用される核兵器とは切り離して、原子力の「平
和利用」の将来性を訴えるキャンペーンが1950年代半ばからマスメディア
で始まり、それを具象化した原子力発電所の建設の是非をめぐる議論が後に
続いた[3]。福島第一原発事故の発生を迎えるまでに50基を超える原発が全国
各地に建設されたが、日本で初めて原子の火がともり、本邦初の商業炉とな
る東海発電所が建設されただけでなく、次々に原子力関連施設が集中立地し
た結果、一つの自治体の中で核燃料サイクルが成立した茨城県東海村は、半
世紀の間に世界有数の原発大国へと変貌した日本に登場した「アジアのプル
ートピア」と呼べるのではないだろうか。

　本章では、歴史的な背景と近年の状況を踏まえつつ、何をもって東海村は
「アジアのプルートピア」であると言えるのかについて考えてみたい。米国
のリッチランドとソ連のオジョルスクが、それぞれアメリカン・ドリームと
共産主義ユートピアの到来を夢見たように、日本の東海村は何を追い求めて、
これまでに何を手に入れることができたのだろうか。

1　プルートピアにおける核の力とリスク

　ウラル地域のチェリャビンスク州北部のオジョルスクに位置する核閉鎖施
設マヤーク・コンビナートは、第二次世界大戦後に建設されたソ連初のプル
トニウム製造工場を母体として、核兵器用のプルトニウム生産炉、プルトニ
ウム抽出用の再処理工場、ラジオアイソトープ工場の3つの施設で構成され
た。兵器用プルトニウムの生産は1987年に中止され、その後は濃縮ウランを
抽出する核燃料再処理施設の他に、医療用アイソトープの生産設備が稼働中
と伝えられている[4]。その存在と所在地は1980年代末まで機密扱いで、チェ

118　　第Ⅰ部　開発と地域形成の史的展開

リャビンスク 40 もしくは 65 というコードネームで呼ばれた秘密都市であった。ソ連の反体制派知識人として知られるメドヴェージェフ兄弟が過去に発表した著作の中でも、特に大きな反響を呼び起こした『ウラルの核惨事』（Атомная катастрофа на Урале）は、1957 年 9 月にマヤーク・コンビナートで発生した放射性廃液貯蔵タンクの爆発事故の解明と復元を試みたサイエンス・ノンフィクションである[5]。核物質を取り扱う施設や運輸の事故・異常事象の程度を安全面で指標化した国際原子力・放射線事象評価尺度（INES）で最悪のレベル 7（大事故）を記録した事案は、よく紹介されるようにチェルノブイリ原発事故（1986 年 4 月）と福島第一原発事故（2011 年 3 月）である。これに次ぐレベル 6（深刻な事故）に認定されたケースが、同書を通じて生化学者ジョレス・メドヴェージェフ（Жорес Медведев）が究明しようと努めた放射性廃棄物の爆発事故である。マヤーク・コンビナートから約 20km 離れたクイシュトゥイムという地名を借りて、「クイシュトゥイムの惨事」（Кыштымская катастрофа）や「クイシュトゥイムの悲劇」（Кыштымская трагедия）と呼ばれる[6]。1989 年にソ連政府が事故の発生を公に認めてから新たに公開された情報や研究成果に基づいて、メドヴェージェフは爆発事故の考証を改めて行い、放射性廃棄物を貯蔵していた地下タンクの冷却装置の故障が原因であると結論づけた[7]。

　ここで興味深いのは、上記の事故の類似例として、米国のハンフォード工場で1973 年 6 月に起きた放射性廃棄物の漏洩事故が挙げられている点である。メドヴェージェフの見解に従えば、高濃度のプルトニウムに汚染された周囲の土壌が地下水などの影響で湿り気を帯びていた場合には、いわゆる核連鎖反応が始まり、マヤーク・コンビナートで起きた事故と同様の化学的爆発と放射能汚染がハンフォード工場でも発生していたという[8]。人類初の核実験である 1945 年 7 月の「トリニティ実験」（Trinity Test）と、その翌月に長崎に投下された原爆に使われたプルトニウムを同工場は生産していたように、1980 年代末に操業を停止するまで米国の核兵器開発を支える中心的な存在であった。しかし、その陰で大量に発生していただけでなく、余りにも杜撰に管理されていた放射性廃棄物の完全処理までには総額 3230〜6770 億ドル

の資金と2079～2102年までの時間が必要であると試算されている[9]。被災した福島第一原発の廃炉作業を想起させるような数字だが、その見通しは非常に厳しく、現在のハンフォード核貯蔵所は「［事故の］発生を待っている地下のチェルノブイリ」と警告する専門家の声も聞かれる[10]。それゆえ、メドヴェージェフの見解は決して大袈裟ではないことが分かる。

　本章の冒頭で触れたように、リッチランドとオジョルスクは二大核保有国の米露を代表するプルトニウムの街として知られるが、核兵器保有が禁じられている日本では、原子力発電所の運転から生じる放射性廃棄物に含まれるプルトニウムはどこに存在するのであろうか。近年、日本のプルトニウム保有量が高止まりしていることに対して、核不拡散の観点から国際社会は強い懸念を表明している。図6-1が示すように、2005年までは日本国内で保管されている分離プルトニウムの8割以上は東海村とその周辺に存在していた。2021年以降は公表の仕方が変更されたため、正確な内訳は把握できないが、国内に保管されている分離プルトニウムの半分弱は現在も茨城県内に存在していると考えられる。冒頭に掲げた東海村民憲章の前文で謳い上げられたように、同村は日本の原子力開発のトップランナーであり続けた一方で、これまでに3度の大きな原子力災害を経験しただけでなく（1997年3月動燃火災爆発事故：INESレベル3、1999年9月JCO臨界事故：同レベル4、2013年5月J-PARC放射性物質漏洩事故：同レベル1）、2011年3月の東日本大震災で深刻な津波被害を受けた東海第二発電所（原発）は、今も再稼働の目途が立っていない[11]。

　特に、日本の原子力災害の歴史においてJCO臨界事故は初の死者を出しただけでなく、近隣住民（JCOから半径350m圏内）の避難措置に加えて、被曝を避けるための屋内退避勧告（同10km圏内）が要請された本邦初のケースである。臨界の達成を示す青い閃光（チェレンコフ光）とともに「裸の原子炉」が突如として街中に出現し、コンクリート壁をも突き抜ける強烈な中性子線を丸一日近くにわたって放ち続けたことで、最終的に死者2名、推定被曝者554名（うち実測で被曝が確認された者は142名）、約7000件に及ぶ損害賠償請求と約154億円の賠償金（最終合意まで10年8か月を要した）、

120　　第Ⅰ部　開発と地域形成の史的展開

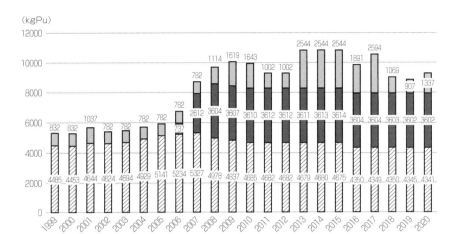

図6-1　国内保管中の分離プルトニウムの地域別分布（年末値）

注：茨城県に計上した分は、日本原子力研究開発機構の再処理施設、プルトニウム燃料加工施設、原子炉施設等（「常陽」、大洗研究所、原子力科学研究所）の合計値で、日本原燃株式会社の再処理施設の保管分は青森県に分類した。2010年以前は原子炉施設等の内訳が公表されていないため、「常陽」と研究開発施設のデータは茨城県、「もんじゅ」と実用発電炉のデータはその他に計上した。2009年末のデータによると、研究開発施設に保管分の97.5 %（443kgPu中の432kgPu）は、日本原子力研究開発機構傘下の東海研究開発センター（当時）及び大洗研究開発センター（同）の管理下にあった。

出所：原子力委員会公表資料「我が国のプルトニウム管理状況」各年版を基に作成（http://www.aec.go.jp/jicst/NC/iinkai/teirei/index.htm）。

法人としてのJCO及び同社員6名の起訴ならびに有罪判決を記録した未曾有の原子力災害であった[12]。

　日本で最初に築かれた原子力村が経験した最大の試練であったが、多数の原子力関連施設を擁するプルートピアであったからこそ、その内部の人材と資材で臨界事故を終息に導いたことも紛れのない事実である[13]。各種報道や公式報告で明らかにされたように、臨界状態を停止させるための作業計画を準備・策定したのは、東海村に原子力村としての礎を築いた日本原子力研究所と核燃料サイクル開発機構（後に両者は統合されて現在の日本原子力研究開発機構に改組）の所員であり、その実行役を務めたのは消防員や自衛官ではなく、現場で「決死隊」と呼ばれたJCOの社員であった。

福島第一原発事故で崩れ去った原子力利用の安全神話への疑念が大きく膨れ上がった出来事であったが、最も古い原子力村として歴史に名を刻みながら、今日でも日本最大のプルートピアであることに変わりはなく、その姿を変えていこうという動きは震災後も鈍い。JCO臨界事故や東海第二原発の津波被害（外部電源の喪失）といった核のリスクを自らの身体で体験しつつも、核の力との共存の道を模索しており、2012年末には「TOKAI原子力サイエンスタウン構想」という報告書を発表した。その冒頭で、「東海村のまちづくりを考える時、原子力を抜きにしてその将来像を描くことはできません」[14]と明言している。

2　呉越同舟のプルートピア

1955年3月に石神村と村松村が合併して誕生した東海村は、日本の原子力平和利用の発祥の地であることを自負する。村発足40周年を祝う記念式典で式辞を述べた須藤富雄村長（当時）の言葉を借りれば、「東海村の歴史は日本の原子力平和利用の歴史といっても過言ではない」[15]。地元では「原子力御三家」と呼ばれた日本原子力研究所（原研）、原子燃料公社（原燃）、日本原子力発電（原電）が、1956～57年にかけて相次いで発足し、研究用原子炉の設置や核燃料の製造とともに、本邦初の商業用原子炉である東海発電所の営業運転開始を1966年7月に実現した[16]。御三家の関連施設に加えて、民間企業や研究機関の原子力関連施設も東海村に進出し、2018年度末の時点で村内と隣接する那珂市に計18施設を構える[17]。

臨界事故を起こしたJCO東海事業所も、その一つである（**写真6-1**）。2003年4月に事業再開の断念を表明した同事業所は現在も存続しており、主に低レベル放射性廃棄物の保管業務に従事しつつ、不要な施設の解体・撤去作業を進めているが、1973年3月に操業を開始した住友金属鉱山核燃料事業部の東海工場を母体とする民間企業である[18]。1957年1月に本邦初の原子炉（JRR-1）が臨界に達してから現在に至るまで、研究施設内の実験装置を含めると、東海村と大洗町では約20回に及ぶ初臨界、すなわち、核分裂の連鎖

122　　第Ⅰ部　開発と地域形成の史的展開

写真 6-1　JCO 東海事業所
注：この建物の裏手に、事故現場となった転換試験棟は残されている（内部設備は撤去済み）。
出所：筆者撮影（2018 年 9 月 11 日）。

反応が安定した状態で続く段階への到達を経験している。性格は全く異なるが、前述した JCO 臨界事故も、その一つに含まれるであろう（表 6-1）。

　厳格な核不拡散政策を敷いたジミー・カーター政権下で、米国本国では実施を見送った核燃料サイクルについて、その見直しを米国側は日本にも強く求めたが、半年間に及ぶ日米再処理交渉を経て、日本側は条件つきの実施を勝ち取った。核兵器の保有国以外で、使用済核燃料の再処理が国際的に認められた初のケースである。現在でも、日本はウラン濃縮工場、原子炉、再処理工場の 3 点セットを国内に完備した唯一の核兵器非保有国である[19]。核燃料サイクルの基幹技術であるウラン濃縮と核燃料再処理は、核兵器製造と密接に関係する工程であり[20]、それが原子力の民事利用であっても核拡散リスクを必然的に高めるため、カーター政権は各国政府に対して民事利用の規制強化を要請し、日本では東海村に建設された再処理工場が焦点となった[21]。厳しい対米交渉の最中に、日本原子力研究所の誘致にも奔走した川崎義彦村長が、東海村を代表して核燃料再処理工場の稼働を請願したカーター大統領

第 6 章　「見えない」プルートピア　　123

表 6-1　初臨界を達成した茨城県の原子力関連施設

1957 年 8 月	日本原子力研究所（原研）研究用原子炉 JRR-1
1960 年 10 月	原研 研究用原子炉 JRR-2
1962 年 8 月	原研 軽水臨界実験装置 TCA
1962 年 9 月	原研 研究用原子炉（国産一号炉）JRR-3
1963 年 8 月	原研 動力試験炉 JPDR
1965 年 1 月	原研 研究用原子炉 JRR-4
1965 年 5 月	日本原子力発電（原電）東海発電所原子炉
1967 年 4 月	原研 高速炉臨界実験装置 FCA
1968 年 3 月	原研 材料試験炉 JMTR*
1971 年 4 月	東京大学 高速中性子源研究炉「弥生」
1975 年 6 月	原研 安全性研究炉 NSRR
1977 年 4 月	動力炉・核燃料開発事業団（動燃）高速実験炉「常陽」*
1978 年 1 月	原電 東海第二発電所原子炉
1985 年 5 月	原研 高温ガス炉臨界実験装置 VHTRC
1990 年 3 月	原研 研究用原子炉 JRR-3（改造炉）
1995 年 1 月	原研 定常臨界実験装置 STACY
1995 年 12 月	原研 過渡臨界実験装置 TRACY
1998 年 7 月	原研 研究用原子炉 JRR-4（改造炉）
1998 年 11 月	原研 高温工学試験研究炉 HTTR*
1999 年 9 月	JCO 転換試験棟［臨界事故］

注：*は大洗町に立地する施設を意味する。
出所：東海村「東海村の原子力」2018 年 3 月、61-64 頁に掲載の年表を基
　　に作成。

宛の親書には日本政府も寝耳に水で驚いたという[22]。日米交渉の妥結後に共同声明が発表されると、動力炉・核燃料開発事業団（以下、動燃と略記）東海事業所は 1977 年 9 月に再処理工程を始動し、使用済核燃料からプルトニウムを実際に抽出するホット試験を開始した。さらに、高速実験炉「常陽」向けの燃料再処理の開始（1982 年 9 月）を経て、1989 年 10 月からは高速増殖原型炉「もんじゅ」への装荷燃料の製造に着手する[23]。核燃料サイクルが本格的に稼働し始めると、東海村の再処理工場の能力では限界があるため[24]、前掲の図 6-1 が示すように、その中心は青森県六ケ所村へと移されることになる。同村では、全国の電力会社が出資する日本原燃が商用ベースの再処理事業を手がけているが、高速炉サイクルの要であった「もんじゅ」の廃炉が決定し、再処理工程によって分離されたプルトニウムをウランと混ぜた混合

124　　第Ⅰ部　開発と地域形成の史的展開

酸化物燃料（MOX 燃料）を軽水炉で使用するプルサーマル計画も震災後に遅れが目立つなど、核燃料サイクルには逆風が吹いている。

　前述したように、東海村は核燃料サイクルが内部で完結した唯一の自治体である。そこにまで至る過程で、東海村の人々、東海村に進出した企業、東海村を選択した政府は、どのような思惑を各々抱えながら、プルートピアとしての東海村に何を求めてきたのだろうか。

　まず、日本原子力研究所（以下、原研と略記）の建設から始まる原子力関連施設の集中過程を振り返ると、東海村にはリッチランドやオジョルスクとは決定的に異なる点がある。核兵器の開発競争に邁進していた米国とソ連のプルートピアは、何よりも機密保持を徹底するために外界から物理的に遮断された生活圏の構築を余儀なくされたが、原子力の民事利用に限定された日本の場合、その必要性は当初から存在せず、むしろ首都圏に近いという交通の利便性が立地先を選択する際に重視されていた。熾烈な誘致合戦を経て、発足直後の原子力委員会が1956 年 2 月に決定した原研の建設候補地（横須賀市武山）が翌月の閣議で覆された後に、最も望み薄と見られていた東海村が急浮上すると、当時の原研所長を含む研究者は強い調子で抗議の声を上げ、不透明な意思決定過程に対してだけではなく、さまざまな意味で利便性を欠いていた東海村への立地自体にも憤りをあらわにした[25]。当時は知名度の低さから、村名ではなく「水戸（市）郊外」とも呼ばれていた東海村は、芋や陸稲の畑が一面に広がる農村で、村内に舗装道路は一本もなく、常磐線の駅（現東海駅）前に小さな旅館と蕎麦屋が見られる程度であったという[26]。建設中の原研を見学した新聞記者が村内の縁日風景を撮影して、「"原子と原始"との交錯」という見出しをつけるほど[27]、最先端の科学技術の粋を集めた原子力のイメージと東海村のギャップは大きく、そのちぐはぐさが際立っていた。

　しかしながら、この両者の間に都市・農村間の生活水準や経済力の格差が明示的に認識されたからこそ、核の力は東海村の人々を強く惹きつけたことも事実であろう。1957 年 7 月以降に東海村に移住した原研の研究員は「文化果つるところに来てしまった」と嘆き、買い物には水戸市にまで足を運ぶ一

方で[28]、新築されたコンクリート造りの職員宿舎は当時としては超近代的な建物であり、人々の羨望の的であったという[29]。当時の村民の声が記された資料を読み解くと、米ソの核実験が繰り返され、「放射能雨」の報道も頻繁に見られた当時、多くの村民は原子力利用の危険性を指摘し、マスコミ報道などで大きくは取り上げられなかったものの、とりわけ原研の建設予定地の近隣地区では設置に反対する意見が少なからず見られた。その一方で、研究所の立地が東海村の教育・文化水準を押し上げ、原子力産業の発展が村の工業化や近代化に寄与することには大きな期待がかけられていた[30]。原発立地を推進するために設けられた電源三法（1974年）に基づく交付金制度は当時存在せず、固定資産税による財政面の効果も数年先の話と考えられていたことから、経済的な利益を追求するというよりは、文明的な都市生活への憧憬を抱いていた人々の姿が調査結果からは垣間見える。原研が始動してから約5年間の東海村の変化を委細に調査した茨城県の報告書には、「……東海村においては、農村のこどもたちが都市のこどもたちとなかよく机をならべ、ひとりひとりが『よい人格』形成に向かって新しい経験をつづけている」[31]と記されている。当時の雰囲気がよく伝わる一節であろう。1950年代半ばの中央政界では、超党派で原子力の民事利用を積極的に唱えていたことを考慮すると[32]、左右のイデオロギーの浸透力は限られていた一方で、科学的進歩と経済発展がもたらすと考えられていた豊かな都市生活への憧れという点では、米ソのプルートピアと基本的に変わらなかったと言えよう。

　次に、東海村に進出した民間企業に目を向けると、住友及び三菱の系列会社を中心に核燃料加工事業所の立地が進み、アイソトープや放射線利用の研究開発を行う事業所も見られる。臨界事故を起こしたJCO東海事業所の親会社は住友金属鉱山で、事故発生時には「常陽」に納入するMOX燃料の原料となるウラン溶液を製造中であった。東海村への民間企業の進出に関する公開資料は限られているが、1960年代前半には三菱原子力工業、住友原子力工業、富士電機製造、古川電気工業、第一化学薬品の5社が事業計画を発表し、村内に敷地を確保していた[33]。現在の積水メディカル創薬支援事業部創薬支援センターの前身である第一化学薬品東海事業所の開所（1965年5月）

を皮切りに、日本照射サービス東海センターの操業開始（1998年1月）に至るまで民間の原子力関連施設の設置は進み、東海村を南北に縦断する2本の国道沿いに2か所の拠点が形成された[34]。『東海村史』（通史編）によれば、「昭和50年代に入ると、東海村の原子力施設群は過密度を増していく。……原子力関連企業も……進出〔し〕、まさに『一大原子力センター』となったのである」[35]。

　ここで、最盛期には国内の原子力発電所で使用する核燃料の半分近くを供給していたJCO東海事業所の歴史を振り返ると[36]、先述した核燃料サイクルの推進が企業経営に大きく影響していたことが分かる。親会社の住友金属鉱山が核燃料事業に進出した背景には、日本経済の変動相場制への移行によって経営環境が不安定化する中で、業績不振から脱するために事業多角化を模索していたことがある。1969年8月に核燃料物質加工事業の許可を受けた同社は、住友原子力工業東海研究所から購入した土地に再転換加工工場を建設し、新設された核燃料事業部の傘下に入る形で東海工場が1973年2月に発足した。商用原子力発電所は1970年代に続々と登場し、「原子力発電事業のテイクオフ」の時代を支えたが[37]、その波に乗った東海工場は原子力発電所向けの核燃料加工事業に乗り出し、設立当初の目標であった二酸化ウラン年産240tの生産能力体制を1970年代末に達成した。順調に成長した東海工場の経営自立化の見通しが立ったことから、その分社化が決定し、現在のJCOへと至る。そして、JCO設立直後の1979年11月には、「常陽」向けの取替燃料製造に特化した転換試験棟が完成した。ほぼ20年後に起きる臨界事故の現場である。このように、プルトニウムを保持しようとする核燃料サイクルが事故の背景にあったことは明白であり[38]、青い閃光（チェレンコフ光）はプルートピアのリスクが眼前に現れた瞬間であった。

　最後に、日本政府は東海村に何を期待していたのだろうか。戦後初期の原子力政策に深く関わり、本邦初の原子力予算（1954年4月成立）の策定を主導したと公言していた中曾根康弘元首相が、科学技術庁長官兼原子力委員会委員長を務めていた時に発表した論考は、政府内で議論されていた原子力都市計画法が最初に適用される「モデル地区」として東海村を位置づけてい

た[39]。この議論を引き継ぎ、リッチランドを含む米国のケースと比較しながら、日本流の原子力都市の青写真を描いた川島芳郎氏（科学技術庁原子力局調査課）によれば、すでに建設済みの原研などの研究施設が産業部門との関連を深めることで、東海村は独自の機能性と経済性を発揮しうると考えられ、そのモデルは西側諸国で初めて商用発電炉を導入した英国の原子力「新都市」であった[40]。世界で初めて民生用の原子力発電の実用化に成功した国は、オブニンスク原発（1954年6月運転開始）を建設したソ連で、米国製の軽水炉が市場を席巻する前は、英国製のコールダーホール型原子炉（黒鉛減速型炭酸ガス冷却炉）が実用化の段階に達していた（1956年5月運転開始）。英国側が強調していたのは、低廉な発電原価に代表される経済性の高さと、原子力発電がエネルギー需給の改善をもたらす可能性であり、日本における反米・反核感情の払拭を一義的に考えていた米国とは異なり、実務的な立場で日本市場への参画を目指していた[41]。また、原子力委員会の初代委員長を務め、原研建設の鍬入れ式や開所式にも参加するなど、原子力政策に深く関与していた正力松太郎国務大臣（当時）と[42]、最初の研究用原子炉（JRR-1）を提供した米国の間で、商用炉の導入をめぐる内々の交渉が決裂したことも、英国からの原子炉購入に走らせた主因との見方がある[43]。いずれにせよ、原子力委員会は東海発電所の炉型としてコールダーホール改良型の採用を正式に決定し（1959年12月）、耐震性の問題をはじめとする安全性への疑問や建設時ならびに試運転時に数々のトラブルに見舞われながらも、どうにか1966年7月の営業運転開始にまで漕ぎつけた[44]。しかし、こうした多くの困難続発による信用喪失が原因の一つとなって、英国製の原子炉は一基限りの導入に終わり、これ以降のすべての商用炉は減速材及び冷却材に軽水を使う米国製か、その国産改良型の軽水炉となった[45]。

　東海発電所へのコールダーホール改良型炉の導入には、以上の技術的及び経済的な事情に加えて、政治的な思惑も絡んでいたとされる。非核国の日本が核兵器の保有を秘密裏に検討していたという疑惑はしばしば指摘されてきたが、1960年代後半に日本政府と西ドイツ政府の関係者が極秘裏に核兵器保有の展望を協議していたとする元外務事務次官の証言がスクープ報道される

と[46]、その検証報告書を作成した外務省をして、「……同協議の期間中、日本側出席者から報道されたような内容に関連する発言が何らかの形でなされていた可能性を完全に排除することはできない」[47]と言わしめたことで、すでに廃炉作業中の東海発電所（1998年3月運転停止）の炉型に再び目が向けられた。商用の黒鉛減速炉は主にソ連と英国で使用されたが、どちらも原爆製造目的のプルトニウム生産炉をルーツとしていたためである。両国では、核の力の軍事利用（核兵器製造）と民事利用（原子力発電）が表裏一体となって、原子力開発が進められていた。中国の核実験成功（1964年10月）を目の当たりにして、核兵器自体は保有しないが、そのための技術的基盤は維持するという準核保有国もしくは潜在的核保有国の地位を目指した佐藤栄作政権の下で、米国が禁じていたプルトニウムを保有するために、東海発電所の原子炉を軍事転用させる可能性について議論していた記録や証言が残されている[48]。東京大学退官後に原研の理事や副理事長を務め、その後は日本原子力発電の顧問と副社長を歴任した物理学者の嵯峨根遼吉の試算によると、東海発電所の稼働に伴い、長崎に投下された原子爆弾の製造に必要なプルトニウム量に相当する年間50kgの産出が可能になったという[49]。上記の外務省による報告書の中で、昭和30年代から40年代にかけて省内で活動していた外交政策企画委員会において、外務大臣の了知の下で核兵器保有の是非を議論していたと明言されているように[50]、技術者を含む実務者レベルではプルートピアの軍事利用の展望が検討されていたことは疑いない事実であろう。

　以上の議論を踏まえると、プルートピアとしての東海村に求められた役割は、近代的な都市生活の舞台（東海村の人々）、核燃料サイクルの推進を背景とした新規事業の立地先（東海村に進出した企業）、軍事利用の可能性も視野に収めた原子力に基づくモデル都市の形成（東海村を選択した政府）にまとめられよう。各々の思惑は重なるところも多いが、半世紀以上が過ぎた今日から振り返ると、柵の中に住むことを許された良民に対して、いわば「箸の上げ下ろし」まで当局の意思が貫徹していたリッチランドやオジョルスクとは異なり、原子力の民事利用が建前であった東海村は呉越同舟のプルートピアであったと言えるだろう。現在の街並みには、それが少なからず反

映されている。

3　「見えない」プルートピア

　前掲の中曾根康弘元首相の論考には、以下のような一節がある。曰く、
「ここでいう原子力の特殊性というのは、原子力の災害——たとえば原子炉
の暴走——は、……一度生じたときは未経験の災害となる可能性があること、
しかも放射能障害は遺伝的影響をもつ可能性があること等であり、都市計画
面においても……これに即応した対策を考えなければならない」[51]。そのた
め、原子力委員会内に設置された原子力施設地帯整備専門部会は、東海村の
街づくりの方針を検討した際に、原研の周囲2kmには緑地帯を設け、その外
側の6km圏内には居住用以外の施設を配置し、住宅地の整備は6km圏外に
限定することで人口の抑制を図り、原子力都市の安全性を担保しようと試み
た。しかし、こうしたゾーニングの手法に基づく都市計画は、当の東海村か
ら反発を買った。村の立場からすると、「原子力は安全」という前提で原研
を誘致したわけであり、災害時の安全性を確保するための地帯整備という発
想そのものが受け入れ難かったのである。茨城県と国の意見調整を踏まえて
策定された「東海地区原子力施設地帯の整備について」（1965年8月原子力
委員会決定、翌66年1月閣議了解）には、万一の事故に備えた緑地帯の設置
や退避道路の整備に関する項目が盛り込まれたが、結局は村内の一般道の整
備計画に変貌してしまい、東海村の防災都市構想は幻に終わった[52]。原研の
建設が始まると、現場周辺に職員や工具目当てのバーやスナックなどが族生
し、冷却水の取水池と見込まれていた阿漕浦に水上の風俗店が建てられそ
うになったエピソードに象徴されるように[53]、およそ統率された都市計画か
らはほど遠い村社会の力学の中で、東海村の街づくりは進められた。
　仮に「原子力御三家」の周囲2km圏内に緑地帯が実現していれば、JR東
海駅付近までは立入制限区域になっていたであろうが、実際には一般住宅や
商業施設が軒を連ね、自治会館や小中学校・就学前施設もいくつか見られ
る[54]。1997年3月に火災爆発事故を起こした動燃（現在の日本原子力研究開

写真 6-2　とうかい村松宿こども園
注：国道 245 号線（写真右手）を挟んだ向かい側に原子力研究機関が広がる。
出所：写真 6-1 に同じ。

発機構核燃料サイクル工学研究所の前身）、ならびに 2013 年 5 月に放射性物質漏洩事故が発生した大強度陽子加速器施設（J-PARC）の近隣では、小学校、認定こども園、コミセンなどが活動しており（**写真 6-2**）、一般住民の生活圏に核のリスクは食い込んでいる。臨界事故を起こした JCO も住宅地と隣接しており、原子力関連の施設であることを事故後に初めて知った住民も少なくなかったという[55]。そもそも、転換試験棟の中で被曝しながら現場責任者として罪に問われた JCO 職員（当時の肩書は製造部製造グループ副長）が、会社から臨界の危険性を知らされずに作業に従事し、「事故原因は『無知』だった」と言い切るように[56]、あるいは、事故当時の村上達也村長でさえ、「それ［臨界］は通常、原子炉内で起きているという認識だった。……核燃料を製造する工場で臨界が起きているとはよくわからない事実だった」という証言を残しているように[57]、リッチランドやオジョルスクが「見せない」プルートピアであったとしたら[58]、東海村は「見えない」プルートピアと表現できるだろう。実際のところ、JR 東海駅から降り立つと、ショッピン

写真 6-3　JR 東海駅前の通り（駅東大通り）
出所：写真 6-1 に同じ。

グセンターやオフィスが駅前通りに立ち並び、そこから少し歩けば村役場や図書館などの公共施設が見られるような、ありふれた郊外の街であり、核の力やリスクを感じさせる雰囲気は全く感じられない（写真 6-3）。

　JCO を含めて、住友及び三菱系列の原子力関係事業所の多くは、那珂市に近い山側（国道 6 号線沿い）に建設され、御三家が設置された海側（国道 245 号線沿い）から見ると、JR 常磐線を挟んで村の反対側に位置する。その背景には、前節の冒頭で述べたように、二村が合併して東海村が誕生したという歴史的背景がある。国が関与する御三家が立地した旧村松村地区に対抗して、旧石神村地区出身の村議が中心となり、民間の原子力関連施設を積極的に誘致したとされる[59]。管見の限り、どのような便宜が企業側に供与されたかは不明だが、原子力災害の悪影響を最小化するために考案された地帯整備構想とは無縁の村社会の理屈が、ここでも優先されたことは否定できないであろう。その結果、核燃料加工や核融合研究を行う施設の周囲に一般住宅や商業施設が広がり、近くに住む住民が歩き回る光景は日常の一コマとなった。一

見したところ警備の様子も通常の事業所と変わらず、筆者のようなよそ者がカメラを片手に周囲を歩いたり、車内から撮影したりしても咎められることはなかった（2018年9月時点）。調査目的で来訪する人々が最初に戸惑い、少々面食らう東海村の一面である[60]。

　東海村は歴とした原子力村である一方で、村外の事業所に通勤する人々が暮らすベッドタウンでもある。特に、日立製作所の企業城下町である日立市の郊外住宅地として宅地開発が進み、1960年代から70年代にかけて団塊世代の住民が村外から移住した。その結果、東海村の住民は「地元1/3、原子力1/3、日立1/3」と巷間で言われるように、原子力とは縁の薄い人々も珍しくない[61]。平成27（2015）年国勢調査の結果を見ると、従業地の判明している就業者の過半（約54.8％）は村外に通勤し、そのほとんどは茨城県内で勤務している一方で、自宅での従業者を含めても、村内の就業者は半数に届かない（約45.2％）[62]。また、現在の住民の中には、結婚や持家取得がきっかけで東海村に来住した人々も少なからず見られ、JCO臨界事故後に子育て世帯を中心に転出増と転入減が一部で発生したが、東海村への移住者は全体として増加してきた[63]。

　以上を踏まえると、東海村の居住者は必ずしも原子力関係者だけではなく、快適な生活環境を求めて来住してきた人々にとって、原子力関連施設は所与の客体として受容されるべき存在である。その際、「見えない」プルートピアであることは、ベッドタウンとしての東海村の発展に少なからず寄与したと考えられる一方で、電源三法交付金の交付が始まった1975年度以降に、電源立地地域対策交付金（旧電源立地促進対策交付金）だけでも100億円以上が投じられた東海村には[64]、「見える」もしくは「見せる」公共施設が次々に建設された。原子力関係法人が財政面で支える高水準の公共サービスが、東海村の人々には「豊かさ」の証として受け入れられてきたことを踏まえると[65]、東海村に築かれた原子力村は、普段の暮らしの中に核のリスクは埋没させる一方で、核の力だけを経済的に視覚化したプルートピアであると言えるのではないだろうか。

おわりに

　「見せない」プルートピアのリッチランドやオジョルスクと、「見えない」
プルートピアの東海村の間には、どのような違いがあるのだろうか。原子力
の軍事利用を目的として政府主導で築かれた前二者に対し、その民事利用を
契機に表舞台に登場した東海村は、中央の政官財と地元の関係者の利害や思
惑が複雑に絡み合った同床異夢の産物である。それは街づくりにも反映され
ており、特に初期には外界との接触が厳しく制限された米ソのプルートピア
とは対照的に、アジアに登場したプルートピアには当初から誰でも出入りが
自由であった。しかしながら、それゆえに核のリスクが顕在化しにくい街並
みを形成しただけでなく、首都圏で唯一の原子力発電所である東海第二発電
所を筆頭に、主要な原子力関連施設の 30km 圏内に 100 万人近くが生活する
という状況をもたらした。福島第一原発事故の発生翌日に、半径 20km 圏内
に避難指示が発令され、数日後には半径 20～30km 圏内に屋内退避指示が出
されたことを踏まえると、同規模の原子力災害が東海村で起きた場合、その
影響の大きさは計り知れず、避難しようにも行き先がない人々で溢れかえる
ことは誰の目にも明らかであろう[66]。コールダーホール改良型炉の東海発電
所を想定した過酷事故のシミュレーションは、建設前の安全審査が行われて
いた 1950 年代末に科学技術庁によって作成されていたが、それが日の目を
見ることはなく[67]、安全性に最大限配慮した原子力都市の構想の実現に活か
されることはなかった。

　本章を結ぶにあたって、最後に次の 2 点を指摘したい。「見えない」プルー
トピアの問題は東海村に留まらず、その見えにくさは日本全国や日米ソの国
際関係にまで及ぶような多重性を帯びている。

　第一に、東海村は 1960 年に地方交付税の不交付団体となり[68]、地方公共
団体の自主財源の豊かさを示す財政力指数は 1.36～1.90 の間で推移しており、
全国屈指の健全財政を誇る[69]。言うまでもなく、原子力関係法人からの歳入
が大きく、2017 年度一般会計で固定資産税の 43.1 %、都市計画税の 61.3 %、

134　　第Ⅰ部　開発と地域形成の史的展開

法人村民税の 10.3 ％を占める[70]。最新の 2022 年度決算によれば、原子力関係法人 10 社からの税収が村税全体に占める割合は 29.1 ％に上る[71]。さらに、電源三法交付金制度に基づき、1975 年度以降には総計 300 億円以上の各種交付金・補助金が流れ込み[72]、「見える」もしくは「見せる」公共施設の事業費に充当されてきた。しかし、こうした原子力マネーの原資がどこで生み出され、どのように流れているかは、部外者には非常に見えにくく、二つ目の「見えない」プルートピアを作り出している。例えば、東海第二発電所を運営する日本原子力発電（以下、原電と略記）は、再稼働の見通しが立っていないにもかかわらず、新規制基準に適合するための安全対策工事を進めているが、約 3500 億円に上る総工事費の内、およそ 2800 億円は他の電力大手 5 社が資金支援する予定であった。最大の支援者は、福島第一原発事故後に実質国有化された東京電力で、支援額の 8 割に当たる約 2200 億円を負担すると見られた[73]。日本で唯一の原発専業会社である原電は、保有する原発 4 基の内、2 基（東海原発及び敦賀原発 1 号機）が廃炉作業中で、残る 2 基（東海第二原発及び敦賀原発 2 号機）も東日本大震災後に停止したことで資金繰りが厳しくなったことから、全国の電力会社によって運営される電気事業連合会が「マル秘」扱いで原電支援を決定したと伝えられる[74]。要するに、東海村や原電とは無縁の人々も毎月の電気料金の支払いを通じて、東海第二発電所の再稼働を経済的に支えていることになるが、こうした手の込んだ資金調達スキームは外部の人々にはほとんど「見えない」。なお、敦賀原発 2 号機は新規制基準に適合しないと原子力規制委員会に判断されたため（2024 年 7 月）、再稼働を断念し、廃炉に踏み切る可能性も取りざたされている。その場合、最後に残された東海第二原発の再稼働の是非が原電の命運を握ることになる。

　第二に、東海村から始まった日本における原子力の民事利用は、1953 年 12 月の国連総会で行われた米国のドワイト・アイゼンハワー大統領（当時）の演説「平和のための原子力」（Atoms for Peace）を契機とするが、原爆開発の技術を動力炉や発電に応用する研究と実装化はソ連と英国が先行しており、米国は後塵を拝していた[75]。世界初の実用発電炉（オブニンスク原発）の運転を成功させたソ連は、同時に原子力の軍事利用も積極的に推進し、米国の

第 6 章　「見えない」プルートピア　　135

安全保障を著しく脅かしていた。そのため、上記の演説は、その本文を精読すれば明らかだが、原子力の民事利用の必要性だけを訴えているわけではなく、アイゼンハワー政権が並行して推し進めていた「大量報復戦略」（New Look Doctrine）を後方支援するためのソフト面のイメージ戦略でもあった。さらに、何度も推敲された演説草稿の作成過程を吟味すると、米国民とソ連政府に向けられた暗示的なメッセージが本文には含まれており、核の先制攻撃の潜在力を高めていたソ連に対して明確な報復戦略・能力を示すことで、その選択肢を消し去ると同時に、軍縮のレトリックの中で「平和のための原子力」を呼びかけることで、原子力をめぐる国際政治の舞台でソ連の動きを封じ込めることに力点を置いていたという[76]。他方で、1949 年 11 月の国連総会でソ連国連代表が原子力の平和利用を訴えるなど、早くから平和利用キャンペーンを内外で展開していたソ連は、1950 年以降にソ連版「平和のための原子力」計画の実施に乗り出した[77]。当時は疑いの余地なく原子力発電のトップランナーであったソ連は、日本に対して原子力技術の提供を申し出ており、その次はソ連製原発の輸出に繋がるかもしれない事態を米国情報局（CIA）は憂慮していた記録が残されている[78]。このように、日米ソにおける核の力の産業利用は「見えない」一本の線で繋がっており、米国側の公文書を読み解くと、日本の原子力発電所に納められた核燃料製造用の濃縮ウランは、実は米国企業がソ連から調達した可能性が高いことも判明している[79]。この点は、ロシアに残された公文書と照合するなどして、今後慎重に検討すべき課題だが、ケイト・ブラウンによって丹念に描かれた米国のリッチランドとソ連のオジョルスクが「一卵性双生児」（identical twins）の街であるとしたら[80]、一見すると同じ姿かたちには「見えない」が、どこかで血は繋がっている遠縁の子の街として、日本の東海村は位置づけられるであろう。

注

1 Brown, K., *Plutopia : Nuclear Families, Atomic Cities, and the Great Soviet and American Plutonium Disasters*, Oxford University Press, 2013（髙山祥子訳『プルートピア—原子力村が生み出す悲劇の連鎖—』講談社、2016 年）。

2　同上書、508 頁。ハンフォード工場とマヤーク・コンビナートがもたらした健康被害
の実態については、他に田城明『現地ルポ核超大国を歩く―アメリカ、ロシア、旧ソ連―』
岩波書店、2003 年、石山徳子『『犠牲区域』のアメリカ―核開発と先住民族―』岩波書
店、2020 年などを参照。被曝者の「生物学的な権利」もしくは「生物学的市民権」につ
いては、Petryna, A., *Life Exposed : Biological Citizens after Chernobyl*, Princeton
University Press, 2002（森本麻衣子・若松文貴訳『曝された生―チェルノブイリ後の生
物学的市民―』人文書院、2016 年）を参照されたい。

3　山本昭宏『核と日本人―ヒロシマ・ゴジラ・フクシマ―』中央公論新社、2015 年、3-
59 頁。

4　『朝日新聞』2007 年 11 月 7 日付

5　Medvedev, Z. A., *Nuclear Disaster in the Urals*（梅林宏道訳『ウラルの核惨事』技術
と人間、1982 年）及び Медведев, Ж., Атомная катастрофа на Урале（佐々木洋
解題・監修、名越陽子訳『ウラルの核惨事』現代思潮新社、2017 年）。どちらも露語で
書かれた手稿に基づくが、前者（旧版）は英語版、後者（新版）は露語版を底本とする。
新版では専門用語を解説した附録が本文に移動した構成上の変更に加えて、新たに書き
下ろされた複数の論文が収録されている。

6　しばしば混同されるが、同書の書名でもある「ウラルの核惨事」とは、この爆発事故
に加えて、1949 年から 56 年まで行われていた液体放射性廃棄物の河川投棄（テチャ川）
と、67 年に発生した湖底堆積物中の放射性廃棄物の飛散事故（カラチャイ湖）に起因す
る広大な放射能汚染を指す総称である。

7　Медведев、前掲書（注5）、1-10 頁。

8　同上書、136-140 頁。

9　Geranios, N., "Trump Officials Blamed for Slowing Down Nuke Site Cleanup,"
Peninsula Daily News, April 9, 2019（https://www.peninsuladailynews.com/news/
trump-officials-blamed-for-slowing-down-nuke-site-cleanup/）.

10　Pasley, J., "Inside America's Most Toxic Nuclear Waste Dump, Where 56 Million
Gallons of Buried Radioactive Sludge Are Leaking into the Earth," *Business Insider*,
September 23, 2019,（https://www.businessinsider.com/hanford-nuclear-site-photos-
toxic-waste-2019-9）.

11　東海第二原発の安全対策の基本方針は新規制基準を満たすとして、2018 年 11 月に原
子力規制委員会は再稼働と運転延長を認めたが、営業運転の再開を実現するためには、
東海村を含む周辺 6 市町と茨城県の事前了解（同意）が必要である。しかし、運転の禁
止や差し止めを求める訴訟が相次ぎ、原子力災害時における住民避難計画の策定も遅れ
ている（東海村は 2023 年 12 月に更新）。さらに、2024 年 5 月には東海第二原発の防潮
堤工事で施工不良が発覚するなど、再稼働に向けた見通しは立っていない。工事は三た
び延期され、26 年 12 月まで完了時期が遅れる見通しであると発表された（『日本経済新

第 6 章　「見えない」プルートピア　　137

聞』）2024 年 8 月 24 日）。

12 柳沼充彦「東海村 JCO ウラン加工工場臨界事故を振り返る―周辺住民の健康管理の在り方を中心に―」『調査と立法』第 338 号、2013 年 3 月、131-144 頁。

13 JCO 臨界事故を取り上げた多くのルポルタージュの中で、この過程を最も克明に描いた作品は、読売新聞社『青い閃光―「東海臨界事故」の教訓―』中央公論新社、2012 年である。

14 東海村「東海村と原子力の将来像―"TOKAI 原子力サイエンスタウン構想"―」2012 年 12 月、1 頁（https://www.vill.tokai.ibaraki.jp/material/files/group/16/1001055_20121226_0002.pdf）。本構想が登場した背景については、村上達也・神保哲生『東海村村長の「脱原発」論』集英社、2013 年、120-126 頁を参照のこと。

15 茨城新聞社編集局編『原子力村』那珂書房、2003 年、57 頁。

16 東海発電所を管理する日本原子力発電の公式見解では、営業運転開始日は 1966 年 7 月 25 日とされているが、有馬哲夫「日本最初の原子力発電所の導入過程―イギリスエネルギー省文書『日本への原子力発電所の輸出』を中心に―」歴史学研究会編『震災・核災害の時代と歴史学』青木書店、2012 年、100-130 頁によると、相次ぐ故障と不具合で原子炉はたびたび停止しており、1967〜68 年の時点でも原電関係者は操業正常化に向けて奔走していた。

17 東海村「東海村の原子力」2018 年 3 月、39 頁（https://www.vill.tokai.ibaraki.jp/section/gensiryoku/13_pamphlet/pdf/tokai/toukai_pamp.pdf）。

18 同上、53 頁。

19 吉岡斉「核燃料サイクル事業の展開」中山茂・後藤邦夫・吉岡斉編『通史 日本の科学技術』第 4 巻、学陽書房、1995 年、189 頁。

20 吉岡斉『新版 原子力の社会史―その日本的展開―』朝日新聞出版、2011 年、137 頁。

21 同上書、172-177 頁。他に、遠藤哲也「日米原子力協定（1988 年）の成立過程と今後の課題」原子力技術史研究会編『福島事故に至る原子力開発史』中央大学出版部、2015 年、85-108 頁及び樫本喜一「1976 年米国大統領選挙キャンペーンにおける原子力政策について―日本における使用済核燃料再処理問題の歴史的背景―」『現代生命哲学研究』第 5 号、2016 年 3 月、28-50 頁も参照のこと。

22 朝日新聞取材班『それでも日本人は原発を選んだ―東海村と原子力ムラの半世紀―』朝日新聞出版、2014 年、255-257 頁。

23 東海村、前掲（注 17）、43-44 頁。

24 原子力委員会は研究開発目的の施設運営を考えていたが、予算措置の観点から当時の大蔵省が強い難色を示したため、やむなく再処理技術を実用化の段階にあると見なして、借入金で東海工場を建設し、プルトニウムの政府買い上げも断念した（吉岡、前掲書（注 20）、115-116 頁）。しかし、施設の規模を考慮すると、動燃の再処理工場は事実上のパイロットプラントである（同上書、163 頁）。

25 茨城新聞社編集局編、前掲書（注15）、63-71頁；朝日新聞取材班、前掲書（注22）、38 -58頁。

26 茨城新聞社編集局編、前掲書（注15）、80頁。

27 朝日新聞社編『東海村—原子炉の火は燃える—』朝日新聞社、1957年、挿絵に掲載された「日本の新名所」の一つ。

28 茨城新聞社編集局編、前掲書（注15）、81頁。

29 齊藤充弘『原子力事故と東海村の人々—原子力施設の立地とまちづくり—』那珂書房、2002年、52頁。

30 同上書、80-93頁；朝日新聞取材班、前掲書（注22）、71-77頁。

31 茨城県企画開発部原子力課「原子力開発と地域社会との関連」茨城県、1964年、282頁。

32 加藤哲郎『日本の社会主義—原爆反対・原発推進の論理—』岩波書店、2013年；住友陽文「原子力開発と五五年体制—国家構造改革論としての原子力開発構想—」小路田泰直・岡田知弘・住友陽文・田中希生編『核の世紀—日本原子力開発史—』東京堂出版、2016年、168-192頁。

33 茨城県企画開発部原子力課、前掲書（注31）、71-72頁。

34 東海村、前掲（注17）、39、52、55頁。

35 東海村史編さん委員会編『東海村史』（通史編）、東海村、1993年、814頁。

36 住友金属鉱山株式会社社史編纂委員会編集『住友金属鉱山社史』住友金属鉱山、2015年、263頁。特に断りのない限り、本段落の記述は同上書、101-107、140-142頁に基づく。

37 吉岡、前掲書（注20）、117-124頁。

38 丹野清秋「安全技術の名に値しない日本の原子力技術」相沢一正・丹野清秋編著『眠らない街—検証・東海村臨界事故—』実践社、2013年、38頁。

39 中曾根康弘「原子力都市計画法の構想」『都市問題』東京市政調査会、第51巻第1号、1960年、3-10頁。

40 川島芳郎「原子力と都市」『都市問題』東京市政調査会、第51巻第1号、1960年、11 -18頁。

41 奥田謙造「イギリスからのコールダーホール型商用炉導入」原子力技術史研究会編『福島事故に至る原子力開発史』中央大学出版部、2015年、33-50頁。

42 JRR-1の点火式に臨む正力松太郎氏の映像がNHKアーカイブスに残されている（https://www2.nhk.or.jp/archives/tv60bin/detail/index.cgi?das_id=D0009030022_00000）。

43 有馬哲夫『原発・正力・CIA—機密文書で読む昭和裏面史—』新潮社、2008年。

44 原子力委員会原子炉安全審査専門部会の専門委員を務めていた物理学者の坂田昌一名古屋大教授（当時）は、コールダーホール改良型炉の安全性評価の審査過程を厳しく批判した上で、安全性に責任を持てないとして委員を辞任した（坂田昌一「なぜ原子炉安全審査委員を辞めたのか—コールダーホール改良型原子炉の安全性について—」『中央

公論』第 75 巻第 1 号、1960 年、210-215 頁）。原子力工学の専門家による技術的・社会的な見地からの東海発電所批判の一例として、中島篤之助・服部学「コールダー・ホール型原子力発電所建設の歴史的教訓 I」『科学』第 44 巻第 6 号、1974 年、373-380 頁及び「コールダー・ホール型原子力発電所建設の歴史的教訓 II」『科学』第 44 巻第 7 号、1974 年、444-451 頁を参照。朝日新聞取材班、前掲書（注 22）、153-241 頁は、東海発電所の安全性をめぐる議論が封じ込められたことで、その後の原発安全神話が生まれる契機になったと論じている。営業運転開始後に見舞われた操業上のトラブルとマスメディア向けの情報統制については、有馬、前掲（注 16）、100-130 頁を参照のこと。

45　吉岡、前掲書（注 20）、94-110 頁；後藤政志「格納容器から見た原発の技術史」原子力技術史研究会編『福島事故に至る原子力開発史』中央大学出版部、2015 年、141-160 頁。

46　「NHK スペシャル」取材班『"核"を求めた日本—被爆国の知られざる真実—』光文社、2012 年。

47　外務省「『"核"を求めた日本』報道において取り上げられた文書等に関する外務省調査報告書」2010 年 11 月 29 日、11 頁。

48　「NHK スペシャル」取材班、前掲書（注 46）、63-98 頁；有馬哲夫『原発と原爆—「日・米・英」核武装の暗闘—』文藝春秋、2012 年；布川弘「『核の傘』と核武装論」小路田泰直・岡田知弘・住友陽文・田中希生編『核の世紀—日本原子力開発史—』東京堂出版、2016 年、224-247 頁。

49　有馬、前掲（注 16）、122 頁。

50　外務省、前掲（注 47）、4-5 頁。

51　中曾根、前掲（注 39）、4 頁。

52　齊藤、前掲書（注 29）、31-48 頁；茨城新聞社編集局編、前掲書（注 15）、84-89 頁。以上の経緯の詳細は、乾康代「原子力発電所の立地規制と地帯整備基本計画—わが国最初の東海原子力発電所の立地過程—」『都市計画論文集』第 49 巻第 3 号、2014 年、507-512 頁及び乾康代「原子力開発黎明期における原発立地規制と周辺開発規制の枠組みづくりの経緯」『都市計画論文集』第 50 巻第 3 号、2015 年、968-973 頁を参照。

53　朝日新聞社編、前掲書（注 27）、15-18、45-48 頁。

54　東海村、前掲（注 17）、挿絵に掲載の衛星地図を参照。

55　齊藤、前掲書（注 29）、10 頁。

56　『毎日新聞』2005 年 9 月 30 日付。

57　読売新聞社、前掲書（注 13）、68 頁。

58　放射性物質の漏洩を伴う事故や不備は認めても、被害者の存在自体を努めて「見せない」ようにする点でも、両者は共通している（Brown、前掲書（注 1）、243-400 頁；田城、前掲書（注 2）、145-163 頁；石山、前掲書（注 2）、65-99 頁を参照）。

59　齊藤、前掲書（注 29）、54-56 頁。

60　同上書、64頁。同じような記述はオンライン上でも散見され、筆者を含めて、多くの来訪者の間で共有される印象であろう。しかし、「経済施策を一体的に講ずることによる安全保障の確保の推進に関する法律（経済安全保障推進法）」の施行（2022年5月）に伴い、基幹インフラ役務を提供する企業や先端的な重要技術の研究開発を行う事業者が規制対象に含まれたことで、こうした状況は変わりつつあると指摘されている。

61　乾康代「東海村の開発過程と地域居住者構成の特質」『茨城大学教育学部紀要（人文・社会科学、芸術）』第60号、2011年、65-75頁。

62　政府統計ポータルサイト（e-Stat）で公開中の「従業地・通学地による人口・就業状態等集計（人口、就業者の産業（大分類）・職業（大分類）など）都道府県結果08茨城県」（平成27年国勢調査）を基に算出した。

63　乾、前掲（注61）、65-75頁。

64　東海村、前掲（注17）、30頁。

65　渋谷敦司「政治選択と原子力政策—JCO臨界事故10年目の衆議院選挙と村長選挙の投票行動と住民意識—」『茨城大学地域総合研究所年報』第43号、2010年、51-74頁。

66　上岡直見『原発避難計画の検証—このままでは、住民の安全は保障できない—』合同出版、2014年、133-135頁。静岡県の浜岡原発（中部電力）と東海第二原発の場合、半径30km圏内からの避難時間は120時間（5日間）を超えると試算され、過酷事故が起きた場合、住民が被曝せずに避難することは不可能である（同上書、166頁）。

67　朝日新聞取材班、前掲書（注22）、221-223頁。

68　茨城県企画開発部原子力課、前掲書（注31）、292頁。

69　湯浅陽一「地域社会における脱原発ソフトランディングはどのようにすれば可能か？」平成29年度地域社会と原子力に関する社会科学研究支援事業最終報告書、2018年3月、12頁（https://www.vill.tokai.ibaraki.jp/material/files/group/16/5be40af984f55.pdf）。

70　東海村、前掲（注17）、3-4頁。

71　『朝日新聞』2024年4月26日付（茨城）。

72　東海村、前掲（注17）、29頁。

73　『朝日新聞』2019年10月18日付。

74　朝日新聞経済部『電気料金はなぜ上がるのか』岩波書店、2013年、173-175頁。原電から他の電力会社への売電契約に基づく資金の流れについては、同上書、9-13頁を参照。

75　岡田知弘「原発に頼らない地域経済への再生」岡田知弘・川瀬光義・にいがた自治体研究所編『原発に依存しない地域づくりへの展望—柏崎市の地域経済と自治体財政—』自治体研究社、2013年、25頁。

76　Medhurst, M., "Eisenhower's 'Atoms for Peace' Speech: A Case Study in the Strategic Use of Language", *Communication Monographs*, Vol. 54, No.2, 1987, pp. 204-220；Medhurst, M., "Atoms for Peace and Nuclear Hegemony: The Rhetorical Structure of a Cold War Campaign", *Armed Forces and Society*, Vol. 23, No. 4, 1997, pp.

571–593.

77 市川浩「ソ連版『平和のための原子力』の展開と『東側』諸国、そして中国」加藤哲郎・井川充雄『原子力と冷戦―日本とアジアの原発導入―』花伝社、143-165 頁。

78 有馬、前掲書（注48）、86-87 頁。

79 同上書、155-191 頁。

80 Ross, B., "Nuclear Twins: Life in a Plutonium Town", *DISSENT*, July 17, 2013,〈https://www.dissentmagazine.org/online_articles/nuclear-twins〉.

第Ⅱ部

グローバル化・格差・災害

―地域問題の最前線―

第7章

日本におけるコロナショックと未完の復興
―高知県の産業・労働・生活を中心に―

岩佐和幸

はじめに

　経済のグローバル化は、人・モノ・カネのみならず、新興感染症の越境化をもたらし、パンデミックを周期的に引き起こしている[1]。日本も例外ではなく、2020年初頭より拡大した新型コロナウイルス感染症は、3年間で延べ約2500万人の感染者と6万人の死者をもたらした[2]。感染拡大は、生命の危機を起点に、医療崩壊や産業の毀損、雇用収縮、社会的孤立等へ波及し、自助の強制を背景に貧困や自殺に至る悲劇も発生した[3]。その後、2023年5月には感染症法上の位置づけがインフルエンザ並みの5類へ移行し、コロナ禍からの脱却が目指されるようになった。だが、まるで過去の出来事のように記憶が薄れ、不正受給に世間の批判が集まる風潮とは対照的に[4]、経営・生活の回復軌道に乗れない人々が次第に顕在化しており、支援融資の返済本格化と記録的な物価高騰がくらしの再建に重くのしかかっている。

　コロナショックは、人間の生活領域としての地域に何をもたらしたのだろうか。また、ポストコロナ期への移行において、どこまで復興を遂げたのだろうか。コロナショックについては、19章で医療への影響を分析し、終章では歴史的経験を総括しているが、本章では産業と生活を中心に検討してみたい[5]。その際、政府白書やシンクタンクが分析対象とする一国全体でも、また注目が集まりやすい大都市部でもなく[6]、人口減少・高齢化の「課題先進

地域」である高知県を取り上げる。コロナ禍の影響／回復過程は地域ごとの
個性と格差を反映しており、経済基盤の脆弱な地域で直面する課題を素材に、
個別性と同時に普遍性を提示するのが狙いである[7]。

　その前に、本章の分析視角を提示しておこう。第1に、コロナ・パンデミ
ックを自然災害の一形態と位置づけた上で、「災害の地域経済学」の視角か
らこの問題にアプローチする。災害の地域経済学とは、「人間の復興」に基
づく被災地再建を目指すフレームワークであり、被害構造・復興政策・事前
復興の3つの柱で構成される[8]。本章では、広義の被害構造と復興政策に着
目し、コロナ期の復旧・復興政策を押さえた上で、ポストコロナ期の復興の

表 7-1　高知県における産業変動

		実数・割合 （2021 年）			
	事業所数	従業者数			
			1 事業所 当たり従 業者数	女性比率	有期・臨 時雇用者 比率
計	33,064	275,477	8.3	47.9	27.9
卸売業、小売業	8,753	60,566	6.9	49.1	34.7
宿泊業、飲食サービス業	4,751	26,944	5.7	61.4	50.6
生活関連サービス業、娯楽業	3,208	11,377	3.5	54.6	37.8
医療、福祉	2,905	56,449	19.4	71.9	24.8
建設業	2,894	22,182	7.7	17.2	11.8
サービス業（他に分類されないもの）	2,360	16,622	7.0	40.2	34.5
製造業	2,090	27,621	13.2	32.9	17.2
不動産業、物品賃貸業	1,466	5,295	3.6	40.0	21.2
学術研究、専門・技術サービス業	1,175	6,380	5.4	36.0	19.1
教育、学習支援業	871	8,309	9.5	50.8	40.2
運輸業、郵便業	701	12,039	17.2	16.0	15.2
金融業、保険業	605	7,334	12.1	56.9	13.8
農林漁業	485	5,275	10.9	25.6	34.7
複合サービス事業	414	4,080	9.9	42.2	13.9
情報通信業	252	3,594	14.3	34.9	18.1
電気・ガス・熱供給・水道業	106	963	9.1	13.4	4.0
鉱業、採石業、砂利採取業	28	447	16.0	10.3	9.4

注：民営で、事業内容不詳を除く。2021 年の雇用者分類は正社員分類廃止等の変更があり、非正規
出所：総務省統計局『経済センサス　活動調査』各年版より作成。

現状を捉えていく。

　第2に、被害構造の中でも経済的被害に焦点を絞って検討する。コロナショックの経済的被害は、企業収益の悪化が関連産業・従業員に波及し、企業規模と雇用形態の格差を通じて貨幣所得の下落と家計収支の悪化を及ぼした。そこで本章では、2008年リーマンショックとの異同も念頭に置きながら、産業・労働・生活の3側面に光を当て、被害の連鎖と復興の課題を総合的に解明していく。

　以下では、産業・労働・生活の順にコロナショックの被害とポストコロナ期の復興状況を検討した上で、全体の総括と今後の課題を提起する形で締めくくる予定である。

（単位：所、人、％）

構成比 （2021年）		増減率 （2016～21年）	
事業所数	従業者数	事業所数	従業者数
100.0	100.0	▲6.5	▲1.3
26.5	22.0	▲11.8	▲3.6
14.4	9.8	▲12.5	▲11.8
9.7	4.1	▲8.9	▲12.0
8.8	20.5	3.7	4.5
8.8	8.1	▲4.8	1.5
7.1	6.0	6.1	4.6
6.3	10.0	▲11.1	▲3.3
4.4	1.9	▲5.0	▲9.5
3.6	2.3	5.4	12.1
2.6	3.0	▲4.8	▲4.6
2.1	4.4	▲3.0	11.1
1.8	2.7	▲4.7	0.2
1.5	1.9	30.4	7.8
1.3	1.5	▲10.4	▲13.3
0.8	1.3	10.0	14.0
0.3	0.3	92.7	▲2.5
0.1	0.2	16.7	1.8

比率は低めに表れている。

1　中小零細事業者への打撃から破綻リスクの本格化へ

1　コロナ禍と地域産業変動

　まず、産業の側面から検討を始めよう。表7-1は、コロナ禍発生初期を含む2016～21年の県内産業変動を、経済センサスを基に整理したものである。過去5年間の変化に着目すると、事業所数は6.5％減と、全国平均（3.5％減）と比べて高い下落率を記録した。従業者数は、全国平均の1.9％増とは異なり、県内では1.3％減少しており、厳しい経済状況下にある地域であるといえる。

　次に、業種別に下りてみよう。事業所からみていくと、主要業種である卸・小売業と宿泊・飲食サービス

業の減少率が5年間で10％超に及び、これらの業種が全体の落ち込みに寄与したと考えられる。また従業者についても、1割超の減少率を記録したのは上記2業種と生活関連サービス業・娯楽業等であった。対照的に、事業所数・従業者数ともに増加を続けた数少ない業種の1つが、医療・福祉であった。これは、高齢化先進地域の特性に加えて、コロナ禍でもエッセンシャルワーカーへの需要が影響したと思われる。

　以上の動向は、コロナ禍以前からの厳しい業界事情が底流に潜んでいることに加えて、コロナショックがそれに追い打ちをかけた結果といえる。実際、日銀高知支店データで推移をたどっていくと、2020年春の感染第1波より景況判断が急降下し、同年6月には6年9か月ぶりのマイナス23を記録した後、秋の小康状態を経て、12月の第3波で再び悪化したからである。特に、宿泊・飲食サービス業は総崩れ状態となり、卸・小売業や製造業等にも波及していった[9]。同表の数値は、こうした急変も反映していると思われる。

　加えて注目されるのは、今回の減少業種が、零細な自営業者や女性・非正規労働者の割合が高いことで共通している点である。同表が示すように、いずれの業種も1事業所当たりの従業者数が少なく、女性従業者比率や有期・臨時雇用者比率が高めに現れている。つまり、感染リスクを契機に仕事と生活が激変したのはこうした働き手であり、コロナ禍が社会的弱者に深刻な影響を及ぼしたことが想起される。

　今度は、表7-2を基に、事業形態ごとの趨勢を探ってみよう。全体的には、単独事業所で事業所と従業者が同時に減少する一方、複数事業所を有する企業体はいずれも増加し、特に県外資本の支所等における高い増加率が看て取れる。中でも上位3業種に絞ると、宿泊・飲食サービス業では単独事業所に加えて県内資本も従業者数が減少する一方、卸・小売業では県外資本の支所等のみ増加していることがわかる。さらに生活関連サービス業・娯楽業では、県外資本の支所等のみ従業者数が増加したのが目立っている。つまり、弱い経済力の零細事業者ほどコロナ禍のダメージを受け、県内資本も後退する一方、経済力のある県外資本の浸透が進んだといえよう。

148　　第Ⅱ部　グローバル化・格差・災害

表 7-2　高知県内主要産業における事業形態別動向

(単位：所、人、%)

		実数 (2021年)		構成比 (2021年)		増減率 (2016～21年)	
		事業所数	従業者数	事業所数	従業者数	事業所数	従業者数
全産業	総数	32,762	274,202	100.0	100.0	▲ 6.5	▲ 1.2
	単独事業所	22,914	117,528	69.9	42.9	▲ 9.4	▲ 8.3
	本所・本社・本店	1,844	51,613	5.6	18.8	1.6	7.3
	支所・支社・支店	8,004	105,061	24.4	38.3	0.7	3.7
	本所　高知県内	4,376	57,074	13.4	20.8	1.8	4.6
	本所　高知県外	3,244	44,422	9.9	16.2	4.4	6.6
卸売業 小売業	総数	8,709	60,372	100.0	100.0	▲ 11.8	▲ 3.5
	単独事業所	5,492	22,460	63.1	37.2	▲ 16.3	▲ 12.9
	本所・本社・本店	548	9,428	6.3	15.6	▲ 10.0	3.3
	支所・支社・支店	2,669	28,484	30.6	47.2	▲ 1.4	3.1
	本所　高知県内	1,411	14,613	16.2	24.2	▲ 2.1	1.3
	本所　高知県外	1,154	12,697	13.3	21.0	5.0	4.7
宿泊業 飲食サー ビス業	総数	4,737	26,783	100.0	100.0	▲ 12.4	▲ 11.9
	単独事業所	3,652	12,611	77.1	47.1	▲ 15.7	▲ 17.1
	本所・本社・本店	170	2,256	3.6	8.4	9.7	▲ 21.5
	支所・支社・支店	915	11,916	19.3	44.5	▲ 1.1	▲ 3.3
	本所　高知県内	481	5,667	10.2	21.2	▲ 5.3	▲ 3.6
	本所　高知県外	355	5,454	7.5	20.4	5.3	0.0
生活関連 サービス 業 娯楽業	総数	3,203	11,358	100.0	100.0	▲ 8.9	▲ 11.9
	単独事業所	2,578	5,663	80.5	49.9	▲ 9.2	▲ 13.6
	本所・本社・本店	105	1,319	3.3	11.6	▲ 9.5	▲ 6.8
	支所・支社・支店	520	4,376	16.2	38.5	▲ 7.3	▲ 11.0
	本所　高知県内	336	2,260	10.5	19.9	▲ 9.2	▲ 20.3
	本所　高知県外	152	1,975	4.7	17.4	▲ 3.8	16.3

出所：総務省統計局『経済センサス　活動調査』各年版より作成。

2　コロナ発生直後の産業支援と大量破綻の回避

　では、コロナショックの最中に、県内の事業者はどのような対応を図ったのだろうか。

　高知県内では、早くも 2020 年 4 月に業界 5 団体が県議会で窮状を訴えたのを皮切りに、各団体から経済支援の要望が相次いだ。そのため、県単独での支援策がいち早く講じられた。それが、2020 年 3 月導入の「新型コロナウイルス感染症対策融資制度・利子補給制度」（県版ゼロゼロ融資）である。全国

第 7 章　日本におけるコロナショックと未完の復興　　149

的には雇用調整助成金や持続化給付金、休業・時短対応の月次支援金等の財政出動が行われたが[10]、「県内の大半は中小。借りずに閉める可能性もある。借りてもらうにはインパクトが必要」との判断から、最大1億円・最長12年間の緊急融資と実質無利子化の緊急支援策が打ち出された[11]。

その結果、1か月の期間内に県内企業の1割弱に当たる2400件が申請し、融資規模は797億円、県負担額は当初予定の3倍に膨張するほどの反響を呼んだ。終了後は国の制度へ切り替えられたが、2020年度の県信用保証協会への保証申請は約1万件（前年度比3.3倍）に達し、保証額は1908億円（同5倍）と、過去最高水準に達した[12]。

こうした県版ゼロゼロ融資の業種別申請状況を示したのが、**表7-3**である。

表7-3　高知県における新型コロナウイルス感染症の業種別影響

業種	件数		1社平均月売上高	対前年度売上高減少率
		構成比		
計	1,371	100.0	28,645	▲ 23.7
小売業	247	18.0	36,092	▲ 21.4
宿泊業・飲食サービス業	212	15.5	11,215	▲ 37.9
建設業	181	13.2	30,661	▲ 35.4
製造業	174	12.7	29,874	▲ 18.4
卸売業	144	10.5	66,251	▲ 21.3
医療・福祉	128	9.3	23,734	▲ 10.5
運輸業	95	6.9	25,263	▲ 14.3
生活関連サービス業	64	4.7	10,735	▲ 22.9
不動産業・物品賃貸業	43	3.1	9,970	▲ 32.8
サービス業（他に分類されないもの）	34	2.5	13,156	▲ 18.3
学術研究・専門・技術サービス業	31	2.3	15,244	▲ 33.6
教育・学習支援業	10	0.7	2,618	▲ 25.5
情報通信業	6	0.4	31,734	▲ 9.7
農林業	2	0.1	809	▲ 20.5

注：高知県新型コロナウイルス感染症対策資金利子補給制度の申請書類（2020年3月24日～4月
出所：高知県商工労働部資料より作成。

小売業や宿泊・飲食サービス業、建設業を筆頭に、広範な産業から申請が行われたことがわかる。また、申請当時の売上高減少率は平均24％に及び、宿泊・飲食サービス業や建設業等では3割以上も下落するといった緊迫した状況がうかがえる。

　次に、申請業者の特徴をみてみよう。第1に、人の移動・接触の制約の影響を受けた業種が挙げられる。代表例は、観光キャンセルやイベント中止・自粛の影響を受けた宿泊・飲食業をはじめ、ブライダルや広告業、運輸業、土産物製造業、展示会・販売会、不動産賃貸業である。また、学校の休校や行事自粛の影響を受けたバス・タクシー業者、給食・小売業者、接触を伴うカラオケ・スポーツ施設、病院・鍼灸接骨院も、この中にあてはまる。

（単位：件、千円、％）

主要業種 （件数、売上高減少率）
酒小売業（7、▲28.5％）、鮮魚小売業（3、▲26.3％）、機械器具小売業（63、▲19.1％）
宿泊業（32、▲56.3％）、飲食店（173、▲31.6％）
設備工事業（35、▲62.2％）、総合工事業（建築工事業）（6、▲58.6％）、総合工事業（一般土木建築業）（113、▲30.4％）、職別工事業（27、▲28.7％）
繊維製造業（3、▲37.5％）、輸送用機械器具製造業（5、▲37.2％）、木材・木製品製造業（9、▲26.5％）、食料品製造業（41、▲21.6％）
建築材料・鉱物・金属材料等卸売業（17、▲27.0％）、酒類卸売業（3、▲23.4％）
療術業（10、▲20.0％）、歯科診療所（29、▲18.1％）
道路旅客運送業（40、▲34.2％）
娯楽業（カラオケ、スポーツ施設等）（7、▲35.7％）、美容業（32、▲29.7％）、理容業（5、▲22.7％）
不動産取引業（20、▲51.7％）、不動産賃貸業・管理業（11、▲22.2％）、物品賃貸業（12、▲20.7％）
建物サービス業（4、▲30.6％）
広告業（7、▲50.1％）、専門サービス業（4、▲33.4％）、技術サービス業（土木建築サービス業等）（18、▲28.4％）
製薪炭業（2、▲20.5％）

22日）から、業種の判別可能なデータを集計。

第2に、国内外の物資移動の制約を受けた業種である。その中には、中国からの資材輸入の遅滞で住宅着工が延期となった設計事務所と材料卸売業の他、部品の海外調達が困難となり、完成品販売に影響が及んだ造船業や自動車販売業が含まれる。

他にも、先行き不透明感が漂う設備投資や自動車購入・住宅リフォーム関連業種等も申請に向かった。つまり、事業毀損に直面した広範な中小事業者が、上記制度を頼りに、当座の運転資金を確保する方向へ走ったのである[13]。

確かに、今回のタイムリーな支援策は、県内企業の大規模破綻を食い止める効果をもたらした。実際、県信用保証協会が事業者債務を肩代わりする代位弁済は、2020年度は58件と前年度比125件の大幅減となり、21年度も53件に抑えられた。同様に、弁済額も、20年度は6億円（前年度比66.3％減）、21年度5.4億円にとどまったことから、中小企業の資金繰り支援が功を奏したといえる[14]。また、コロナ期には、不織布や紙石鹸、包丁・包装機械のように「新しい生活様式」「巣ごもり需要」で売上を伸ばす企業も現れていった[15]。

3　二極化する産業復興と破綻リスク

しかし、上記のコロナ支援策は、あくまで時限つきの融資にすぎず、いずれ返済と自立が求められる。実際、5類へ移行する2023年5月と翌年4月には、ついに国と県のゼロゼロ融資の返済が始まり、融資企業はその対応を迫られるようになった。

加えて、ポストコロナ期の回復過程の中で、ウクライナ危機を背景とする原油高や円安、人手不足に直面することになった。そのため、コロナ期以前の水準に再起できた企業と、過剰債務を抱え自立が困難な企業との間で二極化していったのである。

こうした状況を反映して、代位弁済は一転して2022年度69件（7.4億円）から23年度133件（13.3億円）へ倍増し、24年度第一四半期には34件（2.9億円）と、前年度をさらに上回る勢いを見せている[16]。加えて、資金繰りに窮する企業だけでなく、破綻予備軍としての延滞企業も増加しており、返済

計画の見直し（リスケジューリング）は、2022年度41件、23年度68件、24年度は第一四半期だけで31社と、今後の増加が懸念される[17]。

確かに、返済本格化に伴う負担増への配慮を目的に、国によるコロナ借換保証制度が導入される同時に、県も保証料を上乗せする独自の経営改善支援融資が講じられた。その結果、2023年度末までに県信用保証協会の取引先の17％に当たる1381社（計350億円、うち8割がコロナ関連）が借換に応じた。コロナ融資関連の残高は2021年5月〜24年3月で532億円減少したが、3分の2がこの借換分に当たり、苦境する業者の多さがうかがえる。

最後に、県内の倒産・休廃業状況についても把握しておこう。図7-1は、東京商工リサーチが負債額1000万円以上の件数を計上したデータを基にしたものであり、中小零細事業者はカバーしきれていない。それでも、倒産ならびに休廃業等件数は、2020・21年の抑制状況から23年より増加に転じており、業界動向の悪化が確認できる。しかも、休廃業等件数は、調査開始以来2番目に多い上に、直近決算赤字率も56.4％に上っており、支援策縮小と経費高騰が暗い影を落としている。

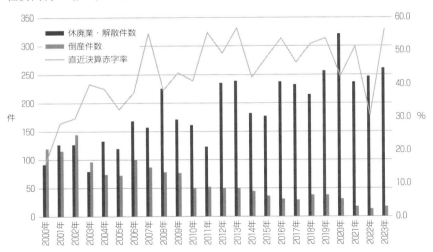

図7-1 高知県における倒産と休廃業・解散企業の推移

注：直近決算赤字率は、休廃業・解散企業の直近決算における赤字企業の割合である。
出所：東京商工リサーチ『2023年高知県「休廃業・解散企業」動向調査』2024年1月より作成。

第7章 日本におけるコロナショックと未完の復興　153

以上のように、コロナショック下での矢継ぎ早の行政支援は、短期的な破綻回避効果をもたらしたものの、中長期の持続的な経営確立には至らなかった。その結果、ポストコロナ期に入ると、中小事業者の二極化と経営破綻・休廃業が増加するようになった。しかも、借換や返済計画見直しの多さに加えて、突発的破綻が示すように未だ支援の届かない企業も潜在的に多い。中小企業支援機関の連携を通じた金融・経営支援や廃業後の生活保障等、経営破綻リスクへの対応が、現場では大きな課題になっている。

2　労働者の休業・減収と復興への逆風

1　コロナ期の大量休業と減収

　次に、雇用・労働面への影響について検討しよう。図 7-2 は、高知労働局データを基に、県内労働市場の動向を整理したものである。コロナ感染の拡大に伴い、左図が示す有効求人倍率は、2020 年 4 月の急落を機に、翌月には 1963 年以来最大の下落幅を示し、4 年 8 か月ぶりに 1 倍を割り込んだ。図示は省略したが、業種別求人数では宿泊・飲食（63 ％減）、卸・小売（56 ％減）を筆頭に、13 業種中 9 業種で前年同月比 3 割以上も下落し、特にパートはわずか 3 か月で求人数が半減した。コロナ期初期にはきわめて短期間で急激な雇用収縮に陥るだけでなく、解雇等のリストラも発生し、2023 年 5 月末までに全国 13.9 万事業所で 14.5 万人が、県内でも 1808 事業所で 856 名が雇用調整の対象となった[18]。

　とはいえ、今回のコロナショックは、リーマンショックのような大量解雇・雇い止めの代わりに、休業者が大量発生したのが特徴的であった[19]。その要因として挙げられるのが、雇用調整助成金等のコロナ関連助成制度の積極活用である[20]。実際、申請件数は県内で累計約 3 万件に上り、支給額は 2008 年（16 億円）の 10 倍に当たる 161 億円が支給された[21]。同制度を通じて、雇用量はある程度維持された感があった。

　しかし、労働者の現実を深く探ると、表面的な数値以上に厳しい状況が浮かび上がる。まず、休業中は労働時間が削減され、休業補償も労基法では平

154　　第Ⅱ部　グローバル化・格差・災害

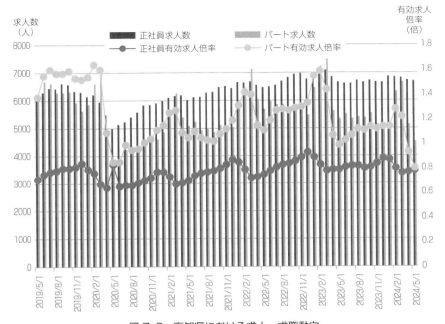

図 7-2　高知県における求人・求職動向
出所：高知労働局『雇用こうち』『高知県の雇用失業情勢』各月版より作成。

均賃金の6割以上に定められているため、最賃水準で働く非正規労働者は大幅減収に直面した。また、雇用調整助成金は事業者申請であり、非申請事業所における休業手当不支給や[22]、「シフト制労働」をとる飲食業界では「シフト外し」による「補償なし休業」が発生した[23]。さらに見逃せないのが、統計に反映されない「隠れ失業」である。例えば、雇用保険対象外（週労働時間20時間未満、31日以上雇用見込み）のパート・アルバイトは、ハローワークとは無縁の就職・離職を繰り返すため、公的な失業統計では捕捉されない。加えて、出来高払い制や雇用契約ではない個人事業主等も労働統計には表れず、社会保険や労働法の枠外に置かれた[24]。

したがって、コロナショック下で雇用量は維持されたとはいえ、雇用の質の悪化に伴い労働者には不安感を、公的制度の枠外で働く者には困難をもたらした。しかも、3年にわたる感染長期化が、そうした不安や困難に拍車を

第7章　日本におけるコロナショックと未完の復興　155

かけた。その反映が、在職者の求職活動の増加であり、常用雇用の新規求職動向をみると、2021年3月～2022年5月の間に無業者のみならず在職者も求職活動が活発化した[25]。有職者の求職活動は、コロナ禍以前にはあまり見られなかった現象であり、減収長期化で好条件の職場への転職希望が高まったのである。

2 コロナ期以前への回帰・悪化

では、ポストコロナ期の労働現場は、どのように推移したのだろうか。

再び図7-2に注目すると、求人数は2022年末にはコロナ期以前の水準まで回復したかに思われた。ところが、採用が落ち着きをみせる2023年以降になると求人数が伸び悩み、24年に入ると正社員・パートいずれも有効求人倍率が1倍を割り込むようになった。企業側では、回復過程における資材高騰と人手不足のあおりで経営が圧迫されるようになったが、その対応策として省力化投資を通じて人件費抑制を図ろうとする動きが一部で拡がった。その結果、地域労働市場では求人数が抑えられ、求人倍率が再び下降するようにな

表 7-4　個別労働紛争に関する労働相談件数の主要項目別推移

		件数					構成比	
		2019年	2020年	2021年	2022年	2023年	2019年	2020年
計		772	719	610	682	844	100.0	100.0
労働条件等		253	185	164	226	248	32.8	25.7
経営又は人事		167	157	168	158	209	21.6	21.8
職場の人間関係		142	164	130	123	176	18.4	22.8
賃　金　等		102	86	70	99	121	13.2	12.0
そ　の　他		108	127	78	76	90	14.0	17.7
主要項目	パワハラ・嫌がらせ	133	154	120	115	167	17.2	21.4
	退職	96	69	77	75	93	12.4	9.6
	賃金未払	41	22	35	40	69	5.3	3.1
	解雇	39	45	51	46	51	5.1	6.3
	年次有給休暇	64	35	23	56	45	8.3	4.9
	労働時間	31	18	32	39	39	4.0	2.5

注：相談件数の上位項目を抽出。
出所：高知県労働委員会『令和5年度高知県労働委員会活動記録』2024年より作成。

ったと考えられる[26]。

一方、ポストコロナ期の物価高騰は、企業のみならず労働者にも悪影響を与えた。2023年の消費者物価上昇率（総合）は前年比3.5％と、第2次オイルショック後の1982年に並ぶ水準であった。それに対して、高知県内の実質賃金は、2020年の100に対して21年98.5、22年97.2、23年96.3と下降線をたどり、24年に入るとついに90を割り込み、同年4月には83.8まで下落した[27]。実質賃金低下は、1990年代後半以降のトレンドであるが、消費者物価の高騰により、ポストコロナ期に一層強まったといえる。

賃金だけでなく労働環境も、ポストコロナ期には悪化するようになった。表7-4は、高知県労働委員会における相談内容を示したものである。コロナ期には雇用収縮に伴って相談件数がいったん600件台まで減少したものの、2023年には800件超へ激増に転じた。最も多い相談はパワハラであり、コロナ禍以前の件数を大幅に上回った。また、コロナ初期の2020年には解雇の相談が多かったが、ポストコロナ期の23年になると退職困難や賃金未払の相談の増加が目立っている。つまり、コロナショックからの経済の正常化にあわせて、労働問題もコロナ期以前のトレンドに回帰・悪化したことになる。

さらに見逃せないのが、求人倍率低下の中での外国人労働力の増加である。図7-3は、県内外国人労働者の推移を示したものである。総数は右肩上がりで推移し、コロナ発生後は入国禁止の影響で2022年まで停滞したものの、入国解禁を機に23年より増加に転じた結果、10年間で3倍に増加した。在留資格は、技能実習と特定技能で68％を占め、就業先は農林業（全体の22％）、製造業（19％）、卸小売（18％）、医療福祉と建設（9％）を中心に、30人未満事業所が72％を占める。現時点ではマイナーな人数だが、賃金等の労働条件が劣位で人手不足に陥り、しかも省力化が困難な

（単位：件、%）

2021年	2022年	2023年
100.0	100.0	100.0
26.9	33.1	29.4
27.5	23.2	24.8
21.3	18.0	20.9
11.5	14.5	14.3
12.8	11.1	10.7
19.7	16.9	19.8
12.6	11.0	11.0
5.7	5.9	8.2
8.4	6.7	6.0
3.8	8.2	5.3
5.2	5.7	4.6

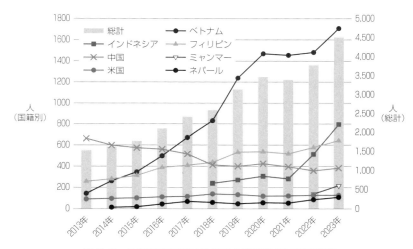

図 7-3　高知県内における外国人労働者の国籍別推移
注：ネパールは 2013 年、インドネシアは 2017 年、ミャンマーは 2021 年まで不詳。
出所：高知労働局『外国人雇用状況の届出状況』各年版より作成。

現場で拡がっているのが特徴的である。

　もう1つの特徴は、出身国の構造変化である。かつて首位であった中国が、本国の経済成長に伴う供給制約で地位低下をみせる一方、ベトナムが首位に浮上し、今や総数の約4割を占めるようになった。そのベトナムも近年鈍化する一方、インドネシアやミャンマー、ネパール等が急増しており、労働力給源の外延的拡大過程が読み取れる[28]。

　現在、高知県では、人手不足の解消を目的に《外国人材確保・活躍戦略》を2021年に策定し、ベトナム・ラムドン省との労働力派遣の覚書締結や同省での日本語学校の設立支援等、受入れを後押ししている[29]。しかし、労働力の安易な海外調達は、地域に新たな課題を持ち込むことになろう[30]。

　このように、ポストコロナ期に入ると、実質賃金の下落やパワハラ等に象徴されるように労働者の立場はコロナ期以前のトレンドに回帰・悪化するとともに、労働市場では人手不足を背景に求人抑制と外国人労働力依存が同時進行している。コロナショックの被害は回復途上で、労働面での復興はむしろ逆風によって阻まれているといえよう。

158　第Ⅱ部　グローバル化・格差・災害

3　生活困窮者の激増と制度の狭間に立つ人々

1　生活困窮者の激増と相次ぐ特例支援

　以上述べたコロナショックの産業・労働インパクトは、就業機会の悪化と収入の急減を経て生活危機を生み出した。今度は、コロナショックの矛盾が集中する県都・高知市に焦点を絞り、生活困窮者の状況を浮き彫りにしてみよう。

　図7-4は、高知市における生活福祉資金新型コロナ特例貸付の申請状況を示したものである。この制度は、従来の低所得者からコロナ禍で減収に直面した者まで対象を拡げ、生活資金を無利子で貸し付ける緊急措置として始ま

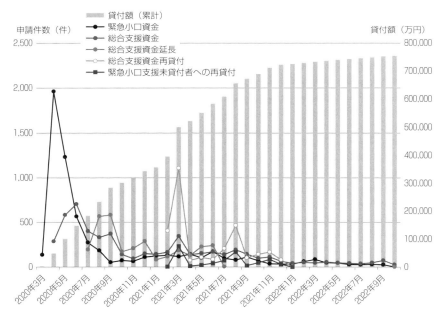

図7-4　高知市における新型コロナ関連生活福祉資金特例貸付の推移
注：緊急小口資金の申請開始は2020年3月23日。
出所：高知市社会福祉協議会資料より作成。

第7章　日本におけるコロナショックと未完の復興　　159

ったものである。まず、緊急小口資金貸付（上限20万円）が2020年3月末に開始されたが、その直後より申請ラッシュが起き、4・5月にピークを迎えた。だが、一度きりの貸付では生活危機に対応できず、4月より総合支援資金貸付（単身15万円、2人以上世帯月20万円）、7月には延長貸付、2021年2月には再貸付が相次いで導入された。最終的には、事業終了の2022年9月末までに市内世帯の約7％に当たる1.9万件が申請し、貸付規模は75.6億円に達した。年齢的には、40歳代が23％、50歳代が22％、30歳代が17％と、中高年層が多数派を占めた[31]。

　このように、コロナショックで収入源を突如絶たれ、数万円の生活費や数か月の余裕資金すらない人々が申請窓口に駆け込んだのである。担当責任者によると、当初は個人経営の飲食業が多くを占めていたが、2021年に入ると小売・運送関係の自営業者からコロナ禍の激務で倒れた医療・介護従事者、プラスαの生活費を稼いでいた年金生活者に至るまで多様化し、失業者も列に加わるようになった。また、当初の段階では生活資金を確保できて「助かった」との声が聞かれる一方で、転々細々と生活していた最中に緊急事態宣言で解雇され、それまで頑張ってきた人々の気力を奪う現象が発生した。そのため、資金を借りることができて「おかげで、まだ生きてていいんだ、と思った」と安堵したり、「この制度がなかったら、死のうと思っていた」との声も聞かれた。感染長期化で精神的ダメージを受けた様子がうかがえる。つまり、以前からの潜在的困窮層がコロナ禍で一挙に顕在化し、この制度がセーフティネットの役割を果たしたのである[32]。

　ただし、同制度は再貸付までが限度であり、コロナ禍が続く中での自立は困難であった。そこで、2021年7月に新たに導入され、2022年10月末まで実施されたのが、新型コロナウイルス感染症生活困窮者自立支援金制度である。これは、生活資金貸付を満額借りた世帯を対象に、世帯収入と求職活動の2つの基準をクリアすれば、世帯規模に応じて6〜10万円を3か月支給されるものである。同年9月末までに672件が書類を提出し、473件への支給と29件の不支給が決定された。ここでも飲食関係の自営業者が申請者の半数を占めた他、年金生活者や非正規労働者の申請も多く見られた[33]。

加えて、コロナ期における生活困窮は、フードバンクへの支援要請の形でも現れるようになった。フードバンク高知によると、コロナ禍発生後には支援を求める人が以前の10倍近くに激増し、しばらくは切れ目なく続いた。支援対象も、母子家庭やDV被害者、障碍者から、自営業や学生に至るまで拡大した。中には家族全員が職を失い、半年頑張った末に生活保護を勧めたケースもある等、「数字的には表れない中、困っている人、手に職のない人は、仕事に就けず、困窮状態にある」状況が拡がっていった[34]。

2　特例支援の限界

　以上のように、コロナショックで生活困窮者が急増する中、新型コロナ特例貸付から生活困窮者自立支援金給付金へ支援が拡充されてきた。しかし、こうした特例的な支援の限界も、次第に浮かび上がってきた。

　第1に、特例貸付は、2人以上世帯だと最大200万円まで借りることができるが、あくまで融資にすぎず、ゆくゆくは返済が待ち構えていたことである。確かに、住民税非課税世帯は返済免除の対象であるが、該当者は生活保護世帯や身障者・未成年・寡夫／婦の低所得世帯が中心である。一般世帯だと、単身者で年収100万円、扶養親族2人で約200万円以下が基準であるため、対象枠がきわめて狭かった。

　第2に、自立支援給付金についても、要件が厳しく、貸付から給付へ移行した者は、対象者の3分の1にとどまった。その理由は、収入要件が住民税非課税世帯レベルに低く設定されるとともに、個人申請が可能な生活福祉資金とは異なり、世帯単位での申請が求められるからである。そのため、たとえ大幅減収に見舞われても、家族内に一定の給与がある世帯員が存在すれば、支給対象外になってしまうのである。

　第3に、上記給付金は3か月の時限的措置であるため、終了時までに就職するか、生活保護を申請することになるが、肝心の生活保護申請のハードルが高い点である。**図7-5**は、生活保護の相談ならびに申請・開始件数の推移を示したものである。高知市は全国の中核都市の中でも保護率の高い都市であり、岡崎前市長時代より高知市社会福祉協議会と一体で生活困窮者支援に

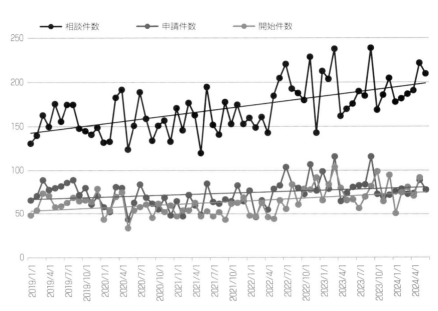

図 7-5　高知市における生活保護関連件数の推移

注：保護開始決定に係る審査期間や遡及開始の取扱等により、各月の申請数と開始数は対応しない。
出所：高知市福祉管理課資料より作成。

力を入れてきたが、コロナ期の 2020・21 年は新型コロナ特例貸付が生活保護の申請抑制効果をもたらし、相談・申請・開始件数は横ばい状態が続いた。しかし、2022 年の春頃より相談件数が増加し、特例貸付の返済が始まる 23 年 1 月より明確な増加傾向が見られるようになった。しかしその一方で、相談件数の増加とは対照的に、申請・開始件数は一貫して横ばい状態が続いており、生活保護申請を躊躇する人がいかに多いかを物語っている。

　生活保護の相談件数と申請・開始件数の乖離の要因として考えられるのは、生活保護へのスティグマとともに、自家用車の処分と住居費の引下げが受給要件となってきたことである。特に、公共交通機関が貧弱な高知県では、自動車は生活必需品であるとともに、持ち家や店舗の放棄には相当の決断を要

するため、申請判断へのブレーキになりやすい。確かに、厚生労働省はコロナ期に入って通勤用自動車の処分ならびに転居指導の留保等の弾力運用を通知したが[35]、当事者の間で十分認識されているとはいいがたい。そのため、特例貸付終了後、生活支援相談センターには新しい貸付・給付情報を求めて相談に訪れる人が相次ぐようになった。当然、貸付・給付事業は終了しているため、窓口では生活保護の選択肢を勧めているが、結局は多くの困窮者がそうした選択をとらず、あきらめて立ち去る人が多いのが現状である[36]。

3 制度の狭間に立つ人々と複合的な生活危機

　以上のような状況において、目下懸念されているのが、困窮状態にもかかわらず公的扶助で救済されない人々の存在である。実際、2023年1月より特例貸付の償還が開始されたが、その多くは元通りの生活に復帰できず、年齢層も高いため、以前のような仕事ができずに体調不良や病気入院に至るケースが現れるようになった。とりわけ、住民税の所得割と均等割のいずれかが非課税にならないボーダーライン層は、特例貸付の償還と納税の二重の負担を抱え込むため、生活再建は一層困難になる[37]。しかも、ポストコロナ期の物価高騰と実質賃金の下落が、一層厳しい生活へと追い込んでいる[38]。

　こうした制度の狭間に立つ人々の苦境を映し出したのが、表7-5である。これは、特例貸付の償還開始後、滞納状態かつ免除未申請の世帯を対象に、市社会福祉協議会が実施した生活状況調査の結果である[39]。1500世帯が対象で、回収率は1割程度にすぎないが、そこからは飲食や運送、建設等の業種を中心に、零細自営業や非正規雇用の人々が日常生活に窮している状況が浮かび上がる。具体的には、自営業者でコロナ禍前のような客足が戻らないケースや、営業場所を明け渡して別の場所で営業再開後に売上が伸びないケース、非正規でリストラ・離職後、以前のような収入が得られないケースが挙げられる。また、自営業者や雇用労働者以外に、運送業や建設業では一人親方のような個人事業主も存在し、一層不安定な状態にさらされている。

　一方、今回の調査対象者の中で、失業者はわずか5％しか存在しない。つまり、償還困難世帯の大半が、現役で仕事に従事するワーキングプアので

表 7-5　生活福祉資金貸付償還困難世帯の職業構成

(単位：人、%)

職業	人数	構成比
飲食業	12	12.6
運送業（タクシー、配達員、引っ越し業）	10	10.5
建設業（足場、とび、板金工、住宅設備、測量、大工）	9	9.5
サービス業（美容、自動車板金塗装、音響エンジニア）	7	7.4
警備員	6	6.3
看護師・介護職	5	5.3
小売業・販売業	3	3.2
清掃業	2	2.1
一次産業（林業・水産業）	2	2.1
製造（派遣）	1	1.1
自営業	12	12.6
非正規	12	12.6
会社員	5	5.3
個人事業主/内職	2	2.1
B 型就労継続支援	1	1.1
シルバー人材センター	1	1.1
無職	5	5.3
計	95	100.0

注：業種と従業上地位が混在した回答結果であるため、分類可能な範囲で
　　整理している。
　　非正規は、アルバイト・パート・フリーター・会計年度任用職員を含む。
出所：高知市社会福祉協議会『新型コロナウィルス特例貸付生活状況調査』
　　　2023 年より作成。

ある。では、どれくらい厳しい状況に置かれているのだろうか。図 7-6 は、コロナ期以前とポストコロナ期とを比較した月額世帯収入の変化を図示したものである。コロナ禍の前より収入が減少した世帯が圧倒的多数に上り、減収 5〜10 万円が 24 %、減収 10〜15 万円が 21 %と、この層だけで半数近くを占める。中には、かつての中所得層に当たる減収 25 万円以上層も 1 割程度存在しており、コロナショックの減収インパクトと家計収支の急速な悪化が推察される。

　今度は、図 7-7 を基に、現在困っている生活課題を探ってみよう。困りごとで最も多かったのが収入・生活費であり、ついで税金・公共料金、家賃・ローン等が挙げられた。家計収支の悪化につながる金銭問題が上位を占める

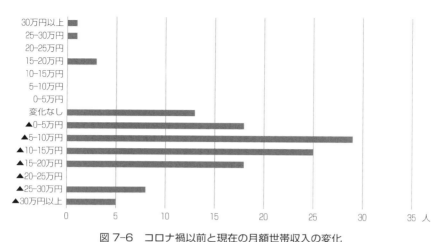

図 7-6　コロナ禍以前と現在の月額世帯収入の変化
出所：高知市社会福祉協議会『新型コロナウィルス特例貸付生活状況調査』2023年より作成。

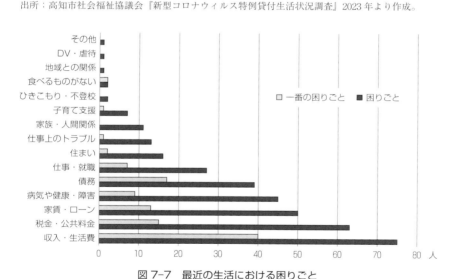

図 7-7　最近の生活における困りごと
出所：高知市社会福祉協議会『新型コロナウィルス特例貸付生活状況調査』2023年より作成。

が、健康問題や労働・居住問題も挙がっており、複合的な問題を抱えていることが読み取れる。さらに注目されるのは、「一番の困りごと」の結果であり、収入・生活費に続いて債務が登場している点である。ここからは、貸付資金

だけでは生活が成り立たず、カードローン等の他の借入にも手を出した結果、多重債務に苦しむ状況が容易にうかがえる。

　もちろん、支援の現場では、生活困窮者に対する相談会を随時開催し、住民税非課税世帯や生活保護受給者、障碍者手帳を持つ人には償還免除申請を勧めている。免除申請は、2024年6月末時点で7365件と、特例貸付の申請総数の実に4割弱に及んだ。一方、非該当者に対しては、家計状況を踏まえて返済減額措置を講じる他、返済プラン作成や生活支援、生活保護の案内を行っている[40]。ただし、上記の生活実態調査の回答率が示すように、相談窓口に駆け込んだ人は困窮者層の氷山の一角にすぎない。制度の狭間に立つ人々の声を拾い上げ、自助まかせから公助の強化へ転換し、複合的な生活危機からの脱却を伴走支援することが、今、求められている。

おわりに

　以上、コロナショックの経済的被害とポストコロナ期の復興過程の実態について、高知県の産業・労働・生活分析を通じて総合的にアプローチしてきた。最後に、分析結果を総括し、コロナショックからの復興に必要な課題を提示しておこう。

　第1に、コロナショックは地域経済に広範な打撃を与え、地域産業の毀損を連鎖的に引き起こした。リーマンショック以来の危機を想定して、高知県では県独自の制度融資が迅速に導入された結果、短期的には破綻回避効果がもたらされた。しかし、経営復興につながる中長期的な経営改善には至らず、ポストコロナ期の融資返済が始まると、中小事業者の二極化と経営破綻・休廃業が増加するようになった。しかも、借換や返済計画見直しの多さに加えて、未だ支援の届かない破綻予備軍も存在することから、中小企業支援機関の連携を通じたリスク対応が課題になっている。

　第2に、労働現場では、上記の事業毀損を契機に、大規模休業と大幅減収が発生した。また、感染長期化により、在職者の求職活動の増加をはじめ、労働者は不安と困難にさらされた。しかも、ポストコロナ期への移行後も、

166　　第Ⅱ部　グローバル化・格差・災害

実質賃金の一層の下落や労働環境の悪化、人手不足下での求人抑制と産業予備軍のグローバル化の下で、コロナ期以前のトレンドへの回帰・悪化という逆風にさらされている。

第3に、産業毀損と雇用・労働悪化は、家計の収入急減と収支悪化を背景に生活困窮者を顕在化させ、新型コロナ特例貸付や自立支援給付金、フードバンク等の官民支援にすがる人々が増えていった。しかし、ポストコロナ期への移行後も、特例支援では減収からの回復に至らず、多重債務を抱え、生活保護にも頼れないワーキングプアが滞留するようになった。しかも、声を上げる人は氷山の一角にすぎず、制度の狭間に立つ人々の複合的な生活危機に対する公助の強化と伴走支援が求められている。

このように、コロナショックは産業・労働・生活を通じて広範な経済的被害を及ぼし、特に零細事業者や非正規労働者を中心に経済的な脆弱性を顕在化させた。特例支援が終了したポストコロナ期においても復興は未完であり、複合的な生活危機が持続していることが明らかになった。したがって、コロナショックの被害から立ち直るための生存権の保障と、地域特性に即した経済再建策に着手する必要がある。

まず、生存権保障の制度改革として、公助強化のための生活保護の再構築が不可欠である。本論で明らかになったように、現行の生活保護制度では、申請側のハードルが高く、制度の狭間に立つワーキングプアが多く発生している。こうした限界に対して、日本弁護士連合会が提起するように、生活保護法から権利性を明確に打ち出した生活保障法への改正を通じて、制度の狭間に立つワーキングプアを国が制度的に支えることが不可欠である[41]。

その上で、第2に、短期的支援策として、復興から取り残され、制度の狭間に立つ経済的被害者を、アウトリーチを通じて発見し、生活困窮者の実態把握と再建計画を立てることである。こうした取組みにおいて有益なのが、近年注目を集めている災害ケースマネジメントである。災害ケースマネジメントとは、被災者1人ひとりの状況を把握した上で、複合危機に対してオーダーメードの計画を立て、関係機関同士で連携しながら支援を行う仕組みである。これをコロナショックにも応用し、経営・労働・生活の再建につなげ

ることが喫緊の課題である[42]。

　さらに、ポストコロナを見通した地域経済基盤づくりを第3に挙げたい。本論で明らかにしたように、高知のような経済基盤が脆弱な地域では、コロナショックの経済的被害者は広範に及んでおり、特例的な福祉政策だけでは生活安定には到底つながらない。その意味で、産業側への働きかけや関係機関との連携を通じて新たな起業・雇用につなげていく地域産業・労働政策に着手することが重要である。そして、ワーキングプアを持続させる低賃金・低労働条件の悪循環から脱却し、年齢や能力に合わせた就業と収入レベルの底上げを通じて納税者を増やす好循環を作り出すことが必要であろう。その際、政策形成に当事者が参画し、ニーズを踏まえたボトムアップ型のプランニングが鍵となろう[43]。ポストコロナ期において、まさに人間の復興を土台とする政策づくりと住民自治が、ますます求められているのである。

注

1　新型コロナウイルス感染症は、動物由来のウイルスが人間にスピルオーバーする動物由来感染症の一種であるが、その起源は、熱帯林破壊や野生動物食、工場型畜産、サプライチェーンのグローバル化が指摘されている。井田徹治『次なるパンデミックを回避せよ―環境破壊と新興感染症―』岩波書店、2021年を参照。

2　厚生労働省『データからわかる―新型コロナウイルス感染症情報―』（http://mhlw. go.jp、2024年7月28日閲覧）。

3　雨宮処凛『コロナ禍、貧困の記録』かもがわ出版、2021年、飯島裕子『ルポ コロナ禍で追いつめられる女性たち―深まる孤立と貧困―』光文社新書、2021年。

4　「繰り返されるコロナ関連の不正受給」『朝日新聞』2023年7月13日付。

5　新型コロナ発生から半年間の影響分析については、岩佐和幸「コロナショックと地域経済の現局面―高知県の事例を中心に―」『高知論叢』第119号、2020年を参照。

6　雨宮、前掲書や、稲葉剛・小林美穂子・和田静香編『コロナ禍の東京を駆ける―緊急事態宣言下の困窮者支援日記―』岩波書店、2020年等を参照。

7　なお、高知県の経済的脆弱性が顕著になるのは、戦間期以降であり、高度成長期の農山漁村の崩壊と人口流出＝過疎化が影を落としている。森井淳吉『高度成長と農山村過疎』文理閣、1995年を参照。

8　岡田知弘「「災害の地域経済学」の構築に向けて―問題提起に代えて―」『地域経済学研究』第33号、2017年、宮入興一「人間復興の地域経済学の現段階と政策的課題」『地域経済学研究』第36号、2019年等を参照。

168　　第Ⅱ部　グローバル化・格差・災害

9 日銀高知支店『短観（高知県分）』2020 年 7 月 1 日、同『高知県金融経済概況』2021 年 9 月 10 日、四銀地域経済研究所「第 2 回新型コロナウイルス感染拡大の高知県内企業への影響調査」『四銀経営情報』第 176 号、2021 年 1 月、29 頁。

10 これら制度の効果については、宮津友多「中小商工業者をどう支えるのか」岡田知弘編『コロナと地域経済』自治体研究社、2021 年を参照。

11 高知県商工労働部企業立地課ヒアリング（2020 年 7 月 6 日）に基づく。

12 高知県信用保証協会『月次統計』2021 年 3 月。

13 詳しくは、岩佐、前掲論文を参照。

14 高知県信用保証協会『月次統計・保証状況』2021 年 3 月、2022 年 3 月。ただし、厳しい状況に変わりはなかった。旅館ホテル業界では、2020 年度の宿泊と宴会の売上高は前年比 64 ％と 30 ％まで下落し（高知県旅館ホテル生活衛生同業組合ヒアリング、2021 年 10 月 11 日）、製造業でも影響大が 54 ％を占めた（高知県工業会『「コロナウイルス」に関する影響調査アンケート結果』2020 年 12 月 16 日）。とさでん交通は赤字決算に陥り（「とさでん交通、赤字 8.2 億円」『高知新聞』2021 年 6 月 5 日付）、代行業では経営存続の限界点に追い込まれた（全国運転代行協会高知県支部ヒアリング、2021 年 10 月 11 日）。

15 「県内製造業にコロナ需要　『新しい生活』で受注増」『高知新聞』2021 年 1 月 13 日付。

16 高知県信用保証協会『月次統計・保証状況』2023 年 3 月、2024 年 3 月、2024 年 6 月。

17 高知県信用保証協会ヒアリング（2024 年 7 月 18 日）による。

18 厚生労働省『新型コロナウイルス感染症に起因する雇用への影響に関する情報について（2023 年 3 月 31 日現在集計分）』2023 年 4 月。

19 労働政策研究・研修機構『新型コロナウイルス感染症関連情報』（https://www.jil.go.jp/kokunai/statistics/covid-19/c02.html）。

20 その後、雇用保険対象外もカバーする緊急雇用安定助成金が導入された。

21 高知労働局『令和 5 年度業務概況』2023 年、53 頁、および高知労働局職業安定課・職業対策課ヒアリング（2024 年 7 月 19 日）に基づく。

22 直接支給を図るべく「新型コロナ対応休業支援金」が導入されたが、事業主の承諾が求められるため、すべての労働者が享受していたとは限らなかった。

23 「特集 シフト制労働者—新型コロナ禍における実態を通して—」『労働法律旬報』第 1992 号、2021 年 9 月 25 日を参照。

24 この点については、岩佐、前掲論文、56–60 頁を参照。

25 無業者の求職増は、後述する生活困窮者自立支援金給付金制度の開始とも関係している。同制度は、就労の意思が要件の 1 つとなっており、月 2 回ハローワークで求職活動し、週 1 回程度応募することが求められるため、件数増加につながったと考えられる。

26 高知労働局職業安定課・職業対策課ヒアリング（2024 年 7 月 19 日）による。

27 高知県『令和 5 年平均高知市消費者物価指数の概況』2024 年、同『毎月勤労統計調査地方調査（令和 6 年 4 月確報）』2024 年。

28　高知労働局『外国人雇用状況の届出状況（令和5年10月末現在)』同局、2024年1月。

29　高知県『高知県外国人材確保・活躍戦略』2021年3月、「高知県で就労を 県が支援する日本語学校が今秋ベトナムに開校」NHKニュース、2024年7月22日付。

30　最賃レベルの労働条件や転籍の不自由に加えて、日本語能力や社会的孤立等、多くの課題が挙げられる。

31　高知市社会福祉協議会共に生きる課『生活福祉資金貸付事業について』2024年、6頁。

32　高知市社会福祉協議会共に生きる課・生活福祉基金担当ヒアリング（2021年10月11日）による。

33　高知市福祉管理課困窮者相談担当係ヒアリング（2021年10月8日）による。

34　フードバンク高知ヒアリング（2021年10月15日）による。

35　厚生労働省社会・援護局保護課事務連絡「保護の要否判定等における弾力的な運用について」2021年1月29日付。

36　高知市福祉管理課困窮者相談担当係（2021年10月8日）、高知市社会福祉協議会生活支援相談センターヒアリング（2024年7月17日）による。

37　高知市社会福祉協議会共に生きる課・生活福祉基金担当ヒアリング（2021年10月11日）に基づく。

38　「高知県民の生活は昭和より厳しい!? 41年ぶり物価高」『高知新聞』2024年4月29日付。

39　以下では、同調査に加えて、高知市社会福祉協議会共に生きる課・生活福祉基金担当ヒアリング（2024年7月11日）に基づく。

40　高知市社会福祉協議会共に生きる課・生活福祉基金担当ヒアリング（2024年7月11日）に基づく。

41　日本弁護士連合会『生活保護法改正要綱案（改訂版)』2019年2月14日。

42　津久井進『災害ケースマネジメント◎ガイドブック』合同出版、2020年を参照。

43　岡田知弘「コロナ禍と地域・自治体」岡田知弘編著『コロナと地域経済』自治体研究社、2021年、52-66頁を参照。

第 **8** 章

中国における養蚕業の発展と地域農業の構造変化
—広西チワン族自治区の事例を中心に—

倪　卉

はじめに

　中国・戦国時代の『孟子・梁恵王章句上』に「五畝之宅、樹之以桑、五十者可以衣帛矣」という言葉がある。一家で5ムーほどの土地に桑を栽培すれば、50歳ほどのお年寄りでも絹を衣服に仕立てることができるくらい、豊かになれるという意味である[1]。言い換えれば、中国で桑を栽培し蚕を飼育することは、小さな農民が貧困から脱する伝統的な手段なのである。こうした家族単位の小規模生産方式、いわゆる「小農経済」の生産方式は、現代中国でも広範に残されている。

　中国では、1949年に中華人民共和国が設立され、「農地改革」に続いて人民公社に基づく大規模生産体制が導入された。しかし、1970年代末には農家を基本単位とする「農業生産請負制」が開始され、大規模集団農場から再び小規模家族農業へと回帰するようになった。しかし細分化された農地の低生産性と2000年以降の出稼ぎ（農民工）の急増によって、農村部では農地の荒廃問題が発生するようになり、農業構造問題が大きな課題として浮上するようになった。そのため、2008年の中国共産党第17期三中全会において土地譲渡が新たに認められるようになり、農地集積が活発に行われるようになった。さらに2006年には「農民専業合作社法」が公布され、2014年には大規模農家や合作社などの新型農業経営体が推進されるようになったことで、中

表 8-1　広西 14 地域の地名表記

漢字表記	南寧	崇左	来賓	柳州	桂林	梧州	賀州
ローマ字	Nanning	Chongzuo	Laibing	Liuzhong	Guilin	Wuzhou	Hezhou

漢字表記	玉林	貴港	百色	欽州	河池	北海	坊城港
ローマ字	Yulin	Guigang	Baise	Qinzhou	Hechi	Beihai	Fangchenggang

出所：著者作成。

国農業は再び大規模化へと舵が切られるようになった。確かに大規模化と機械化によって農業生産性は向上したが、一方で農村部からは急激な工業化路線を背景に労働力の一層の流出が進行し、農村社会の衰退を深めていった。

　孟子の時代より今日に至るまで、中国農村では小規模家族経営が主要な位置を占めており、農村経済を支えている。政府によって大規模化が推進される中、小規模農家の収益を保障し、所得を改善することは、中国農業にとって大きな課題であるといえる。

　本章では、このような問題意識から、中国の代表的な農村地域である広西チワン族自治区（以下「広西」）の養蚕業に注目し、同地域における養蚕業の発展と地域農業の構造変化を、空間構造と農家所得に注目しつつ解明したい。（**表8-1** に広西 14 地域の地名表記を掲載。）

1　広西チワン族自治区における養蚕業の発展

1　政府主導の養蚕振興策

　広西チワン族自治区は、中国西南部に位置し、チワン族を中心に少数民族が多く暮らす地域である。亜熱帯気候で山岳地帯が多く、発展が進む沿海部から離れていることから、34 省市区の中で経済発展が遅れている地域の1つである。1990 年代の広西の農民所得は全国平均よりも低く、1990 年の農民1人当たり所得は、全国 686.31 元に対して広西 639.45 元（全国の 93.2 ％）であり、1995 年には全国 1577.74 元に対して広西 1446.14 元（同 91.7 ％）と、むしろ格差は拡大した。その意味で、農家所得の増加は、広西政府にとって最

172　第Ⅱ部　グローバル化・格差・災害

重要課題であった。

　このような中、1990年代半ばより地元政府が注力したのが、地場の有力作目である養蚕業であった。歴史的には、広西には養蚕の伝統があった。文化大革命の時代は生産が停滞していたが、1977年より徐々に再開し、1978年には、当時の広西農業局副局長が養蚕業の復興策を新たに打ち上げた。彼は「広西は養蚕に有利な条件が多数揃っている。気候が温暖で、雨量が多く、1年の8か月は養蚕を行うことができる。また広西には土地も余裕がある」と発言するとともに、生産基地として養蚕業専用の県を指定し、蚕種生産や桑の苗の栽培を計画的に行う考えを示した。しかし、当時は文化大革命後の経済回復と食料生産が最優先であり、桑と蚕の品種は生産性の高いものではなかったため、その後も目立った発展はみられなかった[2]。

　しかし、1990年代半ば頃、生糸価格の高騰と繭取引政策の転換を背景に[3]、浙江省や江蘇省、四川省等で「蚕繭大戦」と呼ばれる繭原料の争奪戦が繰り広げられることになり、伝統産地の養蚕業は大きな打撃を受けた。このような中、1998年1月に開催された「広西蚕業生産1998年度工作会議」では、広西蚕桑技術指導站の沈昌平所長が、四川省の養蚕業の調査報告を行い、繭価の低下によって、養蚕を放棄した農家が増え、四川省内における繭供給の不足状況が説明された。これを受けて、養蚕と製糸関連の幹部は広西にとって蚕糸業を発展させる好機であると捉え、広西政府農業庁は「5521工程5カ年計画」を発表した。同計画は、広西における養蚕業強化策であり、5年以内に桑園面積50万ムー、繭生産2500t[4]、桑園収入1ムーあたり2000元、農業産出額10億元という目標が立てられた。

　また、2000年に中国がWTO（世界貿易機関）に加入したことも、新たな追い風となった。浙江省や江蘇省等の伝統産地は高品質の生糸・シルク製品の産地であり、主な市場はヨーロッパとアメリカであったが、広西産の繭・生糸は低品質生糸であるため、東南アジアが有望な市場として輸出拡大が図られるようになった。つまり、グローバル化に向けた貿易体制の変化が、広西にとって養蚕業と製糸業を発展させる好機だと考えられていたのである。

　さらに、栽培技術の面でも進展が見られた。その代表例が、蚕の新品種の

導入である。広西産業技術推広総站の研究員が、2000年に「桂蚕1号」「桂蚕2号」の育種に成功した。この新品種は、高温多湿に適しており、従来種よりも繭層が厚く、糸の解じょ（繭糸のほぐれ具合）率が高く、糸の清潔度も優れたものであった[5]。この育種の成功を通じて、「桂蚕1号」と「桂蚕2号」は次第に従来品種を代替し、広西では最も広く飼育される品種になるとともに、生産性と繭の品質も一段と高められるようになった。

こうして、2001年には、広西農業庁の林燦庁長が、河池市で開催された蚕桑生産工作会議において、発展の契機となる「抓住機遇、発揮優勢　促進広西桑蚕業在新世紀的大発展」という報告を行った[6]。そこでは、農業構造調整や農民所得の増加、地方財政の増加に養蚕業が寄与すると捉えた上で、政府が養蚕業と製糸業を全面的に支援する方針が示されたのである。具体的には、①主要産地を河池、南寧、柳州の山間地域・貧困地域に重点を置くこと、②「桂蚕1号」をはじめ桑と蚕の品種改良と優良品種の更新を推進すること、③養蚕、製糸、絹織の技術の成熟度を引き上げること、④繭の供給源の合理的配置や繭価格の安定等、流通市場を整備することが掲げられたのである。

2　「東桑西移」と産業連関の拡大

以上述べた背景から、2000年代以降、広西養蚕業が急速に発展するようになった。図8-1は、1991年以降の広西養蚕業の推移を示したものである。広西の桑園面積は、1991年の6667haから、2018年には21万9141haまで急速に拡大した。それと並行して、繭生産量は、1991年には8381tであったが、2000年には2万6000t、2005年には14万tへと激増した。その結果、全国シェアでは、1991年のわずか1.4％から、2000年には4.7％、2005年には23％まで急伸し、同年には繭生産量で全国トップに躍り出るようになった。さらに2007年には20万5000t・全国シェア26％となり、伝統産地である江蘇・浙江の東部2省の合計シェア（25％）をついに上回るに至った[7]。

一方、江蘇・浙江両省の繭生産量は、1991年には全国シェア42％を誇っていたが、2000年には35％まで低下し、その後も比重の低下傾向が続いた。つまり、2000年代以降は沿海部の伝統産地が衰退する一方、広西ならびに雲

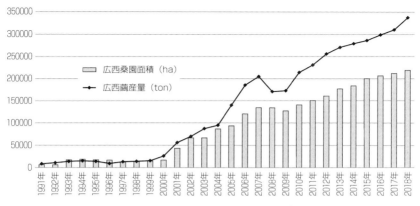

図 8-1　広西養蚕業の発展
出所:『広西統計年鑑』各年版より作成。

南省等の西南部に主産地が移動し、中国養蚕業の空間構造が「東桑西移」へと大きく変化するようになったのである。

　こうした養蚕業の発展とともに、産業のさらなる強化策が打ち出されるようになった。広西が繭生産量において全国トップになった翌2006年には、広西農業庁の張明沛庁長が、全区蚕業工作会議において「桑栽培と養蚕業が全国で最も盛んな地域をつくり上げるために奮闘する（為打造全国桑蚕強省而奮闘）」というテーマで講話を行った。主な内容は、第1に、広西養蚕業の発展の基本方針と目標の提示である。「東桑西移」趨勢に乗って、サトウキビに次ぐ広西の有力産業として発展させるとともに、河池、南寧、来賓、柳州、貴港の5つの地域を有力産地と指定し、発展計画と具体的措置を公表した。

　第2に、広西繭の品質向上である。具体的には、繭価格を引き上げるために桑の品種と蚕種の改良を促進し、広西繭の品質を3A〜4Aレベル[8]からさらに高めるよう指示が行われた[9]。

　第3に、製糸業への展開である。すでに2005年6月には、広西区から農業代表団を浙江省に派遣して製糸工場の調査を行うとともに、浙江省の生糸・シルク加工工場を広西に誘致することに成功し、域内での5件の繭加工プロジェクトの契約が行われた。その結果、2006年からは製糸工場とシルク加工

産業も急伸するようになった。広西の中で製糸準産証を所持する製糸工場数は、2006年の52工場から2008年には60工場、2012年には74工場と増加し、製糸準産証登録制度が廃止される2016年には138軒の工場が稼動するようになった[10]。

　このように、養蚕業の発展から製糸業へ、さらにはシルク加工までの産業連関が広西で形成されるようになったのである。

3　養蚕を通じた農家の所得向上策

　江蘇・浙江両省のような伝統地域と違って、広西の気候条件は桑の成長に有利であり、年間8〜11回ほど養蚕を行うことができる。養蚕農民にとって、一度の養蚕につき2か月ほどで繭を出荷し、現金収入が得られるため、まるで工場から賃金をもらうように安定した収入が保障される。これは養蚕農民にとって魅力的である。

　先述の通り、広西の農民所得は全国平均よりも低かったため、広西政府にとって、農民所得とりわけ現金収入の安定的増加は大きな課題だった。そこで、2010年代半ばより、広西政府は、養蚕業の発展に伴う農民の所得増加と貧困削減に傾斜するようになった。

　2016〜18年の全区蚕業会議では、並行して貧困支援の研修会議も開かれた。特に2018年3月に開かれた広西区蚕業工作会議では、南寧、河池、百色等の5つの地域を典型例として紹介し、養蚕による貧困削減効果を強調した。広西では、54ある貧困県のうち44県で養蚕が行われている。そのうち河池、百色、柳州等、35の貧困県はカルスト地形で、一般の農業生産には適さない土地条件にあるため、広西政府はこれらの地域を中心に養蚕業を推進する方針を示したのである。

2　広西養蚕業における空間構造の変化

　以上のように、広西政府は養蚕業を地域の基幹産業として推進してきたが、その特徴は、特定地域への施策の重点化を通じた牽引効果であり、先進地域

によって後進地域に有利に作用する「波及効果」が期待された[11]。具体的には、2001年に河池、南寧、柳州を重点地域に指定し、2005年には来賓と貴港を加えた5つの地域を中心に養蚕業を推進していった。その結果、養蚕政策が開始されて20年が経過した現在では、広西の養蚕業は局地的集積と不均等発展が進行するようになった。

以下では、広西蚕業技術推広総站（以下、広西指導站）の『蚕業実績調査資料』に基づいて、広西内部の14地域における養蚕業の発展と農民所得の推移を分析する。

1　地域特化係数の分析方法

亜熱帯地域に立地している広西では、サトウキビや茶、熱帯果物、タバコ等、伝統的に熱帯性換金作物が栽培されており、地域の自然環境によって今もその割合は大きい。このような中、上述のように、2001年より政府が養蚕業を推進し、桑の栽培面積が拡大するようになった。当初は、カルスト地域の山間部を開墾して桑の栽培面積を拡大する方針がとられたため、桑と従来作物との競合はほとんどみられなかった。しかし、最近は両者の関係も変化していることから、以下では桑の栽培と繭の生産の立地集中度を、地域特化係数を用いて分析する。

地域特化係数（Location Quotient：LQ）とは、産業の地域・空間集中度を計る指標である。計算の便宜上、LQ を SC_{ij} として表示する。一般には以下の式［1］で表され、i 作物の j 地域における特化係数という形で表される。SC_{ij} が大きい程、作物 i の特化が進んでいることを意味しており、1 より大きいと特化度が高く、1 より小さいと非特化状態と考えられる。ここでは、i を桑の栽培面積と繭の生産量に、j を広西にある14地域とする。A を桑園面積と農産物の作付総面積、繭の生産量と農産物の生産量に書き換え、桑園の地域集中度 LQsquare（式［2］）、繭産出の地域集中度 LQoutput（式［3］）の2つの値を測定する。14地域における農産物の作付面積と生産量は、『広西統計年鑑』の糧食、油料、サトウキビ、野菜と果物、2017年以降は茶も含む作付面積と生産量データを用いる。

$$SCij = [Aij/\Sigma\, iAij]/[\Sigma\, jAij/\Sigma\, i\, \Sigma\, jAij] \quad\cdots\cdots\cdots\cdots\cdots\cdots\cdots\cdots\cdots [1]$$

$$LQsquare = \frac{[\,j\text{地域桑園面積}\,]\,/\,[\,j\text{地域農作物総面積}\,]}{[\,\text{広西桑園面積}\,]\,/\,[\,\text{広西農作物総面積}\,]} \quad\cdots\cdots [2]$$

$$LQoutput = \frac{[\,j\text{地域繭生産量}\,]\,/\,[\,j\text{地域農産物生産量}\,]}{[\,\text{広西繭生産量}\,]\,/\,[\,\text{広西農産物生産量}\,]} \quad\cdots\cdots [3]$$

2　特化係数の分析結果

　以上を踏まえ、特化係数を分析した結果が、表8-2・3である。2006～18年にかけて桑園の地域集中度が高まった地域は、崇左、来賓、柳州、百色、河池の5地域である。そのうち、非特化から特化へ変化したのは、百色の1地域のみで、それ以外は、桑園面積が相対的に減少したことがわかる。

　繭の生産量の特化係数については、集中度が高まったのは、来賓、柳州、桂林、百色、河池の5地域である。2006年時点で特化していた梧州と貴港は、

表8-2　桑園の地域集中度（2006年～2018年）

	南寧市	崇左市	来賓市	柳州市	桂林市	梧州市	賀州市
2006年	1.980	0.031	2.022	2.348	0.065	0.791	0.366
2018年	1.249	0.057	2.792	2.350	0.037	0.416	0.116

	玉林市	貴港市	百色市	欽州市	河池市	北海市	坊城港市
2006年	0.272	0.652	0.309	0.398	3.027	0.028	0.100
2018年	0.036	0.416	2.124	0.067	3.582	0.000	0.000

出所：指導站調査データ、『広西統計年鑑』各年版データに基づいて、著者算出。

表8-3　繭産出の集中度（2006年～2018年）

	南寧市	崇左市	来賓市	柳州市	桂林市	梧州市	賀州市
2006年	2.216	0.005	1.409	1.387	0.041	1.045	0.376
2018年	1.776	0.033	2.511	5.156	0.183	0.140	0.097

	玉林市	貴港市	百色市	欽州市	河池市	北海市	坊城港市
2006年	0.444	1.056	0.070	0.312	4.506	0.138	0.002
2018年	0.077	0.801	1.597	0.229	8.611	0.000	0.000

出所：同前。

2018年になると1を下回った。南寧市は、当初は特別地域として指定されたが、広西の区政府所在地であり、都市化の進行によって農業生産が衰退したため、桑園面積と繭生産量の集中度はいずれも減少した。また、沿岸部の港湾都市である北海と坊城港は、2008年ごろから養蚕業が徐々に減少していった。

このように、政府が養蚕業を推進した河池、南寧、来賓、柳州、貴港の5地域の特化度の高さが読み取れる。特に河池は、広西養蚕の中心産地となり、2018年の桑園面積は広西全体の27.3％、繭生産量は37.4％を占めるようになった。では、重点地域からの波及効果はどれくらいあったのだろうか。次に、2006年と2018年の特化係数をQGISソフトを用いて地図上に表示してみよう（図8-2・3）。

2006年には、養蚕の中心である河池（Hechi）の南側に隣接する南寧、東側に隣接する柳州（Liuzhou）と来賓（Laibin）は、養蚕特化地域であった。また、来賓と南寧の東側に隣接する貴港（Guigang）と梧州（Wuzhou）は、繭の生産量特化係数は1より高かった（図8-2）。これに対して、2018年にな

図8-2　2006年繭生産の集中度

出所：筆者作成。

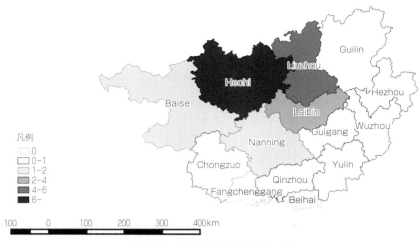

図 8-3　2018年繭生産の集中度
出所：筆者作成。

ると、河池を中心に、隣接する柳州、来賓、南寧は特化度が依然高く、柳州と来賓は以前より高まったが、南寧は低下した。一方、河池の西側に隣接する百色（Baise）は、2006年には特化地域ではなかったが、2018年には特化係数が1.5を超える特化地域になった。逆に、河池より離れた貴港と梧州は非特化地域に転じた。

図 8-2・3から明らかなように、河池は政策によって養蚕業が発展し、広西養蚕業の中心産地になった。また、河池の発展とともに周辺地域も特化度が高まっており、先進地域としての河池の波及効果が見られたといえる。一方、河池から地理的に離れた貴港や梧州等は集中度が低下し、北海や坊城港では養蚕が衰退を見せるようになった。加えて、図 8-3が示すように、2018年になると、河池を核に、隣接地域から遠ざかるにつれて特化度が逓減する空間構造の形成が明瞭になった。

この空間構造に基づいて、広西14地域を、中核産地の河池、それに隣接する柳州・来賓・南寧・百色の4地域（G1）、その外延に位置する7地域（G2）、中心から最も離れた北海と坊城港（G3）の4グループに分ける。次節では、

養蚕特化度の空間構造に基づいて、各地域での生産実態と農民の所得に与えた影響について分析する。

3　養蚕業の発展と農民所得の変動

本節では、桑園面積と繭生産量の変化と農家所得の変化に注目し、空間構造と養蚕業との繋がりを分析する。

1　養蚕の生産規模拡大と価格変動

図8-4は、4グループの繭生産量の推移を示したものである。河池の持続的成長とともに、G1も生産量が順調に伸びている。これとは対照的に、G2とG3は、生産量が絶対的に少ない。2005年には河池の生産量が4万2459tであったのに対し、G2の平均値は3450t、G3の平均値はわずか305tほどであった。さらに、2018年になると、河池が12万tであったのに対し、G2は3551tにとどまり、G3はほぼゼロになった。

一方県レベルでの変化を示したのが、表8-4である。2005～06年、2008～10年、2014～16年の3度にわたって大幅に増減していることが読み取れる。

この変動の大きさについて、筆者が2012年と2014年にG1の南寧の上林県と賓陽県で行った農家調査を基に検討しよう。調査によると、農民の養蚕

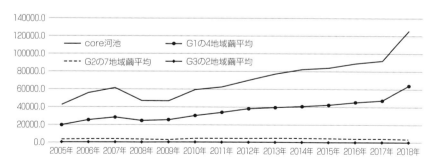

図8-4　グループ平均の繭生産量推移
出所：指導站調査データ、『広西統計年鑑』各年版データに基づいて、著者算出。

表 8-4　繭・桑園の対前年度変動状況

1　繭の対前年度変動状況

繭		2006 年	2007 年	2008 年	2009 年	2010 年	2011 年	2012 年	2013 年
Core	河池市	14.06%	6.32%	− 14.49%	− 9.35%	43.01%	− 2.50%	2.29%	6.11%
G2	崇左市	− 75.7%	3.7%	− 18.0%	− 21.9%	41.3%	13.4%	53.0%	− 6.2%
G2	桂林市	50.8%	10.3%	51.2%	− 48.4%	− 10.7%	− 0.3%	0.6%	3.6%
G2	梧州市	10.4%	5.4%	− 51.3%	− 26.9%	45.7%	0.3%	9.6%	6.5%
G2	賀州市	16.8%	2.0%	− 49.6%	20.5%	92.9%	30.8%	6.0%	− 1.9%
G2	玉林市	2.3%	1.7%	− 26.5%	− 53.8%	97.1%	− 12.2%	− 8.4%	17.0%
G2	貴港市	10.3%	10.2%	6.4%	11.5%	33.6%	− 2.0%	1.9%	2.9%
G2	欽州市	107.6%	2.4%	− 18.4%	− 22.5%	60.9%	− 9.5%	3.2%	20.5%

2　桑園対前年度変動状況

桑園		2006 年	2007 年	2008 年	2009 年	2010 年	2011 年	2012 年	2013 年
Core	河池市	50.9%	12.9%	0.0%	− 17.6%	9.9%	9.4%	12.2%	7.4%
G2	桂林市	38.3%	10.3%	1.6%	31.4%	− 3.9%	− 31.2%	6.7%	− 24.6%
G2	梧州市	8.7%	7.1%	0.0%	− 32.3%	14.5%	8.9%	9.3%	2.3%
G2	賀州市	− 20.6%	7.8%	0.0%	14.5%	15.9%	6.8%	16.7%	8.6%
G2	玉林市	− 23.9%	6.3%	0.0%	− 50.9%	45.6%	7.3%	8.3%	0.5%
G2	貴港市	53.2%	10.2%	0.0%	23.3%	10.7%	0.8%	8.3%	2.8%
G2	欽州市	0.0%	7.7%	0.0%	− 32.2%	4.1%	1.3%	1.6%	− 4.8%

出所：指導站調査データ、『広西統計年鑑』各年版データに基づいて、著者算出。

行為は、繭価格の変化によって大きく左右されるとともに、周辺の農家行動にも影響されることがわかった。農民が養蚕を行うかどうかは、毎年春・夏頃の繭価格と前年同期の繭価格との差額を基準に判断するという。また、同じ村の農家行動も、養蚕決定の要因となっていた。さらに、同じ時期の果物、豚肉、卵等の作目の時価を参考にすることもあるという。例えば、調査農家の 1 人は、前年度から桑の青枯病に悩まされており、周りの農民はスイカ栽培に乗り換えたという情報を聞いて、自分も桑栽培からスイカ栽培に切り換えたという。彼にとってスイカ栽培は初めてであり、かなり不安があったが、当時のスイカの市場価格が好調だったため、スイカの栽培面積をさらに拡大したいと述べていた。「養蚕はどうするつもりか」と尋ねると、「繭価格が戻れば、また再開するよ」という回答であった[12]。

　また、現地農業局駐在所の技術指導員によると、彼のように桑園を他の作物に転換したり、桑園に復帰したりする行為は少なくないという。多くの農

182　　第Ⅱ部　グローバル化・格差・災害

2014 年	2015 年	2016 年	2017 年	2018 年	平均
− 3.79%	− 2.79%	− 10.92%	1.32%	− 14.29%	1.15%
94.1%	− 90.6%	45.3%	819.3%	12.3%	66.9%
12.9%	80.9%	1.9%	20.2%	40.2%	16.4%
− 21.1%	14.3%	− 64.7%	71.2%	− 33.4%	− 2.6%
− 3.5%	− 12.3%	6.7%	− 0.9%	29.8%	10.6%
− 7.1%	− 18.0%	− 28.6%	0.1%	− 33.6%	− 5.4%
− 3.6%	− 1.0%	− 5.1%	− 3.3%	− 13.4%	3.7%
2.3%	− 6.7%	0.7%	− 14.7%	− 42.0%	6.4%

2014 年	2015 年	2016 年	2017 年	2018 年	平均
3.0%	8.1%	− 2.2%	10.2%	12.2%	9.0%
− 1.8%	− 7.0%	− 8.7%	10.8%	23.4%	3.5%
− 1.6%	− 2.6%	− 1.9%	− 4.1%	5.7%	1.1%
1.8%	5.0%	− 0.7%	2.2%	− 61.4%	− 0.3%
− 4.8%	0.9%	− 12.0%	− 0.9%	− 66.6%	− 6.9%
1.2%	6.0%	3.0%	− 11.9%	− 31.6%	5.9%
8.7%	13.4%	10.0%	− 0.9%	− 70.2%	− 4.7%

家は、わずかな繭の価格変化に敏感で、少しでも高い利益を求める行動に走りやすい。しかも、年中何回も養蚕が可能なので、すぐに蚕の飼育量を調整したり、桑園改造まですることも珍しくない。広西は年中に 8〜11 回養蚕ができるが、そのことが養蚕の不安定要因でもある。表8-4 が示すように、各地の変動幅の大きさは、そうした農民行動を反映している。

さらに、2006〜18年までの平均変動率をみると、著者が聞き取り調査を行った南寧における繭生産量の変動率平均は8.78 ％であるのに対して、桑園面積は6.83 ％と、繭の変動幅の方が大きい。また農家調査では、繭価格が変わる際、養蚕量を増減して対応しているとのことで、桑畑よりも養蚕量を増やすのは比較的簡単であること、桑畑をしばらく放置するか、余分に収穫した桑の葉を近隣の養蚕農民に売ることもあると語った。養蚕量が増減しても、大体蚕種の4分の1を単位として、多くても蚕種の半分ほどにしており、1箱単位で養蚕を行う農家は少ないという[13]。このように、養蚕量が変化しても、桑園を廃園にすることはなく、桑の栽培面積は維持されている。

このように、広西の養蚕業は、主力産地を中心に発展してきたが、農家レベルの行動をみてみると、小規模家族経営が中心であり、養蚕による現金収入の効果が農家にとって魅力的であることから、個々の農民は、収入に直接関係する繭価格の一時的な変化や周辺農家の動きを察知しながら、臨機応変に対応している様子がうかがえる。

2　農民所得の増加と変動リスク

では、農家の所得はどのように変わってきたのだろうか。養蚕所得は、繭価格の変化によって大きく左右される。とりわけ、広西では養蚕回数が多いため、価格も常に変動している。繭が出荷されるたびに繭価格が変化すると言っても過言ではない。

筆者の調査によると、同じ県内の繭站の買取価格はそれぞれ異なっており、ほぼ毎日変化している。養蚕農民の多くは、自ら原付やバイクにかごをつけて繭を運搬し、居住地域からバイクで届けられる範囲で県域内の数軒ほどを廻るという。そのため、養蚕農民は、少しでも高く売りたいため、時には養蚕農家同士が携帯などでどこの買取価格が高いかについて情報交換をしている。2014年調査当時は、価格差は1斤（500g）あたり0.1～1元単位で変化していた。

以上を踏まえ、以下では広西指導站の価格データと中国国家発展与改革委員会価額司主編『全国農産品成本収益資料匯編』のデータに基づいて、農民所得の変化を検討しよう。

図8-5によると、2008年に繭価格は1kgあたり16.18元に下落した後、2013年上昇したが、2014～15年に2回目の下落を見せている。しかし、再び急上昇し、2017年には49.35元まで高騰する等、価格変動の大きさがうかがえる。

では、農家の収益はどのような状況なのだろうか。表8-5は、養蚕による

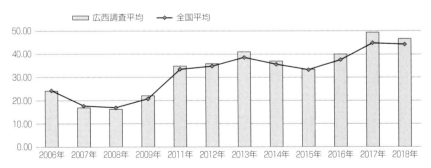

図8-5　全国と広西繭価格変化比較
出所：指導站調査データと『全国農産品成本収益資料匯編』各年版データより作成。

現金収益をまとめたものである。現金収益とは、繭の平均価格で売上を算出し、売上から現金コストを差し引いた金額である。これによると、2006年に平均繭価は17.9元、桑園単位面積あたりの収益は3097元であった。2007年から世界的な経済不振の影響を受け、国際市場での生糸価格が下落したため、繭価と桑園収益ともに低下した。この状況は2011年ごろから回復し、2018年には繭価が33元に上昇し、桑園の単位面積の収益も5200元を超えており、2006年収益の1.7倍になった。とはいえ、繭価と桑園収益が常に上下に変動している様子がうかがえる（表8-5）。

　上記データを基に、広西農民の養蚕収入を試算した。広西の全体状況を示す図8-6から、2006～18年の間、広西農民の純収入は常に増加している状況が読み取れる。2006年の農民1人あたりの純収入は2770.5元であるのに対し、2018年には1万2435元に順調に増加しているのが分かる。これに対して、養蚕による1人あたりの収入は、2008年には538.9元と、前年度より36％減少した後、2009年に918元へと回復してり、2015年にも2183.2元と前年度より14％減少した後、2016年には2981元に回復する等、変動が激しい。

　さらに、図8-7は、地域別での養蚕の収入比率を示したものである。この図から明らかなように、中核地域である河池の変動が最も激しい一方、G1とG2は比較的緩やかに変化している。例えば、2008年の河池の純収入割合は15.1％まで減少したが、2015年37.1％、2018年には58.2％まで急上昇した。ところが、2007年の河池における農民1人あたりの純収入は2592元、2008年には2944元であり、2014年5723元、2015年は6164元だった。したがって、養蚕の割合が最も大きい最大産地・河池において、養蚕収入が減少した時期には、養蚕に代わる他の換金作物に切り換える行動を農民はとっており、それによって、農民の収入の落ち込みをカバーしていたと考えられる。

　また、養蚕と他の換金作物による現金収入の増加は、一時離農した出稼ぎ労働者を呼び戻す効果もみられた。著者が2007年7月に初めて広西農家調査を実施した際には、農村から男性労働力の流出が深刻で、養蚕は主にお年寄りと留守の女性が行っていた[14]。ところが、2014年に上林県で行った調査では、養蚕による現金収入は出稼ぎと比べても劣ることがないほど魅力的なも

第8章　中国における養蚕業の発展と地域農業の構造変化　　185

表 8-5 桑園及び繭の現金収益の状況

現金収益	2006 年	2007 年	2008 年	2009 年	2011 年	2012 年
桑園 1 ムー平均 元/ムー	3097.31	2109.88	1684.39	2720.28	4129.70	4730.77
繭 1kg 平均 元/kg	17.93	12.18	9.73	15.75	24.16	26.10

出所：『全国農産品成本収益資料匯編』各年版データより著者が整理。

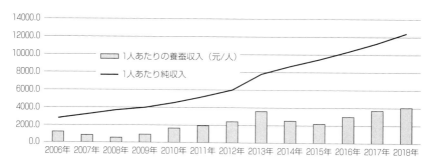

図 8-6　広西全区養蚕収入と農民純収入の変化

出所：指導站調査データと『全国農産品成本収益資料匯編』各年版データより作成。

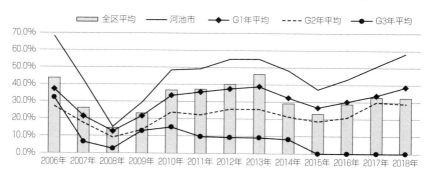

図 8-7　各地域養蚕収入の割合

出所：指導站調査データと『全国農産品成本収益資料匯編』各年版データで著者が整理。

のとなっており、また「地元で働くことは出稼ぎより随分気楽だ」という農民の声もある等、出稼ぎ先から帰郷して新たに養蚕を始めるケースが続出するようになった[15]。

　以上より、広西では、養蚕業が発展してきたものの、その価格変動は大きく、そのつど養蚕農民は柔軟に行動することで、繭価格の大きな変動リスク

2013 年	2014 年	2015 年	2016 年	2017 年	2018 年
5210.67	4349.13	3719.86	4634.46	5746.39	5291.53
30.00	26.12	22.60	29.48	36.33	33.09

をある程度回避していると考えられる。とはいえ、養蚕収入への依存度が大きいほど、養蚕収入の不安定さの影響を受けやすく、農民の収入に影響を及ぼす状況は無視できない。広西にとって繭価格を安定させる仕組みを模索し、技術指導などを通じて養蚕農家を合理な行動に導くことが求められている。

おわりに

　以上、本章では広西チワン族自治区における近年の養蚕業の発展を、空間構造の変化と農民所得の動きに注目しながら検討してきた。1990 年代末ごろより、貧困問題の解消と農民所得向上を目標に、広西政府が養蚕業に着目し、栽培技術の改良や輸出市場への販路拡大、関連産業の育成等を積極的に推進してきた。と同時に、広西政府は重点養蚕地域を育成し、波及効果を通じて周辺地域への養蚕業の拡大戦略を展開してきた。その結果、広西内部では河池を中核とする新たな空間構造が形成されるとともに、中国全土では「東桑西移」と称される全国最大の養蚕産地化が実現するようになった。

　このように養蚕業が発展する中、農家の経済状態も変貌を遂げてきた。特に河池を中心とする主力産地では、小規模家族経営を主体とする養蚕経営が重要な位置を占め、所得面での改善をもたらすとともに、これまで出稼ぎに出ていた労働者を地元に呼び戻す効果も見られるようになった。とはいえ、繭価格は常に大きく変動しており、それに伴い養蚕収入は不安定な状況にある。そのため、養蚕農家は、価格変動を常にチェックしながら、不況時には他の換金作物の比率を高める形でリスク対応を図っている。その意味で、広西の農民にとって、養蚕業は、短期的には農家の経済的向上をもたらすとはいえ、長期的にみれば不安定性を内包していくと考えられる。広西養蚕業を

今後発展させていくには、繭価格を安定させる仕組みを構築し、技術指導などを通じて農民収入を安定的に高めていくことが求められよう。

注

1　戦国時代の5ムーを、現在中国で使われている面積単位に換算すれば、約1.6ムー（0.11ha）になる。

2　著者不明「加速発展我区産業生産、尽快建立——批桑蚕繭生産基地—区農業局副局長章林同志在全区桑蚕生産基地県工作会議的総結発言——」（我が区域における産業生産を加速させ、養蚕生産基地の建設を急ぐ—広西チワン族自治区農業局副局長章林による全区養蚕生産基地について各県工作会での議総括発言—）1978年7月3日、2-6頁。

3　李健琴「"蚕繭大戦"的経済学分析」『糸綢』2005年第5期、4-9頁。

4　原文では"50万担"である。"担"は中国によく使われている農産物の重量単位である。1担は約50kgである。本文では便宜上、kgまたはtに換算する。

5　広西産業技術推広総站『銀糸織壮錦——広西蚕業技術推広総站四十年発展歴程——』広西蚕業技術推広総站、2004年、71-77頁。

6　林燦・広西蚕業編集部「抓住機遇、発揮優勢　促進広西桑蚕業在新世紀的大発展——自治区農業庁庁長林燦在全区蚕桑生産工作会議上的講話——」（チャンスを掴み、優勢を発揮して新世紀の広西の養蚕業を発展させよう——自治区農業庁庁長林燦の政府養蚕会議講話——）『広西蚕業』第1巻第1号、2001年01期、1-7頁。

7　中国糸綢協会編集員会編『中国糸綢年鑑』中国糸綢年鑑編集部出版の公表データより。

8　生糸の品質を図る最も重要な基準である清潔度は、「数字A」という形で表示している。数字の大きいほど品質がよい。現在最も品質の良い生糸は6Aである。

9　著者不明「加速発展我区産業生産、尽快建立——批桑蚕繭生産基地—区農業局副局長章林同志在全区桑蚕生産基地県工作会議的総結発言——」（我が区の蚕業生産を加速させ、できるだけ早く養蚕基地を建設—区農業局副局長章林が全区養蚕生産基地工作会議での発言）1978年7月3日、2-6頁。

10　「準産証」は、製糸や絹織工場の生産許可証明の制度である。政府の基準を満たしている製糸工場に与えるものである。2016年頃に実質廃止となった。詳しくは、倪卉『蚕糸業と現代中国』京都大学学術出版会、2016年を参照されたい。

11　広西産業技術推広総站『銀糸織壮錦——広西蚕業技術推広総站四十年発展歴程——』広西蚕業技術推広総站、2004年、71-72頁。

12　広西チワン族自治区南寧市上林県六聯村での農家調査による（2014年8月25日実施）。

13　広西チワン族自治区南寧市横県での農家調査による（2012年8月22日実施）。また、同市養蚕技術指導站技術指導担当の白氏からも、広西では養蚕を一時停止した場合、大体近隣養蚕農家に桑葉を販売することは一般的であるとの回答であった（2012年8月15日実施）。

14　2007 年 7 月 25 日に広西南寧市横県で実施した農家調査による。詳しくは、倪卉、前掲書、2016 年を参照されたい。

15　2014 年 8 月 25 日に広西南寧市上林県で実施した農家調査相手の 1 人、当時 40 代の黄氏自身が、約 10 年間、広東省への出稼ぎを経験している。彼は、村に戻ってきて養蚕を行う決意をしたが、その理由は、養蚕だとほぼ毎月収入があるため、「工場で働く給料と同じ感じだから」であった。また、スイカ栽培での収入で多少補填できているから、現金収入は安定している。生活習慣も馴染んでいる地元だと、働くのは楽であり、自分の時間が決められる自由もあるとのことであった。ちなみに、当時一緒に出稼ぎに行った数人も、村に戻って養蚕を始めたとのことである。

第**9**章

米国カリフォルニア州における
アーモンド生産の発展と地域農業の構造変化
―グローバリゼーションと水資源政策を軸に―

名和洋人

はじめに

　1990年代以降のグローバリゼーションは、世界各地の地域経済に多大な影響をもたらした。「農業大国」米国も、例外ではない。本章では、グローバリゼーション下での米国農業の構造変化を、最大の農業地域であるカリフォルニア州を中心に取り上げる。特に、同州最大の輸出産品に成長したアーモンドなどのナッツ類に焦点を絞り、同州農業の構造変化の実態を明らかにしたい。

　1990年代以降に、米国ではアーモンド生産が急成長を遂げた。この点に注目した研究は、わが国ではほぼ皆無であり、米国においても政府機関や業界団体の報告書で言及されるのみで政策効果分析等にとどまり、解明すべき課題が残されている[1]。例えば、アーモンドの生産拡大の要因として、カリフォルニア州における水政策の転換と農業経営者の対応が指摘されてきたが[2]、その拡大の一方で他の農産物がなぜ縮小していったのかについては、十分解明されたとはいえない。また、こうした構造変化は、生産に不可欠な土地・水などの地域資源の問題とも関わってくるが、この点についても未解明のままである。

　そこで本章では、米国におけるアーモンド生産・輸出の急成長とカリフォルニア農業の構造変化を、グローバリゼーションと水資源問題との関わりで

190　　第Ⅱ部　グローバル化・格差・災害

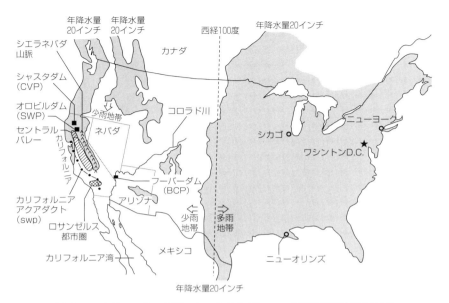

図 9-1　カリフォルニア州、セントラルバレー、水資源関連施設位置図

注：30年平均（1981-2010年）年間降水量20インチ（508mm）ラインを明記した。

資料：PRISM High-Resolution Spatial Climate Data for the United States: Max/min temp, dewpoint, precipitation | Climate Data Guide, available at https://climatedataguide.ucar.edu/climate-data/prism-high-resolution-spatial-climate-data-united-states-maxmin-temp-dewpoint（2024年4月4日閲覧）．

検討していきたい。なお、こうした課題を明らかにするため、分析期間は、北米自由貿易協定（North American Free Trade Agreement：NAFTA）発効前かつガット・ウルグアイラウンド合意前の1993年から、トランプ政権が成立した2017年までとする。

1　1990年代以降の米国農産物輸出とアーモンドの急成長

　1980年代前半、ドル高と世界市場での輸出競争激化を背景に、米国の農産物輸出は不振に直面していた。農産物・食品貿易は、1981～86年の6年間に輸入が37億ドル増加したのに対して、輸出は170億ドル減少したため、260

億ドルあった農産物貿易黒字は 56 億ドルに縮小した。このような状況を受けて、米国政府は低迷するバルク農産物に代わって高付加価値生産物（High－Value Agricultural Products：HVP）に力を入れるようになり、1990 年代以降は HVP が輸出の主役となっていった[3]。

　表 9-1 は、1993 年と 2016 年の米国輸出農産物の上位品目を、バルク農産物と HVP とに分けて示したものである。なお、後者は、未加工（R HVP）、半加工（S HVP）、加工済（P HVP）に細分化して示した。上位品目の構成をみると、1993 年ではバルク 8 品目・HVP17 品目、2016 年はバルク 6 品目・HVP19 品目であり、ランキングにおける HVP の上昇とバルクの低下が生じているのが分かる。バルクでは、小麦と綿花が順位を落とし、タバコは圏外となった。他方 HVP では、園芸作物、アーモンド、芳香油・精油が順位を上げ、ワイン、チョコレート、クルミが新たにランクインした。この中で、アーモンドは未加工 HVP（R HVP）の一つであるが、同期間で輸出額は約 7 倍に急拡大し、順位も 16 位から 7 位へ急上昇した。

　以上のような HVP の伸長は、1980 年代後半以降の連邦政府の輸出促進策が影響している。米国農務省（USDA）は、目標設定型輸出支援計画（Targeted Export Assistance：TEA）に対し、1986〜89 年の期間に 9800 万ドル（毎年平均）を支出した（うちアーモンド向けは 16 ％、1562 万ドル）[4]。その後、TEA を更新した販売促進計画（Market Promotion Program：MPP）でUSDA は、中高所得国の HVP 市場開拓目的で 1991・92 年に各 2 億ドル、その後も 1 億ドル前後の高水準の予算を毎年獲得している（同 16 ％［1995 年］）。そのほか 1996 年開始の市場参入計画（Market Access Program：MAP）でもUSDA は、2002 年まで毎年 9000 万ドルの予算を確保し続けた（同 1.4 ％［1996 年］）。

　輸出市場開拓の主たるターゲットはアジアであった。1986〜96 年の米国アーモンド輸出量のうち、アジアのシェアは 23 ％であったが、同期間の販売促進費はアジアに 78 ％、欧州に 22 ％と配分された。この間、業界団体は、例えば中国においては加工・製パン技術改善、菓子製造時の活用支援、都市部での展示会等々を実施していった。

192　　第Ⅱ部　グローバル化・格差・災害

以上のように、アーモンド輸出は連邦政府の輸出促進政策を通じて拡大していったが、実はその供給源は、ほぼ全量がカリフォルニアであった。表9-2は、2017年のカリフォルニア州の農産物輸出額上位10品目を示したものであるが、アーモンドは同州トップで総額の22％を占め、2位以下を大きく引き離しているのが分かる。同州の農産物輸出におけるアーモンドの重要性は明らかであろう。

　さらに表9-3を用いて、カリフォルニア産アーモンドの出荷先を、2007/08年度と2016/17年度の2時点で比較しよう。まず、同州の出荷総量は、12.6億ポンドから26.0億ポンドへと2倍以上に拡大した。これを出荷先でみていくと、米国国内（1位）、スペイン（2位）が一貫して上位を占める中、インドが4位から3位へ、中国が6位から4位へと、アジア諸国の順位が上昇している。これは、グローバリゼーションのなかでアジアの所得水準が上昇したことと、上述の連邦政府の市場開拓支援に起因するものと考えられる。他方で、欧州諸国向けは、出荷量は伸びているものの、順位は低下した。

　以上のように、カリフォルニア州では、輸出市場開拓の支援策を背景に、アジア向けを中心とするアーモンドの生産・輸出が拡大していった。では、アーモンド生産・輸出の拡大は、同州の農業構造や地域資源にどのような影響を与えたのだろうか。次節においてこの点を明らかにしよう。

2　NAFTAとカリフォルニア農業の構造変化

　表9-4は、1993年と2016年のカリフォルニア州の農産物売上高上位20品目を示したものである。首位の牛乳・乳製品と2位のブドウは順位不動である。牛乳・乳製品は国内市場向けが多くを占め[5]、ブドウは生食用やレーズンに加えてワイン需要が多くを占める。これに対して、注目すべきは3位以下である。まず、アーモンドが6位から3位に上昇し、金額では2位に急接近している。また、ピスタチオが圏外から7位へ、レタスが8位から5位へ、イチゴ・ベリー類が10位から6位へ、クルミが13位から9位へ順位を上げているのが分かる。他方で、牛肉が3位から4位へ、綿花が5位から20位へ

第9章　米国カリフォルニア州におけるアーモンド生産の発展と地域農業の構造変化　　193

表 9-1　米国農産物輸出額上位 25 品目（1993 年、2016 年）

	品目郡	1993	加工レベル
1	小麦（未製粉）（Wheat, Unmilled）	4,673	Bulk
2	大豆（Soybeans）	4,552	Bulk
3	トウモロコシ（Corn）	4,263	Bulk
4	牛肉（Beef & Veal Fr/Froz）	1,940	P HVP
5	綿花（Cotton, Ex Linters）	1,562	Bulk
6	大豆（ミール）（Soybean Meal）	1,105	S HVP
7	その他飼料（Other Feeds & Fodder）	1,070	S HVP
8	皮革（Bovine Hides Whole）	1,051	S HVP
9	園芸作物（Misc Hort Products）	919	P HVP
10	トウモロコシ副産物（Corn By-products）	874	S HVP
11	その他穀物製品（Other Grain Prods）	870	P HVP
12	鶏肉（Chickens, Fr/Froz）	797	P HVP
13	精米（Rice-Paddy, Milled）	791	Bulk
14	タバコ（Tobacco Flue）	747	Bulk
15	飲料（Beverages Ex Juice）	736	P HVP
16	アーモンド（Almonds）	658	R HVP
17	グレインソルガム（Grain Sorghums）	617	Bulk
18	種子（Seeds, Field/Garden）	599	R HVP
19	その他野菜（加工済）（Other Veg, Prep/Pres）	573	P HVP
20	牛肉（雑肉・加工品）（Beef Variety Meats）	466	P HVP
21	その他乳製品（Other Dairy Prods）	453	P HVP
22	芳香油・精油（Essential Oils）	436	P HVP
23	豚肉（Pork, Fr/Froz）	434	P HVP
24	タバコ（Tobacco Light Air）	404	Bulk
25	大豆油（Soybean Oil）	376	S HVP

注 1：加工レベル欄内の表記は以下を参照。
　　　Bulk：Grains, oilseeds, cotton, and tobacco.
　　　HVP：High-value products are divided into three groups: raw, semi-processed, and processed.
　　　R HVP（HVP raw）：Live animals, fresh fruits and vegetables, nuts, and nursery products.
　　　S HVP（HVP semi-processed）：Fats, hides, feeds, fibers, flour, meals, oils, and sugar.
　　　P HVP（HVP processed）：Meat, milk, grain products, processed fruits and vegetables, juice,
注 2：輸出額は、経常ドル（current dollars）すなわち、ある時点での現実のドルで示した。
出所：USDA ERS - Calendar year、（https://www.ers.usda.gov/data-products/foreign-agricultural-
原資料：U.S. Department of Commerce, Census Bureau.

（単位：100万ドル）

	品目郡	2016	加工レベル
1	大豆（Soybeans）	22,820	Bulk
2	トウモロコシ（Corn）	9,891	Bulk
3	その他飼料（Other Feeds & Fodder）	6,663	S HVP
4	園芸作物（Misc Hort Products）	5,889	P HVP
5	小麦（未製粉）（Wheat, Unmilled）	5,351	Bulk
6	牛肉（Beef & Veal Fr/Froz）	5,236	P HVP
7	アーモンド（Almonds）	4,497	R HVP
8	豚肉（Pork, Fr/Froz）	4,199	P HVP
9	大豆（ミール）（Soybean Meal）	4,074	S HVP
10	綿花（Cotton, Ex Linters）	3,959	Bulk
11	その他穀物製品（Other Grain Prods）	3,648	P HVP
12	鶏肉（Chickens, Fr/Froz）	2,653	P HVP
13	飲料（Beverages Ex Juice）	1,930	P HVP
14	芳香油・精油（Essential Oils）	1,893	P HVP
15	精米（Rice-Paddy, Milled）	1,797	Bulk
16	その他野菜（加工済）（Other Veg, Prep/Pres）	1,786	P HVP
17	その他乳製品（Other Dairy Prods）	1,671	P HVP
18	砂糖関連製品（Related Sugar Prod）	1,657	P HVP
19	種子（Seeds, Field/Garden）	1,639	R HVP
20	その他植物油・糖蜜（Other Veg Oils/Waxes）	1,557	S HVP
21	ワイン（Wine）	1,547	P HVP
22	チョコレート（Chocolate & Prep）	1,515	P HVP
23	クルミ（Walnuts）	1,343	R HVP
24	グレインソルガム（Grain Sorghums）	1,319	Bulk
25	脱脂粉乳（Nonfat Dry Milk）	1,250	P HVP

wine, nonalcoholic beverages, essential oils, and products of tropical commodities.

trade-of-the-united-states-fatus/calendar-year/. 2021年9月7日閲覧）

表 9-2　カリフォルニア州の農産物輸出額上位 10 品目（2017 年）

（単位：100 万ドル）

アーモンド	4,483	22 %
乳製品	1,599	8 %
ピスタチオ	1,518	7 %
ワイン	1,401	7 %
クルミ	1,370	7 %
ブドウ（生食用）	795	4 %
オレンジ（製品含む）	677	3 %
トマト（製品）	645	3 %
米	637	3 %
イチゴ	415	2 %
その他農産物	7,021	34 %
計	20,561	100 %

出所：*California Agricultural Exports 2017
-2018*, p.107.

表 9-3　カリフォルニア産アーモンドの主要出荷先の推移

（単位：100 万ポンド）

2007/2008 年度			2016/2017 年度		
アメリカ	395	31 %	アメリカ	676	26 %
スペイン	157	12 %	スペイン	211	8 %
ドイツ	105	8 %	インド	167	6 %
インド	73	6 %	中国・香港	151	6 %
日本	47	4 %	ドイツ	130	5 %
中国	47	4 %	日本	71	3 %
UAE	45	4 %	UAE	64	2 %
イタリア	43	3 %	イタリア	58	2 %
カナダ	39	3 %	カナダ	56	2 %
フランス	38	3 %	韓国	54	2 %
オランダ	29	2 %	トルコ	53	2 %
その他輸出先	243	19 %	その他輸出先	911	35 %
計	1,261	100 %	計	2,602	100 %

出所：Almond Board of California, *Almond almanac*, Modesto, CA：
Almond Board of California, 2008, pp.24-25; Almond Board
of California, *Almond almanac*, Modesto, CA：Almond
Board of California, 2017, p.35.

表9-4 カリフォルニア州の農産物売上高（cash receipts）
上位20品目の推移

（単位：100万ドル）

1993年		2016年	
牛乳・乳製品	2,663	牛乳・乳製品	6,066
ブドウ	1,830	ブドウ	5,581
牛・畜牛	1,526	アーモンド	5,158
種苗・苗木	1,045	牛・畜牛	2,526
綿花	992	レタス	1,960
アーモンド	911	イチゴ・ベリー類	1,835
花卉	857	ピスタチオ	1,506
レタス	838	トマト（製品・生食用）	1,330
干草	749	クルミ	1,242
イチゴ・ベリー類	544	オレンジ	826
トマト（加工用）	529	ブロイラー	801
オレンジ	472	ブロッコリ	779
クルミ	364	干草	775
鶏	354	ニンジン	735
米	308	米	704
トマト（生食用）	267	レモン	594
鶏卵	267	胡椒	497
ブロッコリ	250	タンジェリン	457
七面鳥	209	ラズベリー	380
桃	203	綿花	358

注：セントルイス連銀の消費者物価指数（1982年から84年を100
として換算）は、1993年1月に142.8、2016年1月に237.8、
と推移している。Consumer Price Index for All Urban
Consumers：All Items in U.S. City Average（CPIAUCSL）|
FRED | St. Louis Fed（https://fred.stlouisfed.org/series/
CPIAUCSL、2020年10月閲覧）。

出所：Calif. Dept. of Food & Ag., *California Agricultural Statistics
Review 2016-2017*, p.4; Calif. Ag. Stat. Service, *California
Agricultural Statistics 1993*, pp.3 & 9.

順位を下げたほか、花卉（1993年7位）、種苗・苗木（同4位）、干し草（同
9位）は20位圏外へ大きく後退した。

このように、カリフォルニア州では、アーモンドを筆頭にナッツ類の売上
が急拡大した。こうした作目変動は局地的な現象ではない。州内の主要農業
地帯であるセントラルバレー16郡の多くでナッツ類の生産が急上昇し、構造

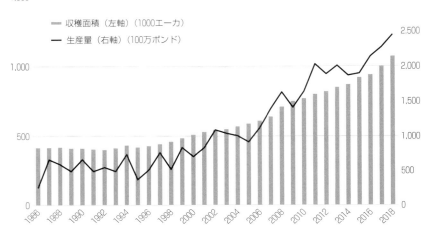

図 9-2　カリフォルニア州におけるアーモンドの収穫面積と生産量の推移
注：収穫面積は植樹して4年以上の面積としている。
出所：U. S. Dept. of Ag., Natl. Ag. Stat. Service, *2018 California Almond Objective Measurement Report*, Pacific Regional Office, 2018, p.4.（https://www.nass.usda.gov/Statistics_by_State/California/Publications/Specialty_and_Other_Releases/Almond/Objective-Measurement/201807almom.pdf、2018年10月閲覧。）

変化が生じるようになったのである[6]。その結果、2018年のカリフォルニア州のアーモンド収穫面積は1990年の2.6倍、生産量は3.7倍に急拡大し（図9-2）、生産額（2017年）は9.4倍に達した[7]。また例えばフレズノ郡での1990～2017年の収穫面積は、アーモンドが2万9367→22万8109エーカへ、ピスタチオが1819→10万1910エーカへ急増した反面、綿花は36万9000→7万5055エーカへ、加工用トマトは10万4000→7万3390エーカへ、メロン（カンタロープ）は3万6900→1万3820エーカへ、レーズンも16万3075→8万3278エーカへ縮小する等、主力作物の交替が生じた[8]。

その結果、カリフォルニア州の部門別農産物所得（cash income）シェアも1994年から2016年にかけて大きく変化した[9]。すなわち、果実・ナッツ部門のシェアが26％から41％へ大幅に増加する一方、バルク農産物の中心である耕種部門が14％から4％に急減した他、野菜部門も21％から15％へ、畜産部門も26％から22％へシェアを落とした。カリフォルニア州におけるバ

ルク農産物の後退と HVP の伸長は、**表9-1**でみたような全米の動向と比較しても一層鮮明である。

では、カリフォルニアでアーモンド生産が拡大した要因は何だろうか。第1に、アーモンドの商品特性として重量あたりの価格が高く、輸送コストの面で有利であることだ。他の農産物と比較すると、1kg 当たり農場出荷価格（farm-gate price）が全43作物中最も高い。第2に、市場アクセスの面で、カリフォルニアがアジア向け輸出の玄関となっている点である。第3に、政策面で、農家が連邦政府の輸出促進政策の支援を得られたことである。第4に、生産条件の面で限られた気候でしか生育できず[10]、市場競争の面でライバル産地が事実上存在しなかったことである。そして第5に、州内特にセントラルバレーではダム・用水路などの灌漑施設が整備済みであり、機械化や効率的な用水利用が可能であったからである。

対照的に、アーモンド以外の農産物で生産が縮小したのは、いかなる要因があったのだろうか。最も重要なのが、米墨間で例外品目を一切認めず、2008年1月までの段階的な関税撤廃が進められた NAFTA 経済圏の成立である[11]。これにより端境期にメキシコ産野菜・果実の輸入が激増するようになり[12]、2007〜16年にかけて、果実ではアボガド（65→86%）、ブルーベリー（44→57%）、イチゴ（8→14%）、生鮮野菜ではアスパラガス（78→96%）、ブロッコリー（11→19%）、キュウリ（52→74%）、トマト（41→57%）の輸入シェアが急増した。こうしてカリフォルニア農業はこれら輸入野菜や果実との厳しい競争に巻き込まれたのである。

こうした NAFTA を筆頭とするグローバリゼーションが、カリフォルニア農業に打撃をもたらした。他にも、レモンはメキシコ産によって代替され[13]、ワインはフランス・イタリア・チリ・オーストラリア産が、生食用ブドウはメキシコ・チリ産が米国市場を席巻するようになった。綿花は1980年代にピークに達した後、産地間競争と相まって水不足[14]と虫害[15]が発生して急減し、20万エーカを下回るまで収穫面積は激減した。

以上より、カリフォルニア州ではグローバル競争に多くの生産者がさらされる中、アーモンドが有望視されるようになった。そして、2011年には、同

第9章　米国カリフォルニア州におけるアーモンド生産の発展と地域農業の構造変化　　199

州だけで世界生産量の 84 ％を占めるまで急成長を遂げていったのである[16]。

3　カリフォルニア州における水資源問題と
　　アーモンド農場の実像

　もう 1 つ、アーモンド生産の急拡大の背景にあるのが、カリフォルニアの水資源問題である。

　歴史的に、カリフォルニア州は、水資源問題を長年抱えてきた地域である。人口がロサンゼルス都市圏の位置する州南部に偏在し、農業地帯も中・南部に広がっている。他方で降水量は南部で少なく、北・東部の山岳地帯に冬季に集中する。そのため、同州の水資源開発事業は、北・東部にダムを建設して冬から春にかけて貯水し、夏季に南部へ長距離輸送する形がとられてきた[17]。現在は、連邦事業のセントラルバレー・プロジェクト（Central Valley Project : CVP）と州事業のステートウォーター・プロジェクト（State Water Project : SWP）が統合的に運用されており[18]、セントラルバレーの農業も、CVP と SWP の用水供給に依存している[19]。ただし、州内でダム適地が限られている上に、1970 年代末頃より連邦政府の財政支出がほぼ停止されたため、水資源インフラの新設は不可能となった。そのため、現在のカリフォルニア州は、かつて人口 2200 万人想定で整備された既存のインフラをフル活用せざるをえない状況にある。しかも、州人口は 3950 万人まで膨れ上がり（2019 年 7 月）[20]、水需要の増加に対して供給が追いつかない状態にある。

　そのため、水資源をめぐる利害対立が、次第に深刻化するようになっていった。1980 年代時点まで、同州の水消費の約 8 割は農業用であり、都市・工業用水利用はマイナーな位置づけであった[21]。20 世紀初頭から 1986 年に至るまでの農業用水開発目的の連邦補助額は 190 億ドルにも達し、農業用水の価格も、経営上の観点からきわめて低く設定され、実際のコストを下回る水準であった。また事業対象領域外への配水が禁じられていたため、負担可能額がより大きな用水需要が存在したとしても、そこへの配水は難しかった。例えば 1980 年代に、ロサンゼルス広域圏で人口が急増し、都市用水需要が急

200　　第Ⅱ部　グローバル化・格差・災害

拡大するなかでも、農業用水と都市用水の価格差は大きく隔たり接近しなかった。前者がエーカーフット（AF）[22]あたり 1.5 ドル〜30.86 ドル、後者は192 ドル〜261 ドルで推移し、農業用はきわめて割安に設定されていた[23]。

　しかし、河川流量の減少や湿地の縮小といった自然環境問題に加えて、都市部も水不足と用水価格の高騰に苦しめられるようになり、新たな対応が迫られるようになった。しかも 1987 年以降は、平年を 25 ％ほど下回る降水量の年が続き、事態をさらに悪化させた。このような中、農外部門では50 ％の水量削減となったことから、CVP を管理する内務省開墾局は対応を迫られ、一時的に農業向け用水量を 25 ％削減することが決められた。これに対して、農業経営者は 3 項目の対策に取り組んだ。第 1 に、地下水くみ上げ量の増加である。第 2 に、水利用の効率化であり、土壌水分量測定機器の設置や点滴灌漑などの節水技術の導入がこれにあたる。第 3 に、HVP への作物転換である。いずれも高コストの限られた水を消費するうえで不可欠の措置であった。

　以上の農業用水の削減は、1987 年から 90 年代初頭の一時的な措置となるはずであった。しかし、水不足の深刻化の中で、これを恒久的措置とする運動が展開されるようになった。この運動を推進したのは、次の 3 つの団体である。すなわち、第 1 に、魚類保護・水産業関係団体である。段階的な農業用水料金体系の導入を通じて農業用水利用の効率化と用水量削減を促し、河川流量の拡大を要求した[24]。第 2 に、野生動植物保護団体である。河川流量確保と湿地保護に加えて、環境保護目的の資金源確保を目指した。第 3 に、急拡大するロサンゼルス都市圏への供給を担うメトロポリタン用水区（Metropolitan Water District：MWD）を筆頭とする都市用水需要家である。その際カリフォルニア以外の西部各州に対して、当該州内の開墾事業、すなわち水資源関連事業とこれらへの財政支出を承認するかわりに、カリフォルニア州の恒久的水量配分変更法案への支持を求め、連邦議会上下両院での多数派形成を目指し、これらの推進派が運動を展開した[25]。当初は環境関連法案と認識されていたものが、多数派形成の過程で、西部各州の経済対策法案と位置づけられていった。

　これに対して、農業関係団体は、推進各派の分断・切崩しなどのあらゆる

抵抗を行ったが、1980年代末以降、水産・環境・都市の水量配分変更を支持する同盟も繰り返し法案を提出し、ついに1992年にセントラルバレー・プロジェクト改良法（Central Valley Project Improvement Act：CVPIA）が成立した。同法には、①CVP用水の新規契約・更新契約への段階的な用水料金体系の整備、②魚類・野生生物向け80万AFの水量割当、③CVP水利用者・電力利用者負担による生態系回復基金設置、④CVPサービスエリア外への用水販売を通じた都市用水需要への対応、⑤魚類・野生生物の回復目標達成までの新規用水契約の停止、⑥用水契約期間の40年から25年への短縮、が盛り込まれた[26]。

　この法案成立に伴い、多くの灌漑農場は55～60％の用水削減を強いられ、30万エーカの農地が灌漑用水を喪失することになった[27]。また、強制的に半減以下まで農業用水が削減されたため、農場経営者が低価格農業用水を都市部に転売する道も次第に閉ざされ、長期的な収益源として見通せなくなった。こうして、農業用水の削減を迫られた農場経営者は、高付加価値のHVPを選択した。しかも、1994年にはNAFTAが発効し、メキシコ等から農産物輸入が急拡大するようになった。つまり、カリフォルニアの農業用水削減とNAFTAの二重苦が、競争力の劣る品目からHVPの中でも高収益が見込めるアーモンド等のナッツ類へのシフトに大きく関わっていたのである。

　では、アーモンドの生産拡大は、果たしてどのような影響を地域にもたらしているのだろうか。ここで、カリフォルニアのアーモンド農場経営者の実態に迫ってみよう。表9-5は、カリフォルニア州におけるアーモンド農場の変貌を示したものである。栽培農場数は、1997～2017年の間におよそ10％

表9-5　カリフォルニア州におけるアーモンドの栽培面積と農場数の推移

	1997年	2002年	2007年	2012年	2017年
栽培面積（エーカ）	568,188	696,424	790,245	935,804	1,265,815
農場数	6,911	6,391	6,700	6,841	7,611
栽培面積前回調査比増減率（％）		22.6	13.5	18.4	35.3
農場数前回調査比増減率（％）		△7.5	4.8	2.1	11.3

出所：*Census of Agriculture, States Data, California* 各年版

202　　第Ⅱ部　グローバル化・格差・災害

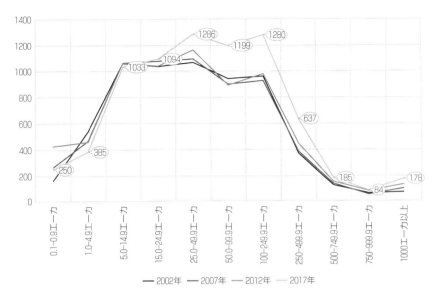

図 9-3　カリフォルニア州におけるアーモンド栽培面積別農場数
出所：*Census of Agriculture, States Data, California* 各年版。

増加し、栽培面積は 56 万 8000 エーカから 126 万 6000 エーカへと 20 年間で 2 倍以上に拡大した。その結果、アーモンドの平均栽培面積は、82 エーカから 166 エーカへと倍増を遂げた。

　こうした動向を栽培規模別で示したのが、図 9-3 である。2002～12 年は大きな変化はみられないが、2012～17 年では 50～499.9 エーカ層の農場数が 2～3 割程度増加しており、アーモンドブームの発生がみてとれる。こうした中規模層に加えて無視できないのが、最大規模の 1000 エーカ以上層であり、農場数は、70（2002 年）、100（2007 年）、133（2012 年）、175（2017 年）とブームに先立ち着実に増加してきた。経営形態別では 91 ％が家族農場（family farm）とされており[28]、残り 9 ％がそれ以外の法人経営と想定しうるが、図 9-3 より、250 エーカ以上層の農場シェアは全体の 14.2 ％、500 エーカ以上層は 5.9 ％であり、法人経営が中・大規模層に位置していることが予想される。しかも、栽培面積シェアでは、250 エーカ以上層は 71.2 ％、500 エー

カ以上層は53.7％を占めていた[29]。中・大規模な家族農場と法人農場が同州アーモンド栽培の推進主体であることが推察されよう。

ここで、アーモンドの栽培現場に着目してみよう。アーモンドの木は高さ4〜5mほどで、一定間隔で整然と植樹される[30]。植樹から収穫まで4年かかるため、長期的な投資判断が求められる。収穫が可能な段階になると、毎年2〜3月に蜂の巣箱を各所に設置して受粉をすすめ、8〜9月に機械による収穫作業が行われる[31]。その間の3〜9月はカリフォルニア州の乾季にあたり、点滴灌漑が欠かせない。

このように、アーモンドは水の消費量がきわめて大きい作物であり、同州のアーモンドのウォーター・フットプリント（WF）は、1万240liters/kgに達する[32]。前述のとおり、アーモンドは1kg当たり農場出荷価格（farm-gate price）が全43作物中最大であるが、他方で1kg生産に必要なWFが全43作物中最大でもある。今日、中・大規模層が推進するアーモンド生産の成長は、今後、生産・輸出拡大とともに一層の水需要を惹起し、カリフォルニアの恒常的な水不足問題に新たなインパクトをもたらすことが懸念されよう。

おわりに

以上、本章では米国カリフォルニア農業の構造変化を、アーモンド生産・輸出の急拡大に焦点を当てながら検討してきた。最後に、全体をまとめておこう。

米国でアーモンド生産拡大のきっかけとなったのは、1980年代のバルク農産物の輸出不振と90年代以降のHVP輸出拡大政策であった。アジア等の市場開拓を目的とする連邦財政支援策は、アーモンドをカリフォルニア州の主力作物の地位に押し上げた。

だが、アーモンドの急成長は、単なる政策的要素以外に、次の2つの要素が大きく作用していた。第1に、NAFTAを契機とするグローバルな産地間競争である。メキシコなど中南米からの野菜・果実の輸入急増の中で多くの作物が劣勢に立たされるようになり、それに代わる有望な作物としてアジア

204　第Ⅱ部　グローバル化・格差・災害

への市場アクセスも容易でライバル不在のアーモンドが選択されるようになった。第2に、地域の水資源をめぐる都市─農村対立に起因する水政策の大転換である。これにより、農業用水の削減を迫られた農場経営者は、ここでも比較的高付加価値なアーモンドへのシフトを進めていった。つまり、カリフォルニア州におけるアーモンド生産は、1990年代以降のグローバル競争と地域水資源をめぐる政策変更が大きな影響を及ぼし、わずか20年で倍増をはるかに超える成長を記録した。バルクの衰退とHVPたるアーモンドの拡大が、同州においてとりわけ明瞭に進行した背景には、これらの理由が存在した。

　とはいえ、アーモンドの成長が今後も続くかどうかは、予断をゆるさない状況にある。なぜなら、アーモンドは、WFが栽培品目の中で最も大きい作物だからである。現在、アーモンド生産の主な担い手は、中・大規模な家族経営や法人経営であり、2010年代に入り規模拡大ペースが加速している。今後、生産・輸出が拡大し、規模拡大が一層進めば、農業サイドからの過度な水需要を再び惹起することが予想される。確かに、周辺のアリゾナ州やネバダ州、さらにメキシコへの用水割当が、カリフォルニア州に先立って削減されることがすでに決められており、カリフォルニア州は長期的に相当量の水資源を確保できるといわれている[33]。とはいえ、カリフォルニアの恒常的な水不足問題にアーモンド生産が拍車をかけることに変わりはない。今後の動向を引き続き注視していくことが求められているのである。

（2021年12月25日提出）

注

1　Onunkwo, I. and Epperson, J., "Export Demand for U.S. Almonds: Impacts of U.S. Export Promotion Programs," *Journal of Food Distribution Research*, Mar, 2001, pp.140 –151；業界団体誌として、Almond Board of California, *Almond almanac*, 各年版；連邦政府報告書の例としては、U. S. Dept. of Ag., Natl. Ag. Stat. Service, *2018 California Almond Objective Measurement Report*, Pacific Regional Office, 2018.

2　Fischhendler, I. and Zilberman, D., "Packaging policies to reform the water sector: The Case of the Central Valley Project Improvement Act," *Water Resources Research*,

Vol.41, 2005.（W07024, doi:10.1029/2004WR003786）

3　HVP について、藤本は、次のように説明している。「一般にバルク農産物（主として穀物）以外の農産物と加工食品の総称」であり、「加工・輸送・貯蔵を通して価値が付加される農産物や食品の他、加工されてはいないが単位数量当たりの価格が特に高い農産物」である。小麦、米、トウモロコシ、綿花、油糧種子、飼料穀物などの大容量で未加工の穀物がバルク農産物に相当する。他方、小麦粉、食用油、食肉、乳製品等の加工食品と野菜及び果実等の農産物、その他、飲料などが HVP となる。米国の農産物・食品輸出額に占める、バルクと HVP の構成比推移をみると、1981 年では 7 対 3 であったが、1986 年以降におよそ 5 対 5 に達し、1995 年に 4 対 6 となった。藤本晴久「米国における農産物・食品貿易政策の新展開―高付加価値生産物（High-Value Agriculture Products：HVP）輸出政策を中心に―」『農業市場研究』第 57 号、2003 年、78-86 頁。

4　主に販売促進活動費で、海外市場開拓、金融支援、貿易・技術支援等に活用された。Onunkwo *et al.*, *op. cit.*, pp.142-143.

5　Univ. of Calif. Ag. Issues Ctr., *Commodity Profiles*; Ag. Issues Ctr.（https://aic.ucdavis.edu/wp-content/uploads/2019/01/agmr-profile-dairy.pdf）（https://aic.ucdavis.edu/wp-content/uploads/2019/01/agmr-profile-wine.pdf）（https://aic.ucdavis.edu/wp-content/uploads/2019/01/agmr-profile-GrapesFreshMarket-2006.pdf）（https://aic.ucdavis.edu/wp-content/uploads/2019/01/agmr-profile-Raisins-2006.pdf、2020 年 9 月閲覧）。

6　Calif. Dept. of Food and Ag., *California County Agricultural Commissioners' Reports Crop Year 2015-2016*, 2018, pp.13-16; Calif. Ag. Stat. Service, *Summary of County Agricultural Commissioners' Reports 1990-1991*, 1992, pp.10-12.

7　U. S. Dept. of Ag., Natl. Ag. Stat. Service, *2018 California Almond Objective Measurement Report*, Pacific Regional Office, CA, 2018, p.4.

8　*2017 Fresno County Annual Crop & Livestock Report*, pp.9-20; *1990 Fresno County Agricultural Crop and Livestock Report*, pp.1-11.（https://www.cdfa.ca.gov/exec/county/CountyCropReports.html）

9　Calif. Dept. of Food and Ag., *California Agricultural Statistics Review 2016-2017*, p.8; *California Agricultural Statistics 1994 Compiled by California Agricultural Statistics Service*, 1995, p.3.

10　California's Mediterranean Climate.（https://www.almonds.com/why-almonds/almond-living-magazine/californias-mediterranean-climate、2021 年 11 月 8 日閲覧）；Why California Grows So Many Almonds.（http://www.almondgirljenny.com/2015/09/why-calif.-grows-so-many-almonds.html、2018 年 10 月閲覧）

11　松原豊彦「NAFTA 経済圏の形成と北米農産物市場の『一体化』」『農業経済研究』第 79 巻第 2 号、日本農業経済学会、2007 年、73-81 頁。

12 Huang, S., *Imports Contribute to Year-Round Fresh Fruit Availability, FTS-356-01 Economic Research Service/USDA*, Dec 2013, p.9.（http://usda.mannlib.cornell.edu/usda/ers/FTS/2010s/2013/FTS-12-30-2013.pdf、2018 年 10 月閲覧。）この点は、生食用ブドウ、アボカド、オレンジ、イチゴ、ラズベリー、ブラックベリー、レモン、クランベリー、ブルーベリー、リンゴ、メロン、トマト、胡椒、アスパラガス、カボチャ、キュウリ、キャベツ、アスパラガス、などで報告がある。2010 年代に入りメキシコにおいて温室への設備投資が進み、さらなる供給増加も指摘される。Johnson, R., *Efforts to Address Seasonal Agricultural Import Competition in the NAFTA Renegotiation*, Congressional Research Service, Dec 7, 2017, pp.6-7.（https://fas.org/sgp/crs/row/R45038.pdf、2018 年 10 月閲覧。）

13 Univ. of Calif. Ag. Issues Ctr., *Commodity Profiles – Ag. Issues Ctr.*（https://aic.ucdavis.edu/wp-content/uploads/2019/01/agmr-profile-Citrus-2006.pdf、https://aic.ucdavis.edu/wp-content/uploads/2019/01/agmr-profile-wine.pdf、https://aic.ucdavis.edu/wp-content/uploads/2019/01/agmr-profile-GrapesFreshMarket-2006.pdf、https://aic.ucdavis.edu/wp-content/uploads/2019/01/agmr-profile-Raisins-2006.pdf、2020 年 9 月閲覧）。

14 Geisseler, D. et al, *Cotton Production in California*, Calif. Dept. of Food and Ag., Jun, 2016, pp.1-2.

15 USDA ERS - *Commodity Costs and Returns*（https://www.ers.usda.gov/data-products/commodity-costs-and-returns/commodity-costs-and-returns/#Historical%20Costs%20and%20Returns:%20Cotton、2020 年 9 月閲覧）。

16 Geisseler, D. and Horwath, W., *Almond Production in California*, Calif. Dept. of Food and Ag., 2014, p.1. なお、ピスタチオの急速な伸長についても同様の理由を見いだせる。ピスタチオは、中東イランが古くからの有力産地であり、この点でアーモンドとは異なる。1979 年の在テヘラン・米国大使館人質事件を契機とした対イラン制裁さらに貿易制限が、米国生産者の世界進出を後押ししたとの指摘がある。Univ. of Calif. Ag. Issues Ctr., *Commodity Profiles*; Ag. Issues Ctr.（https://aic.ucdavis.edu/wp-content/uploads/2019/01/agmr-profile-pistachios2005.pdf、2020 年 9 月閲覧）。

17 Congressman Devin Nunes | 22nd District of California, *Historical Background of the Sacramento-San Joaquin Valley Emergency Water Delivery Act*, p.1.（https://nunes.house.gov/uploadedfiles/historical_background_of_the_sacramento-san_joaquin_valley_emergency_water_delivery_act.pdf、2018 年 10 月閲覧）。

18 CVP はダム・貯水池 20、水力発電所 11、用水路 500 マイル、配水設備から成る。年間 50 億 kWh を発電、年平均 700 万 AF の水を開発した。300 万エーカの農地を灌漑し、開発した 700 万 AF の 15 ％を都市・工業用水として供給した。SWP はダム・貯水池 34、水力発電所 5、用水路・パイプライン 700 マイル、ポンプ施設 20 などから構成される。75

万エーカの農地に灌漑用水を、2500 万人に都市用水を供給した。カリフォルニア州北部の水はデルタ地域まで河川を流下しポンプアップされて南部に送水された。*Ibid.*, pp.2-3.

19　第 113 議会（2013-2014 年）関係資料によると、セントラルバレー南部の最大産業は農業であり、販売額 260 億ドルに達し雇用の 38 ％を支える。全米農業生産額上位 10 郡にセントラルバレーの 7 郡がランクインしている。*Ibid.*, pp.2-7.

20　U.S. Census Bureau QuickFacts: California（https://www.census.gov/quickfacts/CA、2021 年 9 月 25 日閲覧）。

21　以下の記述は次の資料に拠る。Fischhendler *et al.*, *op. cit.*. なお、同州の水資源開発は 1930 年代以降に進展したが、その支柱の一つともいうべき CVP が開発した水資源もおよそ 9 割が農業用として使われていた。

22　1AF（acre feet）は 1 エーカを 1 フィートの深さに満たす量であり、約 1233.5m^3。

23　以下の記述は次の資料に拠る。Fischhendler *et al.*, *op. cit.*.

24　Congressman Devin Nunes, *op. cit.*; Fischhendler *et al.*, *op. cit*; Conant, E., "The Central Valley Project Improvement Act Proposed Reforms," *San Joaquin Agricultural Law Review*, Vol.6, No.27, 1996.

25　以下の記述は次の資料に拠る。Fischhendler *et al.*, *op. cit.*.

26　Central Valley Project Improvement Act（CVPIA）| CVP | California-Great Basin | Bureau of Reclamation（https://www.usbr.gov/mp/cvpia/、2021 年 9 月 18 日閲覧）。

27　そのほか種の保存法（Endangered Species Act of 1973）を根拠とした水量配分変更すなわち農業用水削減例もあった。サンフランシスコ湾奥のデルタに生息する魚類のスメルトが固有種・絶滅危惧種であり、環境保護団体が「農業への送水がスメルト減少の主因」として提訴し、裁判所が 2007 年にその訴えを認めたものである。Congressman Devin Nunes, *op. cit.*, pp.3-4: Moyle, P., Hobbs, J. and Durand, J., "Delta Smelt and Water Politics in California", *Fisheries*, 43（1）, 2018, pp.43-45.

28　Almond Board of California, *2016 Almond Almanac*, Almond Board of California, p.8.

29　2017 Census of Agriculture, States Data, California.

30　筆者は 2015 年 3 月にカリフォルニア州のアーモンド農場を見学した。その際の調査による。

31　Almond Board of California, *2017 Almond Almanac*, Almond Board of California, p.8.

32　1 kg・カーネル・シェルなしとして算出された数値（2004〜2015 年平均値）である。WF は「農産物などの生産時の全工程で利用・消費される水量」と定義される。Fulton, J., Norton, M. and Shilling, F., "Water-indexed Benefits and Impacts of California Almonds," *Ecological Indicators*, Vol. 96, 2019, pp.712-13;「環境省 _ ウォーターフットプリント算出事例集の公表について（お知らせ）」（https://www.env.go.jp/press/18475.html、平成 26 年 8 月（2018 年 10 月閲覧）。

33 American West Faces Wildfires And Water Shortages As Climate Change Amplifies Drought（https://www.forbes.com/sites/roberthart/2021/06/11/american-west-faces-wildfires-and-water-shortages-as-climate-change-amplifies-drought/?sh=110075a258f3、2021 年 9 月 28 日閲覧）。

第 **10** 章

フィリピン大都市における移動型生活様式
―メトロ・マニラにおける路上生活者の事例を中心に―

ジョン・ランビーノ

はじめに

　本章のテーマは、フィリピン首都圏（メトロ・マニラ）の路上生活者を事例に、大都市における移動型生活様式について検討することにある。路上生活者の「移動型生活様式」とは、路上生活者が居住地（キャンプ）を土地に固着させず、移動を繰り返す生活様式を指す[1]。以下では、彼らの生活様式について、①移動型の路上生活者にとっての「地域」とは何か、②移動型の路上生活はどのような特徴を持っているか、の2点に注目しながら検討してみたい。

　フィリピンは、人口1億1733万7368人（2023年）、世界13位の人口規模を誇る東南アジアの島嶼国である[2]。かつては東南アジアの中でも成長が遅れていたが、近年は比較的高成長の局面にある。2012～19年には6～7％の経済成長率を遂げており、2003～15年には経常収支の継続的黒字を達成した結果、民間格付機関による評価では「投資適格」に格上げされた[3]。こうした数値を根拠に、多くの政府関係者やエコノミストは、フィリピンの経済ファンダメンタルズは良好であり、見通しは非常に楽観的であると評価している[4]。

　しかしながら、こうした見通しは、国内の社会経済構造に埋め込まれた深刻な矛盾を軽視している。第1に、膨大な貧困人口の存在である。2023年前

210　　第Ⅱ部　グローバル化・格差・災害

半の貧困率は 22.4 ％であり、食料欠乏者比率（subsistence incidence）[5]は 8.9
％に及ぶ[6]。また 2017 年には、全世帯の 3 ％が過去 3 か月に飢餓を経験した
とも報告されている[7]。

　第 2 に、極度の地域的不均等発展と二重の格差である。フィリピンでは、
経済力がメトロ・マニラに一極集中しており[8]、しかもメトロ・マニラでは
貧富の二極化が顕著である[9]。例えば、スラム街居住者は、2020 年時点で都
市人口の 36.6 ％に及ぶと推定されている[10]。路上生活者も、フィリピン全土
で 450 万人（総人口の約 4 ％）に上るとされる。そのうち、メトロ・マニラ
には 300 万人（人口の約 22 ％）が集中し、世界の大都市の中で最も多いとい
われている[11]。だが、これほど路上生活者が多いにもかかわらず、彼らにター
ゲットを絞った政策はほとんど存在しない。路上生活者は、住宅政策と福
祉政策の既存の枠組からこぼれ落ちる存在になりやすいといえよう[12]。

　メトロ・マニラでは、高層ビルや巨大ショッピングモール、ゲーテッド・
コミュニティ等でのコスモポリタンなライフスタイルの「影」で、多くの路
上生活者が暮らしている。そこでは、公共政策から実質的に排除されながら
も、都市内部で移動しながら独自の生活様式を展開している。彼らの生活様
式を分析することは、格差著しいフィリピンの、さらにはメトロ・マニラの
「光」と「影」の実態を明らかにする上で、格好の対象なのである。

　以下では、路上生活者に関する先行研究と本章の分析視角を提示した上で、
現地フィールド調査に基づき、移動型生活様式の実態に迫ることにしたい。

1　移動型生活様式と調査概要

1　先行研究と分析視角

　これまでの路上生活者（ホームレス）研究では、スラム街居住者に注目し
た研究がまず挙げられる。そこでは、スラムクリアランス中心の都市政策に
よって、路上生活者が遠方に強制移住させられた後、大都市に戻ってホーム
レスになる過程が明らかにされている[13]。これに対して、路上生活者を生み
出す社会構造に注目した研究も存在する。そこでは、路上生活者とは、個人

的な選択や意思によって生まれるのではなく、構造的暴力によって引き起こされた社会矛盾であるとの主張がなされている[14]。いずれも、路上生活者と社会との関係に注目した意義のある研究であるが、その一方、路上生活者がどこでどのような暮らしを営んでいるのかといった、彼ら特有の生活の再生産までは明らかにできていない。

そこで、本章では、まず第1に、路上生活者の生活様式に着目して検討していきたい。その際、手がかりとなるのが、岡田知弘の「人間の生活領域としての地域」論である[15]。岡田は、人間は政治的活動や文化的活動を行いながら、自然に働きかけて衣食住の生活手段を手に入れる経済活動を繰り返す存在であると最初に規定する。その上で、経済活動や政治活動を行うために人間同士が社会関係を必然的に取り結んでおり、「自然と人間の関係ならびに人間同士の関係が、一定の空間で総合的に結合した」場が地域であると論じている。つまり、地域とは「人間が生活する場」＝生活領域である点を強調するのが大きな特徴である。

この岡田の地域論をベースに、筆者は独自の「生活様式論」を展開してきた[16]。その重点は、路上生活者の生活は一地点だけに固定されないことと、①経済的生産（物質的・精神的な条件を満たす手段の入手）、②個人としての再生産（個人の生命力の維持）、③人類としての再生産（人類の繁栄）の3つのタイプに生活を分類した点にある。その上で、地域性を踏まえながら、人間の生活様式を、①移動型生活様式、②定住型農業生活様式、③労働者型生活様式、④単身移民型生活様式の4類型に整理した（**図10-1**）。

①移動型生活様式では、部族はキャンプを永久的・半永久的に移動し、構成員はキャンプを離れて食料を探し回る。人間の再生産はキャンプかその周辺で行われ、経済的生産はキャンプよりも広い自然環境で行われる。②定住型農業生活様式では、食料供給や生命力の回復、生殖・育児といった人間の再生産と経済的生産が同じ村落で行われている。③労働者型生活様式では、居住地域では労働者の生命力の回復、生殖・育児が行われ、工場などの職場で賃金が獲得される。すなわち、人間の再生産は居住地域において、経済的生産は職場において行われる。最後に、④単身移民型生活様式は、主に出稼

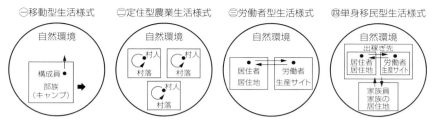

図10-1　生活様式の主要な4つのカテゴリー
出所：ランビーノ「フィリピンをベースとした地域及び地域経済の再検討」より修正。

ぎ労働者が対象であり、家族・コミュニティを故郷に残し、生活手段を獲得するために大都市・海外に移動する。すなわち、家族の再生産は故郷の居住地で行われる一方、出稼ぎ労働者は出稼ぎ先の居住地で生命力の再生産を、生産地点で経済的生産を行う。以上を踏まえ、本章ではメトロ・マニラの路上生活者を、①移動型生活様式の視点から分析を試みたい。

　第2に、本章では、大都市の路上生活者の移動型生活様式の特色を明らかにするために、同じ移動型生活様式をとる狩猟採集民との比較も念頭に置きながら検討する。狩猟採集民の生活様式の特徴は、バンド（band、生活共同体）に基づくサブシステンス（subsistence、生業）と、財産の共有・互酬性にある。「バンド」とは、狩猟採集民の社会的な基本単位であり、親族関係で15～50人で構成される小規模な生活共同体のことである。構成員の間では平等主義が重視され、リーダーシップは明確ではなく、命令よりも模範を示した指導が行われる。このバンドを単位として居住地（キャンプ）の移動を繰り返しており、構成員は移動を通じて対立を解決し、評判の悪いリーダーの場合はバンドから離脱する。また、社会的要因および生態学的要因の相互作用の中で、小さな採捕単位集団に分散したり1つに集結したりしている。

　このバンドに基づいて、サブシステンスが営まれる。狩猟採集民のサブシステンスとは、犬以外に動物を家畜化せず、植物の栽培を行わず、動植物の採捕で生計を立てることである。現代では、市場から離れた自給的なケースと、市場経由で生業を営むケースがみられる。そして、サブシステンスの基本となる財産や成果は共有され、相互扶助が行われる。動産は個人で、土地

は親族ベースで所有され、構成員は複数の縄張りを利用できる。稀ではあるが、他のバンドが土地にアクセスできる場合もみられる。と同時に、分かち合いと互酬が、社会関係の中心的なルールを構成している[17]。

　一方、本章で扱う大都市部の移動型路上生活者も、生活共同体を形成しながらサブシステンスを営んでいる。そこで、本章では、現地での路上生活者のフィールド調査を通じて、特に大都市での狩猟採集に当たる廃棄物回収に注目しながら検討していきたい。その際、狩猟採集型生活様式をメトロ・マニラにおける路上生活共同の生活様式との類比で議論を進めていく。ただし、メトロ・マニラにおける路上生活者は、狩猟採集民と違って、フィリピンの経済構造から排除されており、相対的過剰人口として生まれた存在である。路上生活共同体の行動を分析することを通して、土地問題が未解決でありながらグローバル化が急進中のフィリピン社会経済では、彼らがどのように経験して対応してきたのかを念頭に置きながら、検討を進めていきたい。バンド内での平等主義重視など、路上生活者の生存戦略に類似性があるとすれば、それはおそらく、彼らがフィリピン社会経済の現状を生き抜くために、無意識に形成してきた手段である。

2　フィールド調査の概要と対象者の属性

　分析に入る前に、フィールド調査の概要を説明しておこう。2018 年 10 月31 日から 12 月 6 日にかけて、メトロ・マニラ最大のケソン市内でフィールド調査が実施された[18]。調査は生活共同体を対象とし、現地の研究者と協力しながら、最初に偶然サンプリング法で抽出し、その後は機縁法に基づき対象を選択した。

　調査方法は、アンケート調査とインタビュー調査に加えて、数日間の行動観察と移動トラッカー機による約 1 週間の移動記録をとる方法をとった。アンケート調査では、①生活の場、②サブシステンス、③共同生活、④平等性、⑤集積と分散、⑥共有財産、⑦互酬性、⑧生活の不安定さ、⑨国家制度、⑩政治参加の 10 項目を設定し、共通語のタガログ語を用いて口頭で質問した後、調査者が回答を記録する形をとった。

214　　第Ⅱ部　グローバル化・格差・災害

以上に基づき、今回の調査対象者をまとめたのが、表10-1である。対象は26共同体、構成員総数は約110人である。共同体の規模は、1～10人程度までの幅があるが、このうち、5共同体（全体の19％）は1人のみで構成されていた。次いで多いのが、3人と4人（4共同体）、7人（3共同体）である。狩猟採集民と比べれば、メトロ・マニラの共同体は比較的規模が小さいことがわかる。キャンプが路上にあるため規模拡大には限界があることや、大都市では少人数でも生活手段の取得が可能であることが考えられる。また、単身の理由は、仲間からの圧力や盗難による共同生活の難しさも、理由として挙げられる。

　また、共同体の人間関係では、確認できる21共同体のうち、核家族が8共同体（全体の38％）と最も多いが、血縁関係は親族を含めて全体の52％（11共同体）にとどまり、約半数は非血縁関係の要素を組み入れている。この点から、大都市部の路上生活共同体では、親族関係で成り立つ狩猟採集民とは異なる特徴がみられる。

　加えて、17・18・21番が示すように、構成員の流動性も特徴的である。共同体内の繋がりは、食糧などの資源の共有や、夫婦間や親子間、仲間間における世話・気配り等のケアの授受によっても維持されている。路上生活共同体では、生物学的なつながりだけでなく、授受するケアを通じても親・子関係が作られている場合があるといえよう。

　実は、フィリピン政府は、路上生活者を家族単位で捉えている。例えば、社会福祉開発省（DSWD）による「ホームレス路上生活家族向けの修正版条件付現金給付」（Modified Conditional Cash Transfer for Homeless Street Families）プログラムによると、ホームレス家族には、①「路上の家族」（families on the street）と②「街路の家族」（families of the street）の2種類が明記されている[19]。「路上の家族」とは、路上で生計を立てているが、最終的に自らのコミュニティに戻ることのできる家族で、全体の75％に相当する。残りの25％が「街路の家族」であり、公共空間で日常生活を営み、路上に定着した家族である[20]。しかし、本章で分析する路上生活者の共同体は、こうした政府のホームレス定義とは異なり、家族単位だけでなく親族関係をこえ

表 10-1　調査対象者の概要

生活共同体番号	構成員数	年齢	性別構造
1	1	30	女1人
2	4	21～28	男4人
3	7	21～60	男5人、女2人
4	1	54	女1人
5	3	60～64	男2人、女1人
6	7	0～52	男3人、女4人
7	3	25～59	男1人、女2人
8	1	64	男1人
9	4	2～27	男2人、女2人
10	3	20～50	男3人
11	2	22～55	男1人、女1人
12	2	58～62	男2人
13	8	9～44	男2人、女6人
14	5	31～55	男3人、女2人
15	1	50	男1人
16	7	23～45	男4人、女3人
17	10（流動的）	28～60	男7人、女2人、不明1人
18	10（流動的）	35～60	男6人、女3人、不明1人
19	5	3～39	男2人、女3人
20	6	0～43	男2人、女4人
21	6（流動的）	0～34	男3人、女3人
22	3	2～20	男1人、女2人
23	2	27～33	男1人、女1人
24	4	15～27	男4人
25	4（現3、父が監獄中）	4～40	男3人、女1人
26	1	52	男1人

出所：フィールド調査より作成。

る相互扶助の生活共同体を形成している点が注目される。以下では、こうした大都市特有の生活共同体の内実に迫ってみたい。

人間関係の類
単独
夫婦関係、仲間関係
夫婦関係、仲間関係
単独
夫婦関係、仲間関係
親族関係
核家族関係（夫婦2人、子1人）
単独
核家族関係（夫婦2人、子2人）
核家族関係（父1人、子2人）
非親族的親子関係
仲間関係
親族関係
仲間関係
単独
親族関係
親族関係、仲間関係
仲間関係
核家族関係（母1人、子4人）
核家族関係（夫婦2人、子4人）
核家族関係（夫婦2人、子4人）、仲間関係
核家族関係（夫婦2人、子1人）
夫婦関係
非親族的親子関係、仲間関係
核家族関係（夫婦2人、子2人）
単独

2　路上生活の背景と移動生活の実態

1　路上生活開始の経緯

　最初に、路上生活を始めた経緯から検討しよう。表10-2は、有効回答16共同体の路上生活へ至る経緯を示したものである。大きく分けて、メトロ・マニラでの住宅生活から路上生活へ移行するケース（7件）と、地方からメトロ・マニラに移住後、路上生活を送るというケース（9件）の2つのパターンが明らかになった（写真10-1参照）。

　路上生活を始めた理由は、地方出身者とメトロ・マニラ出身者では異なる。メトロ・マニラ在住者の場合は、解雇・退職による失業や、低収入に起因する賃貸滞納がきっかけであるケースが多い。例えば、共同体1番の代表者は、以前は比較的高収入の海外顧客向けコールセンターの仕事をしていたが、夜勤とストレスによる過労が原因で退職し、路上に流れ込むようになった。グローバル経済下でのメトロ・マニラの過酷な労働環境が、高収入労働者でさえ、失業の末に路上生活に転落するリスクがあることがうかがえる。

　一方、地方出身者の場合は、解雇・退職による失業に加えて、自然災害に伴う生活基盤の崩壊が影響している。例えば、2番と8番は、2013年の台風

表10-2 定住型生活様式から移動型生活様式への経緯

生活共同体番号	出身地	路上生活の理由
1	メトロ・マニラ	過労でコールセンター仕事を辞職
2	地方	環境移民、農村で台風の被害を被ったこと
3	地方	農地から排除され大都市に移住、大都市で皿洗いの仕事を辞職
7	地方	大都市に移住、コンクリート工の職は重労働のため辞めて現在行商人
8	地方	環境移民、農村で台風の被害を被ったこと
10	メトロ・マニラ	火災で家を焼失
11	地方	大都市で元洗濯人、職を消失
12	地方	
14	メトロ・マニラ	
17	メトロ・マニラ	小型バスの元運転手で無断退職
18	メトロ・マニラ	大都市で元街路清掃人、職を消失
20	地方	
23	地方	
24	メトロ・マニラ	仲間連れで
25	メトロ・マニラ	家賃滞納
26	地方	

出所：フィールド調査結果より作成。

写真10-1 生活共同体の風景

注：写真では手押し車（カリトン）が見える。
出所：フィールド調査結果より作成。

ヨランダの襲来によって出身地の大部分が被災し、避難生活を経てメトロ・マニラに辿り着き、現在に至っている。フィリピンにおける極度の地域的不均等発展を背景に、自然災害に脆弱な地方社会が、メトロ・マニラでの路上生活者の供給源となっているのである。

また、今回の調査では明確ではないが、慢性的な土地問題も無視できない。例えば、3番は、故郷で働いていた農地から排除されて仕事を失った結果、メトロ・マニラに移住したケースである。移住後しばらくは皿洗いの仕事等に就いていたが、長時間労働・睡眠不足による過労で退職し、現在は路上で働きながら生活を送っている。地主への土地集中はフィリピン社会の長年の懸案事項であるが、大地主は農地改革プログラムに対して所有地の利用目的変更という手段で対抗してきた。特に、工業化政策に伴って大規模な農地転用が行われると、小作人や農業労働者は家族とともに土地から追放され、その多くがメトロ・マニラに流れ込んだのである[21]。

　以上を要約すれば、定住型生活様式から移動型生活様式への移行理由は、①封建制・植民地期から現代に至る大土地所有制、②自然災害に脆弱な地域社会の崩壊、③メトロ・マニラとそれ以外との極度の地域的不均等発展、④グローバル経済下でのメトロ・マニラにおける不安定で悪化する労働環境が挙げられる。

2　路上生活者の「ホーム」と移動生活

　次に、路上生活者の生活領域に注目しよう。国連の定義によると、ホームレス（路上生活者）とは「ほぼすべての所有物を持ち歩き、路上、建物の出入り口や橋脚など、一定しない場所で睡眠を取り、シェルターと思われる住まいのない世帯」である[22]。一方、フィリピン政府は、「公園や歩道などの公共スペースに住む個人または世帯、およびいかなる形態のシェルターもない人々である」との見解を示している[23]。つまり、政府・国際機関の定義では、住宅施設に居住していない人々を指す概念といえる。

　その意味で、路上生活者は「ホームレス」とも呼ばれるが、ホーム（home）の語源である中世英語（hom）は「住居、建物、故郷」を意味しており[24]、*Oxford Dictionary* では「住むところや養われるところ」の意味がある[25]。つまり、「ホーム」とは、個人の生命力の維持や人類の繁栄という「人間の再生産」[26]に該当しており、路上生活者とは「ホーム」はあるが、継続して居住できる施設がない存在ということになる。以上より、本章では「路

表 10-3　「ホーム（住処）」と移動型路上生活

住処（「ホーム」）とは	共同体数
公道名	16 共同体
地域名	5 共同体
ランドマーク名	5 共同体
特定場所	3 共同体

注：ランドマークとは、市役所、病院など目印
　　となる物である。また、住処の二つの呼び
　　名を答えた共同体があるため、共同体数の
　　合計が 29 となっている。
出所：フィールド調査より作成。

上生活者」のタームを用いて検討していきたい。

　さて、調査では移動型路上生活者の「ホーム」を問い出してみた（**表 10-3**）[27]。26 共同体のうち、16 共同体が公道名、5 人が地域名、5 人が特定のランドマーク、3 人が特定の場所を回答した。公道が多く、不変の特定場所が少ない点は、移動型生活様式の特徴を表しているといえる。

　次に、**表 10-4** より、移動距離と生活領域についてみてみよう。同表は、**表 10-2** のうち、約 1 週間の移動調査の対象となった共同体をまとめたものである。1 日平均移動距離は、共同体 1 番の 16.8km を筆頭に、いずれも 1 日 5km 以上もの長い移動を繰り返している。また、生活空間は、25 番の 0.23km^2 と狭いものから、1 番の 6.6km^2 という広範囲に及ぶものまで幅がみられる。

　では、実際にどのような移動生活を営んでいるのだろうか。具体的に紹介しよう。

　まず、共同体 1 番は、単身者であり、ケソン市役所周辺やフィリピン大学キャンパス、社会保険機構本部周辺を含む 6.6km^2 の公道で今回の調査では最も広い領域で生活している。移動ルートは、公道や大学キャンパス内など開放的な空間である。ほぼ同一ルートで移動を繰り返しており、その距離は 1 日あたり 11.5〜22.3km に及ぶ。また、無休で移動を続けていたことも読み取れる。

　2 番は、構成員 4 人の共同体で、ゲーテッド・コミュニティの外塀で生活している。移動は 1 週間のうちの 4 日のみを記録することができたが、公道

表10-4 移動距離と生活領域

生活共同体　番号		1号	2号	3号	9号	16号	17号	22号	25号
移動距離（km）	1日目	16.3	0.171	6.46	7.18	11.7	9.48	5.24	14.7
	2日目	18.1	—	14.8	10.6	6.17	12.7	9.31	4.1
	3日目	15.8	—	17.7	6.81	8.1	1.91	3.48	0.937
	4日目	20	0.11	16.8	0.326	9.69	—	—	3.85
	5日目	13.4	5.13	7.58	23.1	11.7	—	—	1.72
	6日目	22.3	16.6	0.496	14.2	1.25	1.03	5.99	4.84
	7日目	11.5	—	6.18	26.4	0.219		8.6	—
	8日目	—	—	0.207	—	1.24			
	9日目	—	—	4.7					
1日平均移動距離（km）		16.8	5.5	8.3	12.7	6.3	6.3	6.5	5
休息・育児空間（平方キロメートル）		—	0.03	0.01	0.1	0.1	0.1	0.09	0.12
生活空間（平方キロメートル）		6.6	5.0	5.9	3.4	0.9	0.8	0.7	0.23

注：休息・育児空間および生活空間は、共同体の移動を囲んだ多角形の面積である。
出所：フィールド調査より作成。

を中心に5.0km²内の領域で移動している。また、移動日も特定の日に偏っており、5日目と6日目にそれぞれ5kmと17km移動し、路上に捨てられた廃棄物を回収する仕事を行っている。

　3番は、構成員7人と大規模であり、警察本部正門外を拠点にエドゥサ大通りを軸に移動生活している。代表者は、以前、警察本部で皿洗いの定職を持っていたため、退職後に正門外付近がキャンプ地となった。移動範囲は5.9km²で、2日を除いて廃棄物回収をしながら1日5〜18kmも移動している。

　9番は、4人の核家族で、中央銀行の外塀付近をキャンプとしている。10日間のうち6日を廃棄物回収の仕事をしながら公道で生活を営んでおり、移動距離は7〜26km、平均13kmであり、移動範囲は3.4km²に及ぶ。

　16番は、親族関係の7人で構成されており、高架下の場所をキャンプとしている。8日のうちの3日はキャンプ付近で行き来し、残り5日は廃棄物回収をしながら6〜12km移動している。1日の平均移動距離は9km、移動範囲は0.9km²内と比較的狭い領域で行っている。

17番は、調査時は親族や仲間同士の10人で構成されていたが、構成員は流動的である。キャンプは、フィリピン大学ディリマン校の入構道路にある。一人の構成員が過去に大学職員だった親戚の職員住宅に住んでいたが、親戚の定年等により居宅を失い、路上生活となった。代表者は、かつてはジープニーと大型トラックの運転手であったが、失業により、今では廃棄物回収やジープニーの客引き等をしている。4日間の移動範囲は0.8km^{2}であり、公道やフィリピン大学キャンパス内を中心に、半分は9〜13km、残りは1〜2kmを移動している。

　22番は、3人の核家族であり、中央銀行外塀付近をキャンプとしている。共同体内では役割分担があり、父親が廃棄物回収を、母親が2歳の娘を育てながら、家族の世話をしている。5日間の移動範囲は0.7km^2、移動距離は1日平均6.5kmであり、半数以上はキャンプ周辺と比較的狭い。主な生活領域は、公道またはキャンプ近辺の不法住宅地域である。

　25番は、核家族4人構成であるが、調査時には核家族の父親が服役中であったため、実際には40歳の母親、10歳の長男、4歳の次男の3人である。キャンプは、高架下の特定の場所にあり、移動範囲は0.23km^{2}と最も狭い。ただし、1日あたりの平均移動距離は5kmと長く、公道を何度も行き来しながら生活していることがわかる。

　以上のように、調査対象の8共同体すべてが、公共空間または開放的な空間で廃棄物回収等の仕事をするとともに、キャンプ付近で休憩や育児をしており、上記空間が路上生活共同体のホームとして機能していることがわかる。路上生活者にとっては、この空間が「人間が生活する場」としての地域となっている。

　ただし、路上生活にはリスクが伴うことも留意しなければならない。例えば、公権力と市民による脅迫・いやがらせや、国賓の訪問や政策目標の変化、タワーマンションの開発等の社会環境の変化によって、共同体が移動を強いられるケースも多い。図10-2は、生活共同体に対する敵対的態度や追放経験を示したものであるが、敵対的な態度を示された経験は、警察・区域自警団からが58％、民間警備員からが42％、一般市民からが54％と半数に上る。

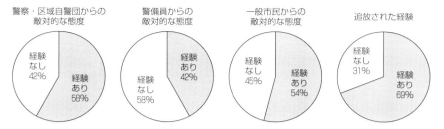

図 10-2 敵対的態度被経験・被追放経験 （n = 26）
出所：フィールド調査より作成。

69％は追放させられた経験がある。その意味で、路上生活は当事者の自由意思に反して移動を強いられる不安定な生活様式である点にも目を向けなければならない。

3 移動型路上生活者の社会経済実態

1 サブシステンスの内実

次に、移動型路上生活者の社会経済実態に迫ろう。

表10-5は、路上生活者の衣類と食事の供給源を示したものである。人間の基礎的生活条件のうち、住居については公共空間にキャンプを構える形で生活の再生産を行っているが、衣と食はどうであろうか。同表より、廃棄物採集からが共同体の69％、贈与を通じてが38％である一方、市場で入手する共同体はわずか23％にすぎない。つまり、路上生活共同体では、貧困世帯ゆえに経済的余裕は限られることから、市場で貨幣を支払う形はマイナーであり、自ら廃棄物収集もしくは他の共同体等からの相互扶助を通じて人間生活を維持しているのである。

また留意すべきは、こうした生活必需品の入手方法は、グローバル資本主義下のメトロ・マニラ経済のあり方が可能にしている点である。第1に、メトロ・マニラは、中央政府の所在地であるとともにグローバル経済と国内経済との結節点であるため、フィリピン大企業の本社機能や多国籍企業の子会社が多数配置されている[28]。そのため、人口と経済機能の集積を背景に消費

表 10-5　衣食の主な供給源 （n＝26）

生活共同体番号	2号	3号	6号	8号	9号	10号	13号	15号	16号	17号	20号	21号
廃品採集	■	■	■	■	■	■	■	■	■	■	■	■
贈物受領												
市場から購入			■									
その他			■				■					

注：灰色セルは回答が肯定、白色セルは回答が否定である。
出所：フィールド調査より作成。

活動が活発に行われ[29]、大量消費に伴って廃棄物も大量に排出されている。第2に、メトロ・マニラには、富裕層・高所得層がフィリピン国内で最も多く集住している。彼らは消費が旺盛であるだけでなく、大量に購入した食料や衣類等の消費財を気軽に廃棄したりすぐに買い替えたりする[30]。その結果、富裕層の住民が廃棄した食料や衣類などの生活財を下層の住民が回収・利用するのである。いわば、メトロ・マニラの移動型生活様式は、大都市経済の富裕層等の定住型生活様式を土台としており、著しい貧富の格差を反映しているのである。

　ただし、すべてが非貨幣経済で成り立っているわけではない。図10-3は、路上生活共同体の収入源を示したものであるが、全体の85％は廃棄物収集で収入を得ている。彼らは、採集廃棄物を小規模のジャンク・ショップ（廃棄物業者の回収場）に運搬・販売して、収入を得るのである。分別された採集廃棄物は、卸売業者に販売後、素材メーカーへ、次いで製品メーカーへと販売される[31]。つまり、路上の生活共同体は、廃棄物収集という大量生産・大量消費・大量廃棄の末端業務を通じて、メトロ・マニラの物質代謝（マテリアル・フロー）において重要な役割を果たしているのである。路上の生活共同体は、狩猟採集民と同じように、置かれた環境に依存しながら、その環境における物質代謝から切り離されずに生活しているのである。つまり、狩猟採集民が自然環境における物質代謝の中で活動するのと同様に、路上生活共同体は人工的な都市環境における物質代謝の中で活動しているのである。

　とはいえ、山間部の狩猟採集民とは異なり、生活手段から切り離されたメ

22号	23号	26号	1号	14号	18号	4号	5号	7号	19号	25号	11号	12号	24号	比率
■	■	■	■	■	■	■	■	■	■	■	■	■	■	69%
			■	■	■	■	■	■	■	■				38%
						■	■	■	■	■	■			23%
														8%

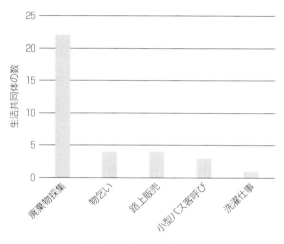

図 10-3　収入源（n = 26）
注：複数回答のため、合計が 26 を超えている。
出所：フィールド調査より作成。

トロ・マニラの路上生活共同体は、貨幣収入がなければ生活は成り立たないのも事実である。では、実際にどれくらいの所得水準なのだろうか。図 10-4 は、1日当たりの平均収入を多い順に並べたものである。すべての生活共同体で貨幣収入があるとはいえ、その差は大きく、またきわめて少ない。最も多いのが、24 番の 750 ペソである一方、最も少ないのが 11 番の 20 ペソである。メトロ・マニラの法定最低賃金は、非農業分野では 500〜537 ペソであり（2018 年）、それを上回るのは 26 共同体の中のわずか 3 共同体にすぎない。こ

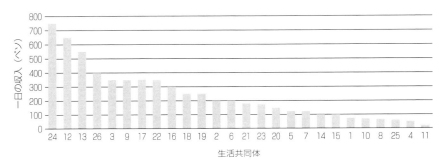

図 10-4　一日当たり平均収入

注：平均は 240 ペソ、地域最低賃金は調査時（2018 年）に 500～537 ペソである。
　　多くの場合は、回答が収入のある範囲となっており、図ではその範囲の最高値と最低値の平均が示されている。
出所：フィールド調査より作成。

のことからも、メトロ・マニラの中でも彼らは最貧層を構成しているといえるだろう。

　その結果、日頃の生活は、生存維持ぎりぎりの状態に置かれている。図10-5は、過去1週間での飢餓の経験の有無を示したものである。これによると、飢餓の経験がある共同体は実に 88 % と圧倒的多数を占めている。路上生活共同体は、廃棄物回収でメトロ・マニラの土台を支えるとともに、

図 10-5　過去一週間までに飢餓の経験（n = 26）
出所：フィールド調査より作成。

都市社会の底辺において日々生活の危機に直面しながら暮らしているのである。

2　路上生活共同体の分業・共有と相互扶助

　このような経済状態において、路上生活共同体は、どのような社会関係を築いているのだろうか。

　まず、共同体内部の関係についてみてみよう。すでに述べたように、路上生活共同体は、家族・血縁関係以外に、仲間同士の共同体やそれらが複合し

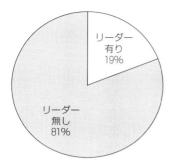

図 10-6　生活共同体リーダーの有無 (n＝21)

注：5 共同体（全体の19％）は1人のみで構成されるため、n＝21となっている。
出所：フィールド調査より作成。

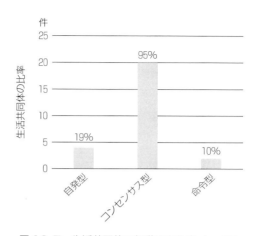

図 10-7　生活共同体の行動のあり方 (n＝21)

出所：フィールド調査より作成。
注：5 共同体（全体の19％）は1人のみで構成されるため、n＝21となっている。

た共同体が半数含まれている。その際の共同体の運営について示したのが、図10-6である。これによると、有効回答数中、リーダーなしが17共同体（81％）、4共同体（19％）だけがリーダーありという結果が現れた。そして、図10-7は、共同体の運営方針を示したものであるが、構成員が話し合った上での合意に基づき行動する「コンセンサス型」が20共同体（95％）と大半を占める一方、命令に従って行動を行う「命令型」はわずか2共同体にすぎない。メトロ・マニラにおける路上生活共同体は、ヒエラルキー的ではなく、構成員の平等性が重視される形で運営されているといえよう。

また、路上生活共同体では、構成員内部で分業関係がみられる。7番、9番、11番、22番が示すように、多くの場合は大人の男性がキャンプから離れて移動しながら、廃棄物を採集したり商品を売り歩いたりする。他方、女性はキャンプまたはその付近に留まり、子供の世話をしたり、収集した廃棄物を近所のジャンク・ショップに販売したり、近所で小型バスの客呼び込みをしたり、物乞いをしたりするのである。

では、生産手段や資産所有についてはどうだろうか。路上生活者は最低限

第10章　フィリピン大都市における移動型生活様式　　227

の生活必需品しか持っていない場合が多く、携帯電話や所持金などの動産を個人が所有する程度である。また、生産手段としては寝所としても利用する手押し車（カリトン）ぐらいであり、構成員は誰でもアクセスできるため、個人資産の蓄積はみられない。さらに、経済活動の成果についてもみてみよう。土地の私的所有権をベースにしている大都市では、土地ではなく廃棄物処分場が収入の源泉であるため、廃棄物処分場に対する路上生活者の所有姿勢について質問を行った。図10-8からもわかるように、26生活共同体のうち20共同体（77％）が廃棄物処分場に対しては共有的であることが明らかになった。一方、6共同体（23％）は排他的な結果が得られたが、これは他生活共同体との間で対立が起きていることがうかがわれる。

と同時に、構成員同士での互酬関係も大きな特徴である。図10-9からもわかるように、26生活共同体のうち24共同体が「あり」と回答しており、共同体内外での相互扶助関係が重視されている。

その延長として、共同体以外との関係にも注目しておこう。山岳部での狩猟採集生活共同体では、いくつかの小さな採捕単位集団に分散したり集結したりすることが観察されるが、大都市の路上生活共同体では分散・集結の繰り返しがみられない。これは第1に、そもそも路上生活共同体の規模はもとより小さいため、より小さな単位集団に分散することが望ましくないためで

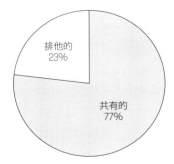

図10-8　廃棄物捨て場に関して他生活共同体に対する姿勢　(n＝26)
出所：フィールド調査より作成。

図10-9　返報に関する義務感
(n＝26)
出所：フィールド調査より作成。

ある。第2に、狩猟採集民と違い、季節と関係なく、都市経済における大きな変化がなければ、その特定地域にある廃棄物という資源量が、一年を通してほぼ変わらないためである[32]。その代わり、他の路上生活共同体とは頻繁に交流している（**図10-10**）。それを示すのが、**図10-11**である。26生活共同体の半数に当たる13共同体が、他の共同体と毎日交流があることがわかる。その関係性を示したのが、**図10-12**であるが、26生活共同体のうち15共同体が、仲間関係として交流している。大都市における生活危機に対処するため、他の共同体との相互扶助を通じて生活の再生産をしていることが推察される。

以上のように、路上生活共同体では、構成員内でのシェア（分かち合い）が大きな特徴である。路上生活者は、飢餓を含む常に不安定な状況に置かれているが、限られた食べ物を構成員同士で分け合うとともに、分業とケアの授受を含む共同体内外での相互扶助を通じて、資本主義社会における生存の危機を生き抜いているのである。

図10-10　他生活共同体との交流（n＝26）
出所：フィールド調査より作成。

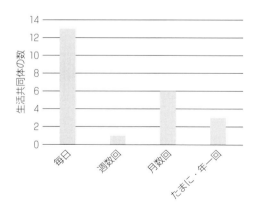

図10-11　他の生活共同体との交流の頻度（n＝23）
出所：フィールド調査より作成。

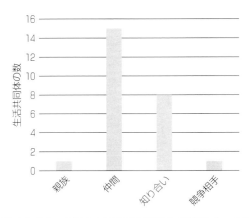

図10-12 交流のある生活共同体との関係（n=23）
出所：フィールド調査より作成。

おわりに

　本章はメトロ・マニラの路上生活者に焦点を絞り、グローバル経済下の大都市内部における最貧困層の生活様式の実態を、現地実態調査を軸に検討してきた。最後に、全体の内容を総括しておこう。
　本章では、岡田知弘の「人間の生活領域としての地域」論をベースにして発展させた筆者独自の「生活様式論」に基づいて分析を進めてきた。この生活様式論のポイントは、①経済的生産（物質的・精神的な条件を満たす手段の入手）、②個人としての再生産（個人の生命力の維持）、③人類としての再生産（人類の繁栄）の3つのタイプに生活を分類した点にあり、各生活タイプの地域性を踏まえながら、人間の生活様式を、①移動型生活様式、②定住型農業生活様式、③労働者型生活様式、④単身移民型生活様式の4類型に整理した。このうち、本章の対象とした路上生活共同体は、①移動型生活様式に該当する。この生活様式では、生活共同体はキャンプを永久的・半永久的に移動し、そのキャンプかその周辺で生命力回復、生殖・育児といった人間の再生産が主に行われる。衣食や金銭などの入手といった経済的生産は、キ

ャンプよりも広い環境で行われるのが特徴的である。

　こうした視角から、メトロ・マニラの路上生活者の移動型生活様式を、独自のフィールド調査を基に検討した結果、以下の点が明らかになった。

　第1に、定住型生活様式から移動型生活様式への移行については、農村から都市への流れとメトロ・マニラ内部での流れの2つのパターンが浮かび上がるとともに、その要因としては、①封建時代から現代に至る未解決の土地問題、②自然災害による被害を悪化させる地域格差、③国民経済・グローバル経済下での労働待遇の悪化という3点が明らかになった。

　第2に、路上生活者は、意識上には「ホーム」（住処）が存在するという点である。路上生活共同体にはキャンプ（居住地）があり、キャンプとその付近において、休息や子育てがなされるとともに、キャンプ自体の移動もみられるが、このキャンプが、路上生活共同体のホームとして機能していることが浮かび上がってきた。キャンプおよび仕事場を含めた生活領域は、公共空間または開放性の高い特定可能な場である。その意味で、路上生活者の生活領域はキャンプを拠点とする空間的広がりがあるといえよう。

　第3に、路上生活共同体は、経済的にはメトロ・マニラの底辺部で厳しいサブシステンスを維持するとともに、都市内部の物質代謝またはマテリアル・フローにおいて重要な役割を果たしていることである。路上生活共同体は、富の集積地であるメトロ・マニラを活動拠点とすることで、貨幣収入を求めて廃棄回収を通じて生活必需品の確保を行っているが、その水準は飢餓すれすれの厳しい状態に置かれている。しかし、その一方で、こうした大都市の底辺部で行われる活動が、人工的な都市環境における物質代謝を円滑に行い、大都市全体の再生産を可能にしているのである。したがって、メトロ・マニラにおける路上生活共同体は、資本主義下のメトロ・マニラにおける極端な富と貧困の集中的発現形態であるとともに、メトロ・マニラの土台を支える存在なのである。

　第4に、こうした厳しい環境の路上生活共同体は、1人～10人程度の小規模単位で活動するとともに、家族・血縁関係をこえた社会関係を構築している点である。キャンプは路上に設置されるため、共同体の構成員数が制限さ

れることや、必需品が少人数でも取得可能であることが、少人数でも共同体が形成される背景となっている。そして、このような形で、構成員同士の分業関係ならびに限られた生産手段や資産を共有する形で共同体を維持するとともに、夫婦間、親子間や仲間間における世話や気配りなどのケアの授受、さらには他の路上生活共同体との交流によって、構成員同士の相互扶助を図っている。その際、共同体運営は命令型が少なく、自発型またはコンセンサス型によって、作業・行動が行われているのが特徴的である。希少な食料に対して、路上生活共同体の構成員は、自らの腹を満たすことに注力するのではなく、シェアを通じて生活を再生産しており、互酬関係を重視していることが浮かび上がってきた。

　以上のように、メトロ・マニラの路上生活者は、土地問題とグローバル資本主義が併存するフィリピン社会経済の構造的矛盾の産物であり、相対的過剰人口として排除される形で形成されている。このような中、メトロ・マニラ内部では、狩猟採集型共同体に類似した路上生活の共同体を形成することによって、無意識的に生存戦略を展開し、フィリピン社会経済の構造矛盾への適応を図っているのである。メトロ・マニラにおいては、こうした原始共産主義的な生活様式が資本主義的な生産・生活様式の内部に存在し、前者の生活様式が路上生活者のみならず、メトロ・マニラの再生産の土台にもなっているのである。

注

1　その際、「路上」は必ずしも「道路の上」に限定されず、手押し車（カリトン）や歩道の特定場所、陸橋・橋梁の下や公園内の一角も含まれる。

2　World Bank, *Open Data* (https://data.worldbank.org, retrieved Jul. 15, 2024).

3　NEDA, *Philippine Development Plan 2017–2022*, National Economic and Development Agency, 2017.

4　Rosellon, M.A.D. and Medalla, E.M., "Macroeconomic Overview of the Philippines and the New Industrial Policy," *Philippine Institute for Development Studies Discussion Paper Series*, No. 2017–48, 2017.

5　生命維持に必要な食料を手に入れることができない人口の比率。

6　Philippine Statistics Authority, *Official Poverty Statistics of the Philippines:*

Preliminary 2023 First Semester, Philippine Statistics Authority.

7　Philippine Statistics Authority（https://psa.gov.ph, retrieved Dec. 28, 2020）.

8　Lambino, J.X., "The Economic Role of Metro Manila in the Philippines: A Study of Uneven Regional Development under Globalization," *Kyoto Economic Review*, Vol. 79, 2010、ジョン・ランビーノ「21 世紀の転換期フィリピンにおける地域的不均等発展」『京都大学大学院経済学研究科モノグラフ』発行番号 201202018、2012 年。

9　Lambino, *op.cit*; Landry, C., *The Creative City: A Toolkit for Urban Innovators*, Comedia, 2008.

10　World Bank, *Open Data*（https://data.worldbank.org, retrieved Jul. 15, 2024）.

11　Chandran, R., "Manila's Homeless Set to Move into More Empty Homes If Official Handover Delayed," *Reuters*, 3 月 28 日、2018（https://uk.reuters.com、2020 年 12 月 26 日閲覧）。

12　Nicolas, J. and Gray, M., "A Unique Sustainable Livelihoods Strategy: How Resilient Homeless Families Survive on the Streets of Metro Manila, Philippines," in Zufferey, C., Yu, N., (eds.), *Faces of Homelessness in the Asia Pacific*, Routledge, 2018.

13　Aoki, H., "Globalisation and the Street Homeless in Metro Manila," *Philippine Studies*, Vol. 56, *2008*; Porio, E., "Urban Poor Communities in State–Civil Society Dynamics: Constraints and Possibilities for Housing and Security of Tenure in Metro Manila," *Asian Journal of Social Science*, Vol. 30, 2002.

14　Visetpricha, B., *Structural Violence and Homelessness: Searching for Happiness on the Streets of Manila, the Philippines*, ProQuest, 2015; Parsell, C. and Parsell, M. "Homelessness as a Choice," *Housing, Theory & Society*, Vol. 29, 2012.

15　岡田知弘・川瀬光義・鈴木誠・富樫幸一『国際化時代の地域経済学』有斐閣、2005 年、岡田知弘『地域づくりの経済学入門―地域内再投資力論―』自治体研究社、2005 年。

16　ジョン・ランビーノ「フィリピンをベースとした地域及び地域経済の再検討―人間の移動性を組み入れた理論的フレームワークの展開―」『地域経済学研究』第 31 号、2016 年。

17　Lee, R.B. and Daly, R. (eds.), *The Cambridge University Encyclopedia of Hunters and Gatherers*, Cambridge University Press, 1999.

18　ケソン市は、メトロ・マニラの中では最大の面積（全体の 27.7 ％）と人口（同 22.8 ％）を有する都市である。

19　Nicolas and Gray, *op.cit.*

20　ホームレス家族には、他にも「自宅を失った路上家族」（displaced homeless street families、虐待などの家族危機や、武力紛争などの社会的災害、洪水などの自然災害が原因で地方から避難した家族）、コミュニティ・ベースの路上家族（community-based street families、路上で生計を立てるものの、出身の都市貧困コミュニティに定期的に戻る家族）が含まれている（Nicolas and Gray, *op.cit.*）。路上の家族と街路の家族との区別

第 10 章　フィリピン大都市における移動型生活様式　　233

は不明の場合が多いが、筆者は、路上生活に定着したと思われる人々（街路の家族）に注目する。後述するように、路上生活に定着したと思われる生活共同体は、家族ではない場合が多いのである。

21 Lambino, "The Economic Role of Metro Manila in the Philippines." を参照。

22 OHCHR, *The Right to Adequate Housing*, Office of the United Nations High Commissioner for Human Rights, 2014.

23 HUDCC, *Local Shelter Planning Manual*, Housing and Urban Development Coordinating Council, 2016.

24 Merriam Webster のホームページ（http://www.merriam-webster.com）。

25 Simpson, J.A. and Weiner, E.S.C., *The Oxford English Dictionary*, Oxford Dictionary Press, 1989.

26 ランビーノ、前掲「フィリピンをベースとした地域及び地域経済の再検討」。

27 タガログ語では、「ホーム」に当てはまる単語がいくつかあり、一般的に tirahan（ティラハン）または tahanan（タハナン）が使われる。両者には質的な違いがあり、tirahan は tira（残ること）＋an（場）から成る単語で、「居残る場所」というニュアンスを持つ一方、tahanan は tahan（落ち着くこと）＋an（場）から成る単語で、「落ち着く場所」というニュアンスを持つ。今回の調査では、tirahan が使われたため、上述のニュアンスについては注意を払うことが重要である。

28 Lambino, J.X., "The Economic Role of Metro Manila in the Philippines: A Study of Uneven Regional Development under Globalization," *Kyoto Economic Review*, Vol. 79, 2010. この現象は、地域的不均等発展の一種として理解できる。島恭彦によれば、地域的不均等発展では、資本主義下において資本の地域的集中と外延的膨張という２つの傾向が埋め込まれている。島は、この２つの資本の傾向によって、資本主義的社会の内部に地域的不均等発展が行われると指摘した（島恭彦『現代地方財政論』有斐閣、1951年）。さらに、独占資本主義以降には、岡田知弘が主張したとおりに、生産手段は分散するが、同時に投資収益など富は本社機能が立地する大都市に集中していることを明らかにしている（岡田知弘『地域づくりの経済学入門―地域内再投資力論―』2006年、41-42頁）。

29 Lambino, "The Economic Role of Metro Manila in the Philippines," pp.168-169.

30 Lambino, J.X., "Consumption and Migration under Capitalism: Transforming Consumption Ideas and Expanding Consumption in the Case of Filipino Migration," KUES Ph.D. Candidates' Monograph Series, No.201109224, 2011. なお、過剰資本の吸収問題（Harvey, D., *The Enigma of Capital: And the Crises of Capitalism*, Profile Books, 2011）は、量的な生産拡大や流行の生産、新製品の開発につながっている（Lambino, J.X., "Consumption and Migration under Capitalism," pp. 11-13）。生産過程の維持は有効需要問題に変容し、消費者の欲望・購入ニーズを生産し（Galbraith, J.K., *The Affluent Society*, Houghton Mifflin, 1958）、高い可処分所得のある富裕層や高所得層による衒示的

消費・衒示的廃棄（Veblen, T., *The Theory of the Leisure Class: An Economic Study in the Evolution of Institutions,* Macmillan, 1899）をともなう必然性があると考えられる。

31　JICA, *The Study on Recycling Industry Development in the Republic of the Philippines: Final Report,* Japan International Cooperation Agency, 2008.

32　クリスマスや万霊節などに地方出身の路上生活者は帰省して、地方の親戚に合流することがあるが、それはごく稀である。

第Ⅲ部

地域内再投資力論／地域内経済循環論の
フロンティア

第11章

取引ネットワーク構造から可視化される
地域経済の循環経路

池島祥文

はじめに

　地域経済産業政策では、工業再配置促進法（1972年）、テクノポリス法（1983年）、頭脳立地法（1988年）、さらには、地域産業集積活性化法（1998年）といった国が適正と考える企業立地促進施策から、産業クラスター計画（2001年）、企業立地促進法（2007年）等の地域の強みを活かした産業・事業・集積の創出による地域の自立的発展を促進する施策へと変化してきた[1]。こうした産業集積の活性化や産業クラスターの形成には、関連主体の近接性が重要とされ、地域内の産官学および金融機関によるネットワーク形成等で成果をあげてきた。しかし、十分に地域経済を支えるまでの結果には結びついていない。そのため、現在では、地域における産業集積やクラスターの形成促進といった面的な産業支援から、地域にある中核企業に焦点をあてる点的な企業支援に、地域経済産業政策は移行しつつある。地域経済への波及効果に期待して、地域経済活性化に資する個別企業に対する支援として、地域中核企業支援が進められている[2]。

　ただ、この地域中核企業支援は、製造業、農業、観光などの域外市場産業が域外から資金を獲得し、その資金を日用品小売業、対個人サービス業などの域内市場産業に投下し、それによって地域住民の所得確保と域内需要の拡大をもたらすという図式で地域経済を捉えている。すなわち、域外への販売

が多く、かつ、域内取引が多い企業によって、地域経済が活性化すると想定されている。

　域外からの企業誘致や公共事業に依存する外来型開発への反省から、近年では、地域経済の活性化に対する方策として、地域からの資金流出を防ぎ、域内で所得を生み出し循環させる「経済循環」が注目されてきた。ただし、経済循環の過程を、地域内で資金が循環し投資が繰り返される経路を軸に個別取引レベルで具体的に示すことは、統計データの不足もあって、非常に困難だった。しかし、近年では、その具体的な経済循環の経路を、企業ビッグデータやネットワーク科学を用いて可視化できる可能性が拓けてきている。

　企業同士の取引をひとつのネットワークとして捉え、企業の取引がその取引網である地域経済にどのような影響を与えるのかを示そうとする研究が、情報工学分野で進展してきた。複雑なネットワークの中から、システムの一部を構成するひとまとまりの機能を持った「モジュール」と呼ばれる部分を見いだし、そのモジュール内部もしくはモジュール間における役割に応じて、ネットワークを構成する結節点を分類する手法が開発されている[3]。また、この手法を地域の企業と企業によって構成される地域経済に適用した研究も取り組まれてきた[4]。その成果として、地域の中で取引が集中するというハブ機能とともに、他地域と取引をつなげるコネクター機能をあわせもつ「コネクターハブ企業」が提起され、『中小企業白書』においてもその概念が登場している[5]。上述した地域中核企業は、まさにこのコネクターハブ企業の役割を期待されている。しかし、従来のネットワークデータの解析では、コネクターハブ機能を有する企業の選出は可能であっても、その当該企業と地域経済との関係については、必ずしも実証されているとは限らない。そもそも、ネットワークデータを用いた地域経済分析自体、いまだ多く取り組まれていないのが実情である。

　そこで、本章では、信用調査会社の企業間取引情報をもとに、地域企業によって構成される取引ネットワークが有する特徴量を解析するとともに、その構造を可視化する。さらに、企業間取引データに含まれる立地情報をもとに、地域間の経済的結びつきを明らかにし、地域間での資金流出入、すなわ

240　　第Ⅲ部　地域内再投資力論／地域内経済循環論のフロンティア

ち、財・サービスの移出入に関する動向を検証することで、地域経済の活性
化に貢献する循環経路を抽出する。

1 データとネットワークの特徴量

1 データセットの特性

　本章では、株式会社帝国データバンク（TDB）が保有する企業データを利
用する。同社による企業の信用調査で得られた個別企業の取引先情報から、
企業間取引データが構築されている。信用調査報告書から取引先企業名が記
載されたデータを抽出し、企業の受注先・発注先をそれぞれ結び付けている。
その結果、国内147万社の信用調査報告書をもとに、85万社の550万取引が
データベース化されている（2017年時点）。分析に利用するデータセットで
は、企業コード、立地情報、主業の産業分類、売上額、取引先企業コード、
取引高推定値などが含まれている。これらの数値はすべて本社単位で集計さ
れている[6]。そのうち、研究対象エリアである山梨県都留市に立地する企業
の2015年時点の取引データを抽出して分析に利用している。

　山梨県都留市は、人口約3万人であり、生糸生産や機織産地としての歴史
を有しているが、現在は、金属加工業が地域の中心産業である。2015年の取
引データを用いているため、比較のため、2014年経済センサスを用いて、そ
のカバレッジを確認してみよう。**表11-1**では、産業分類別に収録企業数が示
されているが、経済センサスでは、製造業、卸売・小売業、建設業、宿泊業、
飲食サービス業、不動産業、物品賃貸業の順で多く収録されている。TDBデー
タでは製造業（34％）、建設業（24％）、卸売・小売業（21％）に収録企
業が偏っているといえる。企業間取引に関する情報のため、対消費者を中心
にするような取引が含まれておらず、サービス業系の分野では収録が少ない。
都留市では合計253企業が取引の受発注を通じて収録されており、全体とし
ては15％程度の補足にすぎない。そうしたデータの特性・制約がある点に留
意すべきだろう。

第11章　取引ネットワーク構造から可視化される地域経済の循環経路　　241

表 11-1　都留市におけるデータ収録企業数

産業分類	経済センサス収録企業数	TDB データ収録企業数	TDB データにおける各産業分類の割合	TDB/経済センサス（%）
農業、林業	13	0	0	0.0
鉱業、採石業、砂利採取業	―	0	0	―
建設業	196	60	24	30.6
製造業	325	86	34	26.5
電気・ガス・熱供給・水道業	―	0	0	―
情報通信業	8	2	1	25.0
運輸業、郵便業	22	6	2	27.3
卸売業、小売業	295	53	21	18.0
金融業、保険業	8	1	0	12.5
不動産業、物品賃貸業	157	6	2	3.8
学術研究、専門・技術サービス業	60	7	3	11.7
宿泊業、飲食サービス業	184	1	0	0.5
生活関連サービス業、娯楽業	139	13	5	9.4
教育、学習支援業	52	2	1	3.8
医療、福祉	91	3	1	3.3
複合サービス事業	1	1	0	100.0
サービス業（他に分類されないもの）	100	11	4	11.0
公務（他に分類されるものを除く）	―	1	0	―
合計	1,651	253	100	15.3

出所：経済センサス基礎調査（2014 年時点）、TDB 提供データより作成。

2　ネットワーク構造の解析

　ネットワーク科学は、数学の一分野であるグラフ理論と社会学の２つをルーツとしている。とくに、社会的行為を行う複数の行為者同士の関係性を構造として定量的に測定し、その構造としての社会関係が個々の行為者に与える影響を分析するのが社会ネットワーク分析である。そして、この方法論をベースに、人間関係や企業の取引関係、さらには、国家間関係に対して適用されてきた[7]。地域経済は地域住民、企業をはじめとした事業者、金融機関、

自治体など多くの経済主体から構成されており、社会ネットワーク分析の視点からすると、個々の主体の行動や地域経済全体の動向は、それら主体間の経済的・社会的な関係性から解明されることを意味している。

データセットに含まれる都留市に立地する253企業の取引ネットワークに対して、その構造を整理する。253企業に対して、発注および受注を通じて取引がある企業（node）は総数1529社であり、取引数（link）は1801である。単純につながっている企業の数で示される次数（degree）の総数は取引数と等しいが、このうち、企業Aと企業Bの取引のうち、企業Aによる企業Bからの受注＝AからBへの販売（お金の流れとしては、B→A）を入次数（in-degree：k^{in}）、逆に、企業Aから企業Bへの発注＝AによるBからの仕入（お金の流れとしては、A→B）を出次数（out-degree：k^{out}）、とすると、総次数kはk=k^{in}+k^{out}と与えられる。さらに、各企業の平均取引数を平均次数（〈k〉）と呼ぶ。

都留市の取引ネットワークでは、総次数については1≦k≦49、さらに、平均次数〈k〉=1.173と各指標が算出されている。総次数が1〜49であり、取引数が1しかない企業もあれば、49と多くの取引を有する企業もあることを示している。入次数（販売）と出次数（仕入）に区分してみても、入次数0≦k^{in}≦30、出次数0≦k^{out}≦32と、それぞれ最小次数0、最大次数30〜32となり、さらには平均次数が1.1程度という数値を踏まえても、直接的にはネットワーク構造のイメージがわきにくい。そのため、k^{in}とk^{out}の度数分布を示した**図11-1**を踏まえると、このネットワークには都留市企業と単発の受発注でのみ結びついている企業が圧倒的に多く含まれているものの、30前後の仕入先もしくは販売先を有するような、いわば、ハブ企業も少数ながら散見される構造を示しているといえる。

企業の取引ネットワークにおいて、企業同士がネットワーク上でどれくらいの距離を有するのか、すなわち、どの程度密接な取引関係を有するのかどうかを示す指標として、平均経路長（〈d〉）がある。この経路長が小さいほど、どの企業とも接触しやすい関係にあると考えられる。都留市の場合、〈d〉=4.093であり、これはある企業から別の任意の企業に到達するには、4

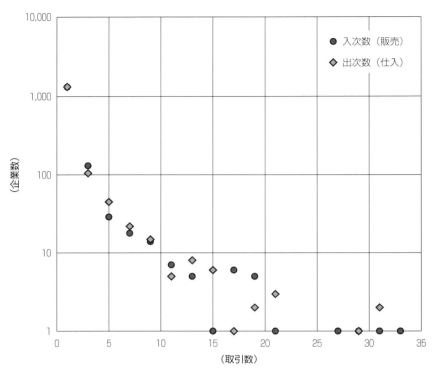

図 11-1　入次数と出次数の度数分布
出所：TDB 提供データより作成。

企業を仲介すればいいことを意味している。また、各企業周辺の局所的な密度を測定し、ネットワーク全体の密度を表す平均クラスター係数（$\langle c \rangle$）は、各企業の取引先同士が取引をしている確率を示す。都留市のネットワークでは、$\langle c \rangle = 0.011$ であり、ある企業の取引先同士が取引をしている確率は 1 ％程度であるため、地元企業同士の取引は活発とはいえないだろう。

2　地方都市の取引ネットワーク

1　ネットワークの可視化

　このように各指標を踏まえつつ、都留市のネットワーク構造を可視化して整理する。可視化ツールとして、Gephi 0.9.2 を利用する。レイアウトアルゴリズムとして、数値設定が簡素化されている ForceAtlas を本章では利用している。このアルゴリズムでは、ノード同士は反発するが、リンクは互いに引き付けあい、最終的にこの反発力と引力が均衡するように設計されている。ハブ企業を中心に、そのハブ企業と取引している企業が周りを取り囲むようなクラスターが形成される。また、クラスター同士では、クラスター間のリンクが多いほど、より近接して配置される[8]。したがって、近接したノード同士は取引を通じた結びつきが強い関係を示していることになる。ForceAtlas では、発注が多い（出次数が高い）企業は周辺側に、受注が多い（入次数が高い）企業は中央寄りに配置される傾向にある。

　図 11-2 は、データセットに含まれる都留市企業と取引先企業とのネットワークを示している。ノードのサイズは次数の大きさを反映しており、また、ノードの色によって（ここではモノクロ）産業分野を示している。図の右下側に建設業、左側に製造業、中央から全体にかけて卸売・小売業が分布している。建設業同士、製造業同士は比較的まとまったクラスターを形成しており、卸売・小売業はとくに製造業と結びついている。また、詳細にみると、運輸業、郵便業は関連企業同士で取引があるだけでなく、製造業との取引がある卸売・小売業と結びついていたり、自治体などの公務は建設業との取引が強く示されたりしている。また、取引が多いノードのなかでも、製造業や建設業には、同じ産業内企業との取引が多いケースのほか、卸売・小売業との取引が多いケースなどがある。中間財取引や原料調達、製品出荷などがそれぞれ想定される。いずれにせよ、都留市では、製造業による取引ネットワーク、建設業による取引ネットワーク、それらを媒介する卸売・小売業の取引ネットワークが中心的に可視化されているといえる。

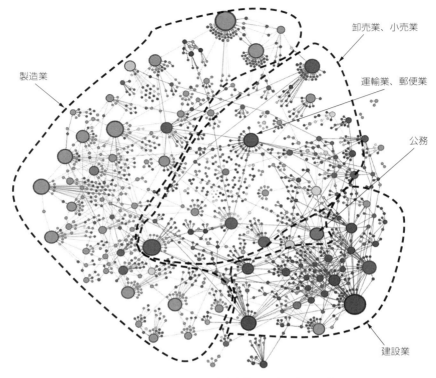

図 11-2　都留市と取引先企業とのネットワーク
出所：TDB提供データより作成。

　このうち、都留市企業だけを抽出し、取引ネットワークを示した図11-3では、ノード内に売上金額情報を格納している。図11-2が都留市企業と取引関係にある市外企業も含まれていた一方で、図11-3は都留市企業のみが表示されている。取引先が多い企業（ノードサイズが大きい企業）は都留市企業との取引も活発だが、取引先が少ない企業は結果として域内での取引も限られている。都留市経済は製造業、建設業、卸売・小売業のネットワークが支えている点をすでに確認したが、とくに、図11-3からは、113.7億円や26.7億円、151.4億円といった売上額が大きい製造業企業群を軸に、地域の取引ネットワークが構築されている点や、184.2億円の売上額がある建設業企業

246　第Ⅲ部　地域内再投資力論／地域内経済循環論のフロンティア

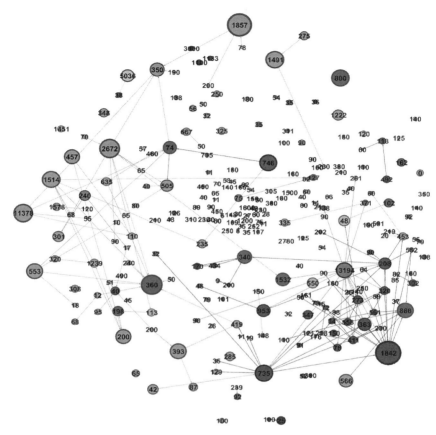

図 11-3　都留市企業のみによる取引ネットワーク
出所：TDB 提供データより作成。

と公務（自治体）を軸に、地域の建設業企業が密接な取引関係にある点などが明示されている。こうした企業間取引をネットワークとして可視化することによって、地域経済の具体的な結びつきが容易に把握できるとともに、域内外含めて取引数が多い企業のみならず、地域内での取引を積極的に媒介する企業の存在も見出すことができる。

2 ネットワークの企業立地特性

　データセットに含まれる企業の所在地、すなわち、位置情報を用いて、都留市に立地する企業の取引先企業の地理的特徴を確認してみよう。都留市に立地する253社を含め、データセットには1526社が登場する。所在地別に企業数を確認すると、都留市253（16.6％）、都留市以外の山梨県392（25.7％）、東京都440（28.8％）であり、これらを含めた関東エリアに立地する企業数は1249（81.8％）と、ほぼ関東エリア内部での取引が全体を占めている。そのほかは中部エリア144（9.4％）、近畿エリア95（6.2％）などである。これらから、都留市の地域経済は山梨県と東京都に立地する企業との結びつきが強い点を指摘できる。しかし、同一県内での取引ネットワークと東京都との取引ネットワークでは、地域経済に与える影響、とくに、経済循環による効果にも相違があると予想される。

　上述のように、データセットでは、都留市を含む山梨県内に立地する企業が645社登場しており、全体の42％を占めている。県外企業が残り881社であり、域外との取引も多いことが示される。ただし、取引先地域の企業数は都留市企業による取引先の傾向を示すとはいえ、それだけでは、地域経済に対する影響を定量的に捉えることは難しいだろう。取引に伴うマネーフローの向き・方向、さらには、その取引の量的数値によってこそ、地域経済にとって、お金が流入するネットワークなのか、流出してしまうネットワークなのかが析出されよう。

3　地域経済の結びつきと循環経路の析出

1　取引先地域との経済的結びつき

　企業間取引を通じた具体的な経済的結びつきを地域別に確認するため、仕入・販売あわせて5以上の取引先を有する127社（都留市立地116社、それ以外の地域立地11社）を抽出する。データセットに含まれる取引高推定値を用いて、127社の仕入額・販売額をもとに、次に示すように、取引先企業の立地に基づき、取引全体に占める地域別取引比率を算出する。取引先企業の

表 11-2　取引先地域別の取引比率

①都留市内での取引比率		販売		②山梨県内企業との取引比率(都留市のぞく)		販売	
		0~50 %	50~100 %			0~50 %	50~100 %
仕入	0~50 %	(I) 69	(II) 23	仕入	0~50 %	(I) 75	(II) 14
	50~100 %	(III) 8	(IV) 0		50~100 %	(III) 5	(IV) 6

③東京都企業との取引比率		販売		④県外企業との取引比率(東京都のぞく)		販売	
		0~50 %	50~100 %			0~50 %	50~100 %
仕入	0~50 %	(I) 39	(II) 25	仕入	0~50 %	(I) 63	(II) 11
	50~100 %	(III) 28	(IV) 9		50~100 %	(III) 24	(IV) 2

注：仕入・販売両方のデータがない企業は除かれている。
出所：TDB 提供データより作成。

立地として、①都留市内での取引、②山梨県内での取引（①を除く）、③東京都との取引、④山梨県外との取引（③を除く）に分類する。すなわち、①＝市内、②＝①以外の県内、③＝東京、④＝③以外の県外、という区分に相当する。この4区分で各企業の仕入額・販売額を整理し、取引における特徴を検出する。

　第1に、①＝市内取引を対象とする。取引のうち、市内企業との仕入と販売を抽出し、その割合をもとに表11-2に整理している。仕入・販売両方のデータがそろっていない企業は含まれておらず、最終的な対象企業は100社である。この表11-2では、仕入・販売全体に占める市内企業との取引額を、0~50％、50~100％で区分している。①の場合、仕入・販売ともに50％未満である企業（I）69社と一番多く、そのほか、仕入0~50％・販売50~100％（II）である企業は23社、仕入50~100％・販売0~50％となる企業（III）は8社に分類されている。図11-4では、散布図としてこれら企業がプロットされており、全体として、市内企業との仕入・販売ともに半数以下である企業が多い一方で、同じ市内企業への販売比率が50％以上である企業も多数あり、同一市内企業は主な販路として機能しているといえる。産業分類別には、製造業は（I）～（III）の範囲において多く分布しているが、卸売・小売業や建設業は（I）（II）に集中している。ここから、製造業の場合、市内ではそれほど多くの取引相手を擁していない一方で、卸売・小売業や建設業

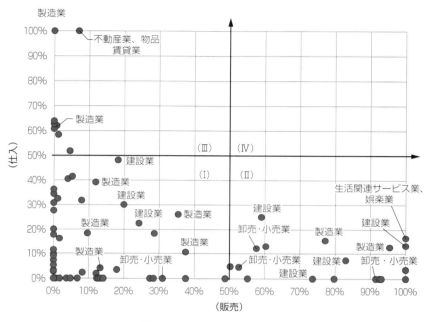

図 11-4　都留市内での取引率

出所：TDB 提供データより作成。

の場合、販売先として同一市内企業を重視しているといえよう。

　第 2 に、②＝①を除く県内を対象とする取引ネットワークである。**表 11-2**によれば、県内企業との仕入・販売ともに 50％未満である企業（Ⅰ）が 75社と多くを占めている。一方で、仕入・販売ともに 50〜100％を示す企業（Ⅳ）が 6 社と少数ながらも、県内企業との取引が非常に強固な企業も確認される。図示していないが、製造業、および、建設業、複合サービス業に分類される企業が、県内企業との強固な取引関係を築いている点が確認される。

　第 3 に、③＝東京都に立地する企業との取引ネットワークを対象とする。東京都企業との取引においては、仕入 0〜50％・販売 0〜50％である企業（Ⅰ）が 39 社であり、次いで、仕入 50〜100％・販売 0〜50％となる企業（Ⅲ）が 28 社、仕入 0〜50％・販売 50〜100％である企業（Ⅱ）は 25 社、仕入・販売ともに 50〜100％を示す企業（Ⅳ）は 9 社と分布している。仕入も

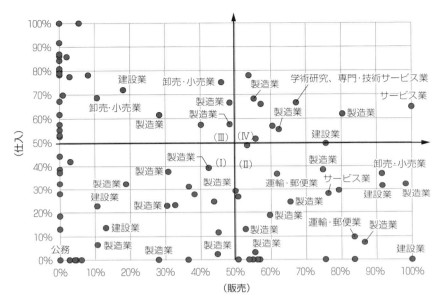

図 11-5 東京都に立地する企業との取引率

出所：TDB 提供データより作成。

しくは販売において、東京都に立地する企業との取引が取引全体の半数以上を占める企業は計 62 社を記録しており、東京都に立地する企業との活発な取引が示されている。しかし、図 11-5 からは、東京都企業とは仕入のみの取引関係にある企業が多い点や、東京都企業への販売は主に製造業が担っている点、さらには、少数ながらサービス業や運輸業において東京都企業に対する販売が多く占めている点が読み取れよう。

第 4 に、④＝東京都を除く県外を対象とする取引ネットワークでは、仕入 0〜50 ％・販売 0〜50 ％である企業（Ⅰ）が 63 社と最も多く、傾向としては、②の山梨県内の取引ネットワークと類似している。しかし、②の取引ネットワークとの相違は、仕入 50〜100 ％・販売 0〜50 ％である企業（Ⅲ）が 24 社とそれなりに存在している点にある。すなわち、③の取引ネットワークと同様、東京都やそれ以外の県外に立地する企業とは、仕入において強く結びついているといえよう。

第 11 章 取引ネットワーク構造から可視化される地域経済の循環経路　251

2　マネーフローから浮かび上がる循環経路

　ここまで確認してきたように、都留市に立地する企業が構築する取引ネットワークには、山梨県に立地する企業（都留市を除く）と東京都に立地する企業が多く含まれ、全体の半数以上を占めている点、ならびに、取引高推定値に基づく取引先地域との経済的結びつきの動態において、総じて、都留市内での取引は販売先として、また、東京都を含めた県外との取引は、仕入先として機能している点が示されてきた。これらを踏まえて、企業間取引を通じた地域内、さらには、域外とのマネーフローを測定し、お金がめぐる循環経路を浮かび上がらせてみよう。

　引き続き、仕入・販売あわせて5以上の取引先を有する127社（都留市立地116社、それ以外の地域立地11社）の仕入・販売に伴うお金の流れを、取引先地域別に整理する。各企業の立地地域を軸に、①都留市内での取引、②山梨県内での取引（①を除く）、③東京都との取引、④山梨県外との取引（③を除く）に伴うお金の動きを捉える。つまり、都留市に立地する企業にとって、①での仕入・販売ともに、域内での資金循環であり、②〜④からの仕入は域外への資金流出、②〜④への販売は域外からの資金流入と位置づけられる。一方、山梨県や東京都に立地する企業に焦点を当てると、①からの仕入は都留市への資金流入、①への販売は都留市からの資金流出をそれぞれ意味する。これらを踏まえて、127社の仕入・販売を①〜④に対する資金の流入と流出に読み替えて分類した結果、表11-3のように、各取引先地域に対する財・サービスの移出入額が示されている。

　表11-3では、①都留市における取引では財・サービスの移出入が▲46億円を示しているものの、同一市内でのお金の動きである。②都留市を除く山梨県内における取引では、9億円の流入超過である。県内企業からの資金流入が流出に比べて多いことを意味しているが、取引規模は4地域のなかで一番小さい点にも留意が必要であろう。③東京都に対する取引としては、資金流入・流出それぞれ約200億円と大きな取引規模を示している。財・サービスの移出入は▲20億円となり、取引を通じて東京都へ資金が流出している状態にある。④東京都をのぞく県外における取引では、資金流入・流出とも

表 11-3　各取引先地域に対する資金の流出入額

(単位：百万円)

	都留市	山梨県 (都留市のぞく)	東京都	県外 (東京都のぞく)
資金流入	13,142.14	7,636.50	22,894.95	15,914.15
資金流出	8,499.43	8,550.96	20,852.58	14,509.81
財・サービス の移出入	− 4,642.71	914.45	− 2,042.38	− 1,404.34

出所：TDB 提供データより作成。

に約150億円と東京都に次ぐ取引規模を有しており、また、▲14億円の流出超過を示している。東京都（38～39％）、および、県外（26～27％）とは取引全体に占める割合は高く、都留市の地域経済として、県外との取引が65～67％とマネーフローに与える影響は大きい。さらに、こうした県外との取引では合計▲34億円の資金流出が確認され、山梨県との取引で得られる9億円の資金流入を考慮したとしても、流出超過傾向に変化はないといえる。

　先述のように、都留市の取引ネットワークには、山梨県に立地する企業と東京都に立地する企業が同数程度含まれていたが、取引先地域別の取引額に着目すると、地域へのマネーフローという点からは、県内企業との取引と都内企業との取引とは逆の効果を与えている点が浮かび上がる。この都留市の取引ネットワークをめぐるマネーフローを模式的に示した図11-6からも明らかなように、東京都との取引はマネーフローの方向性を踏まえれば、地域からの資金流出をもたらす循環経路を形成しており、逆に、地域への資金流入をもたらす循環経路は主に山梨県内との取引から得られている。各取引先地域において、販売による資金流入から仕入による資金流出を差し引いた財・サービスの移出入の結果として、大局的な循環経路が示される。

　各取引先の取引規模を考慮しつつ、循環経路が示す意味を踏まえると、東京都や県外との取引は量的には都留市の地域経済にとって中心的な役割を担っているものの、資金流出が多い点から、質的には、経済的漏出を抱える地域経済であるという特性が導かれる。都留市内での取引は量的にそれほど大きいわけではないが、地域内での経済循環を創出する意義がある。その一方

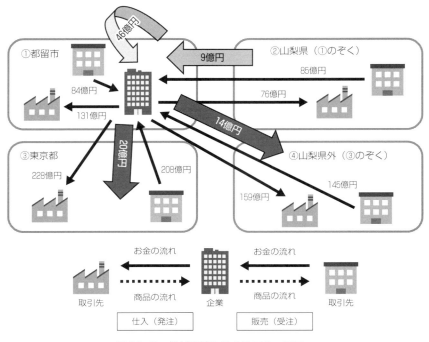

図 11-6　地域経済をめぐるマネーフロー

出所：TDB 提供データより作成。

で、地域内への販売は地域外からの仕入によって支えられている構造も垣間見える。山梨県との取引規模は小さいため、地域経済に与える量的な影響も低いと考えられるものの、資金流入による質的な貢献は地域経済にとって重要でもある。地域経済の活性化において、取引規模そのものも重要ではあるものの、どの地域との取引が地域経済への資金流出入に影響を与えているのか、財・サービスの移出入を解析し、こうしたマネーフローの方向性を示す循環経路を見定めることができれば、地域経済の循環構造に対する課題や対策がより一層明瞭になるだろう。

おわりに

　地域の企業によって構成される取引ネットワークデータを用いて、そのネットワークが有する特徴量の解析やネットワーク構造の可視化を進めた結果、個別企業の取引の集合体として、より具体的な地域経済の特徴が明らかにされたといえる。社会ネットワーク分析を通じて、全体として地元企業の取引、とりわけ地元企業同士での取引は少ない点や、一部のハブ企業が地域経済の取引ネットワークを牽引している構造が示された。このネットワーク構造の可視化を通じて、地域経済の中核産業による取引ネットワークの存在や産業分野による取引傾向の相違などが視覚的に確認できた。

　ただし社会ネットワーク分析による指標の考察のみでは、地域経済の循環構造は十分に明らかにできないため、取引高推定値を用いて、取引ネットワークによって形成されるマネーフローの方向とその量的数値を計測し、地域をめぐるお金の循環経路を析出した。とくに、財・サービスの移出入を踏まえて、地域経済の循環経路を定量的に示すことによって、その循環構造の質的な特性を的確に導出できた。つまり、ネットワークデータから地域の経済循環を解析する手法として、一定の成果を得られたといえよう。

　もちろん、限られたデータであるという制約はあるものの、ネットワークデータを活用する研究の可能性は示され、今後の分析範囲や対象の拡張によって、より実態に即した解析結果を得られることが期待されよう。

（2021 年 7 月 2 日提出）

［付記］本研究は JSPS 科研費 19K06271 および 19K01587、19KK0043、23K05424、24K15632 の助成を受けたものです。

注
1　経済産業省「地域経済産業政策の現状と今後の在り方について（平成 28 年 11 月）」2016 年（https://www.meti.go.jp/shingikai/sankoshin/chiiki_keizai/pdf/012_02_00.pdf）。

2　経済産業省「地方創生と地域経済産業政策について（平成 28 年 3 月）」2016 年（https://www.meti.go.jp/shingikai/sankoshin/chiiki_keizai/pdf/011_02_00.pdf）。

3　Guimera, R. and Nunes Amaral, L., "Functional Cartography of Complex Metabolic Networks," *Nature*, vol. 433, 2005, pp.895-900.

4　坂田一郎・梶川裕矢「ネットワークを通して見る地域の経済構造—スモールワールドの発見—」『一橋ビジネスレヴュー』第 56 巻第 5 号、2009 年、66-79 頁。松島克守・坂田一郎・梶川裕矢・竹田善行『クラスター形成による「地域新生のデザイン 2」—つながり力が決め手—』一般社団法人俯瞰工学研究所、2012 年。

5　中小企業庁『2014 年版中小企業白書』2014 年。

6　各取引の取引高推定値情報は、以下の研究を参照してデータセットに付与されている。Tamura, K., Miura, W., Takayasu, M., Takayasu, H. Kitajima, S. and Goto, H., "Estimation of Flux between Interacting Nodes on Huge Inter-Firm Networks," *International Journal of Modern Physics: Conference Series 16*, 2012, pp. 93-104. DOI: 10.1142/S2010194512007805. また、金融・保険業と公務を主業とする企業は取引高推定値の算出から除外されている。

7　Barabási, A-L., *Network Science*, Cambridge University Press, 2016（池田祐一・井上寛康・谷澤俊弘監訳・京都大学ネットワーク社会研究会訳『ネットワーク科学—ひと・もの・ことの関係性をデータから解き明かす新しいアプローチ—』共立出版、2019 年）、安田雪「社会ネットワーク分析—その理論的背景と尺度—」『行動計量学』第 21 巻第 2 号、1994 年、32-39 頁、安田雪『ネットワーク分析—何が行為を決定するか—』新曜社、1997 年。

8　Jacomy, M., Venturini, T., Heymann, S., and Bastian, M., "ForceAtlas2, A Continuous Graph Layout Algorithm for Handy Network Visualization Designed for the Gephi Software", *PLoS ONE*, vol. 9, no. 6, 2014（e98679. doi:10.1371/journal.pone.0098679）、戸堂康之・柏木柚香「グローバルな企業ネットワークから見た日本企業の現状」RIETI Policy Discussion Paper Series 17-P-004、2017 年。

第 **12** 章

大都市と地方都市の相互資金流動の析出
―マネーフローデータにもとづく都市間分析をもとに―

三輪　仁・池島祥文

はじめに

　地域の特性を活かし、自立的・自律的で活力にあふれた地域経済の構築に
資する政策形成には、域内の社会構造や産業構造などの静態的側面のみなら
ず、地域内外を結ぶ経済ネットワークといった動態的側面の実態も把握する
ことが重要となる。もちろん、このような経済ネットワークは都市域だけで
なく、農山村地域も含めたすべての地域をフィールドに形成されている。そ
の実態解明のために必要となるのが、当該地域と他地域との関係性を定量的
に示したデータセットである。

　しかし、流出入人口などの市町村間クロスデータが整備されている人口関
連に比べると、地域間の資金流動関係データは、市町村レベルでは利用可能
なものが存在しないのが現状である。例えば、経済産業省作成の地域間産業
連関表においては地域設定は広域圏単位となっており、分析の中心は各広域
圏と他地域総体との関係性におかれている。そのため、広域圏間関係のデー
タについては、最終需要による全産業生産誘発額の地域相互依存関係などに
留まっている。また、地域経済分析システム（RESAS）において提供される
地域経済循環図においては、市町村単位で地域を循環するマネーフローを生
産、分配、支出の三段階で表示するとともに、各段階における流出・流入状
況が定量的に示される。しかし、当該市町村外については「域外」と一括り

第 12 章　大都市と地方都市の相互資金流動の析出　　257

となっており、その構成の詳細な情報は取得できない。

これらのことから、地域経済循環の構造分析においては、自地域内の循環の度合いや域外との関係の地域別・産業別構成を示す金額ベースのデータセットの不存在という課題が浮かび上がってくる。

そこで筆者らは、経済センサスにおいて計上されている市町村別売上高総額を起点に、他の既存統計より得られる情報を組み合わせることで、市町村単位の地域間における金銭（売上高）単位の地域間取引データを算出するモデルの構築を行った[1]。これにより全国市町村間のマネーフロー関係を双方向的かつ産業別に示すことが可能になり、得られたデータからは広域中心都市、自動車産業集積都市、ベッドタウンなど、各市町村の地域性や都市特性を観察できた。当モデルのデータソースは政府統計のみであることから、そのアップデートも容易に可能である。ただし、その一方で精度面の問題や、汎用性についての検証方法といった課題も残されたため、個別市町村のケーススタディを超えて分析を深化させるまでには至っていない。

以上を踏まえ、本章では、まず、より精度の高い地域間のマネーフローデータを得るために、帝国データバンクが保有する企業の取引情報（以下、TDB企業取引データ）を利用して、全国1729市区町村[2]間の企業間取引に伴う資金流動を表すデータセット（以下、市区町村間交易データセット）を構築する。次に、同データをもとに、各都市の経済力を立地企業の取引に伴う資金流出入を基準に評価し、階層的序列関係や地域的傾向を析出するとともに、都市間関係についても双方向に流れるマネーフローを指標として分析を行う。最後に、市区町村間のマネーフローの疎密をもとに、東京特別区や大阪を中心とした大都市へのマネーフローの集中の実態を定量的に明らかにしたい。

1　市区町村間交易データセットの構築

このTDB企業取引データは、同社が顧客企業に対して行う企業取引信用調査に基づき構築されたデータベースであり、各企業の仕入・販売上位の取

引先企業情報が蓄積されているが、相手先別の取引金額は計上されていない。そこで本章では、高安・三浦・田村が開発した手法[3]により推計された取引高推定値を用いる。

TDB企業取引データにおいては、各企業のどの部門・事業所でとりおこなわれたか否かにかかわらず、本社間で取引されたものとして処理される。また、取引において商品は受注者から発注者に送られるのに対し、対価のお金は発注者から受注者に流れることから、例えば福岡市に本社のあるA社が発注し、大阪市に本社のあるB社が1000万円で受注した場合、福岡市から1000万円の資金流出、大阪市への1000万円の資金流入として計上されることになる。

ただし、本データで捕捉できるのは地域内外を循環するマネーフローの一部分であり、取引主体は国民経済計算体系（SNA）上の5つの制度部門のうち非金融法人企業に限定される。金融取引や海外取引などは対象外であり、政府部門は公共事業や物品調達など企業への発注主体としてのみ含まれる。また、広範な対家計サービス業の売り上げの多くを占める、企業の消費者向け取引（B to C）や、近年増大している個人間取引（C to C）は対象外である。

本章で用いるのは売上高ベースのマネーフローであり、企業内取引や海外取引、対消費者取引など集計外の取引もあることから、当該市町村の資金流入額から資金流出額を差し引いたものを、その地域における企業の付加価値・利潤の総額とみなすことは拙速である。ただし、その資金流出入額の大きさや取引先の傾向からは、当該地域がどの地域と経済的結びつきが強いのか、とりわけ「東京」への取引の集中度合いなどが示されるほか、どんな産業が地域にマネーを呼び込み、いかなる産業が流出過多なのか、地域内外を回る経済循環の特性や方向性を析出する有用なデータとなる[4]。

次にTDB企業取引データをもとにした、市区町村間交易データセットの準備方法を示したい。第1に、企業間取引データを市町村別、産業別データに組み替える作業である。2019年時点の企業間取引データを、企業の本社所在地情報に基づいて市町村ごとに取引の仕入額・販売額を振り分け、市町村

第12章　大都市と地方都市の相互資金流動の析出　　259

別・産業分野別に、立地企業の発注（仕入）総額・受注（販売）総額を算出する。なお、市町村、産業分野の側面でみた資金流動の方向性を理解しやすくするために、以下では仕入総額を資金流出額、販売総額を資金流入額と読み替える。市町村レベルを作成したのち、これをもとに都道府県や広域圏に集約したデータセットも作成する。

　第2に、市区町村間の資金流動関係を表す交易データの生成を行う。市町村別に分類された企業間取引データについて、発注企業が立地する資金流出元市区町村と受注企業が立地する資金流入先市区町村の2条件が一致するもの毎に区分する。これによりA市（資金流出元）→B市（資金流入先）のように2市区町村間の資金移動額のデータが得られる。各市区町村間には2方向のデータが存在し、千代田区（東京都）と大阪市を例にとると、千代田区→大阪市、大阪市→千代田区の資金移動データが得られる。

　企業ごとの売上高や取引企業数は「べき分布」に従い、ごく少数の企業が

表 12-1　地方別・都市圏別企業数と取引額

	地区	企業数	資金流入額 （億円）	資金流出額 （億円）	流入－流出差額 （億円）
	全国	586,712	3,674,572	3,674,572	0
地方別	北海道	18,045	72,609	84,613	－ 12,004
	東北地方	40,069	92,006	109,898	－ 17,892
	関東地方	207,377	1,875,368	1,802,236	73,132
	中部地方	114,415	512,731	532,375	－ 19,644
	関西地方	97,724	800,214	780,780	19,434
	中国・四国地方	51,972	168,187	185,796	－ 17,609
	九州・沖縄地方	57,110	153,458	178,874	－ 25,416
都市圏など	東京圏	177,576	1,790,396	1,707,403	82,992
	名古屋圏	59,592	318,978	323,273	－ 4,295
	大阪圏	83,951	755,390	731,584	23,806
	東京特別区計	92,319	1,413,337	1,322,572	90,764
	大阪市	27,484	0	0	0

注1：企業数とは TDB 企業取引データの集計対象で当該地域・都市に本社が所在する企業の合計で
注2：東京圏は東京都・埼玉県・千葉県・神奈川県、名古屋圏は愛知県・岐阜県・三重県、大阪圏
出所：TDB 提供データをもとに筆者作成。

260　　第Ⅲ部　地域内再投資力論／地域内経済循環論のフロンティア

極めて大きな数値をとるのに対し、大多数は小さな数値にとどまるというスケールフリーの性質をもつ[5]。大企業は東京特別区や大阪市などに集中することから、市区町村別交易データも同様の性質を持つものとなる。べき分布では正規分布のように平均や分散などの基本統計量が意味をなさない。そこで本章では上位の市区町村に対象を絞り、ランクサイズルールなどの分布特性をみるとともに、立地や産業特性といった属性と組み合わせてその傾向を観察する。そして、大企業本社の集中する東京特別区や大阪市などへの資金流出入の集中状況を確認していく。

2　市区町村間交易データセットからみる都市と産業の特性

1　地域別・産業別構成

表 12-1 は市区町村間交易データセットに計上された企業とその取引額を、地域別に分類したものである。対象となる企業数は 58 万 6712 社で、国内総企業数に対するカバーレッジは 16.3 ％である[6]。また、資金流入額は各企業の受注（売上）額、資金流出額は発注（購入）額に対応し、全国総計はともに 367 兆 4572 億円となっている。

地方別、都市圏・都市別区分については、資金流入額は取引の発注企業を、資金流出額は受注企業をそれぞれ全国 7 地方に分けたのち、三大都市圏及び東京特別区計と大阪市について別掲している。ここでは表内右側にある全国比をもとに説明を行う。

全国比率（％）		
企業数	資金流入額	資金流出額
100	100	100
3	2	2
7	3	3
35	51	49
20	14	14
17	22	21
9	5	5
10	4	5
30	49	46
10	9	9
14	21	20
16	38	36
5	0	0

ある。
は大阪府・京都府・兵庫県の合計である。

地方別にみると、企業数の 35 %、資金流出入額の約 50 %が関東地方に集中している。以降は、企業数では中部地方、関西地方、資金流出入額では関西地方、中部地方と続き、関東、関西地方のみが企業数の全国シェアを取引（資金流出入）のシェアが上回っている。三地方をさらに東京圏・名古屋圏・大阪圏の三大都市圏に限定すると、これら 3 圏域の全国シェアは企業数では54 %、資金流入額においては 79 %、資金流出額では 75 %に上る。東京特別区と大阪市では資金流出入額の全国比が企業数のそれの 2 倍以上となっており、企業間取引の集中が著しい様相を呈している[7]。

次に、表 12-2 をもとに、産業別に検討してみよう。TDB 収録企業数をみると卸売業・小売業（全体比 28.5 %）、建設業（同 24.8 %）、製造業（同 18.0 %）の 3 つの産業で、全体の 71.3 %を占める。本表には記載していないが、地域別の数値をみると、都市型産業の性格を有する卸売業・小売業では東京

表 12-2　産業分野別の企業数と販売額

	TDB 収録企業数	構成比 (%)	TDB データによる販売額 (億円)	構成比 (%)
農業、林業	3,815	0.6	4,038	0.1
漁業	660	0.1	654	0.0
鉱業、採石業、砂利採取業	1,037	0.2	5,093	0.1
建設業	148,629	24.8	199,653	5.4
製造業	107,753	18.0	1,280,933	34.9
電気・ガス・熱供給・水道業	637	0.1	5,512	0.2
情報通信業	20,655	3.4	142,883	3.9
運輸業、郵便業	28,147	4.7	181,267	4.9
卸売業、小売業	171,103	28.5	1,597,155	43.5
不動産業、物品賃貸業	24,935	4.2	54,283	1.5
学術研究、専門・技術サービス業	16,544	2.8	47,536	1.3
宿泊業、飲食サービス業	10,018	1.7	3,192	0.1
生活関連サービス業、娯楽業	10,370	1.7	7,671	0.2
教育、学習支援業	3,906	0.7	2,007	0.1
医療、福祉	13,653	2.3	2,321	0.1
複合サービス事業	3,251	0.5	15,321	0.4
サービス業（他に分類されないもの）	34,426	5.7	125,053	3.4
合計	599,539	100	3,674,572	100

出所：TDB 提供データをもとに筆者作成。

262　第Ⅲ部　地域内再投資力論／地域内経済循環論のフロンティア

都の比率が 19 %（製造業 12 %、建設業 11 %）と高いのに対し、建設業は 3 産業で唯一、三大都市圏以外の累積シェアが 54 %と過半数を超える（卸売業・小売業 47 %、製造業 48 %）など地域的な分散傾向が比較的強くみられる。

TDB 企業取引データにおける産業別販売額（資金流入額）を、これと類似したデータである 2016 年『経済センサス活動調査』における「産業大分類別事業所の売上（収入）金額試算値（外国の会社及び法人でない団体を除く）」と比べると、金額ベースでは TDB 企業取引データは経済センサスの 24 %相当をカバーしているが、B to B 取引データに限定されているという特性により、その捕捉率には産業間で大きな隔たりがあるといえる[8]。

次に同表右側の TDB 企業取引データによる販売額（資金流入額）の産業分野別シェアをみると、卸売業・小売業が 43.5 %、製造業が 34.9 %と、この 2 産業だけで全体の 8 割近くを占める。その一方で、企業数では 2 番目に多い建設業は、売上高では全体の 5.4 %にとどまる。この要因については、卸売業・小売業のうち販売額の大半を占める卸売業[9]においては、仕入れのみならず販売においても小売業者や川下の卸売業者を取引相手とする B to B 取引が中心であること、製造業においては部品や素材などの中間生産物や事業者向け製品の販売の比重が高いことが、両産業における取引の捕捉率を高め、産業分野別シェアを高めることにつながっていると考えられる。これに対し、建設業においては、公共工事や住宅建築など TDB 企業取引データで十分に捕捉されない B to G（Business to Government）や B to C（Business to Consumer）取引の割合が高い[10]ことが、企業数と販売額のシェアの乖離をもたらしているとも推測される。

2　市区町村別資金流出入額の分布

次に、市区町村別に下りて検討しよう。

表 12-3 は、資金流入額上位 50 市区町村の資金流出入額、企業数、産業特性を示したものである（区は東京特別区のみ）。まず、ランキングに注目すると、資金流入額、資金流出額、企業数ともに、第 1 位は大阪市となってい

表 12-3　企業間取引金額上位市区町村（資金流入額順位）

資金流入額順位	市区町村名	産業特性	資金流入額（億円）	資金流出額（億円）	企業数
1 位	**大阪市**	卸、工	430,274	404,841	27,484
2 位	*千代田区*	卸	352,598	324,518	9,854
3 位	*港区*	卸	286,605	264,562	11,145
4 位	*中央区*	卸	260,747	241,551	9,592
5 位	**名古屋市**	卸、工	134,100	129,457	15,198
6 位	*品川区*	卸	75,331	70,027	3,884
7 位	**横浜市**	工	71,247	70,740	13,360
8 位	*新宿区*	卸	59,204	55,657	6,756
9 位	*江東区*	卸	57,676	53,765	3,229
10 位	川崎市	工	57,413	54,024	4,360
11 位	*渋谷区*	卸	51,182	49,174	7,571
12 位	**京都市**	工	49,553	49,830	8,444
13 位	*台東区*	卸	39,406	37,810	4,660
14 位	**神戸市**	工	36,118	36,243	6,413
15 位	大田区	卸	36,080	34,635	4,278
16 位	**札幌市**	卸	35,180	38,197	10,171
17 位	**福岡市**	卸	34,839	36,654	8,064
18 位	東大阪市	卸、工	31,959	30,753	3,966
19 位	*文京区*	卸	26,430	25,174	2,473
20 位	*墨田区*	卸	26,373	25,080	2,716
21 位	**広島市**	卸、工	21,621	23,443	6,158
22 位	堺市	工	20,907	20,920	3,469
23 位	**静岡市**	卸、工	19,969	20,415	3,737
24 位	*豊島区*		19,718	19,121	3,208
25 位	北九州市	工	19,705	20,602	4,304

注1：市区町村名が斜字は東京特別区、下部に単線は政令指定都市、二重線は広域中心都市、太字
注2：卸：2016 年経済センサスでの商業の年間商品販売額における卸売業の比率が 70 ％以上。工：
出所：TDB 提供データをもとに筆者作成。

る。以下、大企業の本社が集積する千代田区、港区、中央区の東京都心三区、名古屋市と続き、ここまでが資金流出入額ともに 10 兆円を超えている。大阪市がいずれも突出しているが、同市の値は市内 24 区の合計であるのに対し東京都区部は 23 区に分割されており、千代田区、港区、中央区の都心三区合計値のみで資金流出入額ともに大阪市の 2 倍を大きく超えている。

　それ以下の都市に注目すると、20 位までは横浜市や京都市などの旧五大

資金流入額 順位	市区町村名	産業特性	資金流入額 （億円）	資金流出額 （億円）	企業数
26 位	板橋区		18,807	18,332	2,351
27 位	仙台市	卸、工	17,250	19,061	5,101
28 位	門真市		15,517	14,448	654
29 位	福山市	工	15,460	15,802	2,826
30 位	さいたま市	卸、工	15,234	16,103	4,306
31 位	尼崎市	工	15,059	14,622	1,969
32 位	岡山市	卸、工	14,188	15,616	4,089
33 位	福井市		13,936	14,069	2,396
34 位	川口市		13,903	13,560	2,990
35 位	新潟市	卸、工	13,794	15,109	4,036
36 位	浜松市	工	13,631	14,567	3,602
37 位	荒川区	卸	13,343	12,638	1,322
38 位	世田谷区		13,220	13,373	3,055
39 位	姫路市	工	13,089	13,544	2,724
40 位	足立区		12,597	12,850	3,024
41 位	千葉市	卸、工	12,304	12,787	3,303
42 位	江戸川区		12,006	12,206	2,932
43 位	金沢市	卸	11,789	12,458	2,957
44 位	八尾市	工	11,468	11,217	1,617
45 位	北区	卸	11,333	11,059	1,427
46 位	目黒区	卸	10,273	10,072	1,768
47 位	吹田市	卸	9,890	9,672	1,204
48 位	富山市	卸、工	9,871	10,504	2,440
49 位	大分市	工	9,741	10,347	2,405
50 位	四日市市	工	9,470	9,572	1,666

は道府県庁所在都市。
2016 年工業統計表市町村別製造品出荷額等で全国 100 位以上。

市[11]）や、札幌市、福岡市といった広域中心都市、その他の東京特別区が占めている。総じて東京特別区では全 23 区中 19 区が、政令指定都市は相模原市と熊本市を除く 18 都市が 50 位までにランクインしている。また、資金流入額において近接する順位の市区町村間の差異は、上位において極めて大きいが、順位が下がるにつれて急速に縮小し、20 位を過ぎると逓減傾向へと遷移している。なお、この傾向は後述の全市区町村の分布をみることでより明確

に示されるので詳細はそちらで説明する。また、資金流出額における上位の市区町村の序列や各順位間の金額の差異などは、資金流入額と同様の傾向にある。

第2に、上位都市の産業特性をみると、都心・副都心の立地する東京特別区や札幌市・福岡市などの広域中心都市では卸売業が発達し、一方、横浜市や川崎市、京都市などの都市は工業都市としての性格が強い[12]。そのなかにあって、18位に位置する東大阪市は、大企業の本社立地は少ないものの、ものづくりのまちとして町工場が集積するとともに、大阪市に隣接するという立地から物流拠点としての卸売業も発達していることから、東京特別区と政令指定都市を除くと最上位となっている。

また、大阪圏からは28位の大手電機メーカーの本社が立地する門真市のほかに、尼崎市や前述の東大阪市など、大阪市近隣の中堅都市が複数ランクインしているのに対し、東京圏でランクインしているのは川口市のみである。この要因の一つとして、大阪圏には中小企業の集積した都市が多いことや、大阪市の市域が狭く流通関連企業などの周辺都市への本社移転も進んでいることなどが考えられる。また、製造品等出荷額第1位の豊田市や、同4位の市原市、6位の倉敷市など、大手メーカーの本社・工場等が集積する主要工業都市も、本表に登場していない。このデータでは、主要工場であっても本社登記されなければ売上が計上されないことや、海外企業との取引が集計対象外であることなどもその要因と考えられる。

続けて、分析対象を全市区町村に拡大してみよう。図12-1は、表12-2と同じデータをもとに全市区町村の資金流入額の分布をグラフで示したものである。ここでは順位と規模の間の関係性であるランクサイズルールに着目した分析を行う。同図の下方の曲線は、各市区町村の資金流入額を左方から大きい順に並べた分布図であるが、前項で説明したようにごく一部が突出した数値をとることで左端は急峻となる一方、100位以降の区間はきわめてなだらかな線となる、いわゆる「ロングテール」と呼ばれる形状を示している。

一方、資金流入額の全体構成比の累積値の推移を示したのが、同図上方の曲線である。原点より急速に上昇したのち、次第に傾きを緩やかにするなど

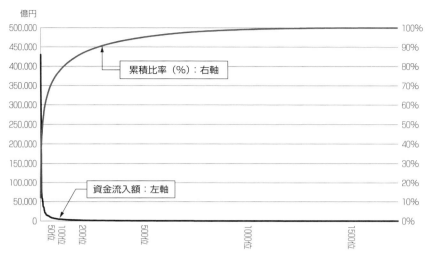

図 12-1　市区町村別資金流入額の分布
出所：TDB 提供データをもとに筆者作成。

対照的な形状となっている。表 12-2 で示した大阪市から名古屋市までの資金流入額 10 兆円を超える 5 市区の累積比率は 38.3 ％に達し、以降 14 位京都市までで 50 ％、表 12-3 に記載されている 50 位の四日市市までで全市区町村の 70.3 ％を占めている。

このように企業間取引を通じた資金流入は、東京特別区の都心三区、大阪市、名古屋市という三大都市圏の中枢に極度に集中し、市区町村別資金流入額は、ごく少数が極大な数値を取るのに対し、大多数の市町村は小さな値に留まるという「べき分布」の性質を強く有している。このことから、平均値などの基本統計量から分布を評価するよりも、極大値を取る最上位の市区町村について、詳細に分析する必要がある。

3　資金流出入超過額における地域的傾向

表 12-4 は、各市区町村の資金流入額から資金流出額を除した数値について、流入が流出を超過している場合は「流入超過」、反対に流入を流出が上回り数値がマイナスとなる場合を「流出超過」と規定し、それぞれの上位 10 市区

表12-4　資金流出入超過額上位市区町村

順位	流入超過上位		流出超過上位	
	市区町村名	金額（億円）	市区町村名	金額（億円）
1位	千代田区	28,080	札幌市	−3,017
2位	大阪市	25,433	広島市	−1,822
3位	港区	22,043	福岡市	−1,816
4位	中央区	19,196	仙台市	−1,811
5位	品川区	5,304	熊本市	−1,618
6位	名古屋市	4,643	岡山市	−1,428
7位	江東区	3,911	新潟市	−1,315
8位	新宿区	3,547	鹿児島市	−1,211
9位	川崎市	3,390	宮崎市	−1,094
10位	渋谷区	2,009	宇都宮市	−955

出所：TDB 提供データをもとに筆者作成。

町村を記載したものである。企業の収益源には、今回のデータには計上されないB to C取引やB to G取引などもあり、この結果をもって当該都市・地域における企業活動の黒字・赤字を直接的に示すものではないが、企業間取引に伴うマネーフローの傾向を示す指標になるものと考えられる。

　まず目を引くのは、流入超過上位4位までの流入超過額の大きさである。資金流入額の順位とは多少入れ替わっているが、東京特別区の都心三区と大阪市はいずれも1兆円を超えており、5位以下を大きく引き離している。しかも、これに続く上位10位までのうち東京特別区が7区ランクインしており、東京への資金流入の集中傾向を示している。

　一方、資金流出超過の上位には広域中心都市が並ぶ。これらの都市の産業構造は「支店経済」とも呼ばれ、東京・大阪に本社を構える大企業の支社などの広域事業拠点の集積を特徴としており、また、今回のデータには計上されないB to C取引を収入源とする小売業や娯楽業、各種サービス業の発達した都市でもある。本表には収録できなかった直下の順位には、県庁所在都市や政令指定都市などの各地域において中心性の高い地方都市が並んでいる。

　加えて、全市区町村まで拡げてみてみると、流入超過は1729市区町村中の117市区町村にすぎず、全体に占める割合は6.8％にとどまる反面、流出超過

268　　第Ⅲ部　地域内再投資力論／地域内経済循環論のフロンティア

は1612市区町村と、全体の93.2％を占める結果となった。しかも、金額ベースでは、流入超過総額に占める上位4市区のシェアは71.0％に達し、資金流入額と同様にその分布はロングテールの様相を強く呈するのに対して、流出超過上位4都市のシェアは6.3％に過ぎない。これらの結果から、企業取引を介した資金流入が集中する東京都心三区や大阪市というごくわずかの都市と、資金流出側のその他多数の地方都市という対照的な構造が浮かび上がってくる。

つぎに、各市町村の取引総額における市区町村内取引額の割合を「域内取引率」と規定し、都市特性や地域性との相関を分析してみよう。

図12-2は、資金流入額において東京特別区、大阪市、名古屋市を除く上位100位市町村について、横軸に資金流入超過率（流出超過はマイナス表記）、

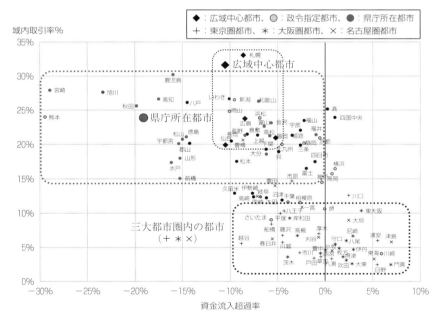

図12-2　三大都市を除いた上位100都市の資金流入超過率と域内取引率
注：東京特別区、大阪市、名古屋市を除いた資金流入額上位100位の都市を対象とする。
出所：TDB提供データをもとに筆者作成。

第12章　大都市と地方都市の相互資金流動の析出　　269

縦軸に域内取引率を指標にとり、その分布を示した散布図である。域内取引率は、各市町村の資金流出入額の合計値に占める、受発注がともに当該市町村所在企業である取引の割合である。

　まず、域内取引率の最高値は札幌市で33.1％、最低値は門真市と日野市の2.5％であり、流入超過率では最高値が7％の津島市、最低値はマイナス29.4％の熊本市である。両指標とも値域は30ポイントを超え、ばらつきは大きい。また、流入超過率と域内取引率の相関係数はマイナス0.65と、両者には逆相関関係がみられ、座標上に点で表現される各市町村の両数値の組み合わせは左上（流入超過率マイナス大、域内取引率大）から右下（流入超過率プラス、域内取引率小）へと分布しているのがみてとれる。

　次に、図中の分布状況を詳しくみてみよう。図中に点線で囲んだ領域は、同じ属性を共有する市町村の分布を示しているものである。その傾向をみると、第1に、広域中心都市では、4都市のうち域内取引率が突出している札幌市以外は近似した値をとっており、流入超過率においてはマイナス5〜10％の範囲に収まっている。札幌市の域内調達率の高さについては、地域商社、マスメディア、建設業者、協同組合など、北海道全域をエリアとする事業者が札幌市に集中していることが関係している。つまり、これらの事業者間の取引が札幌市に所在する本社間の取引として計上されており、日本全国でみたときの東京都心部や大阪市への集中と同じ構造がローカルレベルで顕著に生じているともいえる。これに対して、他の広域中心都市では、所在する広域圏の地理的隔離性が北海道ほど高くないことに加え、圏内が県域に細分化されているため中心都市としての機能を分担する都市も多く存在することになり、域内取引の割合は札幌市ほどに高くないものと考えられる。

　第2に、県庁所在都市においては数値的な散らばりが大きい点と、地域的差異がみられることが注目される。鹿児島市など南九州地方の各都市は流入超過率のマイナスが大きく域内取引率が高いのに対して、宇都宮市など北関東地方の都市は流入超過率がマイナス15％付近に集まり、福井市などの北陸地方は流入超過率が0％近辺に分布している。

　第3に、三大都市圏の中小都市は、図の右下に集中している（＋東京圏、

＊大阪圏、×名古屋圏)。これらの都市に共通するのは、域内取引率が2〜10％前後と著しく低いという点である。域内企業間の取引割合が低い要因としては、前述のデータ生成方法に起因するバイアスの可能性も排除できないが、各都市の面積や中心都市からの市街地・産業地域の広がりも要因として指摘できる。また、三大都市圏内都市の面積平均は 62km² であり、それ以外都市の平均 524km²、100 都市の平均 358km² と比べても著しく狭い。三大都市圏においては各都市の面積が比較的狭いうえに、開発も進み、市街地や工業地域も市町村域を超えて連坦し、また卸売業などを中心に本社機能の中心都市からの郊外移転なども進んでいることから、一体的な都市域として機能している側面も強いと考える。

3　企業取引からみえる地域間関係

1　三大都市圏内の構造

　今回用いた TDB 企業取引データは、受注企業と発注企業の所在市区町村で分類することで、各市区町村間の資金流出入を導出することができる。そこで、本節では、市区町村間の取引構造を具体的に検討してみよう[13]。

　表 12-5 は、取引額 1000 億円超の市区町村間関係について、受発注の市区町村を東京特別区、大阪市、名古屋市、その他市町村で分類したものである。例えば、東京特別区の同一区内は千代田区内の取引、同一都市内には大阪市内の取引などが該当し、その他市町村は受発注いずれにも東京特別区、大阪市、名古屋市が含まれない市町村間が対象となる。

　まず、5 兆円を超える取引額が計上されたのは、千代田区内、港区内、千代田区→港区、大阪市内の 4 件であり、これまで指摘してきた通り、大企業の本社の集積する地域間取引関係となっている。

　次いで、1 兆円を超える取引関係 25 件のうち、大阪市内、名古屋市内、札幌市内を除く 23 件は、受発注の一方もしくは双方が東京特別区となっている。5000 億円〜1 兆円の階層になると東京特別区以外の 2 都市間の取引が登場し、大阪市と名古屋市の双方向、大阪市→横浜市、大阪市→神戸市、名古屋市→

表 12-5 主要都市間取引の取引額分布

取引高推定値総額	東京特別区同一区内	東京特別区間	東京特別区⇔大阪市	東京特別区⇔名古屋市	東京特別区⇔その他都市	同一都市内
5兆円〜	2	1				1
3兆円〜5兆円		3	2			
1兆円〜3兆円	1	5	4 (3)	3	1 (1)	2
5000億円〜1兆円	3	16		2 (2)	4 (1)	5
3000億円〜5000億円		10	6 (2)	1 (1)	14 (5)	5
1000億円〜3000億円	4	50	12 (7)	4 (3)	104 (53)	23

注1:当該市区町村間の取引推計額が1000億円以上となる都市関係数を表す。各市区町村間において
注2:( )内数は東京特別区・大阪市・名古屋市からの資金流出取引を示す。
注3:「その他都市」は東京特別区、大阪市、名古屋市以外の市町村を指す。
出所:TDB提供データをもとに筆者作成。

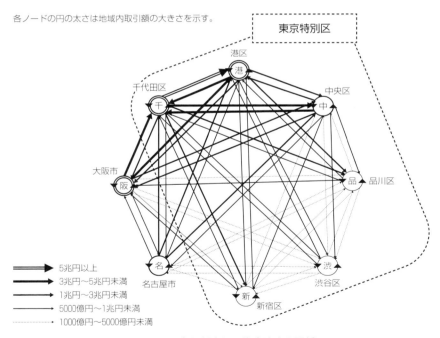

図 12-3 主要都市間の資金流出入関係
出所:TDB提供データをもとに筆者作成。

大阪市⇔ その他都 市	名古屋市 ⇔他都市	その他都 市間	総計
			4
			5
			16
4 (3)	1		35
5 (2)	1		32
28 (14)	6 (3)	9	240

受注関係が入れ替わった2つの関係が存在する。

豊田市の流れが含まれる。

以上を踏まえ、次に取引上位額の都市間関係に注目してみよう。図12-3は、市区町村間別取引額の上位のうち相互取引額の大きな8市区を抜粋し、それぞれをノード（頂点）として表示し、取引関係の方向と大きさを矢印（リンク）で示した有方向ネットワーク図である。表中で矢印として表示されているのは取引額が1000億円以上のリンク関係であるが、新宿区→名古屋市以外のすべてが矢印で示されている。とりわけ千代田区、港区、大阪市は、域内取引額が5兆円を超えるとともに、相互間できわめて大きな取引額が計上されている。これらの市区には大企業の本社が集積しており、これらの企業の事業活動にともなう原材料や中間財、サービスの調達、設備投資などの取引は、上述の市区内もしくは市区間の資金流動として計上されていることになる。このため大企業の経済活動にともなうマネーフローの多くの部分が、ごく限られた都市に集中することになる。

2　地方都市における構造

一方、地方都市ではどのような構造になっているのだろうか。表12-6は、表12-5に示された1000億円以上の取引額が計上された2市区町村間関係のうち、東京特別区、大阪市、名古屋市を受発注どちら側にも含まないものを抜粋している。下線の付いた都市名は、受発注が当該都市内で行われていることを示す。

本表をみると、取引額が1兆円を超えたのは札幌市内のみで、さらに3000億円以上はいずれも旧五大市や広域中心都市をはじめとした政令指定都市の域内取引となっている。これに対し、1000億円〜3000億円未満の階層になる

表 12-6 東京特別区・大阪市・名古屋市除く市町村間交易額上位

交易額	都市名（発注⇒受注）
1兆～3兆円未満	札幌市
5000億～1兆円未満	横浜市 京都市 神戸市 広島市 福岡市
3000億円～5000億円未満	北九州市 浜松市 新潟市 仙台市 堺市
1000億円～3000億円未満	郡山市 いわき市 宇都宮市 さいたま市 千葉市 川崎市 富山市 金沢市 福井市 長野市 静岡市 豊田市 東大阪市 刈谷市 姫路市 岡山市 福山市 高松市 松山市 長崎市 大分市 熊本市 鹿児島市 豊田市⇒宮若市 豊田市⇒刈谷市 広島市⇒府中町 千葉市⇒豊田市 神戸市⇒豊田市 刈谷市⇒豊田市 北九州市⇒福岡市 川崎市⇒横浜市

注1：都市名単独記載（下線付）は受発注が同一都市で行われることを表す。
注2：2都市間は「発注⇒受注」で表記している。
出所：TDB提供データをもとに筆者作成。

と、県庁所在都市の域内取引とともに2都市間取引も登場する。

2都市間取引の内訳をみると、受発注とも政令指定都市であるのは北九州市→福岡市と川崎市→横浜市のみで、その他は受発注双方もしくはいずれかを豊田市、刈谷市、府中町、宮若市といった自動車関連企業の本社が立地する都市が占めている。また受発注ともに三大都市圏外の都市となるものは、広島市→府中町、北九州市→福岡市のみである。

今回の分析においては1000億円以上に限定したこともあり、三大都市圏外の地方都市における企業取引に伴うマネーフローにおいては、同一都市内や東京特別区との繋がりの強さはみられたものの、二都市間関係については自動車産業に伴う繋がり以外に目立ったものが観察されなかった。このように、密なつながりが析出された東京、大阪、名古屋の三大都市間取引とは対照的な地方都市の取引構造が浮かび上がる結果となった。

おわりに

以上、本章では、TDB企業取引データを用いて、市区町村レベルの地域における地域特性の傾向および地域間関係の分析を行った。分析にあたっては、TDB企業取引データをもとに全国1729市区町村間の企業間取引に伴う資金

流動を示す市区町村間交易データセットを作成した。こうしたビッグデータを用いたこのような試みはこれまで行われたことがなく、いくつかの新たな知見を明らかにすることができた。最後に、全体をまとめておこう。

第1に、市区町村別の資金流出入額の分布では、企業取引に伴う資金の流れが大企業の本社の集積する東京都心部の特別区と大阪市に過度に集中し、他の東京特別区や広域中心都市などの主要大都市とは大きく差が開く結果となった。また、各市区町村の資金の流入額と流出額の大小関係をみると、資金の流入先としての東京都区部や大阪市、名古屋市を中心とした三大都市圏と、これに対峙する資金流出元である広域中心都市や県庁所在都市などの地方都市という構図が浮かび上がった。

第2に、三大都市圏を除く地方の資金流入額上位都市においては、域内取引率が高い傾向がみられた。広域中心都市や県庁所在都市のような中心性の高い都市には、支配圏域を商圏とする企業の本社が集積し、卸売業と小売業といった異業種間の域内取引が集中している。また、工業都市においては、製造業を中心とした域内企業間の取引関係が集積している。こうした都市・産業特性が、上記の結果をもたらす要因として挙げられる。

第3に、東京都心部と大阪市の内部を循環する、あるいは相互に循環する巨大なマネーフロー構造が明らかになった。全国の工場や店舗、物流などを介した多様な経済活動に伴う企業間決済は国内のきわめて限られた地域に集中し、その地域内部や相互間に密なマネーの循環を生み続けている。それに対して、1000億円以上の取引額を有する二都市間のマネーフロー関係においては、地方では近隣都市間が大半を占めるにとどまった。そのなかにあって、自動車産業における主要企業の本社が立地する遠距離の都市間関係が複数該当したことは、同産業のもたらすマネーフローの大きさや地域経済に対する影響力を示すものであるといえる。

従来、東京都心部と大阪市を双極としたマネーフローの極端な集中や都市間の資金流動については、経験的な言及にとどまっていたが、本章ではその実態を定量的に示すことができた。この分析結果を基礎に、今後はマネーフローの実態をもとにした政策提言につなげることが求められるが、そのため

には、産業別のマネーフロー構造の分析など、より緻密な都市間関係の描出が重要である。この点は、他日に期したい。

(2021 年 11 月 20 日提出)

［付記］本研究は JSPS 科研費 19K06271 および 23K05424、24K15632 の助成を受けたものです。

注

1　三輪仁・池島祥文「地域経済の流出入構造とその定量化—マネーフローから導出される経済的結びつきの多様性—」『九州国際大学国際・経済論集』第 5 号、2020 年、141-169 頁。

2　本章で分析するのは、2016 年 4 月時点の基礎自治体及び特別基礎自治体（東京特別区）である。ただし、1718 市町村及び東京特別区 23 区を合わせた 1741 市区町村のうち、取引データ集計企業が存在しないなどの理由で以下の 12 町村は除かれているため、分析対象は 1729 市町村である（調査対象外：福島県大熊町・檜枝岐村、東京都御蔵島村・青ヶ島村、島根県知夫村、岡山県新庄村、鹿児島県三島村・十島村、沖縄県渡名喜村・座間味村・北大東村・南大東村）。

3　高安美佐子・三浦航・田村光太郎「企業取引ネットワークの形成と特性（特集：経済・社会物理学の展開—経済・社会システムのネットワーク構造と機能—）」『システム/制御/情報』第 56 巻第 10 号、2021 年、517-522 頁。

4　ただし、本章では全産業データの分析のみを行う。

5　高安他、前掲論文、8 頁、及び Miura, W., Takayasu, H. and Takayasu, M., "Effect of Coagulation of Nodes in an Evolving Complex Network," *Physical Review Letters*, Vol. 108, No. 168701, 2012.

6　中小企業庁「市区町村別中小企業数」によると 2016 年 6 月時点の総企業数は、358 万 9333 社である。

7　同上統計によれば、東京都に本社を置く企業の全国比率は 11.3 ％であるが、大企業に限ると 39.7 ％となる。さらに『会社四季報』2021 年 1 集掲載情報によると、上場企業の 53.4 ％（3800 社中の 2029 社）が東京都に集中している。

8　池島祥文「企業間取引データが示す地域の経済循環構造」『エコノミア』第 71 巻第 1 号、2020 年、75-93 頁。

9　今回使用した TDB 取引データでは卸売業と小売業の区分はされないが、2014 年『商業統計確報』によれば、商業全体の年間商品販売額の 74.5 ％を卸売業が占めている。

10　国土交通省「建設総合統計」によれば、2016 年の建設工事の出来高総額 51.3 兆円のうち公共工事が 41 ％を占め、民間工事の 31 ％を居住用が占める。これらをふまえると建

設業においては、TDB 取引データで捕捉されない販売収入の比率が高くなると考えられる。

11　「旧五大市」とは戦前期より大都市としての特例措置を受け、1956 年の政令指定都市制度の導入とともに昇格した横浜市、名古屋市、大阪市、京都市、神戸市を指す。

12　表内の「産業特性」の項目は、同表の注 2 に記載した条件に基づき、小売業に比べ卸売業の発達した都市には"卸"、製造品等出荷額の上位 100 位以内の市区町村は"工"と表記している。

13　対象となる 1729 市区町村それぞれが他の市区町村に対し、発注⇆受注の 2 つの交易関係を持つことから、取引総数は 1729×2 件となる。なお、ここで取り扱うのは全産業のみとし、産業分野別データは捨象する。

第13章

地域未来牽引企業と地域経済
—取引構造の分析を中心に—

藤本晴久

はじめに

　日本政府は、2017年に「地域未来投資促進法（地域経済牽引事業の促進による地域の成長発展の基盤強化に関する法律）」を策定した。この法律の目的は地域特性を生かした成長性の高い事業を創出することだが、そのために、「地域未来牽引企業」を中核的な経済主体として位置づけている。

　地域未来牽引企業とは、地域経済への影響力が大きく、成長性が見込まれ、地域経済のバリューチェーンの中心的な担い手、または担い手となりうる経済主体である。2021年現在、4743の企業や団体（2017年2143件、2018年1540件、2020年1060件）が選定されており、そのうち92.9％は中小企業である。また、全体の内訳は製造業63.0％、卸売・小売業12.0％、建設業8.0％、サービス業（他に分類されないもの）7.2％、運輸業・郵便業3.4％、情報通信業2.7％、その他3.7％となっている[1]。

　地域未来投資促進法や地域未来牽引企業の登場に伴って、地域未来牽引企業やその「地域経済牽引力（地域経済を牽引する力）」についての分析や研究も進められている。例えば、LEDIX（Local Economy Driver Index）やRESAS（Regional Economy Society Analyzing System）等のビッグデータ活用型の分析システムは有名だろう[2]。しかし、これらは社会科学的な知見をベースとした分析ではないため、「地域経済牽引力」が経済学的にどのような

278　　第Ⅲ部　地域内再投資力論／地域内経済循環論のフロンティア

力であり、地域経済にいかなる影響を与えているのかについては不明瞭なままである。地域未来牽引企業やその「牽引力」の実態を明らかにすることは、理論的にも政策的にも重要な課題となっている。

その際にポイントとなるのは、企業と地域経済の結びつき、または、企業の取引構造が生み出すマネーフローが地域経済に与える影響の分析だろう。どんな企業であっても、地域内外の企業との仕入や販売等の取引を通して地域へ経済波及をもたらしている。したがって、地域未来牽引企業の「牽引力」を検討する場合にも、まず地域未来牽引企業が地域の中でどのような取引構造を形成しているのか、次にそれがいかに地域経済に影響を与えているのかを検討する必要がある。

また、企業と地域経済の結びつきの実態を明らかにできれば、地域内で生まれる資金循環や素材循環の経路及び主体間関係も把握できるため、地域内再投資力論[3]や地域内経済循環論[4]等の地域活性化論をより発展させられるのではないだろうか。特に、地域内の経済循環の起点となる域内企業の行動が域内外の取引を通してもたらす経済波及の経路やその効果についての検証が求められている。

以上のことを念頭において、本章では鳥取県の地域未来牽引企業へのヒアリング調査を基にして、地域未来牽引企業と地域経済の結びつき及び地域未来牽引企業の取引構造が地域経済に与える影響を定性的な視点から明らかにする[5]。またこの作業を通して、「地域経済牽引力」概念の課題についても考察する。なお本章では、「取引構造」という用語をキーワードとして、企業と地域経済の結びつきを明らかにしようと試みているが、企業の取引構造という場合、それは企業の経営戦略やビジネスモデルを基に形成される域内外の取引関係（仕入・販売関係）の構造を意味するものとして使用している[6]。

1　地域未来牽引企業と「牽引力」

1　地域未来牽引企業と「牽引力」に関する研究

2017 年に施行された地域未来投資促進法は、「企業立地促進法」（2007 年）

に代わる新しい地域産業経済政策である。その狙いは、「地方創生」政策の成長戦略として、地域に対して経済波及効果を及ぼす

表13-1　地域経済牽引力を測る指標の例（経済産業省）

	指標	定義
1	利益貢献度	過去3か年の営業利益の平均値
2	雇用貢献度	過去3か年の従業員数の平均
3	コネクター度	本社所在地（各都道府県）の域外販売額に占めるシェア
4	ハブ度	本社所在地（各都道府県）の域内仕入額に占めるシェア
5	利益成長性	過去3か年の営業利益の幾何平均増加率
6	雇用成長性	過去3か年の従業員数の幾何平均増加率

出所：帝国データバンク『ビッグデータで選ぶ地域を支える企業』日経

「地域経済牽引事業」を創造することや、法的な支援措置の対象を製造業以外の産業にも拡大することにある。成長分野として、①医療機器、航空機、バイオ・新素材産業等の成長ものづくり、②農林水産・地域商社、③第4次産業革命関連（IoT、AI、ビッグデータ等）、④観光・スポーツ・文化・まちづくり、⑤環境・エネルギー、⑥ヘルスケア・教育サービス、等が設定され、地域未来牽引企業はこれらの分野を牽引する経済主体として期待されている[7]。

　日本政府が地域未来牽引企業として想定しているのは、特に売上高シェアで17.8％、従業員シェアで15.7％を占めている資本金1～10億円規模の中堅企業である[8]。この階層の企業群は全国で約2.5万社あり、資本金1000万円未満、資本金1000万円以上～1億円未満、資本金10億円以上等の企業群よりも、1企業当たりの売上高や設備投資額の伸び率が高いといわれている。例えば、1企業当たりの売上高伸び率（2008～15年）は25.4％であり、資本金1000万円未満層（－5.7％）、1000万円～1億円層（2.1％）、10億円以上層（0.8％）よりも高くなっている[9]。また、1企業当たり設備投資額伸び率（2008～15年）は97.9％であり、資本金1000万円未満層（28.9％）、1000万円～1億円層（93.5％）、10億円以上層（51.7％）に比べて高い。しかし、この階層の企業群を集中的に支援していく方針については、支援対象の「選択と集中」に繋がるという批判も存在する[10]。今後、地域未来投資促進法や地域未来牽引企業支援の効果について、詳しく検証していくことが必要だろう。

　ところで、経済産業省は地域未来牽引企業の選定基準として、6つの指標（①利益貢献度、②雇用貢献度、③コネクター度、④ハブ度、⑤利益成長性、

算出式	評価ウェイト
（2年前の営業利益＋1年前の営業利益＋最新期の営業利益）/3	15％
（2年前の従業員数＋1年前の従業員数＋最新期の従業員数）/3	15％
自社の域外販売額/域内企業の全域外販売額	20％
自社の域内仕入額/域内企業の全域内仕入額	20％
$\sqrt{(2年前の営業利益)/(1年前の営業利益)} \times \sqrt{(1年前の営業利益)/(最新期の営業利益)}$	15％
$\sqrt{(2年前の従業員数)/(1年前の従業員数)} \times \sqrt{(1年前の従業員数)/(最新期の従業員数)}$	15％

BP社、2018年、p.76。

⑥雇用成長性）を挙げている（**表13-1**）。これらの指標は地域未来牽引企業がもつ「地域経済牽引力」の諸要素であり、企業活動の地域経済への影響力を考える際の材料となる。しかし、それぞれの指標がなぜ「地域経済牽引力」の要素となるのか、またその有効性などについては議論が尽くされているとはいえない。例えば、コネクター度やハブ度だけでは、企業と地域経済との具体的な関係性が把握できないばかりか、域内での経済波及の経路を分析することが難しいという問題がある。とはいえ、地域経済の活性化を考える上で、地域内経済主体の機能・役割についての研究は必要不可欠であるため、今後は、社会科学・経済学はもとより、その他の多様な学問分野からも、地域経済牽引力の概念やその分析手法の開発についての議論が求められる。

　また、この他にも企業の地域経済への影響力を分析する研究は存在する。例えば、地域内の取引関係の中心になるハブ機能や他地域との取引を生み出すコネクター機能に注目して、その影響を定量的に把握しようするコネクターハブ企業論はその代表例である[11]。これは地域・業種の中で取引が集中する度合い及び地域・業種を超えた取引を行っている度合いが高い企業についての研究であり、ネットワーク分析や取引高推定モデルなどによって企業間取引の影響度を明らかにしている[12]。コネクターハブ企業論は「地域未来牽引企業」という政策用語のバックボーンとなっており、その内容を理論的に検証していく必要があるだろう。特に、地域経済を担う企業や事業者が地域経済とどのように結びついているのか、いかなる経済的条件の下、どのようなプロセスを経て地域経済を牽引していくのか等についての研究上の深化が望まれる。

さらに、地域の経済成長を牽引する経済主体に焦点を当てた研究という点では、地域内でリーダー的な役割を発揮しながらダイナミックな成長を導く企業に焦点を当てた地域中核企業論[13]も参考になる。この研究は地域の経済成長を主導する中核的な企業の役割・機能や地域経済との結合関係に焦点を当てており、本研究の問題意識と重なり合う部分も多い。しかし、地域中核企業の取引が地域経済に与える影響度の把握という点では課題を残しているといえるだろう。

以上のように、近年では多様な研究によって、地域経済を牽引する企業の機能・役割、企業が地域経済に与える影響力についての分析が進められている。以下では、これらの議論を参考にしつつ、鳥取県の地域未来牽引企業の取引構造に着目して、企業と地域の結びつきの実態や取引構造によって生み出されるマネーフローの地域経済への影響についてみていく。

2　鳥取県の地域未来牽引企業の事例分析

1　地域未来牽引企業の構成と産業特性

図13-1 は、鳥取県及び全国の地域未来牽引企業構成（2018 年）を表している。2018 年までに選定された地域未来牽引企業は、鳥取県では 66 社あり、全国の構成比と同じく、製造業の占める割合（50.0 ％）が最も高くなっている[14]。しかし、全国の製造業割合（63.0 ％）と比較すると、鳥取県の製造業割合はそれほど高くはない。それに対して、卸売業・小売業（19.7 ％）、建設業（10.6 ％）、情報通信業（6.1 ％）やその他（6.0 ％）が全国との比較で高い。特に商業（卸売業・小売業）の構成比が高くなっている。また、その他（6.0 ％）の内訳は、農業・林業（1.5 ％）、漁業（1.5 ％）、宿泊業・飲食サービス業（1.5 ％）、教育・学習支援業（1.5 ％）である。鳥取県では、商業（卸売業・小売業）の地域未来牽引企業の構成の高さがひとつの特徴である。

図13-2 は、鳥取県の地域未来牽引企業の製造業内訳（42 社、2018 年）を示している。これをみると、製造業では、金属製品製造業（11 社）や食料品製造業（9 社）が比較的多く選定されていることがわかる。鳥取県の食料品

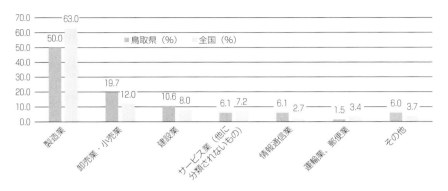

図 13-1　地域未来牽引企業の構成（鳥取県、全国）
注：鳥取県は 2018 年度、全国は 2020 年度のデータ。
出所：経済産業省 HP や山陰政経研究所『山陰企業年鑑』2021 年を基に、筆者作成。

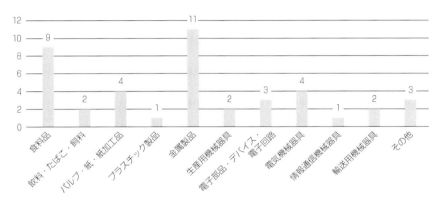

図 13-2　製造業内訳（鳥取県、42 社、2018 年）
出所：経済産業省 HP や山陰政経研究所『山陰企業年鑑』2021 年を基に、筆者作成。

製造業は、事業所数、従業者数、製造品出荷額、付加価値額などの指標で県内最上位に位置する部門であり、鳥取県を代表する産業のひとつである。隣県の島根県の主な構成は、製造業 40.0 %、建設業 21.5 %、情報通信業 9.2 %となっている。島根県は鳥取県よりも製造業割合がさらに低く、その代わりに建設業の割合が大きいことから、地域未来牽引企業の構成は都道府県別（地域別）に違いや特色があると推察できる。鳥取県では製造業（金属製品

製造業、食料品製造業）や商業（卸売業・小売業）の地域未来牽引企業が比較的多く選定されているため、製造業や商業が地域経済の牽引役として期待されているといえるだろう[15]。

図 13-3 は、鳥取県の産業別移輸出入率（2015 年）の分布を表したものである。移輸出率は県内生産額に占める移輸出額の割合（移輸出額／県内生産額）、移輸入率は県内需要額に占める移輸入額の割合（移輸入額／県内需要額）を示すため、移輸出入率の動向をみれば、産業取引や地域経済との結びつきの特徴を簡単に把握できる。同図によれば、鳥取県の飲食料品産業は移輸出率 77.4 ％、移輸入率 79.4 ％となっており、移輸出入率ともに 50 ％を超えていることから、県外への移輸出及び県内への移輸入が相対的に高い産業と見なすことができる[16]。つまり、飲食料品産業の取引は、「域外から仕入＋域外へ販売」の構造となっている。また、「域外から仕入」は企業取引でいえば、域内企業から域外企業への発注、域内企業から域外企業への支払に相当するため、その取引を通して域外へのマネー流出が生まれる。他方で、「域外企業へ販売」は、域内企業の域外企業からの受注、域外企業から域内

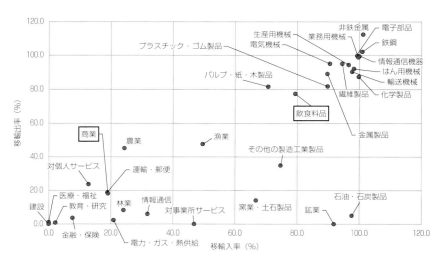

図 13-3　鳥取県の産業別移輸出入率（2015 年）
出所：鳥取県産業連関表（39 部門、2015 年）より作成。

企業への支払にあたるため、域内へのマネー流入が生まれる。以上のことから、飲食料品産業の取引は、主に鳥取県からのマネー流出と鳥取県へのマネー流入の双方に影響を与えるだろう。

　他方で、商業（卸売業・小売業）については、移輸出率18.1％、移輸入率19.1％となっており、移輸出入率ともに50％を下回っているため、県外への移輸出及び県内への移輸入が相対的に低い産業である。移輸出入率が低いということは、仕入や販売を域外ではなく主に域内でしていることを意味するため、商業全体の取引は「域内から仕入＋域内へ販売」の構造である。また、「域内から仕入」は域内企業への発注、「域内へ販売」は域内企業からの受注であり、どちらの場合も域内でのマネー還流を生じさせる。したがって、鳥取県の商業活動は主に県内でのマネー還流に影響を与えると推察できる。

　このように、産業別移輸出入率を分析することによって、産業と地域との結びつきや産業取引が地域経済に与える影響を簡便に把握できるが、企業個社レベルやそれ以外のまとまり（企業グループ等）でみた場合、どのような特徴が現れるのだろうか。以下では、製造業（食料品製造業）と商業（卸売業）に属する地域未来牽引企業へのヒアリング結果から、企業個社レベル及び企業グループレベルの取引構造の特徴や地域経済に与える影響を、ビジネスモデルや仕入・販売関係に伴う「モノ」と「カネ」の流れなどから検討していく。

2　製造業（食料品製造業）の事例分析

⑴A 社のビジネスモデルと取引構造

　A 社は養鶏及びその加工品生産を主な事業とする地域未来牽引企業（食料品製造業）である。資本金9000万円、売上高約76億円、従業員209名であり、養鶏及びその加工品の県内最大手の企業である[17]。A 社のビジネスモデルは、養鶏インテグレーション（ブロイラーの育種・繁殖・飼育、と畜解体処理・加工、販売部門を統合した川上から川下までの生産・流通システム）である（図13-4左）。また、A 社の取引構造を域内（山陰）・域外（全国）への仕入・販売関係に注目してみると（図13-4右）、A 社の主事業である鶏

第13章　地域未来牽引企業と地域経済　　285

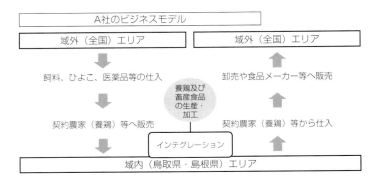

図 13-4　A 社のビジネスモデルと取引構造
出所：ヒアリング調査（2021 年 6 月 21 日）より。

肉の解体処理・加工に必要な仕入はすべて域内の契約農家（約 3 割）や直営農場（約 7 割）から行われている一方で、鶏肉加工及び鶏肉関連商品のほぼ全量を域外の卸売業者や食品製造業者へ販売している。このことから、A 社の取引構造は、「域内から仕入＋域外へ販売」と把握できるが、鳥取県食料品製造業の構造（「域外から仕入＋域外へ販売」）とは相違している[18]。

(2) マネーフローと地域経済への影響

次に、A 社のマネーフローと地域経済との関係をみると、域外への鶏肉関連商品の販売を通して獲得したマネーは、域内の仕入先（契約農家や直営農場）へ還流していことから、A 社の事業動向は域内へのマネー流入と域内でのマネー還流に影響を与えると考えられる[19]。A 社の域内取引の多くはインテグレーション内の取引（契約農家や直営農場）であるため、域内でのマネー還流効果は限定的だが、インテグレーション以外の域内取引を拡大できれば、域内でのマネー還流・経済循環の促進に寄与するかもしれない。

また、A 社インテグレーションをひとつの経済単位（企業グループ）として捉えると、インテグレーション内の契約農家や直営農場で使用する素材・原料（飼料、ひよこ、医薬品等）の仕入はすべて域外から行われている。この場合、A 社グループの取引構造は、「域外から仕入＋域外へ販売」であり、鳥取県飲食料品産業の構造（「域外から仕入＋域外へ販売」）と類似している。さらに、マネーフローと地域経済の関係をみると、A 社単体の場合とは異な

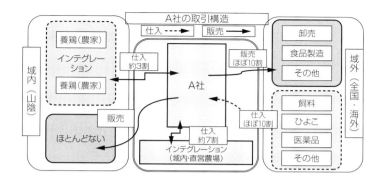

り、仕入による域外へのマネー流出と販売による域外からのマネー流入に影響を与えている。A社個社レベルとグループ全体では、マネーフローのベクトルが大きく変化することに注意する必要があるだろう。

以上のことから、取引構造の分析単位をどのレベル（個社単位、企業グループ単位、産業単位など）で設定するかによって、取引構造、マネーフローや地域経済への影響も変質する。「地域経済牽引力」の指標化の問題点は、こうした企業の多様な取引構造や地域経済との結びつきを具体的に把握できないという点にある。

3　商業（卸売業）の事例分析
(1)B社のビジネスモデルと取引構造

B社は、業務用食品販売を主な事業とする地域未来牽引企業である。資本金1億円、売上高約39億円、従業員120名であり、山陰地域の卸売業者の中で中堅規模の会社である[20]。B社のビジネスモデルの柱は、山陰両県の小売店やホテル・レストラン等への冷凍食品及び鮮魚・乾物等の業務用食品の販売である（図13-5左）。また、B社の取引を域内（山陰）・域外（全国・海外）への仕入・販売関係に注目してみると（図13-5右）、仕入のほとんど（約9割）は域外の商社や食品製造業者からであり、域内の仕入は1割程度となっている一方で、取扱商品の約8割を域内の小売・量販店、ホテル・レスト

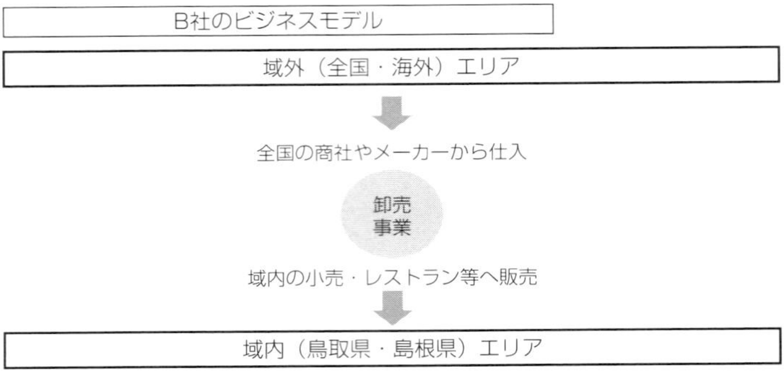

図 13-5　B社のビジネスモデルと取引構造
出所：ヒアリング調査（2020年11月24日）より。

ランや学校給食関係などに販売している。このことから、B社の取引構造は主に「域外から仕入＋域内へ販売」と把握できるが、鳥取県商業（卸売業・小売業）の構造（「域内から仕入＋域内へ販売」）とは相違している[21]。

(2) **マネーフローと地域経済への影響**

次に、B社のマネーフローと地域経済の関係をみると、域外の商社や食品業者からの仕入を通してマネーは域外へ流出するが、域内の小売店・量販店、ホテル・レストラン、学校給食などへの販売を通して、域内にマネーは還流している。したがって、B社の事業動向は域外へのマネー流出と域内でのマネー還流に影響を与えるだろう。

また、B社には2つの子会社（水産加工、食品輸送）があり、企業グループを形成している。水産加工子会社 α の原料仕入は主に域内から行われ、販売先はB社や域外の小売・学校給食関係などである。食品輸送子会社 β はB社グループ全体の輸送を担っており、B社や子会社 α、その他の域内企業が主な取引先となっている。このことから、B社グループをひとつの経済単位（企業グループ）として捉えれば、域内からの仕入割合及び域外への販売割合が高まるため、グループ全体の取引構造は「域内から仕入＋域外へ販売」に移行する。したがって、マネーフローと地域経済の関係では、域内でのマネー還流や域外からのマネー流入に焦点が移動するだろう。このように、個社レベルと企業グループレベルでは取引構造そのものが変化するケースが多

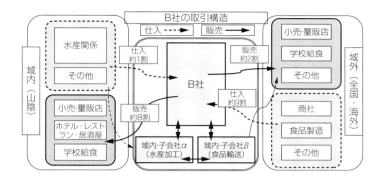

くみられる。コネクター度やハブ度等の指標によって「地域経済牽引力」を検証する際には、その点も考慮しなければならないだろう。

4 複合事業(卸売業)の事例分析
(1)C社のビジネスモデルと取引構造

C社は冷凍食品及び業務用総合食品の販売という2つの主事業を展開する地域未来牽引企業である。資本金1億600万円、売上高約232億円、従業員223名であり、鳥取県内最大級の売上高を誇る[22]。C社のビジネスモデルの柱は、①商品・食材アイテムを域外の卸売業者や食品製造業者等から仕入れて、域内の取引先に販売する地域事業と、②域内の子会社から仕入れた商品を域外へ販売する広域事業である(図13-6左)。C社売上高のうち、地域事業が約6割、広域事業が約4割を占めており、各事業はA社やB社の売上高を上回る規模となっている。

この2事業の取引構造を域内(山陰)・域外(全国・海外)への仕入・販売関係に注目してみると(図13-6右)、地域事業に関しては、商品・食材アイテムの仕入は、そのほとんど(約9割)を域外の食品製造業者や商社から行っており、域内の約6800店に及ぶ小売店、外食、中食や給食関係等に販売している。このことから、地域事業の取引構造は「域外から仕入+域内へ販売」と把握できるが、鳥取県商業の構造(「域内から仕入+域内へ販売」)と

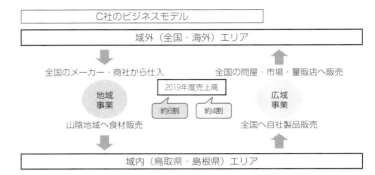

図 13-6 C社のビジネスモデルと取引構造
出所：ヒアリング調査（2019年12月6日）より。

は相違している。

広域事業に関しては、域外や海外市場向けの製品（水産加工品、冷凍調理食品）の仕入は、すべて域内の子会社γから行っており、域外の食品問屋、量販店、外食・中食関係企業や海外の市場等に販売しているため、取引構造は「域内から仕入＋域外へ販売」と捉えられるが、鳥取県商業の構造（「域内から仕入＋域内へ販売」）とは異なっている。

(2)マネーフローと地域経済

C社のマネーフローと地域経済の関係をみると、地域事業については、域外からの仕入によって域外へのマネー流出がある一方で、域内取引先への販売を通して域内でのマネー還流を生み出している。このため、C社の地域事業の動向は、域外へのマネー流出と域内のマネー還流に影響を与えている。広域事業については、販売を通して域外から獲得したマネーは域内の仕入先へ還流しているため、地域事業とは異なり、域内へのマネー流入と域内でのマネー還流で影響がある。ただし、広域事業の仕入先は域内の子会社γ、子会社γの販売先は親会社C社に限定されているため、広域事業が拡大しても域内取引先が広がらなければ、域内でのマネー還流・経済循環の促進は期待できない。

また、C社と子会社γをひとつの経済単位（企業グループ）として捉えると、子会社γの仕入のほとんどは域外の取引先から行われているため、広域

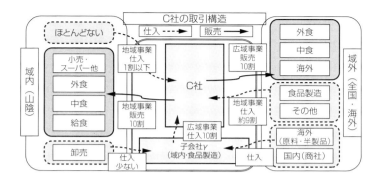

事業の取引構造は、「域外から仕入＋域外へ販売」へ移行する。その場合、C社の広域事業の動向は域内でのマネー還流よりも、域外へのマネー流出や域内へのマネー流入に焦点が移るだろう。このように複数の主事業が個社内に存在する場合、地域経済への影響力は個社レベルではなく、むしろ事業レベルで把握した方がいいのかもしれない。企業の「地域経済牽引力」を考える際にも、重要な論点だと思われる。

おわりに

　鳥取県地域未来牽引企業の事例分析において、企業はさまざまな取引構造を形成して地域経済と結びついており、その在り方も一様でないことが示された。また、取引構造の違いによってマネーフローや地域経済への影響は変化することが確認できた。これらを踏まえて、「地域経済牽引力」や地域経済分析についての課題を考えてみたい。

　第一に、「地域経済牽引力」の概念については、それを個社レベルで捉えていいのかという点である。図13-7のように、事例3社の個社レベルの取引構造と企業グループレベルの取引構造はすべて異なっている。また、事例分析の3社すべてが企業グループを形成しており、個社レベルと企業グループレベルのマネーフローのベクトルも違っている。また、C社の各事業はA社

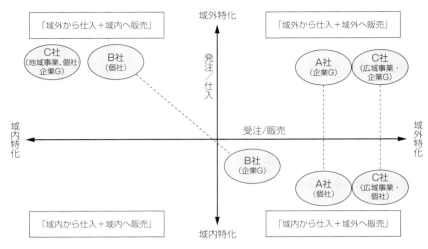

図13-7 各社の取引構造の変化（個社、企業グループ）
主所：各社のヒアリングより作成。

やB社の売上高を上回るほどの規模で、個社全体ではより複雑な取引構造やマネーフローを創出している。したがって、「牽引力」概念自体の検証はもちろんのこと、どのような分析単位・フレームワークで企業の「地域経済牽引力」を抽出するのかということを検討する必要がある。

　第二に、産業動向の分析とは区別される企業の取引構造の分析の必要性である。産業や業種によって取引の一定の傾向があるものの、個社レベルや企業グループレベルの取引構造は、産業の取引動向とは必ずしも一致しない。企業の取引構造は経営戦略やビジネスモデルによって規定されており、集約情報である産業動向と個別の企業情報にはズレが生じるのが一般的である。また、グローバル経済下における企業の事業展開のスピードは速く、企業の取引ネットワークが地域内で完結しないため、企業と地域経済の結びつきが変質しやすくなっている。そのため、産業動向とは区別して個別企業や企業グループなどの取引構造が生み出す経済波及経路やその効果を捉える研究の発展が求められる。

　第三に、企業行動が地域経済に与える影響度を把握するための測定手法の

開発である。本章では、ヒアリング情報を基にして企業の取引構造を分析しているが、仕入と販売を通したマネーフロー動向把握において、実際の取引金額や地域経済への影響量を定量的に抽出しているわけではない。また、ヒアリングで得られる定性的な情報には主観的な情報が入り込む場合もある。したがって、企業の「地域経済牽引力」や地域経済への影響度の検証に際しては、ビッグデータ、ヒアリングデータや公的統計データなども活用した総合的な分析手法の開発が望まれるだろう。

　最後に、産業分析と企業の取引構造分析を組み合わせた地域経済分析の新しいフレームワーク構築の必要性である。企業の取引構造や地域経済の結びつきの多様性を考慮すれば、地域内経済循環の実態解明には、産業分析に加えて個別企業の取引やその取引構造が生み出す経済波及経路を定量的かつ定性的な角度から総合的に捉える分析手法の開発が求められる。また、本章では主に素材や部材の供給関係に基づくサプライチェーンの流れを中心に分析しており、異業種にまたがる企業間の取引関係や企業の多方面にわたる地域経済との結びつきの分析には至っていない。今後、企業のさまざまな取引構造やそれが地域内で生み出す経済波及の全体像を分析するフレームワークの構築が必要だろう。

（2022 年 1 月 20 日提出）

注
1　経済産業省『地域未来牽引企業ハンドブック』2021 年。
2　LEDIX（https://www.ledix.jp/）、RESAS（https://resas.go.jp/）。
3　岡田知弘『地域づくりの経済学入門—地域内再投資力論—［増補改訂版]』自治体研究社、2020 年。
4　例えば、New Economics Foundation, *The Money Trail: Measuring Your Impact on the Local Economy Using LM3*, New Economics Foundation, 2002, Shuman, M. *The Small-Mart Revolution: How Local Businesses Are Beating the Global Competition*, Berrett-Koehler, 2006（毛受敏浩監訳『スモールマート革命—持続可能な地域経済活性化への挑戦—』明石書店、2013 年）、枝廣淳子『地元経済を創りなおす—分析・診断・対策—』岩波書店、2018 年、藤山浩編『「循環型経済」をつくる』農山漁村文化協会、2018 年、などを参照。

5 本章の内容は、藤本晴久・池島祥文「地域未来牽引企業の取引構造とその牽引力の検証—山陰地方を中心に—」『地域経済学研究』第 42 巻、2022 年、21-41 頁、の内容を基に再構成を行うとともに、最新データに更新している。

6 企業の取引構造を把握することの意義については、帝国データバンク『ビッグデータで選ぶ地域を支える企業』日経 BP、2018 年、を参照。

7 地域未来牽引企業についての考察は、藤本晴久「地域未来牽引企業の取引構造と地域経済牽引力—㈱さんれいフーズを題材として—」『経済科学論集』第 46 号、2020 年、57-77 頁、を参照。

8 経済産業省関東経済産業局「経済産業省の地域経済産業施策について」2017 年。

9 藤本、前掲論文を参照。

10 佐田珠実「企業誘致競争の失敗と『地域未来投資』新法—『稼ぐ力』のある牽引事業者が伸びれば地域は潤うのか—」『議会と自治体』第 235 号、2017 年、34-42 頁。

11 中小企業庁『2014 年版中小企業白書』2014 年。

12 坂田一郎・梶川裕矢「ネットワークを通して見る地域の経済構造—スモールワールドの発見—」『一橋ビジネスレビュー』第 57 巻第 2 号、2009 年、66-79 頁、高安美佐子・三浦航・田村光太郎「企業取引ネットワークの形成と特性」『システム／制御／情報』第 56 巻第 10 号、2012 年、517-522 頁、を参照。

13 塩次喜代明「地域中核企業の創造」『組織科学』第 29 巻第 2 号、1995 年、36-45 頁、公益財団法人九州経済調査協会『2016 年度版九州経済白書　中核企業と地域産業の新陳代謝—新事業の創造と事業生態系づくり—』2016 年。

14 地域未来牽引企業は 2020 年にも追加選定されているが、本章では 2018 年までの選定分を対象としている。

15 地域未来牽引企業の実際の選定は、①企業情報データベースに基づく定量的な指標、②自治体、商工団体や金融機関等の関係者からの推薦という 2 つの基準によって行われている。

16 県際（域際）取引と産業分類の捉え方については、土居英二・浅利一郎・中野親徳編『はじめよう地域産業連関分析　事例分析編—Excel で初歩から実践まで（改訂版）—』日本評論社、2020 年、を参照。

17 2020 年 6 月時点のデータである（山陰政経研究所『山陰企業年鑑　2022 年版』中央印刷株式会社、2021 年）。

18 A 社はインテグレーション内の取引先や域内の契約農家に飼料、ひよこ、医薬品等を販売しているが、その仕入は域外から行っている。しかし、A 社の中核的事業は、鶏肉加工であるため、本稿では A 社の取引構造を「域内から仕入＋域外へ販売」として把握している。

19 取引構造から生み出されるマネーフローと地域経済への影響力の定量的把握については、藤本・池島、前掲論文、池島祥文「企業の取引構造に基づいた地域経済へのマネー

フロー解析」『地域経済学研究』第 42 巻、3-19 頁、を参照。

20　2020 年 6 月時点のデータである（山陰政経研究所『山陰企業年鑑　2022 年版』中央印刷株式会社、2021 年）。

21　B 社は業務食品卸売業以外にも食品製造事業も行っているが、売上高に占める割合は約 1 割程度と小さいため、本稿では B 社の取引構造を「域外から仕入＋域内へ販売」として把握している。

22　2020 年 3 月時点のデータである（山陰政経研究所『山陰企業年鑑　2022 年版』中央印刷株式会社、2021 年）。

第 **14** 章

地域企業の域内／域外取引と地域経済循環
―中海・宍道湖・大山圏域の食料品製造業の事例を中心に―

渡邉英俊

はじめに[1]

　人口の自然減と社会減による「地方消滅」をシミュレーションした「増田レポート」と、それを受けた政府の「地方創生」政策により、日本各地で持続可能な地域社会の構築を目指した仕組みづくりが進められている[2]。『中小企業白書』（2015 年）は、地域経済には①域外から「外貨」を稼ぐ移出産業、②域内で資金を循環させ所得を生み出す産業の二種類があり、その両方が地域経済の持続性のためには重要だとしている[3]。こうしたアプローチは岡田知弘（2020 年）や中村良平（2019 年）などが長年開発してきたものである[4]。岡田と中村の手法には違いがあるとはいえ、域内取引と域外取引を有機的に結びつける仕組みの必要性や、持続性の観点から望ましい地域経済循環の構築を説くことでは共通している。

　本章の課題は、山陰地方の中心的地域である中海・宍道湖・大山圏域の食料品製造業の事例から、地域企業の域内／域外取引の特徴と域外取引が地域経済循環へ与える影響を分析することである。ここでの地域企業とは、①地域内に本社と事業所があり、②経営上の意思決定において一定の自立性を持ち、③地域経済および地域社会と実質的な関わりのある企業を指している。このうち地域外への販売が売上の大部分を占める地域企業に焦点を当てて、域外取引が域内取引とどのようなリンケージを形成しているのか、またその

296　第Ⅲ部　地域内再投資力論／地域内経済循環論のフロンティア

リンケージが地域経済循環に与える影響について、「需要連鎖型」（後方連関効果）と「供給連鎖型」（前方連関効果）の 2 つの形態に分けて検討することにしたい。

1　中海・宍道湖・大山圏域の概況

1　人口の推移

　はじめに中海・宍道湖・大山圏域（以下、圏域と略す）の概況をみておこう。**表 14-1** から鳥取・島根の山陰両県の人口をみると、2020 年の鳥取県の人口は 55.3 万人、島根県は 67.1 万人、あわせて 122.4 万人である。このうちの 52.5 ％にあたる 64.3 万人が両県にまたがる圏域の市町村に属している。したがって山陰両県の合計人口の約半数、島根県の全人口をやや下回る規模の人々が、この圏域の人口を構成していることになる[5]。

　さらに 2005 年〜20 年の人口推移をみると、鳥取県ではマイナス 5.3 万人、島根県ではマイナス 7.1 万人、両県合計でマイナス 12.4 万人の人口減が生じている。これを減少率でみると、鳥取県でマイナス 8.8 ％、島根県でマイナス 9.6 ％、両県の合計でマイナス 9.2 ％の減少である。圏域の傾向もこれと同様であるが、減少数はマイナス 3.1 万人、減少率はマイナス 4.7 ％にとどまっている。このように山陰両県の全体と比べると、圏域の人口減少率はやや低くなっている。

　とはいえ圏域内にも地域格差があり、平成の大合併で合併・編入された旧町や山間部の自治体を中心に 10 ％を超える人口減少がみられる。とくに大山周辺の山間部である鳥取県日南町と日野町では、この 15 年間で人口減少率がマイナス 30 ％を超える水準にある。そのほかにも、鳥取県旧中山町、旧溝口町、江府町、島根県旧鹿島町、旧島根町、旧美保関町、旧佐田町、旧広瀬町、旧伯太町で、いずれもマイナス 20 ％を超える高い人口減少率となっている。

　反対に人口増加は、鳥取県旧淀江町、日吉津村、島根県旧東出雲町、旧玉湯町、旧出雲市、旧斐川町でみられるだけである。しかも、平成の大合併で

表 14-1　中海・宍道湖・大山圏域の人口動態

（単位：人）

		2005 年	2015 年	2020 年	2005-2020 年の増減数	2005-2020 年の増減率
鳥取県	米子市	149,584	149,313	147,317	▲ 2,267	− 1.5 %
	（旧 米子市）	140,509	139,780	137,760	▲ 2,749	− 2.0 %
	（旧 淀江町）	9,075	9,533	9,557	482	5.3 %
	境港市	36,459	34,174	32,740	▲ 3,719	− 10.2 %
	大山周辺 7 町村	60,323	53,024	49,665	▲ 10,658	− 17.7 %
	日吉津村	3,073	3,439	3,501	428	13.9 %
	大山町	18,897	16,470	15,370	▲ 3,527	− 18.7 %
	（旧 大山町）	6,618	5,857	5,566	▲ 1,052	− 15.9 %
	（旧 名和町）	7,258	6,247	5,826	▲ 1,432	− 19.7 %
	（旧 中山町）	5,021	4,366	3,978	▲ 1,043	− 20.8 %
	南部町	12,070	10,950	10,323	▲ 1,747	− 14.5 %
	（旧 西伯町）	8,066	7,391	7,017	▲ 1,049	− 13.0 %
	（旧 会見町）	4,004	3,559	3,306	▲ 698	− 17.4 %
	伯耆町	12,343	11,118	10,696	▲ 1,647	− 13.3 %
	（旧 岸本町）	7,224	6,955	6,968	▲ 256	− 3.5 %
	（旧 溝口町）	5,119	4,163	3,728	▲ 1,391	− 27.2 %
	日南町	6,112	4,765	4,196	▲ 1,916	− 31.3 %
	日野町	4,185	3,278	2,907	▲ 1,278	− 30.5 %
	江府町	3,643	3,004	2,672	▲ 971	− 26.7 %
島根県	松江市	210,796	206,230	203,616	▲ 7,180	− 3.4 %
	（旧 松江市）	151,362	149,918	148,631	▲ 2,731	− 1.8 %
	（旧 鹿島町）	7,991	6,763	6,056	▲ 1,935	− 24.2 %
	（旧 島根町）	4,174	3,415	3,079	▲ 1,095	− 26.2 %
	（旧 美保関町）	6,280	5,092	4,566	▲ 1,714	− 27.3 %
	（旧 東出雲町）	14,193	15,221	15,578	1,385	9.8 %
	（旧 八雲村）	6,906	6,625	6,516	▲ 390	− 5.6 %
	（旧 玉湯町）	6,220	6,622	7,015	795	12.8 %
	（旧 宍道町）	9,349	8,732	8,382	▲ 967	− 10.3 %
	（旧 八束町）	4,321	3,842	3,793	▲ 528	− 12.2 %
	出雲市	173,751	171,938	172,775	▲ 976	− 0.6 %
	（旧 出雲市）	88,805	92,074	94,985	6,180	7.0 %
	（旧 平田市）	28,071	25,294	23,625	▲ 4,446	− 15.8 %
	（旧 斐川町）	27,444	28,009	29,042	1,598	5.8 %
	（旧 佐田町）	4,213	3,406	2,988	▲ 1,225	− 29.1 %
	（旧 多伎町）	3,905	3,543	3,202	▲ 703	− 18.0 %
	（旧 湖陵町）	5,732	5,270	5,017	▲ 715	− 12.5 %
	（旧 大社町）	15,581	14,342	13,916	▲ 1,665	− 10.7 %
	安来市	43,839	39,528	37,062	▲ 6,777	− 15.5 %
	（旧 安来市）	29,894	27,746	26,406	▲ 3,488	− 11.7 %
	（旧 広瀬町）	8,690	7,192	6,469	▲ 2,221	− 25.6 %
	（旧 伯太町）	5,255	4,590	4,187	▲ 1,068	− 20.3 %
中海・宍道湖・大山圏域		674,752	654,207	643,175	▲ 31,577	− 4.7 %
	鳥取県	607,012	573,441	553,407	▲ 53,605	− 8.8 %
	島根県	742,223	694,352	671,126	▲ 71,097	− 9.6 %
山陰（鳥取・島根）両県		1,349,235	1,267,793	1,224,533	▲ 124,702	− 9.2 %

注：網掛けがあるのは、2005 年〜2020 年の人口減少率が 10 ％を超える自治体および旧自治体。
出所：総務省統計局『国勢調査人口等基本集計』より作成。

298　　第Ⅲ部　地域内再投資力論／地域内経済循環論のフロンティア

周辺自治体を編入した側の旧米子市、旧松江市、旧安来市においても、人口減少は進んでいる[6]。

2 製造業の概況

　山陰両県の人口の約半数を擁する圏域には、ほぼ同じ割合で製造業の集中がみられる。工業統計表から圏域の製造業についてみると、**表14-2**のとおりである。2018年の山陰両県の製造業に占める圏域のシェアは、事業所数48.0％、従業者数53.1％、原材料使用額等58.5％、製造品出荷額等58.0％となっている。

　圏域の製造業事業所の規模については、従業者300人以上の大規模事業所12に対して従業者4〜299人の中小規模の事業所931と、中小事業所が全体の98.7％を占めている。また製造業事業所は出雲市と松江市に多く存在するが、従業者300人以上の大規模事業所は出雲市に多く、松江市は中小規模の事業所が主である。

　表14-3から2008年〜18年の製造業の変化をみると、従業者30人未満の小規模事業所の減少が進んでいるのが確認できる。さらに米子市と大山周辺の7町村では、製造品出荷額等の減少率も大きいことが目につく。

2 アンケート調査の結果とヒアリング調査の概要

1 事業所アンケート調査の結果

　基本的な統計情報から確認したように、圏域は山陰地方の中心的地域である。そして全国各地の縮小する地域経済の姿もまた、圏域で明確に確認できる。本節では2017年に筆者が行った圏域の商工会議所・商工会の工業部会（食品部会、水産業部会を含む）所属の事業所へのアンケート調査の結果をもとに、圏域の製造業事業所の域内／域外取引の姿を確認したい[7]。

　アンケート調査では1646の事業所に調査票を送付し、357の事業所から回答が得られた（回答率21.7％）。このうち本社が圏域内にある事業所の割合は84.6％であり、ほとんどが圏域の地域企業である。さらに産業分類別の内

表 14-2　中海・宍道湖・大山圏域の主要製造業（2018 年）

		実　数			
		事　業　所　数			
		計	内従業者 4人～29人	内従業者 30人～299人	内従業者 300人以上
米子市	製造業計	171	127	41	3
	パルプ・紙・紙加工品製造業	8	4	3	1
	電子部品・デバイス・電子回路製造業	9	5	4	―
	食料品製造業	47	33	12	2
境港市	製造業計	77	50	27	―
	食料品製造業	49	29	20	―
	飲料・たばこ・飼料製造業	4	2	2	―
	金属製品製造業	7	7	―	―
松江市	製造業計	243	181	61	1
	生産用機械器具製造業	39	24	14	1
	木材・木製品製造業（家具を除く）	7	4	3	―
	食料品製造業	49	35	14	―
出雲市	製造業計	297	230	62	5
	電子部品・デバイス・電子回路製造業	9	2	6	1
	鉄鋼業	8	1	6	1
	輸送用機械器具製造業	5	2	2	1
安来市	製造業計	84	61	21	2
	鉄鋼業	12	5	5	2
	輸送用機械器具製造業	3	2	1	―
	食料品製造業	16	12	4	―
西伯郡　日吉津村		4	2	2	―
西伯郡　大山町		22	11	11	―
西伯郡　南部町		12	6	5	1
西伯郡　伯耆町	製造業計	13	10	3	―
日野郡　日南町		5	4	1	―
日野郡　日野町		6	6	―	―
日野郡　江府町		9	7	2	―
中海・宍道湖・ 大山圏域	製造業計	943	695	236	12
	山陰両県の製造業計に占める圏域 のシェア	48.0 %	48.0 %	48.4 %	42.9 %
山陰（鳥取・島根） 両県	製造業計	1,964	1,448	488	28

注：国の工業統計調査では、従業者 4 人以上の事業所を調査対象としている。
出所：経済産業省『2019 年工業統計表　地域別統計表』より作成。

			構成比（各市の製造業計＝100 %）			
従業者数 （人）	原 材 料 使用額等 （1,000 万円）	製造品出荷額等 （1,000 万円）	事業所数	従業者数	原 材 料 使用額等	製造品出荷額等
6,755	12,711	19,209	100.0 %	100.0 %	100.0 %	100.0 %
793	3,792	6,068	4.7 %	11.7 %	29.8 %	31.6 %
744	3,782	4,384	5.3 %	11.0 %	29.8 %	22.8 %
2,313	2,528	4,114	27.5 %	34.2 %	19.9 %	21.4 %
3,281	6,252	8,752	100.0 %	100.0 %	100.0 %	100.0 %
2,329	4,402	6,315	63.6 %	71.0 %	70.4 %	72.2 %
118	124	251	5.2 %	3.6 %	2.0 %	2.9 %
89	63	119	9.1 %	2.7 %	1.0 %	1.4 %
6,831	8,578	14,121	100.0 %	100.0 %	100.0 %	100.0 %
1,527	2,581	3,994	16.0 %	22.4 %	30.1 %	28.3 %
205	1,683	1,981	2.9 %	3.0 %	19.6 %	14.0 %
1,383	691	1,350	20.2 %	20.2 %	8.1 %	9.6 %
14,601	34,313	53,497	100.0 %	100.0 %	100.0 %	100.0 %
4,826	11,754	21,432	3.0 %	33.1 %	34.3 %	40.1 %
1,133	1,690	2,877	2.7 %	7.8 %	4.9 %	5.4 %
588	1,099	1,741	1.7 %	4.0 %	3.2 %	3.3 %
6,011	11,534	19,097	100.0 %	100.0 %	100.0 %	100.0 %
3,334	9,429	14,849	14.3 %	55.5 %	81.7 %	77.8 %
311	772	1,358	3.6 %	5.2 %	6.7 %	7.1 %
557	352	637	19.0 %	9.3 %	3.1 %	3.3 %
161	134	235				
1,012	1,020	1,915				
1,181	1,199	2,059				
309	250	860				
111	81	165				
74	19	51				
194	238	579				
40,521	76,330	120,540				
53.1 %	58.5 %	58.0 %				
76,343	130,540	207,877				

第 14 章　地域企業の域内／域外取引と地域経済循環　　301

表 14-3　中海・宍道湖・大山圏域の製造業の変化（2008 年～2018 年）

		中海・宍道湖・大山圏域増減数	中海・宍道湖・大山圏域増減率
事業所数	従業者 4～29 人	▲ 267	▲ 27.8
	従業者 30～299 人	0	0.0
	従業者 300 人以上	1	9.1
	計	▲ 266	▲ 22.0
従業者数（人）		1,239	3.2
製造品出荷額等（1,000 万円）		9.978	9.0

注 1：大山周辺 7 町村は、日吉津村、大山町、南部町、伯耆町、日南町、日野町、江府町の合計で
注 2：東出雲町と斐川町の合併前である 2008 年の数値について、松江市に東出雲町を含め、出雲市
出所：経済産業省『平成 20 年工業統計表　市町村編』および同『2019 年工業統計表　地域別統計

訳では、食料品製造業が 70（19.6 ％）と最も多く、全体の約 2 割を占めている。ついで金属製品製造業 31（8.7 ％）、印刷・同関連業 20（5.6 ％）および生産用機械器具製造業（5.6 ％）の割合が高かった。

　最多の食料品製造業は、すべて従業者数 300 人未満の中小事業所である。これらの事業所の主な取引先地域は、表 14-4 のとおりである。仕入れと販売のそれぞれで圏域を主な取引先地域とする事業所が約半数を占めており、食料品製造業では域内取引の割合が高い。その一方で圏域外との取引では、図 14-1 をみると、鳥取・島根の山陰両県、中国地方、近畿、関東が主な取引先

表 14-4　主な取引先地域（食料品製造業）

	仕入先	販売先	仕入先	販売先
中海・宍道湖・大山圏域	35	32	50.0 %	45.7 %
それ以外	13	15	18.6 %	21.4 %
両方	20	22	28.6 %	31.4 %
商社等に任せているのでわからない	1	0	1.4 %	0.0 %
不明	1	1	1.4 %	1.4 %
合計	70	70	100.0 %	100.0 %

出所：渡邉英俊「山陰地方における域内／域外取引の構造と物流問題—中海・宍道湖・大山圏域の事業所アンケートの結果をもとに—」『経済科学論集』第 44 号、2018 年 3 月、88 頁。

増減率					
米子市	境港市	大山周辺7町村	松江市	出雲市	安来市
▲ 24.0	▲ 26.5	▲ 36.1	▲ 29.3	▲ 27.2	▲ 26.5
20.6	0.0	▲ 17.2	▲ 1.6	▲ 4.6	10.5
0.0	—	—	0.0	25.0	▲ 33.3
▲ 16.2	▲ 18.9	▲ 29.7	▲ 23.8	▲ 22.9	▲ 20.0
10.4	3.3	3.6	▲ 6.8	4.1	5.6
▲ 19.5	25.2	▲ 12.8	8.1	27.0	7.3

ある。
に斐川町を含めた数値を用いた。
表』より作成。

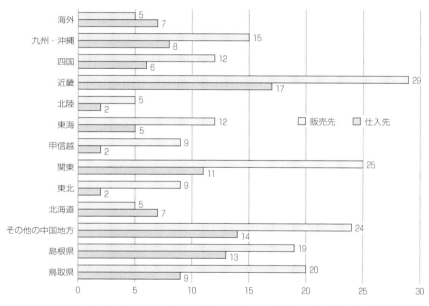

図 14-1 食料品製造業の取引先地域 （圏域外、複数回答、実数）
出所：渡邉、前掲論文、88 頁。

第14章 地域企業の域内／域外取引と地域経済循環　303

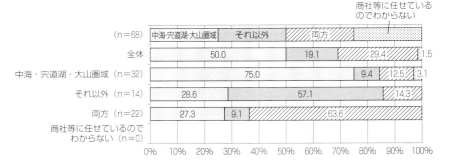

図14-2 主な仕入先の地域×主な販売先の地域（食料品製造業、％）
出所：渡邉、前掲論文、93頁。

地域となっている。またこれらの地域について、仕入先よりも販売先としてあげる事業所が顕著に多いことがわかる。

　そして食料品製造業の仕入先と販売先をクロス集計したのが図14-2である。この図の見方を説明すると、グラフの内訳は主な仕入先の地域割合を示しており、縦軸項目は主な販売先の地域を示している。縦軸の「中海・宍道湖・大山圏域」は、主な販売先が圏域である事業所の主な仕入先の割合をグラフの内訳で示している。この図からわかるように、主な販売先が圏域である事業所は、主な仕入先も圏域である割合が高い。また逆に、主な販売先が「それ以外」である事業所は、主な仕入先も圏域以外である割合が高くなっている。そのほかに、主な販売先が「両方」である場合は、主な仕入れ先も圏域と圏域以外の両方と回答した事業所が大半となっている。

　この結果から圏域の食料品製造業には、①仕入れと販売を主に圏域内で行い、もっぱら域内取引が中心の事業所。②仕入れも販売も主に圏域外で行い、域外取引が中心の事業所。③仕入れと販売で域内／域外取引の両方を行う事業所。これら3つの類型の事業所が存在するといえる。

　さらに圏域での取引割合と売上高の関係を示した図14-3をみると、売上高10億〜30億円未満の階層では、圏域での取引割合が10％未満の事業所が3分の2を占めている。それ以外には、売上高3億〜5億円未満の階層で域外取引の割合が比較的高いほかは、概ね域内取引が中心だとわかる。このよう

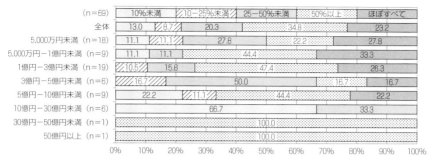

図14-3 圏域での取引割合×売上高（食料品製造業、％）
出所：図14-2と同じ。

に圏域の食料品製造業で域外取引の割合が高いのは、とくに売上高10億〜30億円未満の事業所であるといえる。

2　ヒアリング調査の概要

2018〜19年にかけて筆者は、売上高10億〜30億円未満の食料品製造業の事業所のうち、境港市に本社と事業所があるA社、B社、C社に対してヒアリング調査を行った[8]。境港市では製造業に占める食料品製造業の割合が高く、事業所数では6割、従業者数や原材料使用額等、製造品出荷額等ではいずれも7割を超えている。境港市は全国有数の水揚げ量を誇る境港を持つことから、市内には水産加工業を中心に、多くの食料品製造業の事業所が存在する。

ヒアリング対象とした3社は、表14-5のとおり、いずれも水産加工を行う中小企業である。また3社ともすべて「地域経済の中心的な担い手になりうる事業者」として、経済産業省から地域未来牽引企業に選定された企業である[9]。しかし企業規模や主な製品は各社で異なっており、なかにはC社のように東京に本社を置く多国籍企業の完全子会社も含まれている。ヒアリング調査では、こうした性質の異なる圏域の食料品製造業の3社に対して、「仕入／販売等の取引の特徴」および「地域経済との関わり」の2項目を中心に聞き取りを行った。次節ではその内容を検討したい。

表 14-5　境港市の食料品製造業 3 社の概要

	A 社	B 社	C 社
本社と事業所の所在地	境港市	境港市	境港市
主な事業内容	輸入ズワイガニの加工	国産モズク製品の製造・販売	国産ギンザケの養殖・加工
従業員の数	65 人	100 人	128 人
資本金の規模	1000 万円	3200 万円	1 億 2500 万円
その他	地域未来牽引企業に選定、商社からの委託加工が中心	地域未来牽引企業に選定	地域未来牽引企業に選定、大手水産会社（東京）の完全子会社

出所：ヒアリングおよび各社 HP より作成。

3　食料品製造業 3 社の事例

1　A 社の事例

⑴仕入／販売等の取引の特徴

　A 社は従業員 65 人、資本金 1000 万円の中小企業である。ヒアリングを行った 3 社の中では最も規模が小さく、主な事業は輸入ズワイガニの加工と販売である。A 社は年単位で外国産の冷凍ズワイガニを仕入れ、顧客の注文に応じて加工し出荷している。ただし原料の直接輸入は行っていないため、東京や大阪の商社から仕入れる形をとっている。原料の産地は主にカナダである。

　A 社の売上高の 8 割は、商社からの委託加工品が占めている。そして残りの 2 割が自社販売品である。また委託加工品はすべて冷凍品であり、自社販売品はチルド商品である。このため販路もそれぞれ違っており、委託加工品はもっぱら量販店向けである。国内では主に全国のイオンやイトーヨーカドー等で販売されている。さらに一部は海外に輸出されており、主に香港や台湾の日系スーパーで販売されている。一方の自社販売のチルド商品は、全国の中央卸売市場へ出荷しており、最終的な販売先は各地の個人経営の料理屋である。

　委託加工品である冷凍品の主な用途は、鍋の具材や焼きガニなどの家庭用

の食材としての利用が一般的である。惣菜の原料となることはほとんどない。ズワイガニは単価が高いため、付加価値をつけるのが難しい商品である。実際、Ａ社で行われている加工作業も、ズワイガニを部位に解体し、剥き身にしてサイズを揃えて箱詰めするなどの作業が中心である。

⑵地域経済との関わり

　近年、全国的にカニの加工業者は減っており、国内のカニ加工業は境港市に集約されつつある。しかし同時に、境港市内でも加工業者の高齢化が進んでいる。これはＡ社が一部の加工作業を委託する下請け企業についても例外ではない。このＡ社の下請け企業には後継者がいないため、数年先には廃業となる可能性が高い。そのためＡ社は市内で委託している作業を中心に、海外アウトソーシングを計画しているという。

　こうした海外移転の計画に少なからぬ影響を与えているのが、TPP11（CPTPP、環太平洋パートナーシップに関する包括的および先進的な協定）である。すでにＡ社は取引商社と協力して海外アウトソーシングの実証実験を進めている。具体的には、日本に輸入された冷凍ズワイガニを大阪経由で中国山東省煙台市へ運び、現地で加工作業を行ったのちに日本へ持ち帰り、境港市のＡ社工場で箱詰めして出荷している。しかし今後はTPP11の恩恵を受けるために、ズワイガニ産地のカナダからベトナムへ直接原料を送り、ベトナムで加工した商品を日本市場やアジア市場へ出荷したいという。日本はもとよりカナダもベトナムもTPP11加盟国であるため、TPP11でベトナムの若く安い労働力に容易にアクセスできるようになるとの期待は大きい。

　こうしたTPP11への期待は、Ａ社で働くベトナム人技能実習生の存在によっても裏付けられている。境港市のＡ社工場にはベトナム人技能実習生が常時20人ほど働いているが、ベトナムのホーチミン市にある取引商社の工場にも、かつてＡ社が技能実習生として受け入れていたベトナム人従業員が働いている。また境港市内にはベトナム人技能実習生を受け入れる組合ができており、すでに100人以上の受け入れ実績があるという。Ａ社としては、ベトナムの商社工場で日本語のできる従業員が増えてくれば、本格的に海外アウトソーシングを進めたいとのことである。

2　B社の事例

⑴仕入／販売等の取引の特徴

　B社は従業員100人、資本金3200万円の中小企業である。主な事業は国産モズク製品の製造・販売である。主力製品は小口にパッケージされた味付けモズクである。ほかにもアジの南蛮漬けやモズク由来の健康食品であるフコイダンを製造・販売している。B社の売上高の8割はモズク関連の製品が占めており、残り2割がアジの南蛮漬けである。

　B社のモズク製品は、一部で島根県隠岐諸島の天然モズク（岩モズク）を主原料としているほかは、大半の製品で沖縄県産の養殖モズク（太モズク）を利用している[10]。沖縄県産の養殖モズクは収穫期が2～5月であるため、その期間に1年分のモズクを産地から直接仕入れている。

　売上の2割を占めるアジの南蛮漬けの主原料は、境港で水揚げされる豆アジ（小アジ）である。アジの加工作業は境港市内の下請け企業に委託している。B社では加工済みのアジを油で揚げて三杯酢に漬け込み、野菜をもりつけてパック詰めしたものを出荷している。

　B社の主な販売先は、関東や関西の大手生協である。また地域別の出荷割合は、おおよそ関東5割、関西3割、そのほか2割である。B社は1980年代後半に個人企業から株式会社へ組織変更を行い、事業規模も現在の規模に拡大した。この成長のきっかけとなったのが、生協との取引であった。関西の大手生協と取引を始めてから、味付けモズクの販売が一気に増えた。それから工場や設備を増強し、味付けモズクとアジの南蛮漬けを全国の生協に販売するようになった。

　このようにB社では生協が主な販売先であることから、品質管理面で相応の努力をしているという。一例として、B社はHACCPやFSSC22000、ハラール認証など、各種の食品安全に関わる認証を取得している。生協の消費者は品質、味、添加物の有無など、食品への関心が高いため、そのことを意識した製品づくりを行っている。B社では方針として、「多少高価格であっても、品質の良いものを販売する」ことを目指しているという。

(2)地域経済との関わり

B社が個人企業であった時代には、島根県隠岐諸島産の天然モズクを主に扱っていたが、天然モズクは養殖モズクと比べて生産量が少なく価格も高い。そのため現在では沖縄県産の養殖モズクが主原料となっており、主力製品の原料調達では境港市に立地する利点は薄まっている。しかし売上の2割を占めるアジの南蛮漬けの主原料は地元調達であり、その加工を委託する市内の下請け企業の存在も大きい。

またB社では味付けモズクやアジの南蛮漬けの製造工程において、酢や醤油、味醂などを大量に使用している。こうした調味料は境港市や松江市などの圏域の企業から仕入れている。したがってB社による全国の生協向けの食料品の製造・販売を起点として、圏域には主原料の一部、調味料、パッケージ容器等の製造・販売につながる需要の連鎖（後方連関効果）が形成されているとみることができる。

3　C社の事例
(1)仕入／販売等の取引の特徴

C社は従業員128人、資本金1億2500万円の中小企業である。ヒアリングを行った3社の中では最も規模が大きい。そのほか資本関係においても、東京本社の大手水産会社の完全子会社であるといった、他の2社とは異なる特徴を持っている。C社の親会社は、日本の国内外に多数の子会社・関連会社を持つ多国籍企業である。C社は2013年、親会社の100％出資により設立された。

C社の主な事業は、国産ギンザケの養殖・加工である。2011年3月の東日本大震災により、C社の親会社が三陸地方で行っていた国産ギンザケの養殖・加工の事業所が被災したため、震災後に境港市へ拠点を移して再スタートを切ったという経緯がある。また境港市への移転にあたり、鳥取県と境港市の誘致活動があったことや、すでに別の子会社が境港市内にあったことから、当初より好意的に受け入れられたという。こうした地元との良好な関係により、美保湾で国産ギンザケの養殖事業を行うために必要な漁業権もスム

ーズに取得できたそうである。

　C社は2つの事業部門に分かれており、生産（養殖）部門と加工部門がある。生産部門には、①外部から買い付けたギンザケの受精卵を孵化させ、稚魚を淡水養殖場で1年間かけて育てる淡水養殖と、②境港市の沖合に設置した海面いけすで半年間かけて稚魚を成魚に育てる海上養殖の2つの工程がある。一方の加工部門では、出荷時に船で海面いけすをC社前まで運び、成魚をフィッシュポンプで工場内に水揚げする。そして活締め作業を行ったのち、加工ラインで加工処理とパッケージングを行い出荷するというのが、作業の一連の流れである。

　また生産部門では、ギンザケの稚魚を鳥取県西部の大山にある複数の淡水養殖場で育てている。この淡水養殖の工程では、C社所有の淡水養殖場で飼育するほか、他社への生産委託や他社で育成された稚魚を買い取ることにより、大山周辺で稚魚の育成や調達をすべて行っている。

　養殖魚の餌にはペレット状の配合飼料が用いられている。これは国内の大手飼料メーカーや親会社から仕入れているが、仕入れ先は必ず親会社とは決まっておらず、C社が形状や粘度等の仕様を指定したうえで、メーカー各社の相見積もりで決定することになっている[11]。このようにC社は餌の仕入れ先を独自に決定できるのだが、圏域内には供給元となるメーカーがないため、全量が圏域外からの調達となっている。

　他方の販売については、C社の製品が国産ギンザケ市場で占めるシェアは、推計で約15〜20％に達する。C社の製品には親会社のロゴマークが付されており、親会社が持つブランド力と販売網を利用した商品であることは明らかである。しかしまた、「境港サーモン」という産地名を冠した商品として全国販売されていることから、日本海や水産都市をイメージさせる「境港」を地域ブランドとして前面に押し出すことで、チリ産サーモン等の輸入品との差別化が図られていることも確かである。

(2)地域経済との関わり

　C社がギンザケの稚魚を育成する淡水養殖場は、大山の湧水により年間を通じて水温が低く綺麗な水が利用できる環境にある。こうした自然環境を利

用して、C社は1年間かけて100万尾以上の稚魚を生産している。そして大山の淡水養殖場からC社までは、車で約1時間～1時間半の距離である。育成した稚魚を境港市沖合の海面いけすに移す際には、一度C社に運び込んで一晩養生させるのであるが、この間の移動は飼育水を満載した活魚運搬車（トラック）になるため、移動距離は短い方が良い。C社の立地はこうした大山と美保湾の山と海の自然環境を利用できる地理的位置にあり、ヒアリングを行った3社の中でも圏域の地理的優位性を活かした事業を行っているといえる。

　またC社では受精卵の自社採卵にも取り組んでおり、鳥取県内に新たな採卵施設を作って採卵や育種の研究を行っている。C社ではこうした取り組みにより、圏域とその周辺地域において、国産ギンザケの採卵から養殖、加工までの一貫生産を実現できる体制づくりを目指している。

おわりに

　本章の結論を述べるにあたり、各社の域内／域外取引の特徴をまとめておきたい。A社の主な製品は輸入ズワイガニの加工品だが、これは3社の製品の中で最も原料単価が高く、製造・加工で付加価値を付けにくい製品である。このためA社にとって、原料の仕入れ量を確保しつつ仕入れ原価を低く抑えることが経営上の優先課題となっている。また製造・加工でかかる主なコストは人件費であるため、とりわけ付加価値がつけにくい製品では、人件費をいかに低く抑えるかが重大な経営課題となる。こうしたことからA社では、安価で量を確保できる外国産原料を用い、若く健康で安価な労働力としてベトナム人技能実習生を利用しながら、さらにTPP11を機に東京や大阪の商社と協力してベトナムへの海外アウトソーシングを検討しているのである。

　B社の主な製品は国産のモズク製品である。B社では事業拡大の過程で、主原料が地元の隠岐諸島で採れる天然モズクから、沖縄県産の養殖モズクに切り替わっている。販売先である生協の求める供給量を確保するには、安価で大量調達が可能な養殖モズクへシフトするのは避けられなかったといえる。

その一方で、B社の売上の2割を占めるアジの南蛮漬けで用いられるのはすべて地元産のアジであり、その加工は境港市内の他社への委託で行われている。さらにB社が製造工程で大量に用いる酢や醤油などの調味料は、境港市や松江市などの圏域の企業から仕入れられている。今回の調査結果の中では、とくにB社の事例に外需と地域経済循環の有機的連関の存在を見出すことができよう。

　C社は圏域内で国産ギンザケの養殖・加工を行う多国籍企業の完全子会社である。また東日本大震災後に境港市へ移転してきた「誘致企業」でもある。とはいえC社は3社の中で最も圏域の地理的優位性を活かした事業を行っており、また仕入れ先を自社で決定できることや独自に研究開発も行っていることから、親会社から一定の裁量権を与えられた企業であろう。このためC社を圏域の地域企業とみてよいのだが、一方でC社の事業モデルは垂直統合型であり、圏域内で一社完結型のサプライチェーンを形成することを目指している。そのため稚魚の生産委託を除けば、仕入れで他社との取引や協業関係は生まれにくい。

　他方で、ふるさと納税サイトの「ふるさとチョイス」で「境港サーモン」を検索すると、複数の返礼品がヒットする[12]。そのなかには「境港サーモンのクリームコロッケ」や「吾左衛門ずし3本セット　カニ／穴子／境港サーモン」など、圏域の他社製品で原料に「境港サーモン」を利用したものがある。こうした事実から、C社の地域ブランドを前面に押し出した製品展開により、圏域の企業には、ブランド原料を用いた製品を開発・製造・販売できる途が拓かれたことがわかる。言い換えれば、C社を起点として、圏域では供給の連鎖（前方連関効果）が発生しているといえる。

　工業統計表によれば、2018年の日本の製造業全体に占める食料品製造業のシェアは、事業所数では13.2％（第2位）、従業者数では14.7％（第1位）となっている[13]。このように食料品製造業は日本の代表的な製造業の一つであり、全国各地に存在する最も一般的な製造業だといえる。今回の調査で明らかになったのは、食料品製造業における域内／域外取引のリンケージは、製品ごとに違いが大きいことである。ヒアリングを行った3社のように、仕

入/販売ともに域外取引が中心であったとしても、A社やC社のように製品が素材的で一次産品に近く、食料品製造業の中でも川上に位置する場合には、製品の素材的特性から付加価値が付けやすいかどうかで、主に前方連関効果による地域への経済波及の大きさは左右される。またB社の製品のように最終財に近く川下に位置する場合は、販売先のバイヤーや消費者の選好に加えて、企業が持つ他の地域企業との取引関係や協業関係についての経営思想および経営方針により、製品の製造・販売が地域にもたらす後方連関効果の大きさは変化する。

　いずれにしても、地域企業の域外販売が与える地域経済循環への影響は一様ではない。しかし食料品製造業においては、企業と製品に多様性があれば、それだけ地域経済循環への正の影響も生まれやすいのではないかと思われる。

注

1　本章の「はじめに」から「2　アンケート調査の結果とヒアリング調査の概要」までの内容は、渡邉英俊「山陰地方における域内/域外取引の構造と物流問題—中海・宍道湖・大山圏域の事業所アンケートの結果をもとに—」『経済科学論集』第44号、2018年3月の一部を書き改めたものである。

2　国は2019年に改訂版「まち・ひと・しごと創生長期ビジョン」と第2期「まち・ひと・しごと創生総合戦略」の閣議決定を行った。それを受けて島根県では、2020年3月に県の施策運営の総合的・基本的な指針として、最上位の行政計画と位置づける「島根創生計画」を決定している（https://www.pref.shimane.lg.jp/admin/seisaku/keikaku/shimanesousei/、2022年1月12日閲覧）。

3　中小企業庁『2015年版中小企業白書』同庁、427頁。

4　岡田知弘『地域づくりの経済学入門—地域内再投資力論—［増補改訂版］』自治体研究社、2020年。中村良平『まちづくり構造改革Ⅱ』日本加除出版、2019年。

5　中海・宍道湖・大山圏域は、5市（米子市、境港市、松江市、出雲市、安来市）、大山周辺の西伯郡4町村（日吉津村、大山町、南部町、伯耆町）と日野郡3町（日南町、日野町、江府町）の合計5市7町村からなる。

6　中海・宍道湖・大山圏域における平成の市町村合併の時期は2004〜05年が大半であり、東出雲町と斐川町のみ2011年に実施された。

7　アンケート調査の詳細な結果については、渡邉英俊「山陰地方における域内/域外取引の構造と物流問題—中海・宍道湖・大山圏域の事業所アンケートの結果をもとに—」『経済科学論集』第44号、2018年3月をご参照いただきたい。

第14章　地域企業の域内/域外取引と地域経済循環　　313

8 ヒアリング調査の実施日は、A 社が 2018 年 8 月 6 日、B 社が 2018 年 8 月 8 日、C 社が 2019 年 8 月 23 日である。調査では各社の事業所に赴き、担当者から聞き取りを行った。

9 地域未来牽引企業については、経済産業省 HP を参照（https://www.meti.go.jp/policy/sme_chiiki/chiiki_kenin_kigyou/index.html、2021 年 12 月 22 日閲覧）。

10 これは B 社の製品に限ったことではなく、ほとんどの国産モズク製品には沖縄や奄美大島で養殖された太モズクが使われている。原料モズクの生産量でこれらの地域に代わる産地は、現在のところ存在しない。

11 C 社の親会社である大手水産会社元社長の垣添直也氏によれば、C 社の養殖飼料には主としてニッスイ伊万里工場（現ファームチョイス㈱）で生産したものを使っており、それにより製品のトレーサビリティを確保しているという。これは筆者が C 社担当者から直接聞き取った内容とは異なる。垣添直也「境港から地方創生を想う―『夢』が生み出し、残したもの―」『全水卸』第 361 号、2017 年 5 月、12 頁を参照。

12 https://www.furusato-tax.jp/?header（2022 年 1 月 6 日閲覧）。

13 経済産業省『2019 年工業統計表　産業別統計表』より算出。

第 **15** 章

地域経済循環の構築における地理的表示制度の
可能性と課題
―愛知県の八丁味噌を事例として―

関根佳恵

はじめに

　グローバル化の進展と貿易自由化を背景に、日本の農産物・食品分野は深刻な状況に直面している。GATT ウルグアイ・ラウンド交渉（1986～94 年）から WTO 体制（1995 年発足）、環太平洋パートナーシップに関する包括的及び先進的な協定（CPTPP、2018 年発効）、日 EU 経済連携協定（以下、日欧 EPA、2019 年発効）、日米貿易協定（2020 年発効）、および地域的な包括的経済連携協定（RCEP、2022 年発効）へと続く道を歩む中で、農産物・食品の輸入量は激増し、食料自給率は過去最低の水準（カロリーベース 38 ％、2023 年概算）をさまよっている。農業就業者の高齢化率は 7 割を超えた（2019 年）。また、農山漁村地域では過疎化と高齢化が急速に進み、集落の機能が低下するとともに、頻発する鳥獣害や気象災害も相まって耕作放棄地（全農地の約 1 割、2015 年）の増加につながっている。さらに、和食がユネスコの世界無形文化遺産に登録（2013 年）されても、米や味噌の消費量は年々減少し、伝統食品やその製造技術を持つ職人、および中小零細事業者が姿を消しつつある。

　こうした危機的状況において、近年注目されているのが、多様な食農ラベリング制度である。同制度は、市場経済システムの下では消滅の可能性が高い伝統的で高品質な地域の農産物・食品に焦点を当て、その歴史、技術、生

産者、および地域の固有品種等に対してラベル認証を行うことで、食の遺産としての継承を目指す制度である[1]。日本で2015年に導入された地理的表示制度（以下、GI制度）は、その一形態である。GI制度の活用により、地域の伝統的な農産物・食品の生産が発展し、ひいては地域経済循環の構築や地域内再投資力[2]の向上につながることが期待されている。

　しかし、愛知県の伝統食品である八丁味噌のGI登録をめぐる問題が2017年に発生したことで、日本型GI制度の矛盾・課題が浮き彫りになった。本章では、この事例に着目し、地域経済循環の構築におけるGI制度の可能性と課題を明らかにすることを課題とする[3]。

1　地域経済循環と農業・食品産業

1　地域経済循環をめぐる議論と政策の展開

　近年、経済界では、循環経済を意味する「サーキュラー・エコノミー」が脚光を浴びている[4]。ピーク・オイル論が盛んになり、環境破壊による経済成長の阻害リスクが顕在化する中、2012年の世界経済フォーラムでサーキュラー・エコノミーの潜在力を定量化した報告書が発表されると[5]、欧米の多国籍企業は先を争うように経営戦略にこの新しい概念を導入し始めるようになった。確かに、多国籍企業やそのサプライチェーンが資源の有限性に気づき、環境や気候危機に配慮することは有意義であるが、その議論の中心は資源・エネルギーのリサイクルによって自社の経営コストを削減し、競争優位に立つことにある[6]。農業・食料分野で期待されているのは、遺伝子組み換え技術や植物工場であり、そこに農業生産者や中小零細規模の食品事業者、労働者の姿、および地域社会の未来像は描かれていない。

　こうした多国籍企業のためのサーキュラー・エコノミー論とは対照的に、岡田知弘氏の地域経済循環論とそれを支える地域内再投資力論は、上記の議論では捨象されている地域社会と地球の持続可能性を維持することに主眼が置かれている[7]。特に農業・食料分野では、地域に根ざした農業生産者、農業協同組合、食品事業者、旅館等の観光産業、地方自治体、住民等が、地域

経済循環の活性化および地域内再投資力の向上の主役と位置づけられている[8]。逆に、同じ地域づくりでも、大分県の一村一品運動のように特産物の製造が大手企業一社に集中した場合、地域への波及効果は小さく、輸入原料や都市市場に依存していれば、一層脆弱性が高まることも指摘している。

このように農村地域の循環経済をめぐる議論が活発化する中、世界各地ではどのような政策が展開されているのだろうか。まず欧州連合（EU）に注目すると、2019年に発表された政策パッケージ「欧州グリーン・ディール」の一環として、2020年に「農場から食卓までの戦略」と「サーキュラー・エコノミー行動計画」が策定された。EUの一連の政策は、国際競争力を高めるために資源・エネルギーの浪費を見直す点では世界経済フォーラムの議論と整合的だが、その目的は、人びと、地域、および都市のための循環経済を目指すことだとしている[9]。また、2023年に始まった新共通農業政策（CAP）改革では、国連の持続可能な開発目標（SDGs）やパリ協定、国連「家族農業の10年」等の国際的潮流も受けて、環境政策を強化するとともに大規模農業生産者への直接支払交付金を減額し、地域経済・社会の活性化の担い手である小規模農業生産者への再配分を強化している[10]。さらに、地理的表示制度に持続可能性指標を追加し、持続可能な農業・食品産業の育成を目指す方向が打ち出されている。

翻って日本では、同じく国際潮流の変化を受けて、環境省が第5次環境基本計画（2018年閣議決定）の中で「地域循環共生圏」の概念を打ち出し、2021年には農林水産省が「みどりの食料システム戦略」を策定した（翌2022年に関連法を制定）。日本の農山漁村では、国の政策に先行して、森里川海をつなぐ流域生態系の連携を通じて環境・社会・経済を維持・発展させる取り組みが、すでに各地で展開されている。政府の政策は、これを後押しするものであるべきだろう。しかし、一連の政策を検討すると、政府が掲げる「Society 5.0」と整合的なスマート技術等が重視されている。今後は、デジタル技術中心ではなく住民主体の政策に転換していくことが求められる。

2　日本の農業・食品産業の位置づけと地域内再投資力

　次に、日本の農業・食品産業の現段階を確認しておこう。日本の GDP に占める農林水産業の割合は 1.2 %（2021 年概算）に過ぎないが、農山漁村では農林水産業は基幹産業である。さらに農林水産業は食料の供給だけでなく、治山治水といった国土保全や防災、生物多様性の維持、環境保全、景観の提供、伝統文化の継承、雇用創出[11]等、公共性の高い多面的機能を果たしている。また、中小零細企業が全体の 99 %を占める食品製造業が GDP に占める割合は 3.5 %（2021 年）であるが、地域経済の重要な柱となっている。

　伝統的に、農林水産業と食品製造業の立地には地理的近接性があり、地域内で生産した原料を用いて加工食品を製造することが一般的であった。郷土食の代表格である味噌は、その好例である。しかし、前述のように貿易自由化が政策的に推進される中で、両者の有機的連関は分断され、今日では味噌を含めて多くの国産加工食品は原料を輸入に依存している。穀物の食料自給率は特に低く（小麦 17 %、大豆 7 %）、家畜飼料の自給率（27 %）よりも低位にとどまっている（2023 年概算）。

　政府は貿易自由化をチャンスととらえ、縮小する国内市場よりも成長する輸出市場を積極的に目指すべきだとしており、第二次安倍政権では 2030 年までに農産物・食品の年間輸出額を 5 兆円とする目標を掲げた（2020 年 3 月閣議決定）。しかし、2020 年には新型コロナウィルス禍に見舞われ、2022 年以降のウクライナとロシアの戦争やインフレ等の影響で世界的に景気が後退する中、目標の達成は困難になっている。いま目指すべきは温室効果ガスの排出を増加する輸出拡大ではなく、地域農業と地場産業としての食品製造業の関係の再構築であり、それによって地域内再投資力を取り戻すことである。そして、地域の農業生産者や中小零細規模の食品事業者、消費を支える地域住民、および伴走者としての地方自治体を、中心的な担い手として位置づけることが求められている。

2　日本における地理的表示制度の展開

1　地理的表示制度の歴史と矛盾

　以上のように、貿易自由化によって国内産地がますます国際価格競争にさらされる中、農業生産者の間では、産地名を消費者に伝えることで輸入品との差別化をはかる取り組みが増えてきた。2017年9月から加工食品の原材料の産地名表示が義務化されたことも、こうした取り組みに追い風となっている。一方、国産・地元産の農産物・食品に安心感を抱くとともに、生産拡大を応援したいと願う消費者にとっても、産地表示は重要な情報である。このような生産者・消費者双方にとっての利点を高めるべく、産地表示から一歩進んで、農産物・食品の産地とその品質や社会的評価を結びつける取り組みとして注目されているのが、GI制度である。

　今日、世界で最も包括的なGIに関する協定は「知的所有権の貿易関連の側面に関する協定」（TRIPS協定、1995年発効）である。同協定によると、GIとは「ある産品に関し、その確立した品質、社会的評価その他の特性が当該産品の地理的原産地に主として帰せられる場合において、当該産品が加盟国の領域又はその領域内の地域若しくは地方を原産地とするものであることを特定する表示」である（TRIPS協定第22条第1項）。同協定では、EUのように独自の法律を制定してGIを保護することも、米国やカナダ、豪州のように商標法に則って保護することも認められているが、EUと米国等との間でGI制度の主導権をめぐる争いが続いている[12]。

　そもそも特定産品の産地を示す原産地呼称の歴史は古く、紀元前にさかのぼる[13]。大航海時代にも、原産地表示は偽装表示を防止し公正な取引をするために重視されていた。18～19世紀には原産地呼称統制に関する国際協定が登場し、20世紀には南欧のフランス、スペイン、イタリアで国内法制が整えられた[14]。この頃までは、偽装による不正競争の防止と消費者保護が、GI制度の主な目的であった。

　しかし、1980年代にGATTウルグアイ・ラウンド交渉で農産物・食品の

貿易自由化交渉が本格化し、WTO 体制への移行による関税引き下げと農業補助金の削減、国際市場競争の拡大が決定的になると、EU はフランスやイタリアの原産地呼称統制制度を原型として 1992 年に GI 制度を整備した。GI 関連法は改正を重ね、2024 年 4 月以降は欧州議会・理事会規則 2024/1143 の下で GI 制度が運用されている[15]。その目的は、新自由主義的政策の下で政府による市場介入措置の選択肢が限定される中、危機に瀕する域内の農業（特に条件不利地域の小規模・家族農業）とその多面的機能を維持することであった[16]。また、近代的技術によって画一的に大量生産される工業的食品との価格競争のなかで、淘汰されつつあった地域固有の伝統食品を保護し、伝統技術やその担い手である中小零細事業者を守ることも、GI 制度に期待された。実際、GI 制度によって農業生産者や食品事業者等の収益性が回復し、関連するツーリズム等への波及効果が農村地域の活性化に貢献している事例が多数あることから、グローバルな市場競争や食と農の工業化の負の影響を緩和する制度として、EU を始めとする国・地域では高く評価されている。

しかし、数々の成功事例がある一方で、GI 制度がその本来の狙いから離れて、工業的農産物・食品を生産する大規模農業や大手企業・多国籍アグリビジネスの経済的効率性の論理にからめとられ、逆に小規模な家族農業や中小零細の伝統食品事業者を市場から排除する事例も報告されている[17]。例えば、原材料の調達範囲を拡大したり、化学農薬・化学肥料および食品添加物を使用したり、伝統的な農法・製法を近代的なそれに置き換えるかたちで生産基準が作成され、事実上、地域農業の活性化や生物多様性の維持、伝統技術の継承、さらには小規模・家族農業や中小零細食品事業者の存続を阻害するケースもみられ、問題視されている[18]。

2 日本の地理的表示制度：EU・「本場の本物」との比較

欧米各国が GI 制度を整備する中、日本政府も各種の GI 制度を段階的に整備してきた（**表 15-1**）。まず、TRIPS 協定が発効した 1995 年には国税庁が酒税法を改正し、清酒、蒸留酒、ぶどう酒等の GI 保護を開始した。続いて、2006 年には特許庁が商標制度にもとづく地域団体商標登録制度をスタート

表 15-1　日本の地理的表示制度と「本場の本物」（2023 年 10 月現在）

	酒類の GI	地域団体商標	地理的表示	本場の本物
対　象	酒類	全財サービス	農産物・食品	農産物・食品
導入年	1995 年	2006 年	2015 年	2005 年
根拠法	酒税法	商標法	GI 法	—
管轄省庁・事業者	国税庁	特許庁	農林水産省	(一社)本場の本物ブランド推進機構
ロ　ゴ	—	地域団体商標 特許庁	日本地理的表示 GI	本の場物 Ⅰ種／本の物場 Ⅱ種
国産品登録数	28 件 （うち海外 0 件）	773 件 （うち海外 3 件）	154 件 （うち海外 6 件）	59 件 （うち海外 0 件）

出所：管轄省庁および事業者ウェブサイト（2024 年 10 月 31 日参照）より筆者作成。

させ、農産物・食品だけでなく伝統工芸品や温泉等のサービスも登録対象とした。これは、商標制度で GI 保護を図る米国等と足並みをそろえたかたちである。その後、日欧 EPA 交渉が本格化すると、EU 型の GI 制度導入と登録産品の相互保護を求める EU の要求に応えて、日本政府は米国への配慮から一転して EU 型の GI 制度導入に舵を切った[19]。

　なお、2005 年に導入された民間認証制度「本場の本物」は、当時、EU 型の GI 制度を法制化できなかった農林水産省の補助事業として(一財)食品産業センターが立ち上げ、2016 年以降は(一社)本場の本物ブランド推進機構が審査・認定業務の運営を行い、(株)T&T ジャパンが販売促進や輸出等を担っている。

　一見すると、日本で 2015 年に導入された EU 型の GI 制度は、EU のそれと同等水準であるような印象を受ける。しかし、法律の条文を比較してみると、そこには大きな違いがある（表 15-2）。すなわち、EU 規則 1151/2012 第 5 条では、PDO と PGI という二種類の GI の設置を定めており、前者は生産工程のすべてが認定地域内で行われることを、後者は生産工程の一部が認定地域内で行われることを登録要件としている。換言すれば、加工食品の場合、前者では原料農産物の産地も認定地域内であることが求められるが、後者で

表 15-2　日本と EU の GI 制度の違い

	GI の種類	登録の要件	ロゴ
EU	原産地呼称保護 （Protected Designation of Origin: PDO）	【欧州議会・理事会規則（EU）1151／2012 第 5 条（1）】 (a) 特定の場所、地域、まれに国を原産地としていること (b) 製品の品質や特性が、本質的または排他的に、自然的・人的要因を備えた固有の自然・地理的環境によるところが大きいこと (c) 生産工程のすべてが一定の地理的領域で行われていること	
	地理的表示保護 （Protected Geographical Indication: PGI）	【欧州議会・理事会規則（EU）1151／2012 第 5 条（2）】 (a) 特定の場所、地域、または国を原産地としていること (b) 製品の品質、評判、その他の特性が、本質的に原産地に起因していること (c) 生産工程の一部が一定の地理的領域で行われていること	
日本	地理的表示 （EU の PGI に相当）	【地理的表示法　第二条 2 項】 (a) 特定の場所、地域又は国を生産地とするものであること (b) 品質、社会的評価その他の確立した特性が前号の生産地に主として帰せられるものであること	

出所：EU 理事会規則 1151/2012 および特定農林水産物等の名称の保護に関する法律（地理的表示法）より作成。
注：EU の地理的表示の分類は、EU 議会・理事会規則 2024/1143 に引き継がれている。

は認定地域外（EU 域内）で生産された農産物を原料とすることが認められる。一方、日本の地理的表示法では、条文の第 2 条 2 項に、そのような定めが明記されていない。すなわち、日本では、輸入品の原料農産物も認められているのである。これは、民間認証制度の「本場の本物」が、EU の二段階認証を模範として、PDO に相当する「I 種」と PGI に相当する「II 種」を区分して登録しているのとは対照的である（表 15-1）。

　農林水産省は、PDO に相当する認証を導入しなかった理由として、（1）日本の農業・食品産業が輸入原料・飼料への依存度が高く、PDO に登録できる農産物・食品が少ないこと、（2）消費者に分かりやすいシンプルな制度にすることをあげている[20]。しかし、実際には地元産原料を使用した味噌や漬物、地域で放牧した畜産物等も日本では数多くあり、EU では二段階認証による消費者の混乱が生じていないことを考慮すれば、本当の理由は別のところにあると考えられる。すなわち、原料・飼料の輸出国である米国・豪州等への政治的配慮である[21]。残念ながら、日本が PDO を導入しなかったことにより、地域農業と地場食品産業との有機的連携を再構築し、地域経済循環を取り戻す契機として GI 制度を活用する可能性は大きく損なわれてしまった。

322　　第III部　地域内再投資力論／地域内経済循環論のフロンティア

今後、法改正による PDO 導入が強く望まれる。

3　愛知県の GI 八丁味噌をめぐる対立と教訓

1　愛知県の農業と食文化

　以上を踏まえ、日本における GI 制度の実際の展開状況を、愛知県の八丁味噌を事例に検討してみよう。愛知県は、トヨタ自動車に代表される製造業が盛んな地域だが、全国 8 位の農業産出額（2022 年）を誇る全国有数の農業県でもある[22]。特に、キク、バラ、洋ラン、キャベツ、シソ、フキ等の生産では全国 1 位のシェアを誇る。また、「名古屋メシ」として知られる味噌カツや味噌煮込みうどん等の八丁味噌を用いた料理が、郷土の伝統的な食文化となっている。

　八丁味噌は、愛知県西三河地方の岡崎市八丁町（旧八丁村）で[23]、江戸時代から造られてきた伝統食品である[24]。旧八丁村は、東海道と矢作川が交わる水陸交通の要衝であり、八丁味噌の原料である大豆と塩を集積する上で好都合な場所であった。また、八丁味噌は徳川家康を支えた三河武士団の携行食としても記録が残されている。全国の味噌生産量の 8 割は米味噌であるが、温暖で湿度の高い当地では傷みやすいため、米麹の代わりに大豆麹を用いて、これに塩、水を混ぜて発酵させ、木桶で長期熟成させる独特の製法で味噌を製造してきた[25]。これは豆味噌と呼ばれ、古くから東海三県（岐阜県、愛知県、三重県）で生産・消費されてきた。八丁味噌はこの豆味噌の一種として位置づけられる。

　愛知県では、西尾の抹茶（2017 年 3 月登録）、八丁味噌（2017 年 12 月登録）、豊橋なんぶとうがん（2022 年 3 月登録）が GI として保護の対象となった。しかし、西尾の抹茶は産地が GI を取り下げたことで、2020 年 2 月に制度誕生後初の登録取り消しの事例となった[26]。一方、八丁味噌も、岡崎市八丁町の老舗 2 社（合資会社八丁味噌［通称カクキュー］と株式会社まるや八丁味噌［通称まるや］）が組織する八丁味噌協同組合（以下、八丁組合）と愛知県味噌溜醤油工業協同組合（以下、県組合）の間で、登録内容をめぐる対

第 15 章　地域経済循環の構築における地理的表示制度の可能性と課題　　323

立が生じている[27]。日本の GI 制度の課題を検討する上で、愛知県の GI 産品は多くの教訓を示している。

2　八丁味噌の GI 登録：老舗と大手メーカーの対立

　八丁味噌の名称をめぐる議論の歴史は長い（表15-3）。1980年代には商標登録に関する裁判が起こされたが、このとき東京高裁は、「八丁味噌」という呼称を、岡崎市を主産地とする豆味噌の一種をさす普通名称であるとの判断を示した[28]。2006年には、新たに導入された地域団体商標登録制度の下で、八丁組合と県組合の双方がそれぞれ「八丁味噌」と「愛知八丁味噌」を特許庁に出願した。このときは、二者の間で合意形成ができていないことを理由に登録されず、いずれも出願を取り下げた。こうした経緯の中で、八丁組合と県組合の間では、名称の使用権だけでなく、前者が重んじる伝統製法と後者（特に県組合加盟の大手食品メーカー）が重んじる近代的技術という製法をめぐる認識に埋めがたい溝が生じたため、ついに2009年に前者は後者から離脱し、味噌生産者の全国組織からも脱退するに至った。

　2015年6月に GI 登録が始まると、八丁組合はすぐに GI「八丁味噌」を申請し、それを追う形で県組合も申請を行った。しかし、両者が申請した生産基準（明細書、生産工程管理業務規定等）[29]は、大きく異なっていた（表15-4）。前者は、産地を岡崎市八帖町（現・八丁町）に限定し、原料は大豆と塩のみで、2年間木桶で天然醸造するという厳しい基準を定めている。また、木桶の重しは矢作川の河原の天然石を用い、熟練の職人たちが岡崎城の石垣を積んだ穴太衆に由来する工法で円錐状に積み上げることを定めている（写真15-1）。すなわち、八丁組合の八丁味噌とは、伝統技術と歴史、地理、職人技の集大成といえる。これに対して後者は、産地を愛知県全域に拡大し、生産基準には明記していないものの、食品添加物としてアルコール添加を事実上認めている。さらに、醸造桶は木桶以外にステンレス製タンクも認め、温度調整によって醸造期間を速める近代的製法を認めている。つまり後者は、伝統的製法ではなく、既存の豆味噌と変わらない製法も容認していると考えられる[30]。

表 15-3　八丁味噌の商標、地域団体商標および地理的表示の登録をめぐる歴史

年月日	事象
1983 年	カクキューが社名「合資会社八丁味噌」を商標出願したが、特許庁が拒絶
1989 年	東京高等裁判所は「八丁味噌」を普通名称と判決
2005 年 4 月 13 日	八丁組合設立
2006 年 2 月 3 月 4 月	県組合が商標「八丁味噌」を出願、特許庁が拒絶査定 八丁組合が地域団体商標「八丁味噌」出願、後に申請取り下げ 県組合が地域団体商標「愛知八丁味噌」出願、後に申請取り下げ
2009 年 3 月	八丁組合が県組合、全国味噌工業協同組合連合会を脱退
2015 年 6 月 1 日 6 月 24 日	八丁組合が GI「八丁味噌」登録申請（産地：岡崎市八帖町） 県組合が GI「八丁味噌」登録申請（産地：愛知県内）
2017 年 6 月 15 日 2017 年 12 月 15 日	八丁組合が GI 申請取り下げ 県組合が申請した GI「八丁味噌」が登録される
2018 年 1 月 3 月 14 日 3 月 21 日 3 月 26 日 5 月 29 日	マスメディア各社が県組合の GI 登録を大きく報じる 八丁組合が農林水産省に不服審査請求を申立 岡崎市議会が意見書採択 市長・市議会議長が農水副大臣に意見書手交 岡崎の伝統を未来につなぐ会発足、署名活動開始
2019 年 9 月 27 日	農林水産省と八丁組合がそれぞれ弁明を複数回行う 総務省行政不服審査会が農林水産省の決定が妥当でないと答申
2020 年 3 月 19 日 3 月〜12 月	農林水産省が「八丁味噌」の GI 登録に関する第三者委員会を設置 第 1 回〜第 4 回同委員会開催
2021 年 3 月 12 日 3 月 19 日 9 月 17 日	第三者委員会が報告書発表 農林水産省が八丁組合による GI 登録取り消し請求を棄却する裁決を発表 まるや八丁味噌が農林水産省に対して GI 八丁味噌の登録取り消しを求める訴えを東京地方裁判所に起こす
2022 年 6 月 28 日 7 月 8 日	東京地方裁判所がまるや八丁味噌の訴えを棄却 まるや八丁味噌は東京高等裁判所に控訴状を提出
2023 年 1 月 27 日 3 月 8 日 3 月 16 日	岡崎市は八帖町の町名を八丁町に変更することを決定 東京高等裁判所はまるや八丁味噌の控訴を棄却 まるや八丁味噌は最高裁判所に上告
2024 年 3 月 6 日 7 月 30 日	最高裁判所がまるや八丁味噌の上告を棄却 八丁組合は GI「八丁味噌」の生産者団体としての登録を農林水産省に申請

出所：インタビュー調査、メディア報道、各社ウェブサイト、農林水産省ウェブサイト等より作成。

表 15-4　GI 八丁味噌の登録申請における八丁組合と県組合の生産基準の違い

申請者		八丁味噌協同組合	愛知県味噌溜醤油工業協同組合
味噌生産者		合資会社八丁味噌（カクキュー） 株式会社まるや八丁味噌（まるや）	株式会社中利、合資会社野田味噌商店 盛田株式会社、イチビキ株式会社 ナカモ株式会社、佐藤醸造株式会社
産地の範囲		愛知県岡崎市八帖町（旧八丁村、現八丁町）	愛知県全域
生産方法	原料	大豆（輸入可）、塩のみ	大豆（輸入可）、塩（アルコール添加可）
	味噌玉・豆麹	握り拳ほどの大きさ	直径 20mm 以上、長さ 50mm 以上
	仕込み容器	木桶	タンク（醸造桶）（ステンレス製可）
	容器の重し	天然石の重石を木桶の上に円錐状に組み上げる（3t/桶）	重しの形状は問わない
	温度調整の有無	天然醸造（温度調整しない）	温度調整可
	熟成期間	二夏二冬（24 か月以上）	一夏（3 か月）以上、温度調整する場合は 25℃以上で 10 か月以上
特徴	外見	つやのある黒味を帯びた褐色。アミノ酸の結晶を見出せる。	赤褐色で色が濃い
	味・香り	渋み、苦味、酸味、甘味、こなれた塩味、旨味による濃厚なコクと特有の香り	適度な酸味、旨味、苦渋味あり

注：食品表示法により、原料には麹と水を表記しない。
出所：インタビュー調査および GI 八丁味噌の「特定農林水産物登録簿」より作成。

　こうした生産基準の違いは、味噌の品質に大きく影響すると考えられるが、農林水産省の GI 学識経験者委員会の加工食品等の専門部会は、科学的分析や官能検査を実施することなく、書類審査のみで両者の違いは「あまりない」と判断した[31]。さらに、同省は、八丁組合の指定産地が岡崎市八帖町（現・八丁町）に限定されていることは、すでに昭和初期頃には名称使用が八帖町以外のメーカーにも拡大していることからも[32]、また海外での人気が期待される味噌の輸出拡大においても不適切だとの認識を示し、八丁組合に対して愛知県全域に産地を拡げるよう要請した。これに対して、八丁組合がその要請には応じられない旨を伝えると、同省から八丁味噌の GI 登録は難しい旨を伝えられたため、同組合は地域団体商標の出願取り下げの経緯と同様だと受け止め、2017 年 6 月に GI 申請を取り下げた（表 15-3）。ところが、同省はその後、県組合が申請した GI 登録を 2017 年 12 月に承認したのである。

写真 15-1　まるやの八丁味噌の仕込み―木桶と石積み―
出所：2024 年まるや提供。

　同省のこうした判断の背景には、2017 年 12 月に妥結した日欧 EPA のスケジュールに合わせて八丁味噌の GI 登録を急ぎ、EU 域内で保護される日本の GI 産品リストに加えたいという意図があったと考えられる。加えて、中国等で日本の産品名の商標登録申請が増えていたという事情もあり、八丁味噌の名称保護に先手を打ちたいという焦りも働いた可能性がある。

　こうして、県組合の GI 登録により、岡崎市の老舗が製造する伝統製法の八丁味噌が、GI 法によって製品名に使用することが禁止される[33]という異例の事態が生じることになった。これは、地域の伝統産品の名称ならびに産品、生産者、ひいては消費者保護という GI 法の目的に反することから、2018年 3 月に八丁組合は行政不服審査請求を行うとともに、地元の岡崎市議会ならびに市長も、農林水産省に利害関係者の合意形成を促す指導・調整をするよう要望した。さらに、同年 5 月には、地元住民等が県組合の GI 登録見直しを同省に求める署名を開始し、その数は 2023 年 10 月までに 10 万 3080 筆にのぼった。

その過程で、2019年9月には、総務省行政不服審査会が「農林水産省による県組合のGI登録は妥当ではない」との判断を示したことから、農林水産省は2020年3月に自ら選定した委員で構成される「第三者委員会」を設置して検討を開始した。しかし、同委員会の最終報告書（2021年3月）は農林水産省の主張を追認する内容になっており、行政不服審査会の結論とは反対に、県組合のGI登録を支持した。この報告書を根拠として、農林水産省は同月、八丁組合によるGI八丁味噌の登録取り消しの請求を棄却する裁決を下したが、八丁組合に加盟する株式会社まるや八丁組合はこれを不服として、2021年9月に農林水産省にGI八丁味噌の登録取り消しを求める訴えを東京地方裁判所に起こした。同社は、日本のGI制度に一石を投じたいとしているが、2022年6月28日にこの訴えは棄却された。まるやは、同年7月8日に東京高等裁判所に控訴状を提出したが、東京高等裁判所は2023年3月8日にこれを棄却した。同年3月16日にまるやはこれを不服として最高裁判所に上告したが、2024年3月6日に最高裁判所はこれを棄却した。東京地裁、東京高等裁判所、および最高裁判所の裁定理由は、いずれも出訴時期がGI法の定める期限（事由の発生から6か月）を超えていたからだとしている。しかし、まるやが加盟する八丁組合は、事由の発生から3か月以内に農林水産省に不服審査請求を申し立てており、GI法の定める期限に関する当局から当事者への情報提供が不十分だったといえる。同年7月30日に、八丁組合はGI八丁味噌の生産者団体としての登録を農林水産省に申請した。

おわりに

　本章では、八丁味噌のGI登録をめぐる問題を事例に、地域経済循環の構築におけるGI制度の可能性と課題について検討してきた。最後に、全体を総括しておこう。

　GI制度は、グローバル化の中で周縁化される伝統的農産物・食品の保護を通じて、地域経済発展に役立つ有力な手段として、世界的に注目されている。こうした取り組みはEUが先行しており、地域の伝統産品を保護し、技術、

生物多様性、生産者・事業者の維持・発展、ひいては地域経済・社会の活性化につながる取り組みであると評価されている。しかし、EU においても、GI の生産基準に大手企業の経営論理、近代的技術、改良品種が持ち込まれ、中小零細の生産者・事業者や伝統的技術・品種が存続の危機にさらされるケースも指摘されている。それに対して、本章で取り上げた八丁味噌をめぐる伝統的製造業者の疎外事例が示すように、日本の GI 制度でも、EU と同様の懸念がまさに生じている。

　さらに、日本の GI 制度の重大な欠陥として、EU の PDO に相当する基準の欠如が挙げられる。その結果、地元産の伝統品種の大豆で造られた味噌も、輸入大豆（遺伝子組み換え大豆を含む）で造られた味噌も、同じ GI として登録されることになる。このような GI 制度の下では、地域農業と地場産業の食品加工業との連携構築を促すことは困難である。これは、類似の地理的認証である「本場の本物」認証が「三河産大豆の八丁味噌」を I 種として登録していることとは対照的である[34]。日本の GI 制度および八丁味噌の登録問題の根底には、地域固有の伝統産品保護や地域経済循環よりも、輸出拡大を至上命題とする政府の新自由主義的政策と日本の外交的立場の弱さが潜んでいる。今後、GI 法を改正して PDO 相当の基準を新たに導入するとともに、制度の運用を見直して、より厳格で透明性が高く客観的な品質評価システムを導入することで、こうした課題を克服していく必要がある。八丁味噌の GI 登録は、新制度の下で透明性と客観性の高い審査をやり直す必要があるだろう。

　最後に、八丁味噌の GI 登録問題を受けて、現行の GI 制度に対して正面から異を唱えるボトムアップの食料運動が登場している。その主体は、伝統食品の担い手である老舗ならびに地域住民、地方政府・議会、および本物の食と農を追求する消費者運動である。例えば、パルシステム生活協同組合連合会は、GI 登録問題の発生当初から、精力的に問題提起を行い、現行制度の矛盾を訴えてきた[35]。また、複雑な GI 制度の問題を独自の取材で深く掘り下げるジャーナリストや作家等も、国民的議論を喚起する役割を担っている。八丁味噌の GI 登録をめぐる問題は、地域の当事者のみならず、私たちがど

のような農業・食料システムを望むのか、ひいてはどのような未来社会を構築したいのかを問う問題でもある。地域経済循環の構築における GI 制度の可能性は矛盾に満ちているが、こうした主体が目覚めたことは、地域の将来にとって希望といえよう。

謝辞　本章は、日本学術振興会の科学研究費助成事業（若手研究）「食農ラベリング制度の国際比較：地理的表示制度、世界農業遺産、食の世界無形文化遺産」（18K14542）の成果の一部である。本研究のためにインタビュー調査に協力してくださった方々、および専門的知見を共有してくださった EU の GI 研究者らに心から感謝を申し上げる。

［付記］本章は、拙稿「地域経済循環の構築における地理的表示制度の可能性と課題―愛知県の八丁味噌を事例として―」『愛知学院論叢経済学研究』第 11 巻第 2 号、22-38 頁、2024 年 1 月を圧縮し、2024 年 10 月 31 日に情報を更新して再構成したものである。

注

1　食農ラベリング制度とは、公的または民間団体によって設置された農産物・食品の品質に関するラベル認証制度である。なお、ここでいう品質とは五感で知覚できる狭義の品質（味、色、形、香り等）だけでなく、五感で知覚できない社会的品質を含む広義の品質（生物多様性の維持や労働基準の順守等）を指す。

2　地域経済循環および地域内再投資力については、岡田知弘『地域づくりの経済学入門―地域内再投資力論―［増補改訂版］』自治体研究社、2020 年を参照した。

3　なお、本章の研究は、特に断らない限り、2009 年から 2024 年にかけて断続的に実施した関係者へのインタビュー調査に依拠している。インタビュー調査の対象は、農林水産省、特許庁、一般財団法人食品産業センター、株式会社ロワール・アンド・トラディション・ジャパン（T&T ジャパン）、愛知県庁、愛知県味噌溜醤油工業協同組合、八丁味噌協同組合、および両組合所属の複数の味噌メーカー、および EU の GI 専門家である。

4　ピーター・レイシー、ジェシカ・ロング、ウェズレイ・スピンドラー著、アクセンチュア訳、海老原城一監訳『競争優位を実現するサーキュラー・エコノミー・ハンドブック』日本経済新聞出版、2020 年。

5　Ellen Macarthur Foundation, *Towards the Circular Economy: Economic and Business Rationale for an Accelerated Transition*, Ellen Macarthur Foundation, 2013 (first published in 2012).

6　レイシーら、前掲書。

7　岡田、前掲書、81-84 頁。

8　同上書、第 7 章および第 8 章。

9　European Commission, *Circular Economy Action Plan for a Cleaner and More Competitive Europe*, Brussels: European Commission, 2020.

10　関根佳恵「持続可能な社会に資する農業経営体とその多面的価値―2040 年にむけたシナリオ・プランニングの試み―」『農業経済研究』第 92 巻第 3 号、2020 年 12 月、238-252 頁。

11　国連および EU 等の議論に倣い、ここでは、自営業としての農林水産業も広義の雇用創出として捉えている。

12　関根佳恵「GI 制度はどのような役割を果たせるか」『農業と経済』第 81 巻第 12 号、2015 年 12 月、62-70 頁、関根佳恵「農産物・食品の地理的表示保護制度の意義と課題」『農村と都市をむすぶ』第 67 巻第 9 号、2017 年 9 月、26-34 頁。

13　高橋梯二『農林水産物・飲食品の GI―地域の産品の価値を高める制度利用の手引き―』農文協、2015 年。

14　Bonanno, A., Sekine, K. and Feuer, H. N. (eds.), *Geographical Indications and Global Agri-Food: Development and Democratization*, London: Routledge (Earthscan Food and Agriculture), 2019.

15　欧州理事会規則 2023/2411 により、2025 年 12 月からは土地固有の陶器、木工品、織物等の工芸品、および工業製品も GI の保護対象となる予定である。

16　関根、前掲「GI 制度はどのような役割を果たせるか」、および同「農産物・食品の地理的表示保護制度の意義と課題」。

17　Bonanno et al. (eds.), *op. cit.*

18　イタリア発の国際スローフード協会のプレシディオ認証は、こうした GI 制度の矛盾をのり越えようと、化学農薬、食品添加物、および地域の固有品種の利用等に関してより厳格な生産基準を定めている。詳しくは、関根佳恵「食農ラベリング制度を活用したイタリア産トマトの新たな挑戦―SDGs 時代への対応―」『野菜情報』第 190 号、2020 年 1 月、61-77 頁を参照。

19　関根、前掲「GI 制度はどのような役割を果たせるか」、および同「農産物・食品の地理的表示保護制度の意義と課題」。

20　関根、前掲「GI 制度はどのような役割を果たせるか」。

21　農林水産省が GI 制度を策定する過程で、米国やオーストラリアの産業界は、日本が EU 型の GI 制度を導入することに否定的な意見を陳述している。地理的表示保護制度研究会「地理的表示保護制度研究会報告書骨子案」地理的表示保護制度研究会、2012 年を参照した。

22　愛知県『よくわかるあいちの農林水産業』愛知県、2024 年。

23　八丁村の名称の由来は、徳川家康生誕の岡崎城から西に八丁＝約 870m の位置に所在することによる。岡崎市議会は、2022 年 12 月に町名を「八帖町」から「八丁町」に変更した。

24　八丁味噌協同組合ウェブサイト（https://www.hatcho.jp/1-1.html、2020 年 12 月 21 日閲覧）。

25　みそ健康づくり委員会『みそ文化誌』全国味噌工業協同組合連合会・社団法人中央味噌研究所、2001 年。

26　Sekine K., Seeking High-level Authenticity by Emergent Matcha Producers: The Case of GI "Nishio Matcha" in Aichi Prefecture, Japan, A Paper Presented at the International Seminar "From Local to Global, the Challenge of GIs" in Nagoya University on February 22, 2020.

27　Sekine K. and Bonanno, A., "Geographical Indication and Resistance in Global Agri-Food: The Case of Miso in Japan" In Alessandro Bonanno and Steven Wolf（eds.）, *Resistance to the Neoliberal Agri-Food Regime: A Critical Analysis*, London: Routledge, 2018、関根佳恵「地理的表示の制度と課題―地域の伝統食と食の工業化―」第 5 回オーガニックライフスタイル EXPO・第 1 回 SDGs ライフスタイルフォーラム「地理的表示（GI）保護制度と伝統食の価値創造―地域食品のブランド戦略を八丁味噌問題から考える―」2020 年 10 月 17 日（Zoom 開催）、関根、前掲「地域経済循環の構築における地理的表示制度の可能性と課題―愛知県の八丁味噌を事例として―」。

28　「高野豆腐」のように普通名称化したものは、商標、地域団体商標、地理的表示としては登録できない。

29　GI 制度は地域団体商標制度と異なり、産品の名称とともに生産基準を登録することで品質保証の役割を果たす。一度登録した生産基準は再審査なしに変更することはできない。

30　この点について、農林水産省が設置した第三者委員会の委員は、「両組合の『八丁味噌』の製法の差異がある点は認めるべき。『八丁味噌』と一般の豆味噌と差異がなくならないように、熟成期間などの製法について、県組合も登録された生産基準をもう少し厳しくし、歩み寄るべきではないか。」（傍点筆者）と発言した。つまり、同委員は、GI 登録された県組合の八丁味噌の製法は、実質的に一般的な豆味噌の製法と差異が認められないと指摘したことになる。しかし、同委員の発言内容は、不思議なことに第三者委員会が最終的に作成した報告書からは削除された。農林水産省「第四回『八丁味噌』の地理的表示登録に関する第三者委員会　議事概要」2021 年、および「八丁味噌」の地理的表示登録に関する第三者委員会「報告書」（2021 年 3 月 12 日）を参照した。

31　GI 審査の客観性と透明性を高めるためには、科学的分析と官能検査の実施が求められる。EU では大学等の研究機関で品質分析をする費用を政府が補助している。また、専

門家委員会には醸造技術の専門家だけでなく、経済学、地理学、文化人類学等の社会科学者から多角的に意見聴取を行っている。これらの点は今後の日本のGI制度改革の参考になる。

32　農林水産省によると消費者小売で八丁味噌と記載された商品の販売が認められたのは八丁組合のみであることから、県組合の八丁味噌という名称使用は業者向け商品に限られていたと考えられる。GI登録後、県組合のメーカーはGIを冠した八丁味噌の消費者小売を開始したが、多くの消費者は八丁組合の伝統製法で造られたものだと誤認して購入する可能性がある。

33　改正GI法（2018年）によると、GI登録を受けていない八丁組合が製品に八丁味噌の名称を用いることは、2026年以降禁止される。また、同組合の八丁味噌を用いて製造した加工食品、および八丁味噌のGIが保護されているEU市場向けの同組合の輸出品に八丁味噌の名称を用いることとは、GI登録後直ちに禁止できる。なお、改正GI法では、GI登録以前から同一名称を用いてきた生産者に対して、継続使用の権利（先使用権）を認めたことから、八丁組合が申請して認められれば八丁味噌の名称を継続使用できると考えられる。しかし、そのためには当該製品がGI産品でないことを明記する必要がある。農林水産省「農林水産省における知的財産に係る取り組み」農林水産省、2018年12月。

34　愛知県三河地方では、主に水田裏作として大豆と小麦を生産している。特に八丁組合は、地域の伝統品種大豆「矢作」を用いた八丁味噌も生産し、地域農業の振興と伝統品種の復活に尽力している。

35　パルシステム生活協同組合連合会「このままでは『八丁味噌』を名乗れなくなる！？―地理的表示（GI）は、地域の伝統食を守れるのか？―」『KOKOCARA』2018年9月3日付（https://kokocara.pal-system.co.jp/2018/09/03/geographical-indications-hacho-miso/、2021年1月6日閲覧）。パルシステム生活協同組合連合会「GI（地理的表示）保護制度における『八丁味噌』をめぐる問題に新展開。わたしたちの声は国に届くのか？」『KOKOCARA』2020年2月3日付（https://kokocara.pal-system.co.jp/2020/02/03/geographical-indications-hacho-miso2/、2023年10月26日閲覧）。

第16章

地域経済論に基づく地域金融研究の再構築

金　佑榮

はじめに―新たな地域金融研究の必要性と分析視角―

　日本において「地域金融」という言葉が一般的に広く流布されるようになったのは、1990年7月の金融制度調査会金融制度第一委員会中間報告『地域金融のあり方について』がきっかけである。同報告書では「地域金融とは、地域の住民、地元企業及び地方公共団体などのニーズに対する金融サービス」であると規定し、このような機能を担う地域金融機関として、地方銀行と第二地方銀行及び協同組織金融機関（信用金庫と信用組合など）が取り上げられた[1]。

　それ以降、地域金融の役割が注目されるようになり、多くの研究成果が蓄積されてきた。特に2000年代以降は「中小企業金融」「リレーションシップ・バンキング」「地域金融機関の経営」など、主に金融機関という「独立的主体」を対象とする研究が大きな潮流を形成してきた。最近では、新型コロナウイルス感染症の影響もあり、事業継続・事業再生やスタートアップなどの中小企業向け支援についての研究が多数行われている。また、少数ではあるものの、低金利下での地域金融を論じる研究もみられる。

　こうした地域金融研究の特徴と限界は、次の2つにまとめることができる。第1に、分析ツールとしての計量的方法論である。この方法論は、金融機関の経営・財務状況を示す説明変数（預金量や貸出量、店舗数、ROA、自己資

334　第Ⅲ部　地域内再投資力論／地域内経済循環論のフロンティア

本比率、不良債権比率など）のうち、どの変数が地域経済の成長という被説明変数（地域内総生産［GRDP］や製造業出荷額など）に強く影響を及ぼしたのかに力点を置いており、オーソドックスな金融論のみならず、マクロ経済学の世界でも幅広く用いられる手法である。

　しかし、この手法は、分析期間を長期に設定するため、その間に生じる社会経済的な構造変化や諸主体間の相互関係は捨象する傾向がある[2]。社会経済構造を形づくるのは資本や国家、自治体、第3セクター、住民の相互関係であり、地域金融機関の経営行動は、一定の地域をめぐる上記諸主体との相互関係のなかで規定され、そこから独自の機能・役割が生まれる。だが、計量分析では、こうした重要な点を見逃してしまうことになる。また、歴史的にも、日本の地域金融機関は特定の地域を基盤とした地域性の下で誕生し、地域経済・国民経済・世界経済の展開に伴う激しい再編過程を経て現在に至っている。そのため、ある特定の時点で「点」的な存在として自然発生的に成立したものではない点にも留意する必要がある。

　第2に、分析対象としての金融機関の機能を、全国・都道府県レベルで一括りに論じる点である。これは、市町村単位でのデータの不在と関係している。そのため、計量分析に基づく先行研究では、金融機関の経営行動と地域経済との関係性を、営業エリアと本店所在地が合致するという前提で論じられてきた。

　しかし、対象を都道府県よりも狭い地域に絞りこんだ場合、従来の計量的手法では分析不可能である。また、都道府県に本店をおきながら隣接地域や東京等の大都市にも支店を有している地方銀行や、都道府県をすべてカバーしていない小規模な協同組織金融機関の場合も、上記の手法では実態を把握することはできない。したがって、地域経済論の視点から新たな地域金融研究の潮流を築くためには、金融機関の営業エリアと経済単位としての地域の範域とのズレをいかに埋めるのかが重要となる。さらには、地域金融機関の諸機能と地域経済・社会という空間的概念との結合を試みる新たな接近方法も求められよう。

　以上の先行研究の限界に対して、本章では地域経済論から地域金融を捉え

直し、従来の研究の再構築を図りたいと考えている。その際、次の２つの視点を重視したい。第１に、全国・都道府県・市町村といった地域の階層性に即した「地域金融における階層性」を、「制度的階層性」「空間的階層性」「規模的階層性」の３つの階層性に分けて着目する視点である。第２に、地域金融と地域との関係性を、総合性を内包する地域独自の運動法則、すなわち、金融機関の経営指標（諸説明変数）の変化や、地域金融機関と他の経済諸主体との相互関係を掘り下げる視点である。具体的には、金融機関の内外の環境的要因や独自の主体的取り組みの実態を明らかにし、地域経済社会にもたらす含意を考察することである。そのため、本章では地域内経済循環の強化を重視する「地域内再投資力論」の成果を導入し、地域内再投資の一主体である地域金融機関の経営行動と地域経済社会との関係を包括的に把握できる枠組を提示したい[3]。

　なお、このような視角は、地域金融機関を単なる経営体と捉える経営論的視角とは一線を画していることも強調しておきたい。経営論では、金融システムをめぐる国内的・国際的環境変化のなかで、金融機関の経営行動がどう変化するかに焦点を当てながら、経営体としてのサバイバル戦略を論じるものが多い。それに対して、本章では、そうした経営行動の変化が地域経済・社会へ及ぼす影響まで視野に収め、地域金融機関を一経営体以上に重要な地域経済の持続的発展に欠かせない再投資主体と捉えている。したがって、経営論の領域では「地域」概念は捨象されるか「外的存在」と捉える地域金融機関を、本章では地域経済の「内的存在」と捉える視点へ転換する形で議論を進める予定である。

　以上に基づいて、以下では、まず実証分析の際に配慮すべき「地域金融における階層性」を「制度的階層性」「空間的階層性」「規模的階層性」の３つの階層性に分けて整理する。次に、地域金融機関を「総合性を抱える地域空間に根付いた」存在と捉え、上記の階層性を含めた分析視点を説明する。最後に、こうした地域金融の階層性と総合性を抱える地域空間を踏まえつつ、今後検討すべき研究課題を最後に提示する形で締めくくることにしたい。

1 地域金融における階層性

1 地域金融における制度的階層性

　最初に、地域金融における「制度的階層性」から検討しよう。表 16-1 は、金融機関の業態のうち、一般銀行（大手銀行、地方銀行、第二地方銀行）、信用金庫、信用組合という 3 形態の制度的相違を示したものである。いわゆる「一般銀行」に属する地方銀行と第二地方銀行は、銀行法の下で経営活動を行う営利法人として、営業地区における制限のない自由な営利活動が認められている。そして、株式会社の形態をとる金融業態であることから、基本的には株主の利益を重視するスタンスを堅持しながら、主に一定の都道府県（または隣接都道府県の一部まで）を営業エリアとしており、預金・貸出に関わる規制は一切存在しない。

　これに対し、信用金庫と信用組合は、いわゆる「協同組織金融機関」に分類され、会員と組合員の出資で運営される非営利組織である。これらの協同組織金融機関には、営業地区についての制限があり、出資金の最低限度額の差異が示すように、信用金庫は広域、信用組合は狭域のエリアで活動する。また、会員・組合員の資格は、事業規模と業種によって利用可能な金融機関の業態が変わってくる。会員・組合員外預金は、信用金庫には制限がないのに対して、信用組合は預金総額の 20 ％以内という制限があり、会員・組合員外貸出については、両者とも貸出金総額の 20 ％以内に制限されている[4]。なお、信用組合には地域型・業域型・職域型という 3 つの業態が存在し、設立目的や理念に沿った形で、それぞれの地域経済・社会において異なる役割を果たしている。

　これらの 3 つの金融業態は、金融機関としての本質的な役割、すなわち、預貸業務による資金仲介という機能面では大きな違いがないものの、営業地区の範囲や取引先の規模に対する制限、営業エリアにおける地域経済・社会的事情などの制度的な違いが設定されている。そのため、それぞれ異なる営業戦略の下で活動しているといえる。そこで、こうした地域金融の現状を分

第 16 章　地域経済論に基づく地域金融研究の再構築　　337

表 16-1　地域金融における制度的階層性

	信用組合
根拠法	中小企業など協同組合法（1949 年） 協同組織による金融事業に関する法律
設立目的	組合員の相互扶助を目的とし、組合員の経済的地位の向上を図る。
組織	組合員の出資による協同組織の非営利法人
営業地区	制限あり（狭域）
組織類型	地域型・業域型・職域型
会員・組合員 資格	〈地区内において〉 ・住所または居所を有する者 ・事業を行う小規模の事業者 ・勤労に従事する者 ・事業を行う小規模の事業者の役員
	〈事業者の場合〉 従業員 300 人以下又は資本金 3 億円以下の事業者（卸売業は 100 人又は 1 億円以下、小売業 は 50 人又は 5 千万円以下、サービス業は 100 人又は 5 千万円以下）
出資金の 最低限度額	2,000 万円（特別区、指定都市） 1,000 万円（その他）
員外預金	（原則）組合員　（例外）組合員以外の者の受け入れは預金・定期積金総額の 20 ％以内
員外貸出	（原則）組合員　（例外）組合員以外への貸出は貸出金総額の 20 ％以内
卒業生金融	なし
情報開示	半期開示（法令上努力規定あり）
外部監督	預金など総額 200 億円以上かつ員外預金比率が 10 ％以上の信用組合は必須

出所：全国信用組合連合会『ディスクロージャー誌』2016 年版、全国信用金庫協会ホームページよ

表 16-2　中小企業の従業員規模別にみた主要取引金融機関

	都市銀行		地方銀行		信用金庫		信用組合	
5 人以下	36 社	51.40 %	4 社	5.70 %	24 社	34.30 %	5 社	7.10 %
6 人～20 人以下	116 社	67.10 %	11 社	6.40 %	39 社	22.50 %	1 社	0.60 %
21 人～50 人以下	65 社	67.70 %	9 社	9.40 %	17 社	17.70 %	1 社	1.00 %
51 人～100 人以下	54 社	80.60 %	3 社	4.50 %	3 社	4.50 %	2 社	3.00 %
101 人～300 人以下	36 社	72.00 %	4 社	8.00 %	3 社	6.00 %	0 社	0.00 %
301 人以上	20 社	90.90 %	1 社	4.50 %	1 社	4.50 %	0 社	0.00 %

注 1：調査対象は東京商工会議所の会員の中堅・中小企業 1,981 社（従業員 300 人以下又は資本金
注 2：回答数は 478 社（回答率：24.2 ％）。
出所：東京商工会議所中小企業金融専門委員会『中小企業金融に関するアンケート調査結果』2012

信用金庫	地方銀行・第二地方銀行
信用金庫法（1951 年）	旧銀行法の全面改正（1981 年） 現在の銀行法
国民大衆のために金融の円滑を図り、その貯蓄の増強に資する。	国民大衆のために金融の円滑を図る。
会員の出資による協同組織の非営利法人	株式会社の営利法人
制限あり（広域）	制限なし
地域型	
〈地区内において〉 ・住所または居所を有する者 ・事業所を有する者 ・勤労に従事する者 ・事業所を有する者の役員 〈事業者の場合〉 従業員 300 人以下又は資本金 9 億円以下の事業者	—
2 億円（特別区、指定都市） 1 億円（その他）	20 億円
制限なし	—
（原則）会員　（例外）会員以外への貸出は貸出金総額の 20％以内	—
3 年以上 5 年未満の会員であった場合は 5 年、5 年以上会員であった場合は脱退の時から 10 年間員外融資が認められる。	—
半期開示（法令上努力規定あり）	四半期開示（上場銀行）
預金など総額 200 億円以上は必須	必須

り作成。

政府系		その他	
1 社	1.40 %	0 社	0.00 %
6 社	3.50 %	0 社	0.00 %
4 社	4.20 %	0 社	0.00 %
5 社	7.50 %	0 社	0.00 %
4 社	8.00 %	3 社	6.00 %
0 社	0.00 %	0 社	0.00 %

3 億円以下）。

年 8 月より作成。

析する際には、こうした制度的階層性に沿った形で実証作業を行うことが求められる。

2　取引先企業の規模による階層性

　第 2 に、取引先企業の規模の階層性について検討しよう。表 16-2、表 16-3、表 16-4 は、それぞれ中小企業の規模を従業員、資本金ベース、売上規模別に主な取引金融機関を示したものである[5]。まず、従業員規模別にみた場合、取引金融機関の業態は

表 16-3　中小企業の資本金段階別にみたメインバンクの状況

	都市銀行・信託銀行など	地方銀行・第二地方銀行	信用金庫・信用組合	政府系中小企業金融機関など	その他	合計
1 千万円以下	22.00 %	38.80 %	31.90 %	1.20 %	6.00 %	100 %
1 千万円超～3 千万円	27.30 %	46.20 %	21.90 %	1.10 %	3.50 %	100 %
3 千万円超～5 千万円	31.80 %	41.90 %	17.60 %	3.00 %	5.80 %	100 %
5 千万円超～1 億円	41.40 %	38.00 %	13.70 %	3.10 %	3.80 %	100 %
1 億円超～3 億円	48.00 %	33.80 %	5.80 %	0.00 %	12.30 %	100 %
3 億円超	56.10 %	20.20 %	12.40 %	1.00 %	10.40 %	100 %

注：母集団企業数は 1,668,082 社である。

表 16-4　中小企業の売上規模別に見たメインバンクの業態

	都市銀行	地方銀行・第二地方銀行	信用金庫・信用組合	政府系中小企業金融機関	その他	合計
1 億円以下（n=808）	19.80 %	46.30 %	29.80 %	3.10 %	1.00 %	100 %
1 億円超～5 億円以下（n=908）	21.40 %	49.40 %	25.70 %	2.20 %	1.30 %	100 %
5 億円超～10 億円以下（n=454）	25.60 %	53.30 %	17.20 %	2.90 %	1.10 %	100 %
10 億円超～50 億円以下（n=899）	35.90 %	50.30 %	9.00 %	3.40 %	1.30 %	100 %
50 億円超（n=508）	43.70 %	48.20 %	4.10 %	1.30 %	2.40 %	100 %

出所：中小企業庁『中小企業白書』2016 年版より作成。

異なる傾向がみられる。また、資本金規模別においても、各階層における重複はあるものの、資本金規模が小さい企業ほど信用金庫や信用組合をメインバンクにする割合が高い一方、資本金規模が大きい企業ほど都市銀行の割合が高いことがわかる。すなわち、中小企業のなかでも実際に取引している金融機関には階層性の存在が認められるのである。さらには、中小企業の売上規模別にみても、このような階層性が明確に確認できる。このことは、取引先企業の規模に制限をかける上述の制度的階層性に大きく起因するとともに、空間的階層ごとに異なる産業構造によっても生じると考えられる。なお、企

業規模の階層に伴って一般銀行と協同組織金融機関の対応力はそれぞれ異なるということを反映しているとも考えられる。地域金融機関の取引対象は企業のみに限らないものの、上述の取引先企業の規模の観点から、同じ地域空間であっても金融機関の業態によって取引対象に階層性が生じているのである。

　なお、こうした規模的階層性の一定程度は、地域金融の制度的階層性における会員・組合員の資格基準が金融業態ごとに異なることとも連動しているといえる。

3　地域金融における空間的階層性

　第3に、一定の地域における金融機関の支店別分布をみることで、地域金融における「空間的階層性」を見出すことができる。この概念を定義づける前に、まずは地域空間における「階層性」を理解しておく必要がある。

　「地域」という日常用語は、私たちが日々生活している町内や集落という狭い空間的範囲から始まって、京都市、京都府という地方自治体の範囲、近畿地方や西日本という日本列島上の一区画、そして日本という一国の範囲、さらには東アジアという国際的な広がりまで、実にさまざまな範囲を指している。その意味で、地域とは、町内や集落レベルから地球規模レベルにいたるまでのいくつかの階層を積み重ねた重層的な構造をもつ人間社会の空間的広がりである。これは自然系における、素粒子から宇宙にいたる階層性と同じようなものとして捉えることができる[6]。このような「地域空間における階層性」と同様に、一定の地域金融システムにおいても、地域空間ごとに小規模の信用組合から始まって、中規模の信用金庫、特定の都道府県をカバーする地方銀行・第二地方銀行、日本全国の主要都市を拠点とする大手銀行、預貸業務なしに国内・国際金融市場で資金運用する投資銀行まで、多様な業態が各地域において互いに競争し合いつつ、階層を積み重ねた重層的な形で混在している。

　例えば、表16-5は、京都府内に本店を有する地域金融機関と大手銀行（メガバンク）の府内における支店配置を示したものである。まず、大手銀行は

表 16-5　地域金融における空間的階層性

	大手銀行	京都銀行	京都中央信用金庫	京都信用金庫	京都北都信用金庫	京滋信用組合
京都府内シェア	(25.3%,17.6%)	(24.5%,28.4%)	(16.2%,23.7%)	(7.6%,11.5%)	(2.6%,3.0%)	(0.8%,1.1%)
京都市北区		6	8	7		
京都市上京区	4	3	5	2		
京都市左京区	1	8	8	6		1
京都市中京区	2	4	6	6		
京都市東山区		1	3	2		
京都市下京区	10	9(本店所在地)	7(本店所在地)	7(本店所在地)		
京都市南区	2	5	8	4		
京都市右京区	2	8	11	6		1(本店所在地)
京都市伏見区	4	8	13	6		1
京都市山科区		4	6	3		
京都市西京区		6	7	5		
南丹市		3		2		
福知山市		4			9	
舞鶴市		2			7	1
綾部市		1			3	
宮津市		1			1(本店所在地)	
京丹後市		3			7	
船井郡京丹波町		1			2	
与謝郡与謝野町		2			4	
与謝郡伊根町					1	
亀岡市		3	2	3	2	
綴喜郡宇治田原町		1	1			
綴喜郡井手町			1			
相楽郡精華町		1	2			
相楽郡笠置町						
相楽郡和束町			1			
相楽郡南山城村						
乙訓郡大山崎町						
久世郡久御山町		1	2	1		
城陽市		4	4	2		
宇治市		7	10	3		
向日市		3	2	3		
長岡京市		4	2	3		
京田辺市		5	3	3		
八幡市		3	1			
木津川市		1	4			

注1：京都府内における有人店舗数（出張所を含む）を示しており、大手銀行は三井住友銀行、みずほ銀行、三菱東京 UFJ 銀行の合計でなる。

注2：京都府内シェアは、預金（左）と貸出（右）シェアを示す。ただし、大手銀行は投資信託銀行のシェアを含む。

出所：日本金融通信社『月刊金融ジャーナル、金融マップ』2024 年版、各金融機関のホームページより作成。

本店所在地の東京を拠点とし、京都市内では主に都心部において支店を有している。次に、地方銀行（京都府内に本店を有する第二地方銀行は存在しない）である京都銀行は、京都府内の全地域において支店網を設けていることがわかる。また、東京支店をはじめ、大阪や兵庫、滋賀、愛知にも進出し、営業エリアの広域展開を図っている。さらに、京都中央信用金庫と京都信用金庫は、府内の広い範囲で支店が分布しているものの、北部ではこの地域を主な営業基盤とする京都北都信用金庫の支店数が圧倒的に多く、唯一京都銀行と競合関係にある。最後の京滋信用組合は、在日朝鮮人系の組合で、営業エリアは府内のわずか一部に過ぎない。

　なお、現代日本における協同組織金融業界は、中小規模の信用金庫が中心の構造から、多数の合併により大型化しており、地方銀行に次ぐ資金力をもつ信用金庫（例えば、京都中央信用金庫、京都信用金庫）も存在するようになっている。同様に、信用組合業界でも合併による大型化で一定の県全体をカバーする組合も存在するため、協同組織金融機関における業態区分がどれだけ意味をもつのかに疑問を抱く議論も存在する。とはいえ、前述したように、両者間には制度的階層性でみる違いが明確であり、協同組織金融機関の再編は2003年以降安定化し、それ以降の合併による大型化の事例は一部に過ぎない。つまり、多種の金融機関業態が形成する競合関係の実態は、空間的階層ごとに異なる固有の特徴が存在するといえる。

　以上、地域金融における階層性の概念について3つの視点から説明してきた。改めて次のように総括しておこう。

　第1に、制度的階層性とは、「地域金融機関はその成立における歴史的経緯や目的を踏まえ、それらの業務において業態ごとに異なる固有の法的・制度的根拠」を有する階層性である。第2に、規模的階層性とは、「地域金融機関の取引先（企業）の規模は業態ごとにある程度の制約」が認められるという階層性である。なお、これは地域金融における制度的階層性の影響も受けている。第3に、空間的階層性とは、「特定の地域空間では地域ごとに異なる固有の金融機関業態別編成」が現れるという階層性である。

2 総合性を抱えた地域空間に根づく地域金融機関

　ここまで地域金融における3つの階層性の概念について定義づけたが、これはあくまで地域金融機関を他の金融機関との比較を通じて捉えられる「相対的」概念である。ところが、我々が大手金融機関とは異なる特殊性を有する地域金融機関独自の役割・機能をより的確に解明するためには、相対的概念にとどまらず、総合性を抱えた地域空間に根付く固有の存在として、言い換えれば、地域コミュニティを形成・構成する重要な主体＝「絶対的」概念

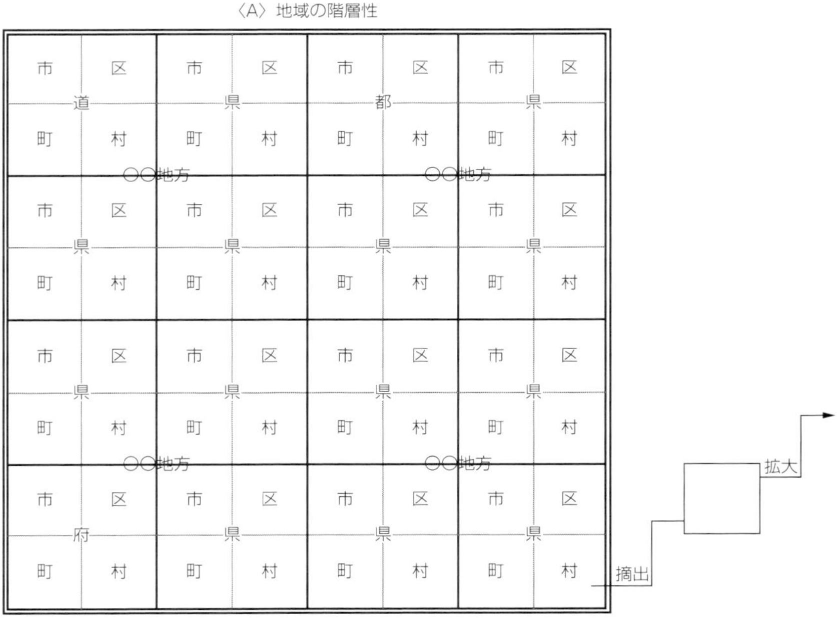

〈A〉地域の階層性

図16-1　地域の階層性と総合性を抱えた地域空間の概念図

注：一定の地域空間とは、経済主体（大：大企業、中企：中企業、小企：小企業、農家、漁民、地
　　道路、警消：警察・消防署、大橋、空港）、自然環境（海、山、川、公園、寺、神社）、金融機
　　◇：信用金庫、□：信用組合、△：農業協同組合、■：労働金庫、▽：漁業協同組合）、教育施
　　貨：百貨店、郵：郵便局、博物：博物館、ホ：ホテル）など、総合性を抱えた存在である。
出所：筆者作成。

344　第Ⅲ部　地域内再投資力論／地域内経済循環論のフロンティア

として理解しておかなければならない。そのために、まず「総合性を抱えた地域空間」についてみてみよう。

図16-1の〈A〉と〈B〉は、前項で述べた「地域の階層性」から、最も人間の生活領域に近い市区町村単位の特定の地域空間を摘出し、その具体的内容を示したものである。地域というのは、本源的には人間が生活する場、一定の生活領域である。生活領域としての地域は、特有の地形をもった山や川や海、平坦地という具体的な自然環境と結びついた人間社会といえる。その人間社会は、先人たちの歴史的営みを地域文化として受け継いだ住民から構成されており、自然と人間の関係、人間同士の関係が一定の空間で総合的に

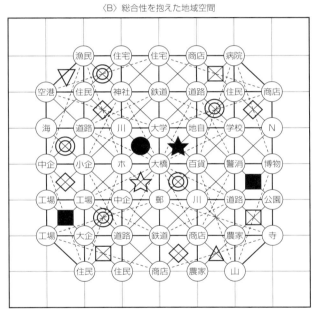

〈B〉総合性を抱えた地域空間

自：地方自治体、N：NPO、工場、住民)、社会基盤施設（病院、鉄道、関（★：証券会社、☆：投資信託銀行、●：都市銀行、◎：地方銀行、設（学校、大学、公図：公共図書館）、生活基盤施設（商店：商店街、百

第16章　地域経済論に基づく地域金融研究の再構築　345

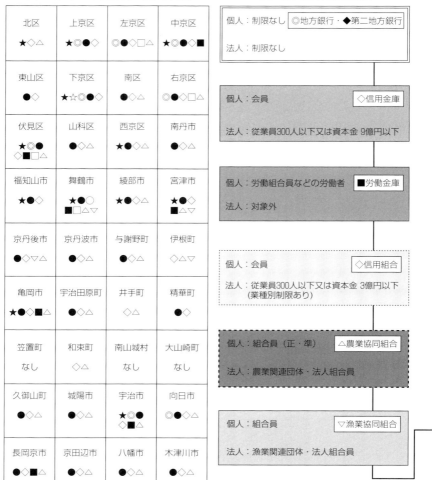

図 16-2 地域金融における階層性と総合性を抱える地域空間に根付いた地域金融機関
注：〈A〉は、京都府内に本店を置く（★証券会社、☆投資信託銀行、●都市銀行を除く）地域金融機関（◎：地方銀行、◇：信用金庫、□：信用組合、△：農業協同組合、■：労働金庫、▽：漁業協同組合））の市区町村別配置を示す。
出所：図 16-1、表 16-1、表 16-2、表 16-3、表 16-4、表 16-5 を参考に作成。

〈C〉地域金融の規模的階層性と総合性を抱える地域空間に根付いた地域金融機関の概念

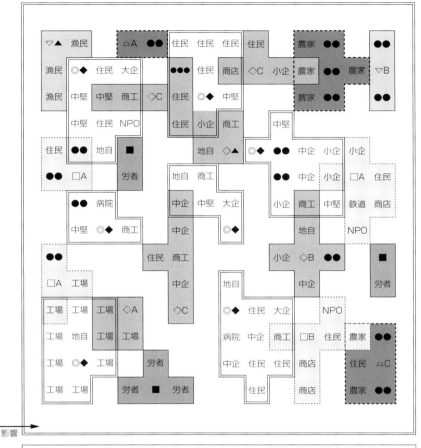

自地：地方自治体　労者：労働者　商工：商工業者　大企：大企業　中堅：中堅企業　小企：小企業

第16章　地域経済論に基づく地域金融研究の再構築　　347

結合した存在である。また、このような地域社会を土台で支えているのが地域経済である[7]。

　図16-2の〈A〉で示した京都府における地域金融の空間的階層でわかるように、人間の生活領域に最も近い36市区町村のうち、相楽郡笠置町を除いて、地域金融機関を有しない地域は存在しない。すなわち、地域金融機関は、こうした地域空間に根づいた形で、さまざまな経済・社会的主体と絡み合うことによる総合性の発現に欠かせない絶対的主体であるといえる。

　ここに、「地域金融と地域空間の間の相関関係」をめぐる先行研究との根本的な違いがあるといえる。金融機関の貸出行動と経済成長との関係性を論じる際に、例えば、協同組織金融機関を対象に日本経済（または都道府県）全体の成長率との相関関係を求めるのは、その関係性を説明する変数間の乖離があまりにも大きい。というのも、これらが日本の金融市場に占めるシェアは、地方銀行に比べるほど高くはなく、全国で信用金庫の影響力が最も強い京都府の場合でも、3つの信用金庫の府内預金・貸出シェアはそれぞれ28.1％、38.5％に過ぎないからである（表16-2）。これらの貸出行動が京都府内のすべての経済主体を導いているとはいえず、単にマクロ的な経済成長との相関関係を試みる計量的分析は、地域金融における3つの階層性を最初から暗黙のうち無視せざるを得ないだけではなく、さまざまな取引先との関係性の実態が見えないという限界がある。

　要するに、一定の総合性を抱えた地域空間において発現する地域金融機関の取り組みの具体的内容は、分析の対象となる制度的階層（地域金融機関の業態別に現れる法的・制度的業態別＝金融機関の業態）、規模的階層（＝取引対象）、空間的階層（＝地域）により大きく異なるのである。この点を、改めて図16-2を基に確認しよう。同図は、地域金融における3つの階層性と総合性を抱える地域空間に地域金融機関がどのように根づいているのかを表している。

　〈A〉は、表16-5で示した空間的階層性に証券会社、信託投資銀行、都市銀行を加える形で、京都府の市区町村別にブロック化し、単純に羅列したものである。〈B〉は、表16-1でみた制度的階層性に労働金庫、農業協同組合、

348　　第Ⅲ部　地域内再投資力論／地域内経済循環論のフロンティア

漁業協同組合を加えて、それぞれの金融業態の主な業務対象について示している。〈C〉は、〈B〉の制度的階層性と**表 16-2** と**表 16-3** でみた規模的階層性を踏まえた上で、**図 16-1** の〈B〉で示した総合性を抱える地域空間に根づいた地域金融機関の姿を描いたものである。次に、本節で明らかにした地域金融における 3 つの階層性を実証分析に適用していく 2 つの経路について述べておく。第 1 の経路は、分析の対象となる地域空間（国・都道府県・市町村レベル）を先に選んだ上で、その空間的階層に存在する地域金融機関の多様な取り組みの実態を業態別に分けて把握していく方式である。第 2 の経路は、地域金融機関の業態を先に区切った上で、まずはこれらの本質的機能である金融機能の実態を国→都道府県→市町村レベルに絞りながら描き、特徴がみられる空間階層を視野に入れて、そのなかで隔絶なく絡み合っている地域金融機関と地域経済・社会との相互関係を掘り下げていく方法である。ただ、これまでの地域金融研究のなかでは、こうした分析視角を用いたアプローチはほとんどなかったため、前者の方法より地域金融の全体像や現状を把握するのに有効と考えられる後者の方法に立脚した実証的展開が望ましいと考えられる。

おわりに—新たな地域金融研究への展開—

　本章では、地域金融をめぐる従来の研究の限界に対して、新たに地域経済論に基づく地域金融研究の再構築の必要性について問題提起を行ってきた。その際、実証研究の分析視角として「地域金融における階層性」や「総合性を内包する地域空間」について検討してきた。現代日本の地域経済・社会の総体的危機のなかで地域金融機関の機能・役割を論じるためには、本章で提起した分析視角を通じて現実課題の解明への第一歩を踏み出さなければならない。

　最後に、地域金融機関をめぐる今後解明すべき重要課題について、2 点述べておこう。

　第 1 に、地域金融機関の「金融的機能」と地域経済・社会との関係性を、地

域内再投資力に基づいて考察することである。ここでいう金融機能とは、主に預貸業務と有価証券投資を指しているが、まずは資金運用の実態と変化、その要因について明らかにした上で、地域内資金循環との関係性を把握するとともに、地域内再投資力に基づく預貸業務の増強と詳細、その実現に向けた取り組みの実態を明らかにし、地域経済・社会に及ぼす影響について論じることである。

　第2に、上記の「金融的機能」に加えて、地域金融機関特有の活動である「非金融的機能」と地域経済・社会との関係性を掘り下げることである。例えば、大手金融機関とは異なり、小規模地域金融機関は地域に根付いた経済主体であり、「地域性」重視の必然的帰結として、金融的機能にとどまらず、まちづくり推進や地元消費促進運動などの社会貢献的な非金融的取り組みが重視される傾向がある。したがって、地域金融機関の場合、こうした機能の意義と地域コミュニティに与える影響を実証的に解明する必要がある。例えば、地震や台風等の震災によって営業基盤を失った事業所が多い被災地域では、地域経済・社会の復興に向けた地域金融機関の取り組みと効果を具体的に明らかにすることが求められている。これについては、他日を期したい[8]。

注

1　金融制度調査会金融制度第一委員会中間報告『地域金融のあり方について』同会、1990年7月、100-108頁、木村温人『現代の地域金融』日本評論社、2004年、7-8頁。
2　例えば、相沢朋子は、同期間での推定であっても分析の結果がそれぞれ異なるのは、各地域レベル（ここでは、県）に内在する社会経済構造が全く違うからであると捉えている。相沢朋子「東北6県の銀行貸出と景気の因果関係―相対パワー寄与率の適用―」日本金融学会『金融経済研究』特別号、2014年、9-75頁。
3　岡田知弘『地域づくりの経済学入門―地域内再投資力論―［増補改訂版］』自治体研究社、2020年。
4　ただ、実際の会員・組合員外預金・貸出金はごく一部に過ぎない。
5　表16-2、表16-3、表16-4は、それぞれ2012年、2011年、2016年に行われた調査に基づいているため、最新のデータとはいえない。ただし、その後、同様の調査が行われていない点や、2010年代以降、日本の金融システムにおいて業態における大きな構造変化は生じていない点、日本の中小企業の規模においても大きな構造変化はみられない点から、表16-2、表16-3、表16-4は、現在の地域金融における「取引先企業の規模によ

る階層性」を示すのに適している考えられる。

6　本来、地域金融における空間的階層性をより的確に明らかにするならば、日本全体の都道府県ごとの金融機関の支店分布を描かなければならない。その上で、京都府は、戦後、金融機関間の合併が最も激しく行われた地域の1つであり、例えば、信用金庫法が施行した1952年以来、最大16金庫が存在していたが、2024年8月現在では3金庫へと減少した経緯がある。特に、預金残高基準（2023年3月）でみると、京都中央信用金庫は、全国254信用金庫の中で第1位、京都信用金庫は第6位であり、業界のなかでも大型信用金庫として分類できる。そこで、ここでは金融機関の業態別多様性が薄い京都府の事例から空間的階層性を引き出すことによって、地域金融における空間的階層性の一般化を試みている。

7　岡田、前掲書、24-25頁。

8　なお、筆者は、別稿で地域金融機関の地域貢献について論じたことがある。これについては、金佑榮「災害復興におけるグループ補助金制度の機能と能動的運用主体—福島県における実態とあぶくま信用金庫の取り組みを中心に—」地域経済研究会『資本と地域』第15号、2021年、17-39頁を参照されたい。

第Ⅳ部

地域住民主権と自治体政策の新展開

第 **17** 章

地域経済のグローバル化と公共調達制度の変容
—地域・中小企業と公共調達の新たな在り方を探る—

小山大介

はじめに

　国内経済と世界経済、国内企業と多国籍企業との経済関係は、ますます緊密となっている。そのため、経済・政治・社会のグローバル化といかに向き合うのかが課題となっており、地域経済においても、それは例外ではない。アメリカとの経済関係が深いカナダでは、1960 年代後半から外国資本と国民経済との関係が議論され、外国資本に対する政策を「調整」するための具体的な政策が提案されている[1]。

　日本においても 1980 年代以降の国際化やグローバル化と地域経済構造の変化にともない、地域の事業者の経営環境は大きく変容している。国・地方自治体が行う政府（公共）調達もその 1 つである。これら国・地方自治体（都道府県、市区町村）が発注するインフラ整備事業、物品調達、公共サービス（工事、物品、役務）は、地域の中小企業、事業協同組合が中心的受注者であり、地域経済の発展や住民生活を支えてきた。しかし、国際化、そしてグローバル化が進展するなかで、制度改革、市場開放、自由化、民営化が進み、これまでの行政と地元企業との関係に「ゆらぎ」が生じている。同時に進む情報化、サービス経済化もあって、国の重要インフラ事業を外国企業が受注するケースも発生している[2]。すでに公共調達部門における国内企業と外国企業との競合が始まっているのである。

国内経済や地域経済の国際化、そしてグローバル化を分析対象とする時、貿易・投資の拡大や工場閉鎖・産業空洞化、大手企業の海外展開過程に着目することが多い。しかし、国・地方自治体における政府（公共）調達制度についても、日米関係や国際政策協調、グローバル化の進展によって制度改革が進んだ。国内外の情勢から公共調達制度の変化を明らかにすることは、地域経済と世界経済との関係を分析する上で重要な視点となる。

そこで本章では、国内の公共（政府）調達制度の変容から、地域経済のグローバル経済への包摂過程を検討し、それが国・地方自治体における政策的な裁量権を奪い、地域経済や中小企業の持続的な発展にも影を落としていることを明らかにする。また、公共調達制度が変容するなかでの地域の事業者や行政の取り組みについても紹介したい。国・自治体における公共調達は、地域経済の発展や地域の事業者にとってなくてはならない経済活動であり、地域内経済循環や地域内再投資の基盤をなす存在である。公共調達制度改革のなかで、この動きに対応するため地域から新たな取り組みが進められた要因を、世界経済的視点から明らかにする。

1 地域経済における公共調達の意義

1 住民生活を支えるインフラ整備と公共サービス

公共調達とは、国・地方自治体および政府・自治体関連組織が民間企業・事業者から財・サービスの提供を受けることであり、公的機関が発注者側、民間企業・事業者側が受注者側となる。日本はもとより、アメリカや欧州各国、新興国・発展途上国の大多数は、現代資本主義のなかで混合経済を採用し、一国・地域経済運営を行っていることから、制度的あるいは発注金額の差異はあるが、毎年一定規模で公共調達が行われている。

日本国内での国・地方自治体による公共調達制度は、1889年に制定された会計法（明治会計法）によって基本的枠組みが構築され[3]、現在では「会計法」（1947年）によって規定されている。入札方法としては、一般競争入札、指名競争入札、随意契約、企画競争入札（プロポーザル方式）が運用されて

356　第Ⅳ部　地域住民主権と自治体政策の新展開

いる。当初は指名競争入札を中心として、入札制度が運用されていたが、国際政策協調が進んだ 1990 年代以降は、一般競争入札によって事業者を決定する手法が増加している[4]。また、地方自治体においても電子入札の導入が進んでいる。アメリカや欧州各国では、類似の公共調達制度が導入・運用されている[5]。

　国・地方自治体による公共調達は、インフラ投資や公共サービスの提供、各種施設の維持・管理・保守・物品調達など多様な分野にまたがり、毎年一定の規模で行われ、地域経済の発展や地域住民の日々の生活を支えている。特に基礎自治体による公共調達は、受注企業が同一あるいは近隣自治体に本社・事業所を持つ中小企業・小規模事業者や事業協同組合などであり[6]、地域内経済循環、そして地域内再投資力[7]の形成にとってなくてはならない経済活動となっている。だが、1980 年代以降の国際化、グローバル化のなかで国際政策協調が進み、国内経済の自由化・民営化・市場開放が敢行されるなかで、これまでの市区町村、都道府県など階層性を有しながらも地域内を中心に受発注が行われてきた公共調達制度が、グローバル化に対応する形で変容し、同時に地域経済の基本構造に変化をもたらしているのである。

2　地域経済と公共調達の重要性

　国・地方自治体による公共調達は、「工事」「物品」「役務」に分類されており、その全体像を把握することは容易ではない。だが、国による公共事業関係費[8]だけを取り上げても、その規模は 2018 年度で 6 兆 4162 億円に達する。図 17-1 は、国・都道府県・市区町村別の公共工事出来高の推移を表している[9]。この図から読み取れる第 1 の点は、公共工事の中心的な発注者が都道府県と市区町村ということである。2018 年度の出来高をみても、国が 3 兆 9411 億円なのに対して、都道府県は 5 兆 5809 億円、市区町村が 5 兆 5534 億円と、自治体による発注が公共事業の中心をなしている。これには、実施主体が自治体となっている国の補助事業が多く含まれているという要因もあるが、地域経済や地域の事業者にとって、公共事業の存在はやはり大きいことを物語っている。また、個別自治体に着目すると、人口が数千人規模の基礎

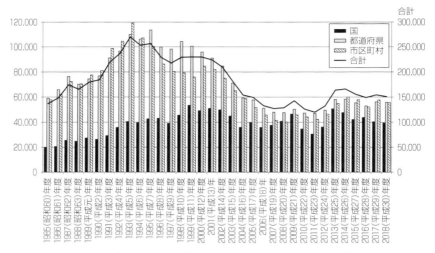

図17-1　国・都道府県、市区町村における公共工事出来高の推移（単位：億円）
出所：総務省統計局「建設総合統計」（https://www.e-stat.go.jp/stat-search/files?page=1&layout=datalist&toukei=00600260&tstat=000001013585&cycle=8&tclass1=000001016934　アクセス日：2020年3月20日）より作成。

自治体であっても、普通建設事業費などの投資的経費は、毎年度10億円前後計上されており、地域経済を支える重要な経済活動の1つとなっている。これらを受注する側である中小企業・小規模事業者や事業協同組合等は、地域内において雇用を創出し、資材を購入することで地域内での事業活動を展開する。その成果は労働者に給与として支払われ、生み出された利益は再投資され、地域内で循環し、最終的には基礎自治体の税収として還流する。公共事業（調達）は、地域内再投資の出発点をなしているのである。

第2に、公共事業費の大幅な増減である。図17-1では、長期的な傾向を読み取るため、1985年からの出来高を示しているが、その金額は1980年代後半から増加を続け、1994～96年の3年間で頂点をむかえ、その後は減少傾向から横ばい状態が続いている。最大の出来高を記録した1995年と、出来高が最も少なかった2007年とでは14兆2612億円もの差が開いているのである。この動向は国の公共事業関係費においても同様であり、金額が急増する1992年以降の10年間は、当初予算に加えて補正予算が積極的に組まれ、事業費の

上積みが続いていた。確かに、その時期には 1995 年の阪神・淡路大震災や 1997〜98 年のアジア通貨危機など、自然災害と経済危機が断続的に発生していたが、2008 年のリーマン・ショック時や 2011 年の東日本大震災発生時と比べても、予算額は 2 倍程度の差が開いている。

　実は、このような公共事業費の推移は、国内の景気動向や災害の発生状況だけでなく、後述する日米通商摩擦による対日圧力や国際政策協調の深化とも深く関係している。その過程で、これまで地域の事業者に配分されてきた公共事業（調達）も「ゆらぎ」をみせるようになった。次節では国内公共調達制度の再編過程に着目し、分析を進める。

2　国内公共調達制度の再編と地域経済のグローバル化過程

1　国際政策協調の進展と公共調達分野における市場開放

　日本は 1960 年代に国際社会への復帰を果たすなかで、自由貿易体制を構築した。しかし、1970 年代になると、日米関係や多角的通商交渉に大きな転機が訪れる[10]。貿易・投資の自由化についての論点が次第に、関税引き下げや撤廃から非関税障壁へと変化することになったのである。公共調達制度（政府調達分野における市場開放）については、1973〜79 年に行われた GATT・東京ラウンドで協議され、主要先進国を中心に、1979 年に「政府調達に関する協定（旧協定）」が締結され（1981 年発効）、国内の公共調達分野における市場開放プロセスが開始された。表 17-1 は、日本と世界における国際政策協調と公共調達制度変容の流れを示したものである。経済のグローバル化と国際政策協調は、貿易・投資の自由化や多国籍企業の海外進出などによって分析されることが多いが、国内における公共調達も、日米通商摩擦や GATT・WTO 交渉等のなかで市場開放が進んできた。

　1979 年に署名、1981 年に発効した「政府調達に関する協定（旧協定）」では、外国企業に対する内国民待遇および無差別待遇が規定されるとともに、適用範囲とその基準金額[11]が定められ、付属文書では市場開放される国の機関名が列挙されている。また、入札方法についても、随意契約の運用に制限

表 17-1　日本および世界経済情勢と公共調達をめぐる動き

	世界の動き	日本の動き
1980年代	政府調達に関する協定発効（1981年） プラザ合意（1985年） 政府調達に関する協定改正（1987年） ブラックマンデー（1987年） 日米建設交渉（1987年） 日米構造協議開始（1989年） 天安門事件（1989年） ドイツ統一（1989年）	「1980年代地域経済社会の展望と指針」閣議決定（1983年） プラザ合意（1985年） NTT・日本たばこ産業発足（1985年） 「前川レポート」発表（1986年） バブル景気（1986年〜） 国鉄分割民営化（1987年） 日米構造協議開始（1989年）
1990年代	日米構造協議中間報告（1990年） ソ連邦崩壊・冷戦体制終結（1991年） 日米構造協議妥結（1992年） 日米包括経済協議開始（1992年） マーストリヒト条約・EU発足（1993年） 日米包括経済協議、政府調達決着（1993年） WTO発足（1995年） WTO政府調達協定締結（1995年） アジア通貨危機（1997年） EU、共通通貨ユーロ導入（1999年） WTOドーハラウンド、シアトル会議決裂（1999年）	日米構造協議中間報告（1990年） バブル経済崩壊（1991年） 「日米間の新たな経済パートナーシップのための枠組み」（1992年） 日米構造協議妥結（1992年） 日米包括経済協議開始（1992年） 日米包括経済協議、政府調達決着（1993年） 阪神・淡路大震災（1995年） 規制緩和推進5ヵ年計画閣議決定（1995年） 財政構造改革法成立(1997年) 日本版金融ビッグ・バンスタート（1998年） 小渕内閣「緊急経済対策」（1998年） 日米規制緩和対話（1999年）
2000年代以降	中国WTO加盟（2001年） 「成長のための日米経済パートナーシップ」（2001年） アメリカ同時多発テロ事件（2001年） アフガニスタン紛争（2001年） イラク戦争（2003年） サブプライム問題顕在化（2007年） リーマン・ショック（2008年） アメリカ量的緩和政策実施（2008年） アメリカTPP交渉参加表明（2008年） 中国4兆元の景気刺激策発表（2008年） 欧州債務危機勃発（2010年） TPP拡大交渉開始（2010年） 政府調達に関する協定を改正する議定書採択（2012年） 政府調達改正協定締結（2014年） 日・EUFTA締結（2018年） CPTPP（TPP11）締結（2018年）	経済財政諮問会議（2001年） 日米間の戦略対話の強化（2001年） 「成長のための日米経済パートナーシップ」（2001年） 「今後の経済財政運営及び経済社会の構造改革に関する基本方針」閣議決定（2001年） 日本郵政公社発足（2002年） 日本・シンガポール新時代経済連携協定（2002年） 郵政民営化を閣議決定（2004年） 郵政民営化法案可決（2006年） 行政改革推進法成立（2006年） 日本・ASEAN経済連携協定（2008年） 麻生内閣「経済危機対策」（2009年） 鳩山内閣「明日の安心と成長のための緊急経済対策」（2009年） 「成長のための日米経済パートナーシップ」協定終了（2009年） 菅内閣「円高・デフレ対応のための緊急総合経済対策」（2010年） 東日本大震災発生（2011年） 小規模企業振興基本法成立（2014年） 日米物品貿易協定、日米デジタル貿易協定締結（2019年）

出所：総務省HP（http://www.soumu.go.jp/main_sosiki/jichi_gyousei/bunken/14569.html　アクセ
　　　アクセス日：2020年3月21日）より著者作成。

公共調達に関する動き
「市場アクセス改善のためのアクション・プログラム」策定（1985年） 日米貿易委員会　関西国際空港建設に国際公開入札の実施要求（1985年） 建設省『21世紀への建設産業ビジョン』（1986年） 日米建設交渉　関西空港入札参加合意（1987年） 多極分散型国土形成促進法公布・施行（1988年） 建設省「第一次構造改善推進プログラム」（1989年）
公共投資基本計画を閣議了解（1990年） 政府　土地取引融資の総量規制（1990年） 海部内閣「公共投資基本計画」策定（1991年） 「政府調達に関する申し合わせ」決定（1991年） 建設省「第二次構造改善推進プログラム」（1992年） 談合・指名競争入札への批判高まる（1993年） 一般競争入札導入への議論高まる（1993年） 一般競争入札採用（1994年） 「政府調達に関するアクション・プログラム」決定（1994年） 地方分権推進法公布（1995年） WTO政府調達協定の一般競争入札適用対象基準告示（1996年） 公共工事コスト縮減対策関係閣僚会議発足（1997年） 公共投資基本計画閣議決定（1997年） 国土庁「21世紀の国土のグランドデザイン」（1998年） 民間資金等の活用による公共施設等の整備等の促進に関する法律（PFI法）成立（1999年）
「公共工事コスト縮減対策に関する新行動指針」閣議決定（2000年） 公共工事の入札及び契約の適正化の促進に関する法律制定（2001年） 一般競争による低価格入札が急増 地方公共団体の物品等又は特定役務の調達手続の特例を定める政令施行（2004年） 公共工事品確法制定（2005年） 改正独占禁止法施行（2006年） 「随意契約見直し計画」策定（2006年） 「公共調達の適正化について」財務大臣通達（2006年） 改正官製談合防止法施行（2007年） 改正地方自治法施行令の施行（2008年） 改正官公需法施行（2008年） 野田市公契約条例施行（2009年） 中小企業憲章閣議決定（2010年） 川崎市公契約条例（2010年） 公共工事入札適正化指針（2011年） 神奈川県県土整備局「いのち貢献度指名競争入札」（2014年） 水道法改正（2018年） 基礎自治体を中心に中小企業振興基本条例、公契約条例の制定運動が活発化

ス日：2020年3月21日）、社団法人日本建設業連合会HP（http://www.nikkenren.com/index.html

が設けられた。さらに、同協定は 1987 年に改正され、適用範囲の拡大にくわえ、サービス（役務）についても市場開放されることになっている。そして、GATT・ウルグアイラウンド交渉の妥結によって状況が大きく変化する。1995 年の WTO 発足によって、政府調達協定が再締結されることになったのである。これによって、適用範囲は建設、技術サービス、物品などの基準金額を超えるほぼすべての公共調達に適用されるとともに、市場開放される公的機関についても大幅に拡大されることになり、ローカルコンテンツ規制（オフセット）の禁止が盛り込まれた[12]。この協定によって、地域経済は本格的なグローバル化の道をたどることになる。

　これに加えて、通商摩擦をかかえる日米関係を起点とした市場開放が進み、日米貿易委員会においてアメリカ側から「関西国際空港建設公開入札の実施要求」が 1985 年に行われ、1987 年の日米建設交渉において関西国際空港入札へのアメリカ企業の参加が合意されている[13]。さらに、1989 年から 2 年間にわたって行われた日米構造協議では、内需拡大と社会資本整備を大義名分に、対米貿易赤字の削減を主目的として、10 年間で 430 兆円（のちに 630 兆円）の公共投資を行うことが取り決められている[14]。これにすでに民営化されていた NTT、JR 各社による投資は別換算とされた。図 17-1 にあった 1991 ～2000 年の公共事業出来高の増大は、国内事情だけでなく、日米関係やそれに付随した通商関係をその要因としていたのである。

　この市場開放への動きは、日本政府側からもみることができる。表 17-1 をさらにみてみると、1983 年に「1980 年代地域経済社会の展望と指針」が閣議決定され、市場開放と国際化を進める旨が決定されており[15]、それを受けて、「市場アクセス改善のためのアクション・プログラム」が 1985 年に、そして前川リポートが 1986 年に発表されているのである。政府主導による業界再編へのビジョンづくりも同時に進んだ。1986 年には建設省が主体となり、「21 世紀への建設産業ビジョン」が作成される。表 17-2 は、この概要を示したものだが、大手ゼネコンを頂点とした垂直的な構造へと建設業界を再編するという政府・大手企業の基本方針や具体的な経営戦略が示されている[16]。また同様のビジョンは測量設計業界においても行われている[17]。このように

362　　第Ⅳ部　地域住民主権と自治体政策の新展開

表17-2　建設省（現国土交通省）による企業規模別経営戦略の方向性

	目指すべき方向性	具体的な経営戦略方針
大手ゼネコン	拡建設、**国際競争力の強化**、業界のリーダーとしての技術開発、**海外進出**	現場行程の標準化・合理化、直接施工企業の能力向上支援、<u>新分野への事業拡大</u>、IT化、<u>ソフト・ハード面における技術開発の中心的役割</u>、国際競争力の強化による海外事業活動の活発化
中堅ゼネコン	拡建設、独自の経営戦略に基づく**技術改良**、周辺事業への進出、人材確保	ソフト・ハード両面における新技術の組み合わせ、<u>特定分野・特定地域におけるニーズへの対応</u>、**大手ゼネコン開発技術の活用と改良**等
中小ゼネコン	**地域ニーズへの対応**、周辺事業への進出、<u>経営組織の効率化</u>等	**地域密着型事業展開**、地域のニーズを的確に把握するための企業経営、周辺事業への進出等
専門工事業 （中小を含む）	経営体制の確立、経営管理の徹底、**施工管理能力・品質の向上**、**工場生産化**	施工の機械化・システム改善による合理化、責任施工体制の確立、自立した高付加価値型建設経営、**労働生産性の向上**等
大手・中堅設備工事業	設備機器の開発・生産、**情報化**、**システム設計**、工場生産化	**設備機器のプレハブ化・ユニット**に対応できる経営体制の構築、システム設計能力の向上を通じた<u>高付加価値経営の達成</u>等
木造建設工事業	木材加工技術の向上、**営業活動の工夫と積極化**、リフォーム・メンテナンス市場への対応、経営の効率化等	高度化・多様化する顧客ニーズに対応した木材加工技術の向上、<u>技術・木造住宅を商品化</u>するための**積極的な営業活動**等

注：下線、太字は著者添付。
出所：建設省建設経済局監修『21世紀への建設産業ビジョン』ぎょうせい、1986年5月より作成。

1980年代は、国内外から国際化への要求が急速に高まり、政策的にも経済的にも国際化が志向され、地域経済の国際化、そしてグローバル化への布石が打たれたのである。

2　公共調達制度の再編と国内・地域経済への波及

　1980年代に布石が打たれた公共調達制度の変容と地域経済のグローバル化は、1990年代から2000年代にかけて、制度変更・民営化・規制緩和・事業費の削減による競争激化という形で現れることとなり、情報化の推進がこれを加速した。まず、制度変更では随意契約・指名競争入札による発注が見直され、一般競争入札の積極的な導入が図られることになっている。そのた

め、1994 年に「政府調達に関するアクション・プログラム」が決定され、そこでは一般競争入札実施の徹底、指名競争入札、随意契約の運用見直しと実施の厳格化が指示されている。1997 年には、公共工事コスト縮減対策関係閣僚会議が発足し、2000 年に「公共工事コスト縮減対策に関する新行動指針」が作成されるなかで、電子入札の導入やプロポーザル方式での入札実施などの方針が示され、2001 年の「公共工事の入札及び契約の適正化の促進に関する法律」の制定によって、一般競争入札の導入、談合等の不正に関する取り締まり強化、随意契約の見直しが地方自治体でも実施されることになる。WTO 政府調達協定が1995 年に発効してから5 年という猶予期間を経て、地域の中小企業や小規模事象者、事業協同組合へと制度変更が降りかかってきたのである。

　また、民営化と規制緩和も同時に進んだ。1999 年の「民間資金等の活用による公共施設等の整備等の促進に関する法律（PFI 法）」の成立により、公共施設の管理運営や公共交通機関等における民間委託が進むことになった。この制度は、一部では地域の事業者への事業機会を提供することになったが、プロポーザル方式などの導入によって、資本力や提案力のある大手企業が地域の図書館や大型公共施設、公共交通機関の運行事業等を担っていくことになる。さらに、2018 年の水道法改正によって、住民の基本的な生活インフラである上下水道事業への民間企業の参入が可能となっている[18]。

　政府の財政再建と地方交付税の削減もまた、地域における公共調達の減少とさらなる経費節減をもたらすことになった。特に 2000〜10 年までの公共調達関連予算の減少は、一般競争入札の導入促進を伴いながら進み、地域の事業者の受注機会の減少、落札価格の低下、事業者間の入札競争の激化をもたらすことになった。そのため、地元事業者では到底採算のとれない価格での入札が横行し、入札辞退する事業者の増加もみられた[19]。東日本大震災以降、人手不足や資材価格の上昇から、入札価格の下落には一定の歯止めがかかっているが、2018 年に締結された日・EUFTA では、人口 20 万人以上の中核市での一定金額以上の公共調達（物品・サービス）が新たに EU 域内企業に開放されるなど、地域経済のグローバル化という基本路線に変化の兆し

はみられない。

　ここまで論述したように、新旧公共調達協定の締結と日米関係を基本路線として、国内経済が国際的な枠組みに組み込まれるなかで公共調達制度改革が進み、国家・自治体の権限を国際条約が制限するようになったのである。その結果、これまで地域の公共調達を担い、住民生活や公共サービスの基盤を支えてきた中小企業や小規模事業者の受注困難や競争激化が起こると同時に、官公需適格組合を含む事業協同組合における共同受注活動への制度的「ゆらぎ」が発生している。くわえて、公共事業費の削減や情報化による公共調達の性格自体の変容により、以前までの地域内経済循環構造が大きく崩れたことで、地域経済の活力が失われつつあるのである。

3　中小企業・自治体を中心とした地域視点への取り組み

1　中小企業団体による地域視点の取り組み

　1980年代に本格化した国内公共調達制度の再編によって、地域経済の国際化、そしてグローバル化が進み、地域経済の基盤をなす中小企業は、その構造変化への対応を迫られることになった。それは、国際政策協調と直結した上からのグローバル化であり、対日要求による制度変更と強引なまでの内需拡大と市場開放、さらにその後の公共調達額の収縮は、中小企業の経営を翻弄した。このような情勢のなかで、地域の事業者や地方自治体から地域経済の活性化に貢献する公共調達制度の在り方を構築する動きが強まっている。それは、これまでの行政から「仕事をもらう」という姿勢を転換し、「仕事をつくる」「事業を提案する」への発想の転換を促す取り組みとなっている。

　この取り組みに最も熱心に取り組んでいる中小企業団体の1つが、地域内で共同受注を行う官公需適格組合である。ここでは、その一例として、京都府官公需適格組合協議会の取り組みを紹介したい[20]。

　官公需適格組合は、地域の小規模事業者が集まって資本力や技術力を強化したり共同受注を行ったりしている組織であり、国（中小企業庁）から官公需適格組合の資格を取得することで、自治体からの共同受注に繋げてきた。

しかし、指名競争入札や随意契約による発注が減少し、一般競争入札の本格導入が進むなかで、共同受注の在り方が問われるようになっていた。そこで、京都府官公需適格組合協議会は、2012年から産官学によるワーキング・グループを組織し、時代に即した官公需適格組合像を模索するようになった。北海道、神奈川県、東京都などの先進的な組合での共同受注活動について5年間かけて調査・研究した上で、震災発生時における地域の事業者の取り組みや、防災協定の締結、住民生活に直結した行政サービスの提案、住民の財産ともいえる行政資料の管理など、地域の専業集団である事業協同組合の特質を生かした活動を行うようになっている。その際、取り組みの基礎をなすのは、地域視点と住民視点であり、公共調達制度の変化に合わせて提案型事業を重視している点も特徴的である。

　この京都府官公需適格組合における調査・研究活動は、全国中小企業団体中央会の全国官公需適格組合協議会でも取り上げられるようになり、地域視点・住民視点・地域貢献を中心とする官公需適格組合像を示した2014年の「京都宣言」の発表へと結実している。

2　地方自治体を巻き込んだ取り組みの推進

　このほか、地域経済のグローバル化が進むなかで、中小企業が主体となった地域経済活性化への取り組みが深まっており、そこでは行政を巻き込んだ新たな活動が展開されている。特に、地方自治体が発注する公共調達分野では、複数のアプローチから、より地域経済の持続的な発展を意識した活動が全国で行われている。

　まず、自治体発の取り組みとして、神奈川県で2014年度から行われている「神奈川県いのち貢献度指名競争入札」を挙げることができる。この入札制度では、地域への貢献度を入札参加の条件とし、なおかつ指名競争入札を導入している点が画期的である。その際、地域貢献度は、大規模災害における復旧活動を意識して作成され、①各土木事務所所長との災害協定締結業者であること、②若手技術者の育成努力を行っていること、③建設機械等を自社で保有していることなどを基準に総合的に評価されている。この指名競争入

札制度は、当初は県土整備局発注工事のみに導入されたが、2015年度には県の知事部局や企業庁、教育局、警察本部の発注工事にも施行範囲が拡大されている[21]。

　第2に、公契約条例である。2000年代以降の一般競争入札の拡大と財政再建によって、特にビルメンテナンスや清掃活動など役務分野における落札価格の低下が顕著となり、物品・工事においても同様の傾向がみられるようになった。そのため、2000年代末以降に、公共調達を担う地域の労働者への生活保障を目的として、各自治体で制定されるようになった。条文や実際の運用については自治体間の違いが大きいものの、共通しているのは、公契約の適正な履行、水準の確保、地域経済の発展、労働者の適正な労働環境の確保などを目的としている点である。なかでも、千葉県野田市の条例は、労働者の賃金を市が独自に定め、契約の種類ごとに最低賃金を超える賃金水準を定めている点で先進的といえる。また、川崎市の条例では、労働者だけでなく、労働者的な性格を持つ「一人親方」までを労働者の範囲に含めていることも注目すべき点であろう。その後も、関東を中心に条例制定が進み、世田谷区公契約条例（2015年）、杉並区公契約条例（2020年）では、低賃金労働からの脱却、事業者の経営環境の改善、そして中長期的な地域経済、中小企業の活性化、人材不足への対応を目的とした、より先進的な条例の制定と運用が進められている。

　第3に、各自治体で制定が広がってきた中小企業振興基本条例も無視できない。同条例では、地元中小企業への受注機会の確保に取り組む点が条文に盛り込まれており、地域の事業者が中小企業振興や地域の経済発展に関わる仕組みづくりが進んでいる。

　このように、地域経済の持続的発展を目指す取り組みは、事業者側、労働者側、行政側あるいは行政と中小企業の協働など複数のアプローチで進められている。これら諸活動の活発化は、地域経済のグローバル化と経済構造変容の反作用と考えることができる。だが、公共調達をめぐる下からの取り組みには、センシティブな側面も存在する。日本政府が各国と締結しているFTA（自由貿易協定）や政府調達協定との整合性である。もし、外国企業が

各自治体による規制や条例等によって経済活動が阻害されたと判断した場合、ISDS（投資家対国家紛争解決）条項を活用して国際機関に提訴することができるのである[22]。地域経済・社会のグローバル化への対抗は、可能性と危険性というコインの裏表のような関係にある。

おわりに―地域経済のグローバル化とその対抗軸―

　1980年代以降の日本経済における国際化・グローバル化は、多国籍企業等の経済活動だけでなく政治的にも進み、国民経済をグローバル（世界）経済へと包摂するための枠組みが構築されてきた。そのなかで、国内の公共調達制度が変容し、地域経済構造の再編が進むことになった。公共調達制度の変容は、まず1980年の旧政府調達協定によって開始されたが、その過程は、日米関係と多角的通商交渉を軸として進められ、政府主導によって策定された政策提言等によって根拠付けがなされた。そして、行財政改革によって国内制度が再編されてきたのである[23]。だが、その政策決定過程に、地域の経済主体は関与することがなく、一般競争入札の推進、電子入札や競り下げ方式、PFIの導入により、地域の事業者は、低価格入札に悩まされるだけでなく、落札競争によって疲弊し、地域経済の活力が損なわれることになっている。つまり、上からのグローバル化が降りかかり、経済構造の変容や制度変化のなかで、地域経済は一方的な対応を迫られてきたのである。

　しかし、近年注目されるのは、単なる受動的な対応にとどまらず、地方自治体や事業協同組合を軸とする対抗的な動きが下から進められるようになってきた点である。その過程で、地域経済の内部で地域視点や住民視点、地域内再投資の促進を目指す地域経済主体の形成が進んでおり、グローバル時代における地域内経済循環の新たな担い手として期待されている。今後、グローバル化といかに向き合い、いかに制御するのかが地域経済・社会の大きな課題であるが、それらの取り組みは、今始まったばかりだといえよう。

　とはいえ、時代の変化のなかで、公共調達をめぐる情勢は、刻一刻と変化しており、情報化・サービス経済化の進展は、国家や自治体の公共調達の性

質それ自体を変化させている。公共調達を担う中小企業や小規模事業者、事業協同組合（官公需適格組合）も、地域に根ざしつつ、変化への対応が一層求められているのである。

注

1　カナダ産業構造特別委員会（小沼敏・村田憲壽訳）『ワトキンス報告 外国資本と国民経済—外資受入れのメリットとデメリットを問う—』ぺりかん社、1969年、215-224頁。

2　日本経済新聞の報道によると、政府は各省庁が共通で運用する基幹クラウドシステムについて、アメリカのアマゾン・ドット・コム傘下企業のシステムを採用するとの方針を固めた。また、政府のITシステム関連予算は、年間7000億円に達し、多くは国内大手企業が受注してきた（『日本経済新聞』2020年2月28日付朝刊）。

3　木下誠也『公共調達研究—健全な競争環境の創造に向けて—』相模書房、2012年、20頁。

4　一般競争入札の増加と関連して、2005年以降では総合評価方式を取り入れた一般競争入札の導入も進んでいる。

5　各国の公共調達制度についてはアメリカが一般競争入札、イギリスでは指名競争入札、仏・独では公開入札、制限競争入札、随意契約が中心に運用されている（高比良和雄『欧米の建設契約制度』建設総合サービス、1992年、2-6頁）。

6　「官公需適確組合」とは「官公需についての中小企業者の受注の確保に関する法律（官公需法）」を根拠法として、事業協同組合に与えられる証明であり、中小企業が集まって共同事業を行い、国・地方自治体の官公需の事業遂行能力を国が保証する制度である（岡田知弘監修・小山大介編『公共調達における官公需適格組合のあり方研究会調査報告書』京都府官公需適格組合協議会、2013年、ii頁、18-19頁。また官公需適格組合資格制度については、中小企業庁『官公需契約の手引き 施策の概要—平成23年度版—』2011年、128-131頁を参照。

7　地域内再投資とは、地域内において繰り返し再投資が発生し、拡大再生産が行われることを指す（岡田知弘『地域づくりの経済学入門—地域内再投資力論—』自治体研究社、2005年、12-16頁、138-140頁）。

8　財務省によると公共事業関係費は、治山治水対策事業費、道路整備事業費、港湾空港鉄道等整備事業費、住宅都市整備事業費、公園水道廃棄物処理等施設整備費、農林水産基盤整備事業費、社会資本総合整備事業費、災害復旧事業費等から構成されており、所管官庁は内閣府、厚生労働省、農林水産省、経済産業省、国土交通省、環境省にまたがっている。

9　国の公共事業関係費は、各年度の予算および補正予算を参考に計算されており、公共工事出来高と金額は一致しない。

10 小山大介「通商政策を考える―グローバル化する貿易・投資と日米関係―」岡田知弘・岩佐和幸編『入門 現代日本の経済政策』法律文化社、2016 年、228-229 頁。

11 政府調達に関する協定（旧協定）では、国の機関が発注する物品調達について、基準金額が 15 万 SDR 以上の案件について、外国企業へと市場開放することが取り決められている。入札方法は公開入札、選択入札、単一入札となっている。

12 WTO 政府調達協定では、適用範囲が一定価格以上の建設、技術サービス、物品、その他サービスにまで拡大されただけでなく、国・関連機関に加え、都道府県、政令指定都市と地方自治体の公共調達にまで市場開放の範囲が拡大されている。

13 日米建設交渉の結果として、フルーア・ダニエル社、ベクテル社の 2 社が関西国際空港建設プロジェクトに参画することになっている。

14 日米構造問題研究会編『日米構造問題協議最終報告』財経詳報社、1990 年、13-17 頁。

15 1980 年代前半の地域経済の国際化プロセスについては岡田知弘「地域経済の国際化―直接投資交流政策を中心に―」基礎経済科学研究所『経済科学通信』第 41 号、1984 年、14-16 頁を参照されたい。

16 建設省建設経済局監修・建設経済研究所編『21 世紀への建設産業ビジョン―活力ある挑戦的な産業を目指して―』ぎょうせい、1986 年、93-104 頁。

17 測量業におけるビジョンにおいては、技術力向上、地域貢献、自然災害への対応などにくわえ、経営規模や技術力、地域性に応じた経営戦略の策定がビジョンとして掲げられており、国際化への対応についても示されている（建設省建設経済局建設振興課監修・21 世紀の測量業ビジョン研究会『21 世紀への建設産業ビジョン―活力ある挑戦的な産業を目指して―』ぎょうせい、1993 年、7-13 頁）。

18 浜松市では、2018 年 4 月に下水道運営について仏ヴェオリア社などの企業グループとコンセッション契約を締結しており、京都市では水道メーターの検針業務を仏ヴェオリア社（他 1 社）が民間委託している。

19 岡田監修・小山編、前掲書、ii 頁、18-19 頁。

20 京都府官公需適格組合におけるより具体的な取り組みについては、同上書、および岡田知弘監修・小山大介編『平成 26 年度中小企業活路開拓調査・実現化事業報告書―地域に貢献する官公需適格組合の新しい共同受注のあり方について―』京都府電気工事工業協同組合、49-53 頁を参照されたい。

21 「神奈川県いのち貢献度指名競争入札」の試行要領によると、総合的評価基準 17 項目のうち、地域貢献に関する項目が 3 つ示されており、本店・支店の地域近接性についても評価の対象となっている。

22 UNCTAD（国連貿易開発会議）によれば、2019 年 7 月 31 日現在、ISDS（投資家対国家紛争解決）条項を活用した外国企業による国への提訴は、983 件行われており、日本企業が関わっている案件は 4 件となっている（UNCTAD ウェブサイト〈https://investmentpolicy.unctad.org/、2020 年 3 月 23 日閲覧〉）。

23　先進国を中心として公共調達分野における市場開放が進んでいるが、必ずしもすべての領域が市場開放されているわけではない。アメリカでは、公共調達を外国企業に開放している州は 37 に留まり、バイ・アメリカン条項や国家安全保障に係る例外措置も存在する。また、カナダにおいては中央政府機関のうち、立法機関は除外されている（経済産業省通商政策局編『2019 年版 不公正貿易報告書—WTO 協定及び経済連携協定・投資協定から見た主要国の貿易政策—』樹芸書房、2019 年、353-356 頁）。

第**18**章

中小企業振興基本条例の変遷と傾向の変化
―条例文の分析を中心に―

大貝健二

はじめに

　本章の課題は、近年制定が相次いでいる中小企業振興基本条例の動向を明らかにすることである。本章で注目するのは、中小企業振興や地域産業振興の目指すべき方向性を明記した「理念型」の条例である。理念型の中小企業振興基本条例は、主に2000年以降から制定が増加している。その背景には、直接的には2度の中小企業基本法の改正があるが、経済のグローバル化や少子化、高齢化に伴う地域経済の縮小・衰退局面において、中小企業などの地域の経済主体を中心に、持続可能な地域経済への転換を模索していることも一因といえよう。

　本章の構成は、以下のとおりである。第1節では、理念型の中小企業振興基本条例について、先行研究を基に整理するとともに、条例を制定する背景や条例に基づいた中小企業振興ないしは地域経済振興について言及する。その上で、第2節では、「条例webアーカイブデータベース」を基に、全国地方自治体の理念条例をピックアップした分析方法について述べた後、条例制定の推移を検討する。続く第3節では、理念型条例の内実について、前文や条項等からうかがえる傾向や特徴を明らかにする。最後に、上記分析を踏まえて明らかになったことを整理し、今後の課題について言及したい。

372　　第Ⅳ部　地域住民主権と自治体政策の新展開

1　中小企業振興基本条例とは何か

　地方自治体による中小企業振興に関しては、条例を制定せずとも、個別の中小企業振興施策が展開されている。その中で、あえて条例を制定することの意味としては、中小企業振興のみならず、さらには地域経済や地域産業振興と広義的に対象を包含し、より体系的に施策を展開していくことがある[1]。さらに、岡田知弘は、中小企業振興条例を自治基本条例のように「地方自治体の憲法」として積極的に位置づけ、地方自治体の役割だけではなく、当該地域の中小企業や大企業、金融機関、経済団体、教育機関、住民の役割を明記し、地域産業や地域社会の目指すべき方向性や理念のもとに、行財政のあり方の基本を定めたものであると整理している[2]。

　中小企業振興を目的とした条例自体は、1960〜70年代からすでに存在している。主なものは、中小企業の高度化や合理化、工場移転や企業誘致などへの助成や融資のあっせんなど、特定の目的のために制定された政策条例といわれるものである。これに対して、2000年代以降に広がる条例は、理念条例といえるものである。ではなぜ、2000年代以降に理念型の中小企業振興基本条例の制定が相次いでいるのだろうか。直接的な要因としては、1999年に中小企業基本法が抜本的に改正されたことが挙げられる。とりわけ、基本法における地方公共団体の役割が変更されたことが大きい。すなわち、1963年に制定された中小企業基本法においては、「地方公共団体は国の施策に準じて施策を講ずるように努めなければならない」とされていたものが、99年基本法では、第6条で「地方公共団体は、基本理念にのっとり、中小企業に関し、国との適切な役割分担を踏まえて、その地方公共団体の区域の自然的経済的社会的諸条件に応じた施策を策定し、及び実施する責務を有する」とされたのである。以上のことから、いかにして地方自治体が中小企業振興施策を検討・実施するかが重視されるようになり、その根拠として中小企業振興基本条例を制定する自治体が増えたものと考えられる[3]。

　さらに、2013〜14年にかけて制定された一連の小規模企業関連法や、それ

に伴う中小企業基本法の改正も、こうした動きを後押しした。これらの法制定により、小規模企業の定義が新たになされたことに加え、中小企業のうち9割を占める小規模企業に対して国や自治体、商工会議所、商工会、地域金融機関が連携して支援していく方向性が打ち出されたのである。

2　中小企業振興基本条例の制定状況

1　分析方法

　以上を踏まえ、中小企業振興基本条例の分析に入っていきたい。その前に、筆者の条例分析の方法を述べておこう。

　第1に、分析対象としたのは、2020年12月末日までに制定された605の条例である[4]。これらの条例には、「中小企業振興条例」「中小企業振興基本条例」「中小企業・小規模企業振興基本条例」のほかに、「産業振興条例」や「商業振興条例」「工業振興条例」「商工業振興条例」なども含まれる。その理由として、大都市部の自治体では、中小企業振興基本条例よりも、工業や商業など産業に着目した条例が多く見受けられるためである。そこで、前文で理念を示している条例や、条項で中小企業や自治体等の責務や役割を示している条例は、理念条例と捉えて集計した。他方で、中小企業振興条例という名称であったとしても、条文に目を通した際に、理念等を明記した「前文」がないものや、「企業立地（誘致）」「助成金」「補助金」「融資のあっせん」など、政策条例と判断できるものは除外した。

　第2に、今回対象とした605条例の検索方法である。条例の検索に関しては、同志社大学「条例webアーカイブデータベース」[5]を利用した。同サイトで条例を検索した時期は、2020年3月1日から5月31日までと、2021年2月25日である。条例検索に用いたキーワードは、「中小企業」「小規模企業」「産業振興」「地域経済」「商業」「工業」である。

2　条例制定の推移

　最初に、中小企業振興基本条例の制定状況を、時系列的にみていく（図18

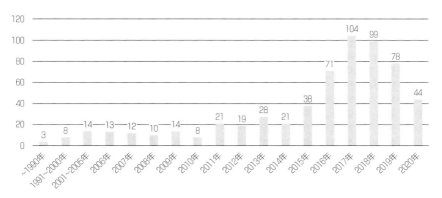

図 18-1　中小企業振興条例の制定数
出所：条例 Web アーカイブデータベースを基に、筆者作成。

-1)。1990 年までは、理念条例として制定されたものは、わずか3条例であった。その後、2001〜05 年の5年間でも、制定された条例は14と、単年ごとの制定数は多くなかった。しかし、2006 年以降は、2010 年を除いて各年の制定数が10を上回るようになっており、2011 年以降は条例制定ペースがさらに上がっていることも確認できる。そして、2015 年以降は1年で100以上の条例が制定されていることが示すように、それ以前には見られなかったペースで条例制定が進んでいる。先述のように、2000 年以降の条例制定の急増は、二度の中小企業基本法の改正が契機であると考えられる。

次に、自治体ごとに条例制定状況について確認しておこう。自治体数 1741 のうち、条例を制定している自治体は、597（34.3 ％）である。市区町村別にみると、条例制定は市レベルで 346 と最も多くなっているのが特徴的である。

その一方、都道府県別にみると、制定状況に地域差がある点にも留意が必要である。例えば、すべての自治体で制定している島根県や、制定割合が 90 ％を上回っている栃木県、80 ％を上回っている新潟県、石川県、大分県がある一方で、茨城県、長野県、三重県、奈良県、高知県、宮崎県など、10 ％にも満たない県も存在する。

3　制定年区分別でみた制定状況

　次に、条例制定自治体を制定年区分別にみてみよう（**表 18-1**）。その際、条例制定には一定程度の時間を要することから、以下では、制定時期区分を、第Ⅰ期（2005 年以前）、第Ⅱ期（99 年基本法以後：2006〜14 年）、第Ⅲ期（13 年基本法以後：2015〜20 年）の 3 期に分けて検討していく。

　まず、制定状況から検討すると、第Ⅰ期では、制定条例数は 25 であった。その内訳は、東京特別区が 13、市が 9、町が 3 である。初期の条例は、都市部、とりわけ東京特別区が大きなウェイトを占めていたことが分かる。それに対して、第Ⅱ期をみると、条例制定数は 146 に増加しており、そのうち市での制定が 129（88.4 ％）と多くを占めている。さらに、第Ⅲ期では、条例制定自治体は 434 条例まで激増しており、市が 233（53.7 ％）、町が 180（41.5 ％）、村が 21（4.8 ％）という構成である。

　以上のように、最初は東京を中心に都市部から条例制定が進み、現在では市部だけでなく町村部へと広がりを見せているといえよう。

　次に、**表 18-2** から、制定年別に条例の名称をみてみる。全 605 条例のうち、「中小企業（者）振興（基本）条例」のように、「中小企業」を明記している条例は 167（27.6 ％）、「小規模企業（者・等）振興（基本）条例」のように、「小規模企業」を対象とした条例は 55（9.1 ％）、「中小企業・小規模企業振興（基本）条例」のように、中小企業と小規模企業を対象にしたものは 237

表 18-1　条例制定年区分別・条例制定自治体数 （特別区・市・町・村）
（単位：実数、％）

	合計	特別区	市	町	村
全　体	605 100.0	17 2.8	371 61.3	195 32.2	22 3.6
第Ⅰ期 （2005 年以前）	25 100.0	13 52.0	9 36.0	3 12.0	0 0.0
第Ⅱ期 （2006〜2014 年）	146 100.0	4 2.7	129 88.4	12 8.2	1 0.7
第Ⅲ期 （2015〜2020 年）	434 100.0	0 0.0	233 53.7	180 41.5	21 4.8

出所：条例 web アーカイブデータベースより作成。

376　第Ⅳ部　地域住民主権と自治体政策の新展開

表 18-2　条例制定年区分別・条例の名称カテゴリー

(単位：実数、％)

	合計	中小企業(者)(等)振興(基本)条例	小規模企業(者)(等)振興(基本)条例	中小企業(者)・(及び)小規模企業(者)(等)振興(基本)条例	産業振興(基本)条例	商工業振興(基本)条例、工業振興(基本)条例、商業振興(基本)条例	その他
全　体	605 100.0	167 27.6	55 9.1	237 39.2	54 8.9	44 7.3	48 7.9
第Ⅰ期 (2005 年以前)	25 100.0	10 40.0	0 0.0	0 0.0	9 36.0	0 0.0	6 24.0
第Ⅱ期 (2006〜2014 年)	146 100.0	64 43.8	0 0.0	5 3.4	29 19.9	30 20.5	18 12.3
第Ⅲ期 (2015〜2020 年)	434 100.0	93 21.4	55 12.7	232 53.5	16 3.7	14 3.2	24 5.5

出所：条例 web アーカイブデータベースより作成。

（39.2 ％）、「産業振興条例」は 54（8.9 ％）、「商業振興条例」「工業振興条例」「商工業振興条例」は 44（7.3 ％）、「その他」（これらの分類に該当しない名称）は 48（7.9 ％）である。

　そのうち、第Ⅰ期に制定された 25 の条例では、「中小企業振興（基本）条例」が 10（40.0 ％）、「産業振興（基本）条例」が 9（36.0 ％）と二分できる。産業振興条例という名称の条例が、他の時期区分よりも相対的に多いのは、東京特別区などの大都市部において、「中小企業」とするよりも理解を得やすかったものと推察できる。同様に、第Ⅱ期でも、全 146 条例のうち、「中小企業振興（基本）条例」が 64（43.8 ％）、「産業振興（基本）条例」が 29（19.9 ％）、「商工業振興条例」「工業振興条例」「商業振興条例」が 30（20.5 ％）であり、「中小企業」を前面に出した条例と、「産業（商工業含む）」を前面に出した条例とに区分できる。

　一方、第Ⅲ期の 434 条例では、「中小企業振興（基本）条例」が 86（21.9 ％）と、実数では増加しているが、構成比は相対的に低下している。また、産業振興条例や商工業振興条例といった名称の条例は、制定数・構成比とも

に減少・低下している。これらに替わって、「小規模企業振興（基本）条例」
と「中小企業・小規模企業振興（基本）条例」が、件数では 287 と急増して
おり、比率でも３分の２を占めるようになっている。小規模企業関連法の整
備により、「小規模企業」を意識した条例が広まっているといえよう。

3　条例の実態

1　前文と基本理念

　ここからは条例制定年区分別に、理念型条例の中身を検討する。

　表18-3 は、条例の前文と基本理念の有無をみたものである。まず、前文の
有無に注目する。前文は、当該地域における経済社会の成り立ちや、将来的
にどのような地域経済社会を目指すのか等を明示しており、理念型条例の性
格を占う重要な部分である。同表より、第Ⅰ期の制定条例では、前文がある
のはわずか３条例にとどまっていた。それに対して、第Ⅱ期では、77 条例
（52.4 ％）が前文を設けており、理念型条例の急増を反映している。しかし、
第Ⅲ期になると、前文がある条例数は増加しているものの、割合は相対的に
低下している。条例件数が急増するとともに、前文を持たない条例の比率も
高まっていることが確認できる。

表 18-3　条例制定年区分別、前文、基本理念の有無

（単位：実数、％）

	合計	前文		基本理念	
		あり	なし	あり	なし
全　体	605 100.0	251 41.5	354 58.5	589 97.4	16 2.6
第Ⅰ期 （2005 年以前）	25 100.0	3 12.0	22 88.0	20 80.0	5 20.0
第Ⅱ期 （2006〜2014 年）	146 100.0	77 52.7	69 47.3	137 93.8	9 6.2
第Ⅲ期 （2015〜2020 年）	434 100.0	171 39.4	263 60.6	432 99.5	2 0.5

出所：条例 web アーカイブデータベースより作成。

378　　第Ⅳ部　地域住民主権と自治体政策の新展開

次いで、「基本理念」条項の有無に注目しよう。同じく**表18-3**より、いずれの時期でも「あり」の割合が高いのが明白である。しかも、第Ⅲ期では、ほぼすべての条例で理念条項が設けられている。

つまり、第Ⅱ期までのように前文で基本理念を示していたパターンから、最近では前文にとどまらず、「基本理念」を条項の形で具体的に明示する形へと変化してきていると考えられる。

2 自治体・中小企業者・団体等の役割

次に、地域における首長・自治体や中小企業者、商工団体、経済団体、中小企業団体等のそれぞれの役割について検討する（**表18-4**）。

「首長や自治体の役割（責務）」に関しては、いずれの時期でも条項として設けられていることがわかる。「中小企業者等の役割、努力（責務）」に関してもほぼ同様である。これらの条項を通じて、どのように中小企業振興を行うのか、また中小企業者等が地域の経済主体としていかに努力するのか、といった基本的なスタンスが示されていると理解してよいだろう[6]。

他方で、「商工団体・経済団体・中小企業団体等の役割」については、主に第Ⅱ期以後から具体的に盛り込まれるようになってきていることが確認できる。

表18-4　条例制定年区分別、各主体の努力・責務・役割

（単位：実数、％）

	合計	首長・自治体の責務・役割		中小企業者、小規模事業者等の責務・努力・役割		商工団体・経済団体・中小企業団体等の役割	
		あり	なし	あり	なし	あり	なし
全　体	605 100.0	595 98.3	10 1.7	601 99.3	4 0.7	520 86.0	85 14.0
第Ⅰ期 （2005年以前）	25 100.0	21 84.0	4 16.0	23 92.0	2 8.0	2 8.0	23 92.0
第Ⅱ期 （2006〜2014年）	146 100.0	143 97.9	3 2.1	145 99.3	1 0.7	101 69.2	45 30.8
第Ⅲ期 （2015〜2020年）	434 100.0	431 99.3	3 0.7	433 99.8	1 0.2	417 96.1	17 3.9

出所：条例webアーカイブデータベースより作成。

3 大企業・金融機関・教育機関の役割

　今度は、大企業や金融機関、教育機関の役割についてみていこう（**表18-5**）。

　「大企業の役割・責務」条項に関しては、第Ⅱ期以降の条例で設けられることが多くなっている。1990年代以降に急進する経済のグローバル化に伴い、大企業による海外展開が国内の生産拠点等を縮小させたことのインパクトは小さくはなかった。そのため、理念条例には拘束力がないとしても、大企業を地域経済の一員とみなして、その役割を強調していくことには意味があると捉えられたのである[7]。そのため、先行的な条例の事例や経験を蓄積していく過程で、とりわけ大企業が拠点を置く都市部において、同条項が盛り込まれていくことになったと推察される。

　「金融機関の役割」に関しては、第Ⅲ期以後に条項への明記が急増していることが確認できる。同条項を最初に条例の中に盛り込んだのは、2012年に制定された愛知県条例である[8]。地域金融機関の存在が、地域の中小企業振興ならびに地域経済全体の振興に寄与する役割は大きい。そのため、地域金融機関も、地域経済振興には不可欠なアクターとして認識されるようになり、その結果、条例に明確に盛り込まれるケースが増えてきているのである。

　さらに、「教育機関の役割」の項目も、第Ⅲ期以後の制定条例に盛り込ま

表18-5　条例制定年区分別、大企業、金融機関、教育機関の役割

（単位：実数、％）

	合計	大企業の役割		金融機関の役割		教育機関の役割	
		あり	なし	あり	なし	あり	なし
全　体	605 100.0	281 46.4	324 53.6	274 45.3	331 54.7	178 29.4	427 70.6
第Ⅰ期 （2005年以前）	25 100.0	3 12.0	22 88.0	0 0.0	25 100.0	0 0.0	25 100.0
第Ⅱ期 （2006～2014年）	146 100.0	66 45.2	80 54.8	13 8.9	133 91.1	13 8.9	133 91.1
第Ⅲ期 （2015～2020年）	434 100.0	212 48.8	222 51.2	261 60.1	173 39.9	165 38.0	269 62.0

出所：条例webアーカイブデータベースより作成。

れるケースが増えている。地域経済社会の将来を見据えた時に、重要なのは地域の担い手、すなわち人材である。実際、この条項の記述に注目すると、小中高の各学校に対して職業観や勤労観の醸成という記載が盛り込まれているのが特徴的である。また、このような条項がない場合でも、例えば筆者が関わっている北海道別海町や恵庭市のように、教育機関の重要性を認識し、教育機関と連携した取り組みが行われているケースが増えている[9]。こうした動きは、これまでの各地の経験を参考にしながら、条例制定の際に新たに条項として盛り込むことになっていると考えられる[10]。

4 計画策定と会議体の有無

最後に、計画策定や会議体設置の有無についてみておこう（**表18-6**）。条例に基づく具体的な中小企業振興施策の展開の方向性として、自治体の総合計画に搭載する、あるいは中小企業振興基本計画を策定するケースが増えている。そこで、これらのポイントも追加的にピックアップしてみた。

同表より、「計画策定の有無」に関しては、第Ⅲ期以後において90の条例（20.7％）で条項が設けられている。数自体は決して多くはないが、第Ⅱ期以後、少しずつ増えてきており、増加傾向にあると考えられる。

表 18-6　条例制定年区分別、計画の策定、会議体の設置の有無

（単位：実数、％）

	合計	総合（基本）計画への搭載（策定）及び見直し		会議体の設置	
		あり	なし	あり	なし
全　体	605 100.0	106 17.5	499 82.5	171 28.3	434 71.7
第Ⅰ期 （2005年以前）	25 100.0	1 4.0	24 96.0	6 24.0	19 76.0
第Ⅱ期 （2006～2014年）	146 100.0	15 10.3	131 89.7	59 40.4	87 59.6
第Ⅲ期 （2015～2020年）	434 100.0	90 20.7	344 79.3	106 24.4	328 75.6

出所：条例webアーカイブデータベースより作成。

また、会議体の設置に関しては、具体的な中小企業振興施策を検討したり、施策の結果を評価する「場」として、「産業振興会議」や「中小企業振興会議」として設置するかどうかをみたものである。こちらは、第Ⅱ期では59条例（40.4％）であるのに対して、第Ⅲ期では106条例（24.4％）であった。明記される条例数は増加しているものの、その割合は低下している。つまり、新たに制定される条例の傾向としては、会議体の設置を条項として盛り込まない条例が相対的に増加しているのである。実際には、条例に基づいた中小企業振興・地域経済振興を行っている自治体では、条例内で会議体設置について明記しなくとも、施策の検討を行う場はあるものと考えられるが、この点は、さらに詳細な検討が必要であると思われる。

おわりに

　以上の分析を通じて明らかになった点をまとめておこう。第1に、中小企業振興基本条例は2015年以降に急増しており、地理的には東京特別区から市レベル、そして町レベルへと広がりをみせていることである。第2に、そうした面的な広がりを示す中で、条例の名称も、産業振興条例・商工業振興条例から、中小企業振興基本条例、さらには中小企業・小規模企業振興条例、小規模企業振興条例へと変化している。とりわけ、2017・18年に、「小規模企業振興条例」「中小企業・小規模企業振興条例」といった名称が激増しているのが注目される。その背景に、小規模企業関連法の整備があるのは間違いないだろう。第3に、条例の内容も、時代とともに変化している。99年基本法以後で先行していた各自治体の条例制定の経験を背景に、「自治体（首長）の役割（責務）」「中小企業者の努力（責務）」は当然のごとく盛り込まれ、さらには「大企業の役割（責務）」「関係団体（支援団体）の役割」「金融機関の役割」「教育機関の役割」といった条項が盛り込まれるようになっているのである。また、99年基本法以後に多くみられた、地域の将来ビジョン（理念）を描いた「前文」を掲げる形から、2015年以降には「理念」項目が条項として定められるようになってきたことも、新たな傾向といえよう。さらに、

計画策定を盛り込む条例が増加する一方で、会議体の設置に関しては、13年基本法以後で条項に盛り込まないケースが増えてきていることも明らかになった。

このように、本章では、近年増加傾向にある中小企業振興基本条例のトレンドが浮かび上がってきた。とはいえ、今回はあくまで条例項目に関する分析にとどまっている。最後に、今後の課題について言及しておく。

第1に、条例分析のさらなる精緻化である。特に、条文として明記されている施策・方針などの具体的表記の詳細な傾向分析が必要である。そうすることによって、条例の深化の傾向をより明確にできるものと思われる。第2に、条例制定過程や条例を根拠にした振興施策過程を、自治体へのアンケート調査やヒアリング調査を通じて把握することである。特に、条例は制定するだけでなく、それを活用した具体的な展開が重要である。すなわち、①条例の制定経緯、②地域経済や中小企業に関する実態調査の有無とその方法、③問題意識や課題を共有し、具体的施策を検討する議論の「場」である会議体の有無とその運営方法、④条例を根拠にした自治体独自の振興施策の有無、⑤具体的施策を評価する指標の有無、⑥条例を制定したことによる変化（意識的なものを含む）の分析が今後は必要である。条例分析のさらなる精緻化と、条例を根拠にした施策検討・実施プロセスをクロスさせることで、より具体的な条例に基づく中小企業振興・地域経済振興のあり方を議論できるようになるだろう。

(2021 年 8 月 18 日提出)

注

1　植田浩史は、条例の意義として、①基本的な施策方針を明記し、自治体の基本的スタンスを示すこと、②地方自治体自身が中小企業ないしは地域産業を振興することを自治体内部に示すこと、③施策の連続性を担保することなどを挙げている（植田浩史『自治体の地域産業政策と中小企業振興基本条例』自治体研究社、2007 年、82-83 頁）。

2　岡田知弘『地域づくりの経済学入門―地域内再投資力論―［増補改訂版］』自治体研究社、2020 年、296 頁。

3　また、基本法改正と相まって、中小企業団体による地方自治体レベルでの「条例制定」

運動が、条例制定に寄与していることもある。例えば、中小企業家同友会では、欧州小企業憲章に影響を受け、国レベルでの中小企業憲章、地域レベルでの中小企業振興基本条例の制定を求めた運動を展開している。

4 今回の分析では市区町村の条例を対象とし、都道府県で制定されている45の条例は対象としていない。都道府県条例の分析は今後の課題としたい。

5 条例 web アーカイブデータベース（https://jorei.slis.doshisha.ac.jp/）。

6 これらの項目については、本来であれば「自治体の役割」なのか、「首長の役割」なのか、あるいは「役割」ではなく「責務」が用いられているのか、同様に中小企業者の責務なのか、努力なのか、役割なのか、詳細に検討する必要があるが、これらの点に関しては今後の課題としたい。

7 大企業の責務、協力事項に関しては、植田、前掲書、58、89頁において、東京都中央区と大阪府八尾市の事例について言及している。

8 愛知県条例で「金融機関の役割」が盛り込まれた背景については、岡田知弘、前掲書、300頁が詳しい。

9 北海道での条例を基にした教育機関との連携に関しては、大貝健二「地域経済の活性化と中小企業振興基本条例の果たす役割」『商工金融』第67巻第5号、2017年を参照。

10 そのほか、教育機関として大学が記載されている場合、産学連携や雇用の担い手といった表記が目立つ。

第**19**章

医療経営の現状と地域医療政策
—新型コロナで浮き彫りになった課題との関わりを中心に—

髙山一夫

はじめに

　本章の課題は、新型コロナウイルス感染症（以下、新型コロナ）のパンデミックのもとで表面化した日本の医療経営の厳しい現状を明らかにするとともに、今後の地域医療をめぐる政策について、とくに感染症対応と自治体の役割に焦点を当てて論じることである[1]。

　新型コロナは 2019 年 12 月初旬に中国で最初の症例が発見されてから、わずか数か月で世界大に感染が拡大した。世界保健機関（WHO）の統計によれば、2024 年 7 月時点で、世界全体で 7750 万人が感染し、705 万人が死亡した[2]。日本国内でも 2020 年 1 月 15 日に最初の感染例が報告され、その後、感染法上の位置づけが変更された 2023 年 5 月までの累計で、感染者数 3380 万人（空港・開港検疫事例を含む）、死亡者数 7 万 4669 名を数えた[3]。その後も新規感染者数は周期的な増減を繰り返しており、2024 年 7 月から 8 月にかけて、いわゆる第 11 波が到来している。

　新型コロナは、人々の生命や健康のみならず、各国・地域の経済活動や社会生活にも影響を及ぼした（いわゆるコロナ禍）。感染症のパンデミックという災害に対処するためには、病原性のウィルスの発生と伝播という医学・公衆衛生学の知見はもちろん、経済学をはじめとする社会科学の立場からの分析と政策提案も不可欠である。その際に理論的に有益な枠組みを提供する

のが、災害の地域経済学である[4]。災害の地域経済学は、災害を単なる自然現象としてではなく、むしろ自然現象を介した社会現象として捉える議論であり、災害による被害を構造的かつ歴史的に把握するとともに、国及び自治体の復興政策のあり方を検討し、復興のための諸条件を地域住民との連携に主眼を置いて考察する。本章では、この災害の政治経済学の枠組みを手掛かりとして、新型コロナが医療経営に及ぼした影響と国及び自治体の対応、そして災害対応も含めて今後の地域医療を守るための条件について考察する。

表 19-1　病院の経営状況（2019〜2022 年度）

	2019 年度 （千円）	2020 年度 （千円）	2021 年度 （千円）	2022 年度 （千円）
医業収益 （①）	2,916,434	2,823,275	2,809,240	2,864,457
入院診療収益	2,021,526	1,959,119	1,904,697	1,942,171
外来診療収益	767,325	738,787	764,184	785,632
室料差額	32,363	28,887	22,593	21,231
その他	95,220	95,483	18,926	17,411
介護収益 （②）	63,290	59,207	55,580	54,279
医業・介護費用 （③）	3,054,119	3,056,027	2,997,623	3,089,991
給与費	1,693,256	1,707,405	1,660,147	1,690,221
医薬品費	351,123	336,448	331,687	349,939
診療材料費等	261,999	261,337	252,141	259,015
委託費	199,972	207,181	211,247	215,417
減価償却費	162,392	159,383	158,494	163,453
経費	167,979	164,359	169,451	189,059
その他	217,398	219,914	214,456	222,887
損益差額 （④＝①＋②－③） 医業・介護収益率 （④÷（①＋②））	▲ 74,395 ▲ 2.5	▲ 173,545 ▲ 6.1	▲ 132,803 ▲ 4.7	▲ 171,255 ▲ 6.0
新型コロナ対策補助金 （⑤）	0	191,218	238,263	213,997
損益差額 （⑥＝①＋②＋⑤－③） 医業・介護収益率 （⑥÷（①＋②））	▲ 74,395 ▲ 2.5	17,673 0.6	105,460 3.7	42,742 1.5

出所：『医療経済実態調査』第 23 回および第 24 回より作成。

386　　第Ⅳ部　地域住民主権と自治体政策の新展開

1　厳しさを増す病院・医療機関の経営状況

1　新型コロナの流行と医療経営の危機的状況−医療経済実態調査報告から

　新型コロナがもたらした被害構造については、人々の生命・健康に及ぼした直接被害だけでなく、地域の産業や雇用に生じた間接被害も含めて、すでに多くの研究がある。そこで以下では、新型コロナと医療機関の経営危機について考察したい。

　医療機関の経営状況について、まずは医療経済実態調査の結果を確認したい。医療経済実態調査とは、社会保険診療報酬に関する基礎資料を整備する目的で2年に一度実施される標本調査で、診療報酬改定前年の6月に実施される。調査主体は中央社会保険医療協議会（中医協）である。2021年（令和3年）の第23回調査では2305病院（有効回答施設数1218、有効回答率52.8％）が、また2023年（令和5年）の第24回調査では2377病院（同1139、47.9％）が調査対象であった[5]。

　表19-1は、直近2回の医療経済実態調査（医療機関等調査）報告をもとに、病院の経営状況をまとめたものである[6]。同表をみると、新型コロナの流行前の2019年と比較すると、2020年は医業収益（介護収益も含む）が▲3.2％（100−96.8）となり、損益差額は1病院当たり▲7439万円から▲1億7354万円へと倍増した。医業・介護収益率も2019年度の▲2.5％から2020年度は▲6.1％へと悪化をみた。医業収益の内訳をみると、2019年度から2020年度にかけて、入院診療収益▲3.1％、外来診療収益が▲3.7％と、入院と

2019〜2020年度の変化率	2019〜2022年度の変化率
96.8	98.2
96.9	96.1
96.3	102.4
89.3	65.6
100.3	18.3
93.5	85.8
100.1	101.2
100.8	99.8
95.8	99.7
99.7	98.9
103.6	107.7
98.1	100.7
97.8	112.5
101.2	102.5
233.3	230.2
−	−
−	−
−	−
−	−

外来のいずれも低下したことがわかる。医業・介護費用をみると、診療収入と連動するかたちで医薬品費が▲4.2％であったものの、給与費は変わらず、委託費も増加したことで、全体としては前年度と同水準であった。ただし、後述するように、2020年度には3度にわたる補正予算が編成され、医療機関を対象とする新型コロナ対策補助金が交付された。2020年度の新型コロナ対策補助金は1病院平均で1億9121万円であり、補助金収入を加味した損益差額は1767万円のプラス（収益率は＋0.6％）であった。

2019年度から2022年度までの期間においても、医業収益は▲1.8％と新型コロナの流行前の水準を回復していない。外来診療収益は＋2.4％であるものの、医業収入の大半を占める入院診療収益が▲3.9％とさらに悪化している。また、金額としては相対的に小さいとはいえ、介護収益も▲14.2％と大きく落ち込んでいる。他方、医業・介護費用は委託費や経費を中心に増加傾

表 19-2　病院経営の状況・新型コロナ患者受け入れの有無別（2019～2020年度）

	全病院 716病院、平均308床			新型コロナ患者の受入あり 452病院、平均390床		
	2019年度	2020年度	変化率（%）	2019年度	2020年度	変化率（%）
医業収益（①）	8,023,737	7,680,540	▲4.3	11,133,406	10,620,266	▲4.6
入院診療収入	5,294,651	5,058,963	▲4.5	7,270,319	6,909,906	▲5.0
外来診療収入	2,327,202	2,258,299	▲3.0	3,325,720	3,229,852	▲2.9
健診・人間ドック等	153,243	133,984	▲12.6	205,214	177,064	▲13.7
室料差額・その他	248,642	229,294	▲7.8	332,153	303,444	▲8.6
医業費用（②）	8,171,562	8,149,491	▲0.3	11,390,695	11,363,943	▲0.2
給与費	4,056,899	4,086,486	0.7	5,537,328	5,579,900	0.8
医薬品費	1,357,781	1,327,249	▲2.2	1,987,516	1,945,607	▲2.1
診療材料費	861,600	831,401	▲3.5	1,251,773	1,202,389	▲3.9
その他経費	1,895,281	1,904,356	0.5	2,614,078	2,636,049	0.8
医業利益（③=①−②）	▲147,825	▲468,951	231.4	▲257,289	▲743,677	189.0
医業利益率（③÷①）	▲1.8	▲6.1	231.4	▲2.3	▲7.0	203.0
支援金注）（④）	－	489,375	－	－	757,380	－
収支差（⑤=①+④−②）	－	20,424	－	－	13,703	－
利益率（⑤÷①）	－	0.3	－	－	0.1	－

注：2020年度に都道府県独自の新型コロナに係る支援金が交付された。
出所：病院3団体『新型コロナウイルス感染拡大による病院経営の調査（2020年度第4四半期）概要版』より作成。

向にあり、2022 年度の損益差額は 1 病院平均で▲ 1 億 7125 万円（▲ 6.0 ％）であった。ただし、新型コロナ対策補助金による収入が 2 億 1399 万円あるため、2022 年度の損益差額は 4274 万円の黒字（＋1.5 ％）であった。

　以上のことから、2020 年度以降に深刻化した新型コロナによって、病院の経営状況は厳しさを増し、2022 年度においてもその状況が継続していること、ただし、新型コロナ対策補助金によって収支の均衡がかろうじて保たれていたことがわかる。新型コロナ対策補助金が打ち切られる 2024 年度以降は、病院経営が危機的な状況を迎えることが懸念されるといえる。

2　新型コロナの感染拡大と医業収益の落ち込み―病院 3 団体の経営状況調査から

　次に、新型コロナが医療経営に及ぼした影響について、病院 3 団体（一般社団法人日本病院会、公益社団法人全日本病院協会、一般社団法人日本医療法人協会）が実施した 2020 年度の病院経営状況調査（回答病院数 716、平均病床数 168 床）を取り上げる[7]。表 19-2 にまとめたように、この調査においても、医療経済実態調査報告と同様、病院全体の医業利益率は、2019 年度の▲ 1.8 ％から、新型コロナの感染者数が爆発的に増大した 2020 年度は▲ 6.1 ％へと、4.3 ポイント悪化したことがわかる。

　病院 3 団体の調査で興味深いことは、新型コロナ患者の受け入れ実績のある病院（452 施設、平均病床数 390 床）と、受け入れ実績のない病院（264 施設、平均病床数 168 床）とを比較していることである。新型コロナ患者の受け入れ実績のある病院の医業利益率をみると、2019 年度の▲ 2.3 ％から 2020 年度は▲ 7.0 ％へと 4.7 ポイント

（単位：千円）

| 新型コロナ患者の受入なし264 病院、平均 168 床 | | |
2019 年度	2020 年度	変化率（%）
2,699,608	2,647,373	▲ 1.9
1,912,068	1,889,924	▲ 1.2
617,618	594,883	▲ 3.7
64,262	60,225	▲ 6.3
105,660	102,342	▲ 3.1
2,660,016	2,645,959	▲ 0.5
1,522,226	1,529,580	0.5
279,599	268,545	▲ 4.0
193,578	196,225	1.4
664,614	651,610	▲ 2.0
39,592	1,414	▲ 96.4
1.5	0.1	▲ 96.4
－	30,517	－
－	31,931	－
－	1.2	－

も悪化した。医業収益が 2019 年度から 2020 年度にかけて▲ 4.6 ％（1 病院当たり 5 億 1313 万円の減少）である一方、医業費用がほぼ横ばいで推移したためである。他方、新型コロナ患者の受け入れ実績のない病院では、医業収益が▲ 1.9 ％（同 5224 万円の減少）にとどまったため、医業利益率は 2019 年度の＋ 1.5 ％から 2020 年度は＋ 0.1 ％と、1.4 ポイントの悪化にとどまった。

　医業収益について少し掘り下げると、新型コロナ患者の受け入れ実績のある病院では、2019 年から 2020 年にかけて医業収益の 7 割を占める入院診療収入が 1 病院当たり▲ 3 億 6041 万円（対前年度比で▲ 5.0 ％）となり、外来診療収入も▲ 9587 万円（同▲ 2.9 ％）であった。他方、受け入れ実績のない病院では、入院診療収入は対前年度比で▲ 2214 万円（▲ 1.2 ％）にとどまったものの、外来は逆に▲ 2273 万円（▲ 3.7 ％）と、新型コロナ患者を受け入れた病院よりも大きな減少率であった。発熱外来の有無などが外来患者の受療行動にも影響を及ぼしたことが伺える。

　また、病院 3 団体の調査では、各都道府県が病院に交付した支援金についても表示している。2020 年度の病院向け支援金の額（従事者向け慰労金は除く）は、1 病院当たりで 4 億 8937 万円であり、支援金を加味した医業利益は 2042 万円（医業利益率＋ 0.3 ％）と、医療経済実態調査報告と同様に、かろうじて収支が均衡した。新型コロナ患者の受け入れの有無で比較すると、2020 年度の支援金の額は、受け入れ実績のある病院では 1 病院当たり平均で 7 億 5738 万円、受け入れ実績のない病院は 3051 万円であり、支援金を加味した利益率はいずれの病院もプラスであった（受け入れ有り病院は 1370 万円［＋ 0.1 ％］、受け入れ無し病院は 3193 万円［＋ 1.2 ％］）。

3　回復しない患者数と病院経営の苦境

　以上で述べた、2020 年度以降の病院の経営悪化をもたらした直接的な原因は、新型コロナ患者の治療のための追加的費用（ゾーニングの実施や個人防護具の調達、人員配置等）に加えて、新型コロナ患者以外の患者の受診抑制がひろく発生したことにもとめられる。

　2020 年における患者の受診抑制動向に関しては、健康保険組合連合会が同

年9月に実施したアンケート調査（全国の20～70代の男女4623人が対象）が参考になる[8]。この調査によれば、持病をもつ患者3500人のうち、緊急事態宣言が発出され、外出等の自粛が要請されていた2020年4～5月にかけて、通院を抑制（「頻度減」および「とりやめ」）した患者は24.7％に上ったという。また、通院を抑制した理由を答えた者（865名）の回答をみると、「医療機関で新型コロナウイルスに感染するかもしれないと思ったから」（69.2％）が最も多く、次いで「外出自体をしないようにしていたから」（24.9％）の順であった。持病を持たない患者においても同様の傾向がみられ、感染が拡大し始めた2020年2月以降に「医療機関の受診を検討するほどの体調不良を感じた」1123名のうち、14.2％が外来を受診しなかった。新型コロナウイルスに感染するとの不安が、持病のある患者も含めて幅広い受診抑制を惹起し、医療経営を直撃したことがわかる。

　じつは新型コロナによって発生した受診抑制と患者数の減少は、2020年度以降も継続している。厚生労働省の調査をもとに新型コロナ流行前の2019年6月と2023年6月の患者数を比較すると、入院は123万267人から112万2996人へと8.7％減少（一般病床の入院患者は7.2％減）、外来は131万6267人から129万7231人へと1.4％減少となっている。一般病床の病床稼働率も2023年は69％と低い水準にとどまっており（平均在院日数は15日）、やはり患者数減の影響が継続している[9]。新型コロナの感染法上の位置づけが変更され、感染者・濃厚接触者への外出自粛が求められなくなり、また新型コロナ患者自身も幅広い医療機関への受診が可能となったにもかかわらず、入院および外来患者数はなお2019年の水準には回復していないわけである。

　病院3団体による直近の病院経営状況調査からも、患者数の減少が続いていることを確認できる[10]。この調査によれば、延べ外来患者数の5期連続同月比較（2019年6月を100とした指数）は、2020年の92.4と落ち込んだ後、2021年98.3、2022年101.4、2023年99.5と、伸び悩んでいる。入院患者数の動向はより深刻で、2020年に88.0と落ち込んで以降、2023年も91.7にとどまっており、2019年対比でなお約1割の患者減となっている。

　患者数が新型コロナの流行以前の水準にまで回復しないことから、病院経

営は現在もなお、厳しい状況にあることが懸念される。事実、病院3団体の最新の調査である2023年度の病院経営定期調査（回答病院数751、平均病床数300床）をみると、国の補助金や自治体の支援金を除外するならば、医業収益率は2021年度の▲6.5％から2022年度には▲7.6％へと悪化し、赤字病院の割合も64.0％から83.8％へと増加している[11]。すなわち、本業での利益率は悪化の度合いを強めており、病院経営の危機的な状況に変わりはないわけである。

2　新型コロナへの対応とその課題

1　国の政策対応─医療機関向け新型コロナ補助金の創設

　新型コロナによって表面化した医療機関の厳しい経営状況に対して、国は各種の補助金を交付することで対応を図った。ここでは新型コロナに起因する医療機関の経営危機に対する政策対応として、2020（令和2）年度における3次にわたる巨額の補正予算に注目したい[12]。

　まず、2020年4月の第1次補正予算では、感染拡大の防止や医療提供体制の整備を目的とした都道府県の取り組みを包括的に支援する目的で「新型コロナウイルス感染症緊急包括支援交付金」が創設され、1490億円が充てられた[13]。緊急包括支援交付金制度は、都道府県の事業計画に基づいて交付金が支給され、都道府県が各事業者に配分する方式がとられた。事業計画の策定に際して、都道府県は、市区町村や医療関係団体の意見を聞くこととされた。各事業者に対する支援の上限は、1施設当りで、病院200万円プラス病床数×5万円、有床診療所200万円、無床診療所100万円、薬局その他は70万円である。また、緊急包括交付金の補助率は2分の1であるものの、補正予算に盛り込まれた「新型コロナウイルス感染症対応地方創生臨時交付金」により、都道府県側の負担が措置された。

　同年5月の第2次補正予算では、新型コロナウイルス感染症緊急包括支援交付金が抜本的に拡充され、予算規模も2兆2370億円へと膨れ上がった[14]。第2次補正における緊急包括支援交付金の大きな特徴は、医療従事者等に慰

労金を支給するとともに、介護・福祉施設も新たに交付金の対象に加えたことである。医療従事者に対する慰労金額は、新型コロナウイルス感染症患者を治療した医療機関における従事者に対しては1人20万円、それ以外の医療従事者に対しては1人5万円であった。慰労金の交付は前例のない事業であり、感染リスクの不安があるなかで懸命に医療現場を支え、かつ感染拡大の初期にはいわれのない非難にもさらされた医療従事者を慰労した事業として、評価できる。

　2021年1月に成立した第3次補正予算では、重点医療機関等の病床確保や軽症者の宿泊療養施設の確保、外国人対応の充実などについて、緊急包括支援交付金のさらなる増額が盛り込まれた[15]。さらに、同年9月には予備費を取り崩すことで、病床確保支援の拡充と発熱外来体制の構築に対する補助がなされた[16]。3回の補正予算と予備費を活用した新型コロナウイルス感染症緊急包括支援交付金は、総額で4兆3000億円に達した。

2　新型コロナ対策補助金の成果と課題

　緊急包括支援事業を柱とする政府の新型コロナ対策補助金は、新型コロナに起因する受診抑制に直面した医療機関の経営を財政面から大きく支えた。すでに述べたように、医療経済実態調査報告では、新型コロナ対策補助金が開始された2020年度以降の医業・介護収益率は、補助金収入を加味すればプラスに転換している。病院3団体の病院経営状況調査においても同様に、新型コロナの補助金や支援金収入を加味した医業利益率は、2021年度は＋7.8％、2022年度は＋4.9％であった[17]。

　国の新型コロナ対策補助金は、病院経営を財政面から大きく支えた補助制度であったものの、いくつかの課題も指摘できる。まず、2020年度すぐに補正予算として補助制度が成立したものの、医療機関に対する支援金の入金が遅れがちであったことである。病院3団体の調査では、予備費も含む国からの緊急包括支援交付金に対して、全国1201病院から総額7808億円の補助申請がなされた一方、2020年度末時点での入金は5932億円、申請額の76.0％にとどまったという[18]。都道府県間でのばらつきも大きく、最高は鳥取県の

第19章　医療経営の現状と地域医療政策　　393

98.9％、最低は奈良県の 35.7％であった。新型コロナに係る各種対策事業の実施に伴い、国や自治体の業務全般がひっ迫するなか、当初は医療機関への支援もやや遅れがちとなったためと思われる。

また、新型コロナウイルス感染症緊急包括支援交付金における支援の対象は、基本的には新型コロナウイルス感染症の患者を受け入れた医療機関を対象としており、その他の医療機関に対する支援が弱かった点も看過できない。病院 3 団体による調査でも明らかなように、新型コロナ患者を受け入れていない病院でも、外来患者を中心に患者数の減少に直面している。地域の医療提供体制を支えるという観点からは、実際の受け入れ実績にかかわらず、医療機関をひろく支援することが望ましいといえる。

さらに、緊急包括支援交付金が継続的な事業ではない点も指摘できる。病院経営は新型コロナ対策補助金を加味してようやく収支均衡を保っている状態であり、補助制度が廃止される 2024 年度以降の経営危機の発生が懸念される。病院の経営危機が再燃し、廃業や倒産件数が増加するならば、地域の医療提供体制が大きく傷ついてしまう。

3 自治体の政策対応─独自の新型コロナ支援金制度の取り組み

新型コロナに伴う経営危機において、支援金をはじめとする自治体独自の施策もまた、地域の医療機関を支えた。全国保険医団体連合会の調べでは、市区町村によるすべての医療機関を対象とした支援は、2021 年 2 月までの時点で 159 事業を数えた。支援の方法としては、①医療機関に一律ないし規模に応じて支給するものと、②補正予算に計上された緊急包括支援事業における支援金・慰労金に上乗せ支給するものとに、大別される[19]。

一例として、京都市では、2020 年 7 月の補正予算において、9 億円の「支え合い支援金」を創設し、市内に所在する医療機関や高齢者施設、障害者施設、子ども・子育て支援施設などを対象として、一律の支援金を支給することを決定した。京都市の支援額は、病院に対しては 1 施設当り 100 万円、医科・歯科の診療所などそれ以外の施設に対しては 1 施設当り 10 万円であった[20]。京都市の取り組みは、①の一律に支援するタイプの独自事業である。

②の上乗せタイプとしては、国の新型コロナウイルス感染症対応従事者慰労金交付事業からの慰労金に、自治体独自に上乗せする事例が多い。例えば、宮城県名取市と東京都東久留米市では、慰労金に一律1万円を上乗せ支給した（名取市新型コロナウイルス感染症対応従事者慰労金給付事業、東久留米市新型コロナウイルス感染症対応医療従事者応援金）。また、香川県観音寺市では、国からの慰労金の支給額に応じて、2〜5万円を上乗せした（観音寺市新型コロナウイルス感染症対応従事者支援金）。

都道府県においても、国の新型コロナウイルス感染症緊急包括支援交付金および新型コロナウイルス感染症対応地方創生臨時交付金にかかる事業計画とも関連しつつ、いくつかの取り組みがなされた。例えば、京都府では、府独自の医療機関支援策として、2020年5月の補正予算において医療機関資金確保緊急支援事業を盛り込んだ。この事業においては、コロナ禍により経営状況が悪化した病院（国立大学法人、国立病院機構、地方公共団体、地方独立行政法人は除く）を対象に、当面の運転資金の確保を支援する観点から、医療機関の金利負担（融資額のうち8000万円までの金利1.7％まで）を補助した[21]。

以上に述べた自治体独自の支援金は、医療経営を財政面から支える役割を果たした。病院3団体による調査では、支援金の額は、病院全体では1施設当たりで約4億8900万円であり（医療従事者向け支援金は除く）、コロナ患者受け入れ病院の場合は約7億5700万円（同）であった[22]。ただし、自治体による独自の医療経営支援策についても、国の補助制度と同様、導入当初は入金の若干の遅れを余儀なくされた。病院団体3団体の調査では、都道府県独自の支援策に関して、コロナ患者を受け入れた全国527病院からの申請総額276億円のうち、2020年度末時点での補助額は206億円、申請額の74.8％にとどまった。入金割合にもばらつきがみられ、6つの県では申請額が100％支給される一方、2つの県では10％未満にとどまった。

3 望ましい医療政策の方向性

1 長期にわたる診療報酬抑制の再検討

　前節までで、新型コロナが医療機関の経営に及ぼした影響と国および自治体の政策対応を述べてきた。しかし、感染症のパンデミックは新型コロナで終わるわけではなく、今後も新興および再興感染症のパンデミックが襲来することが予想される。感染症という災害に備え（事前復興）、今後の地域医療を守るために必要な諸条件について、本章では、診療報酬制度と医療計画・地域医療構想を見直すとともに、住民主導の地域医療政策づくりの可能性を論じる。

　まず、診療報酬制度について、病院経営の危機的な状況は、じつは新型コロナの流行のみに起因するわけではないことを指摘したい。むしろ、長期にわたり診療報酬が抑制され、もともと経営的な余力が乏しいなか、今回の新型コロナによって医療機関の経営危機が表面化したと把握すべきである。

　表19-3は、2000年以降の診療報酬改定（医科本体の改定率と全体改定率）の推移をまとめたものである。表をみると、2000年以降で全体の改定率がプラスとされたのは、2010年（鳩山由紀夫内閣）と、消費増税を行った2014年（第2次安倍晋三内閣）の2度しかない。医科本体の改定率では、小泉政

表 19-3　2000 年以降の診療報酬改定率の推移

	2000	2002	2004	2006	2008	2010	2012
診療報酬改定率（本体）	1.90	▲ 1.30	0.00	▲ 1.36	0.38	1.55	1.38
診療報酬改定率（全体）	0.20	▲ 2.70	▲ 1.00	▲ 3.61	▲ 0.82	0.19	0.00

	2014[1]	2016	2018	2019[2]	2020	2022	2024
診療報酬改定率（本体）	0.73	0.49	0.55	0.41	0.55	0.43	0.88
診療報酬改定率（全体）	0.10	▲ 0.84	▲ 0.90	▲ 0.07	▲ 0.46	▲ 1.00	▲ 0.12

注1：消費増税対応分は本体 0.63、全体 1.36。
注2：消費増税対応分は本体 0.41、全体 0.88。
出所：厚生労働省ウェブサイト「診療報酬について」（https://www.mhlw.go.jp/stf/seisakunitsuite/bunya/0000106602.html）、吉原健二・和田勝『日本医療保険制度史［第3版］』東洋経済、2020年、632-655頁より作成。

権時代のマイナス改定に加え、2010年代後半の安倍政権（第3次及び第4次）から岸田政権に至るまで、＋0.5％程度に抑え込まれた[23]。診療報酬の抑制が長期にわたり続けられたわけである。

また、表19-4は、医療経済実態調査報告に基づき、病院（一般病院）、医科および歯科診療所、そして保険薬局を加えた医療機関の医業収益率の推移をまとめたものである。表で示したように、医療機関のなかでもとくに一般病院の利益率が低く、2014年度よりマイナスが続いている。病院の開設者類型をみると、公立病院（都道府県立、市町村立、地方独立行政法人）の医業利益率が最も厳しく、2014年度以降はマイナス10％以上を続けている（2020年度以降については、前述の新型コロナ補助金を除いた値）。公的病院（日本赤十字社、恩賜財団済生会、北海道社会事業協会、全国厚生農業協同

表19-4　医業利益率の推移

	第19回調査		第20回調査		第21回調査		第22回調査	
	2011年度	2012年度	2013年度	2014年度	2015年度	2016年度	2017年度	2018年度
一般病院（全体）	1.7	2.8	1.5	▲2.0	▲2.7	▲3.2	▲2.3	▲2.1
公立病院	▲6.5	▲5.9	▲8.5	▲11.4	▲12.9	▲13.7	▲13.3	▲13.6
公的病院	0.2	0.8	▲0.7	▲2.4	▲1.1	▲0.8	▲0.9	▲0.1
医療法人	4.6	4.3	2.6	2.4	2.9	2.5	2.7	2.8
一般診療所（全体）	13.1	13.7	16.1	15.5	9.5	9.1	8.7	8.5
歯科診療所（全体）	20.2	20.3	23.5	23.6	14.9	15.5	15.2	15.4
保険薬局（全体）	6.5	5.5	9.3	7.2	8.4	7.8	6.9	5.5

	第23回調査			第24回調査			
	2019年度	2020年度		2021年度		2022年度	
			(控除)新型コロナ補助金		(控除)新型コロナ補助金		(控除)新型コロナ補助金
一般病院（全体）	▲2.5	0.6	▲6.0	▲3.7	▲4.6	1.5	▲5.9
公立病院	▲14.4	▲7.9	▲21.5	▲4.7	▲20.0	▲7.7	▲20.5
公的病院	▲0.3	5.5	▲3.1	8.2	▲3.1	4.4	▲5.6
医療法人	2.3	2.6	0.7	4.2	0.6	3.3	▲0.5
一般診療所（全体）	9.6	7.1	6.6	12.4	10.7	13.4	12.0
歯科診療所（全体）	14.3	14.8	13.7	17.7	16.9	16.4	16.1
保険薬局（全体）	6.7	6.7	6.5	5.9	5.8	5.5	5.4

出所：『医療経済実態調査』（第19回〜24回）より作成。

組合連合会、国民健康保険団体連合会などに属する病院）においても、2013年度よりマイナスに転じており、かつ悪化する傾向にある。私的病院である医療法人においても、2013年度以降の医業収益率は2％台にまで落ち込んでおり、経営的には全く余力がない。一般および歯科診療所や保険薬局の医業利益率も、2015年度以降は低落傾向にある[24]。すなわち、日本の医療機関は、コロナ禍にみまわれる以前から、経営的な余力に乏しく、資本蓄積が十分にできない状態におかれていたわけである。

　医療経営のおかれた個別の状況はさまざまであるとしても、病院全体としては、開設者区分別にみて最も良好な医療法人においても、医業利益率が平均して2％台という低い水準であり、しかも新型コロナ補助金を除けば2022年度マイナスに落ち込むなど、全体として再生産が困難な状態であるといえる。また、医科・歯科の診療所についても、2021年以降は若干持ち直したとはいえ、2014年度以前の利益率の水準には届いていない。日本の診療所はレントゲン機器や画像診断装置など高額な医療機器を設置している事業所が多く、設備の更新等を考えるならば、ぎりぎりの利益率と言わざるを得ない。保険薬局についても、新型コロナ以前と比べると、やや利益率が低下傾向にある。

　にもかかわらず、2024年度の診療報酬改定（実施は6月1日）では、全体改定率が0.88％の引き上げにとどまり、しかもその大半が職員の賃金引上げ（2024年度は2.5％、25年度は2.0％）の原資とされた。とくに診療所については、2023年11月の財政制度等審議会（財務大臣の諮問機関）において診療所の医業収益率が相対的に高いとの指摘[25]がなされ、持続的な医学的管理が必要な慢性疾患患者の9割を占める糖尿病、高血圧症、脂質異常症患者に対する報酬が実質的に引き下げられる（新設の生活習慣病管理料IIに移行）など、厳しい改定となった。2024年12月の健康保険証のマイナンバーカードへの切り替えに伴うシステム投資の必要性もあり、診療所の経営も全体として難しい状況にある。

　医療経営は社会保険制度の枠組みの中で営まれており、価格設定も病床の拡充も自由にできるわけではない。それだけに、診療報酬制度において、各

法人や医療機関がある程度の裁量をもって設備投資を行うことができ、さらには感染症のパンデミックのような事前に予測しがたい事態でも対応できることを可能にするような水準で、報酬を設定することが望ましいと考える。

2 感染症対策を意識した医療計画及び地域医療構想の見直し

　次に、医療計画および地域医療計画について考察する。医療計画とは、医療法（昭和23年法律第205号）の第30条の4に基づき、都道府県が5年毎に策定する計画である。医療計画では、地域における医療提供体制を確保する観点から、医療圏（2次及び3次）における基準病床数の設定や医療従事者の確保、「5疾病・5事業」[26]および在宅医療における連携体制などを定めることが都道府県に義務付けられてきた。ただし、これまでは感染症に関する事項は医療計画に含まれておらず、都道府県は、感染症法[27]に基づいて国が定める基本方針に即して、予防計画を策定し、感染症指定医療機関[28]の整備や患者の移送体制の確保などを定めていた。

　しかし、新型コロナの流行と保健所および医療機関のひっ迫が発生したことにより、感染症が急拡大する時期においては、感染症病床以外の一般病床も含めた連携体制の構築や人材の確保が不可欠であることが明らかとなった。医療法と医療計画の見直しが議論され、医療法は2021年5月に改正され、新たな感染症が発生した際に速やかに対応できるよう、医療計画の記載事項に感染症を追加することを都道府県に義務付けることとされた。

　新しい医療計画の詳細について、厚生労働省の医療計画の見直し等に関する検討会は、2021年12月の会合において、厚生科学審議会・感染症部会での議論も踏まえ、第8次医療計画（2024〜29年度）より、「5疾病・5事業」に「新興感染症等の感染拡大時における医療」を加えた「5疾病・6事業」へと拡充し、平時からの取り組みと感染拡大期の取り組みを医療計画中に記載することを定めた[29]。さらに、2022年の感染症法改正も受けて、2024年4月より各都道府県は感染症発生・まん延時における保健・医療提供体制の整備等の策定が義務付けられ、都道府県等と医療機関等のあいだで、病床、発熱外来、自宅療養者等（高齢者施設等の入所者を含む）への医療の確保等に関

する協定を締結することが求められている。

　新型コロナの流行で明らかとなったいまひとつの課題は、地域医療構想にむけた取り組みとの整合性をどう図るかである。地域医療構想とは、構想圏域（基本的には医療計画上の2次医療圏）における2025年の医療需要と病床の必要量について、4つの医療機能（高度急性期、急性期、回復期、慢性期）ごとに推計したものである。この地域医療構想と各医療機関から毎年提出される病床機能報告とを突合し、各圏域に設置される地域医療構想調整会議において、病床の機能分化と連携にむけた協議を実施するものである[30]。地域医療構想の策定は、2014年に成立した医療介護総合確保推進法[31]により、都道府県が定める医療計画の事項の一つとして定められている（医療法の30条の4、第7号）。

　地域医療構想とそれに基づく病床の再編・削減に関して、厚生労働省は、地域医療構想調整会議の協議に基づくとして、具体的な病床削減目標を提示してはいない。しかし、新聞報道等では、20万床削減（2015年）、15万床削減（2017年）などが報じられ、高度急性期・急性期病床の削減が迫られるという危機感が医療界に蔓延した。さらに2019年9月には、病床削減が進捗しない地域医療構想調整会議のあり方に一石を投じるためとして、再編・統合が必要として424病院の公的病院が実名で唐突に公表された[32]。

　今回の新型コロナは、地域医療構想における病院病床の機能分化、また公的病院を柱とする病床削減が議論の俎上に載せられるなかで、発生した。再編・統合が必要と実名が公表された424病院のうち、53施設が感染症指定医療機関（病床数計106床）であり、また、2020年9月末までの新型コロナウイルス感染症患者の入院実績がある病院は119施設を数えた[33]。公的病院は、感染症病床などを有するものだけでなく、地域医療支援病院や災害拠点病院などの指定を受けていることも多い。また、とくに自治体病院において、診療体制・診療報酬との関係で普段は診療に用いられない休眠病床が一定数存在していたことも、急増した新型コロナ患者の受け皿として活用しえた。

　新型コロナによる医療ひっ迫の発生という教訓をふまえるならば、とくに急性期病床の削減と回復期等への転換を促す地域医療計画の推進に、一定の

見直しが迫られるといえる。しかし、医療計画の場合とは対照的に、厚生労働省の医療計画の見直し等に関する検討会は、地域医療構想の背景をなす中長期的な状況や見通しは変わっていないとして、地域医療構想の実現に向けた取り組みを今後も進めるとした。厚生労働省も、公的病院の再編（2020 年1 月の厚生労働省通知で 440 病院程度に修正）を公式には撤回していない[34]。

　地域医療構想では、関係者が一堂に会して議論すること（地域医療構想調整会議）が求められている。そうした場を活用して、感染症への対応について協議し、取り決めを交わしておくことは、医療法に基づき各医療機関と自治体が締結する医療等の確保に関する協定を補完するものとして、意義があると考える。また、今後生じる新興・再興感染症への対応を想定するならば、医療計画および地域医療構想において、地域の医療機関の存続を念頭に置いた議論も不可欠であろう。

3　住民参加と地域医療

　今後起こりうる新興・再興感染症への対応を含めて、地域の医療提供体制を守るためには、国レベルの制度・政策だけでなく、各地域での取り組みも不可欠である。感染症対策における自治体と保健所の役割については、すでに多くの専門的な論考があるため、ここでは感染症災害に対する事前復興に限定せず、ひろく地域医療を支える条件について、地域住民の主体的参加という観点から考察する[35]。

　医療においては、ひろく国民に医療へのアクセスを保障するために全国的な法制度が重要であるとともに、実際の臨床部面では専門職である医療従事者に依拠する部分が非常に大きい。また、2000 年代前後より実証的に明らかとなった健康の社会的決定要因（Social Determinants on Health）[36] に関する知見からは、人々の健康を増進するためには、医療制度以外にもさまざまな要因の改善に取り組む必要があることがわかっている[37]。厚生労働省も、健康増進法に基づき、2024 年 4 月以降から適用される新しい基本指針「健康日本（第 3 次）」において、健康寿命の延伸と健康格差の縮小を実現するためには、個人の行動だけでなく社会環境の質の向上も必要であると述べ、就労

やボランティア、通いの場等の居場所づくりと社会参加を促す環境整備を基本的方向性のひとつに含めている。

　健康の社会的決定要因に係る研究は、医療だけに限らず、これからの地域のあり方を考える上できわめて重要な知見を提供している。しかし、例えば、行政の施策として居場所づくりや健康増進が進められるならば、一種の強制力や同調圧力が住民に課せられる懸念もある。やはり、地域住民が自ら主体的に、強制や圧力を伴わずに、そうした活動に取り組むことが望ましい。そうした観点からは、医療生活協同組合（医療生協）の取り組みや、全日本民医連（民医連）と連携する共同組織の活動が、注目される[38]。

　医療生協は、消費生活協同組合法に基づき設立・運営される法人であるため、定款地域の住民が組合員として医療事業に出資し、総代会等を通じて運営にも参加しうる仕組みが整備されている。医療生協の全国団体である日本医療福祉生活協同組合連合会には全国97の法人（うち1つは日本生活協同組合連合会）が加盟している（2024年4月1日時点）。2022年度の概況を整理すると、組合員数は288万人、総事業高3526億円（うち医療事業2741億円、介護事業735億円）、病院数75（うち強化型在宅療養支援病院は28）、医科診療所326（うち在宅療養支援診療所80、強化型在宅療養支援診療所127）、歯科診療所73である。医療生協の病院・診療所の多くが、24時間の緊急往診や看取りに対応した医療機関となっている。また、病院の一般病床9633床のうち、地域包括ケア病棟病床が2688床、回復期リハビリテーション病棟病床1808（数値は2023年3月）であることから、地域の急性期病院および介護施設との連携を重視していることもわかる。こうした地域に密着した医療事業のあり方に、組合員である地域住民が参加する生協法人としての特色が示されていると考える。

　医療生協は、介護事業にも積極的である。主な介護事業所数をみると（特別養護老人ホーム・介護老人福祉施設については、医療生協法人は直営できない）、訪問看護ステーション163、介護老人保健施設27、居宅介護支援事業所246（うち地域包括支援センター33）、小規模多機能型居宅介護51、看護小規模多機能型居宅介護27、サービス付高齢者向け住宅26などである（数値

は 2022 年度）。

　住民参加は出資を通じた経営参画だけではない。医療生協では、組合員の
多くが近隣住民とともに班や支部を組織し、健康増進や居場所づくり、医療
制度や社会保障制度の学習などに取り組んでいる。日本医療福祉生活協同組
合連合会によれば、いわゆるコロナ禍のもとで社会活動が一定制限されなが
らも、2022 年度は延べ 13 万 1174 回の班会が開催され、80 万人の組合員が参
加したという[39]。医療生協法人の事業所（医療機関）も加盟している全日本
民主医療機関連合会（民医連）では、2 年ごとに全国交流集会を開催して、
全国各地の経験を交流している[40]。

　医療における住民参加を考える場合、医療制度ひいては医療そのものの専
門性により、患者・住民の主体的な参加による地域政策づくりは容易ではな
い。しかし、医療生協の班活動や共同組織の取り組みは、医療機関・医療従
事者の支援を受けつつも、患者・住民が主体的に健康増進を図る活動であり、
自治体などとの連携を深めてゆくことで、住民自治として医療を位置づける
ための一つの足がかりとなろう。また、本章では触れられなかったが、地域
医療の実態調査や自治体病院のあり方をめぐる集会の開催なども、住民が地
域医療の現状を理解し、災害の事前復興も含めて望ましい医療政策をつくる
ための機会となる。そのことで、災害に強く、医療福祉に軸足を置いた健康
で住み続けられるまちづくりも展望することができよう。

おわりに

　本章では、災害の政治経済学の理論的枠組みに依拠しつつ、新型コロナの
感染拡大と医療機関の経営危機を述べ、次いで、新型コロナ対策補助金およ
び独自支援金を中心に国と自治体の対応（当面の復興政策）」を論じた。その
うえで、感染症という災害に備えつつ、今後の地域医療を守るために必要な
諸条件について、診療報酬制度と医療計画および地域医療構想を検討し、医
療生協の事例をもとに住民参加による医療政策づくりの可能性を論じた。

　本章では、今日の医療政策の主論点をなす医療従事者不足と医師の働き方

第 19 章　医療経営の現状と地域医療政策　　403

改革、また、医療とも密接にかかわる介護分野における新型コロナの影響とその後の動向について、論じることができなかった。これらの点の考察については、今後の課題としたい。

注

1　新型コロナが医療経営や医療政策に及ぼした影響については、多くの研究がある。代表的なものとして、二木立『コロナ危機後の医療・社会保障改革』勁草書房、2020年の序章、同『病院の将来とかかりつけ医機能』勁草書房、2024年の2章、黒木登志夫『新型コロナの科学―パンデミック、そして共生の未来へ―』中公新書、2020年、高鳥毛敏夫「新型コロナウイルス感染症と日本の公衆衛生の到達点―感染症対策の歴史と保健所の役割から―（新型コロナ危機：実態と対策）」『経済』第299号、2020年8月、75-85頁、吉中丈志「医療政策の大転換を－ショックドクトリンの向こうへ―」『法と民主主義』第549号、2020年6月、10-13頁、森井大一『日本医師会欧州医療調査報告書』日本医師会総合政策研究機構、2024年4月17日、などを参照。

2　WHO, "WHO COVID-19 dashboard", https://data.who.int/dashboards/covid19/

3　厚生労働省「新型コロナウイルス感染症に関する報道発表資料（発生状況等）」（https://www.mhlw.go.jp/stf/seisakunitsuite/bunya/0000121431_00086.html）。

4　岡田知弘,「『災害の地域経済学』の構築に向けて」『地域経済学研究』第33号、2017年、1-16頁。

5　あとで触れるように、医療経済実態調査（医療機関等調査）報告では、病院の他に一般診療所、歯科診療所、保険薬局も調査対象とされている。なお、医療経済実態調査に対しては、標本調査であることと、集計結果として平均値のみが公表されていることから、バラツキの大きい医療機関の経営実態を正しく反映していないとの指摘もある。

6　中医協『第22回医療経済実態調査（医療機関等）報告』（令和元年実施）、および、同『第23回医療経済実態調査（医療機関等）報告』（令和3年実施）』参照。

7　一般社団法人日本病院会・公益社団法人全日本病院協会・一般社団法人日本医療法人協会（病院3団体）『新型コロナウイルス感染拡大による病院経営状況の調査（2020年度第4四半期）―〔概要版〕―』2021年6月3日参照。

8　健康保険組合連合会「『新型コロナウイルス感染症拡大期における受診意識調査』について（速報版）」2020年11月5日。

9　厚生労働省「病院調査」令和5（2023）年6月分概数、および、同、令和元（2019）年6月分概数を参照。

10　病院3団体『2023年度病院経営定期調査概要版―最終報告（集計結果）―』（2023年11月25日）参照。

11　同上。

12 補正予算の規模は、1 次補正 25 兆 6914 億円、2 次補正 31 兆 9114 億円、3 次補正 19 兆 1761 億円である。3 次にわたる補正予算の合計 76 兆 7789 億円は、2020（令和 2）年度の一般会計歳出概算 102 兆 6580 億円の 74.8％に相当する。各予算額については、財務省ウェブサイト「令和 2 年度予算」を参照。なお、アメリカにおける新型コロナ対策と医療提供者救済基金（provider relief fund）については、髙山一夫『現代アメリカ医療政策の展開—ポストコロナへの軌跡とバイデン政権—』法律文化社、2024 年を参照されたい。

13 厚生労働省「令和 2 年度厚生労働省補正予算（案）の概要」。

14 厚生労働省「令和 2 年度厚生労働省第二次補正予算（案）の概要」。

15 厚生労働省「令和 2 年度厚生労働省第三次補正予算（案）の概要」。

16 財務省「令和 3 年度社会保障関係予算のポイント」。

17 注 10 参照。

18 同上。

19 『全国保険医新聞』2021 年 3 月 15 日号、1 頁。

20 京都市「『支え合い支援金』の支給について」。

21 京都府「with コロナ社会における新型コロナウイルス感染症対策緊急予算（5 月 27 日議決）」。

22 注 10 参照。

23 安倍政権における厳しい医療費抑制については、二木立『2020 年代初頭の医療・社会保障　コロナ禍・全世代型社会保障・高額新薬』勁草書房、2022 年、特に第 2 章を参照。なお、2024 年改定における 0.88％のうち、医療職の基本給アップや入院時食費基準額の引き上げ分等を除いた正味の引き上げ額は、＋0.52％である。

24 表 19-4 の数値に関して、①数値はいずれも「損益差額」の数値であり租税公課を含まない、②一般病院のうち介護収益の割合が 2％超の施設も含む、③医科診療所は入院診療収入を含む、④一般病院・医科・歯科診療所には個人立の施設の数値も合算されているが、個人立施設においては損益差額の費目である給与費に開設者の報酬は含まれていないことに、留意されたい。

25 財政制度等審議会「令和 6 年度予算の編成等に関する建議」2023（令和 5）年 11 月 20 日。なお、診療所の経営状況に関する指摘は、財務省が 38 都道府県の 21939 医療法人のデータ（2020〜2024 年度）を独自に分析した「機動的調査」に基づく。

26 がん、脳卒中、心筋梗塞等の心血管疾患、糖尿病、精神疾患の 5 疾病と、救急医療、災害時における医療、へき地の医療、周産期医療、小児医療・小児救急医療の 5 事業をいう。

27 正式名称は「感染症の予防及び感染症の患者に対する医療に関する法律」（平成 10 年法律第 114 号）である。感染症法は、従来の「伝染病予防法」「性病予防法」「エイズ予防法」を統合するかたちで 1998 年に制定された（その後、2007 年には「結核予防法」も統合している）。

28 感染症指定医療機関とは、感染症法に基づき、厚生労働大臣又は都道府県知事が指定
する医療機関で、新感染症、一類感染症および二類感染症の患者の医療を担う。2019 年
4 月 1 日時点で、特定感染症指定医療機関 4 施設（10 床）、第一種感染症指定医療機関 55
施設（103 床）、第二種感染症指定医療機関のうち、感染症病床を有する医療機関 351 施
設（1758 床）である。

29 医療計画の見直し等に関する検討会資料（2020 年 12 月 15 日）。

30 厳密にいえば、医療計画で設定される基準病床数と、地域医療構想で定める必要病床
数とは異なる。基準病床数は、病床の地域的偏在を是正する観点から、病床数が基準病
床数を超える地域での病床数を規制することを目的とする。他方、必要病床数は、将来
の医療需要に応じて病床の機能分化と連携を推進することを目的としており、病床数の
規制を直接の目的とはしていない。また、算出に用いる人口も、基準病床が国勢調査な
いし住民基本台帳の夜間人口に基づくのに対し、必要病床は将来推計人口に依拠してい
るため、病床数もそれぞれ異なる数値となる。

31 地域における医療及び介護の総合的な確保を推進するための関係法律の整備等に関す
る法律（平成 26 年法律第 83 号）。

32 地域医療構想と病床削減目標をめぐる報道、また、424 病院リスト問題については、
二木立「地域医療構想における病床削減目標報道の 4 年間の激変の原因を考える」『コロ
ナ危機後の医療・社会保障改革』第 2 章第 2 節を参照。

33 第 203 回参議院厚生労働委員会（2020 年 11 月 17 日）における、倉林明子議員に対す
る政府参考人（迫井正深・厚生労働省医政局長）の回答より。

34 むしろ厚生労働省は、令和 3 年度予算において、新たな病床機能の再編支援として、
病床削減（削減 1 病床当り病床稼働率に応じて交付）および病院統合（廃止 1 病床当り
病床稼働率に応じて交付するとともに、廃止される病院の残債を統合後の病院が承継す
る場合に利子補給も行う）に対する 195 億円の補助金制度を新設した。

35 なお、地域医療を守る条例を策定する自治体もある（2021 年 2 月時点で 17 自治体（1
県 11 市 3 町 1 村）。そのモデルは 2009 年に宮崎県延岡市で制定された「延岡市の地域医
療を守る条例」であり、地域医療をまもるために、住民の役割、医療機関及び医療従事
者の役割、そして自治体の役割について定めている。伊зл関友伸『人口減少・地域消滅時
代の自治体病院経営改革』ぎょうせい、2019 年を参照。

36 訳語については、「健康の社会的要因」とすべきという有力な議論もある。二木立
『2020 年代初頭の医療・社会保障　コロナ禍・全世代型社会保障・高額新薬』勁草書房、
2022 年、175 頁を参照。

37 世界保健機関（WHO）は、2000 年前後より健康に影響を及ぼす社会的要因に係る確
かな実証的知見（solid facts）を公表している。それらの知見によれば、「社会格差」「ス
トレス」「幼少期」「社会的排除」「労働」「失業」「ソーシャルサポート」「依存」「食品」
「交通」の 10 項目について、健康に影響を及ぼすという頑健なエビデンスがあるとされ

る。Wilkinson, R. and M. Marmot, *Social Determinants of Health: the Solid Facts*, World Health Organization. Regional Office for Europe, 1998. 国内外の健康格差をめぐる知見については、M. マーモット著（栗林寛幸監訳、野田浩夫訳者代表）『健康格差―不平等な社会への挑戦―』日本評論社、2017 年、近藤克則『健康格差社会：第 2 版―何が心と健康を蝕むのか―』医学書院、2022 年を参照。

38　医療生協の班活動や共同組織の現状については、髙山一夫「地域医療と非営利・共同組織」日本協同組合連携機構（JCA）機関誌『にじ』2023 年秋号、No. 685、7-14 頁を参照。

39　日本医療福祉生活協同組合連合会ウェブサイト（https://www.hew.coop/）参照。

40　全日本民医連ウェブサイト（https://www.min-iren.gr.jp/）参照。なお、民医連は事業所単位で加盟する組織であり、医療生協だけでなく、医療法人や財団法人などの医療機関も少なくない。生協法人ではない法人の場合は、健康友の会など、法人とは異なる組織（共同組織）と連携し、それら組織の設立や活動を支援することが通例である。

第**20**章

地域内再投資力と新たな内発的発展

多田憲一郎

はじめに

地域づくりにおいて、人口は、その基盤を規定する重要な前提条件である。2024 年 4 月に、有識者グループの「人口戦略会議」は国立社会保障・人口問題研究所の推計をもとに分析して、自治体全体の 4 割にあたる 744 の自治体が最終的に消滅する可能性があるとした。10 年前の 2014 年に行われた同様の分析では、896 自治体が消滅する可能性があるとされ、今回の推計では 152 少なくなった。推計方法などに疑問点は多くあるが、実態として人口減少の基調は変わっておらず、危機的な状況は続いていると言える。2014 年以降、全国の地方自治体は「地方創生」戦略を策定して、移住・定住対策を軸とした人口増加対策を実施している。しかし、その効果は、ほとんどなかったということである。

人口対策の本質は、地域外からの「移住・定住」ではなく、地域内の子育て環境の改善などの「地域価値」の創造を軸とした地域振興でなければならない。「地域価値」の創造を目指すには、内発的に地域を変えていく試みが重要となる。その視角から地方自治体や地域住民、地域企業などの地域内部主体主導の「内発的発展」が注目される。その本質は「地域価値」の創造を軸とした地域経済の発展モデルという点である。これまでの日本の地域経済の発展モデルは、中央政府や大企業を軸とした地域の外部主体主導の「外来

408　第Ⅳ部　地域住民主権と自治体政策の新展開

型開発」が主流であった。1960年代から1970年代にかけての日本経済が急激に成長した時期の製造業中心の地域経済の発展モデルである。しかしながら、1980年代後半以降、その地域経済の発展モデルの限界が露わになった。すなわち、経済のグローバル化の中で大企業の生産拠点の海外移転の動きが活発になっている。また、国の借金が巨額になり、国家財政危機は深刻化している。大都市（中央政府や大企業）に依存した地域経済の発展モデルは、明らかに限界となっている。「地域価値」の創造を目指す「内発的発展」を構想する上で、その軸となるのは地域内に「経済循環」を起こすことである。当面、人口減少、少子高齢化が進行する可能性が高い地域経済において、地域内の所得は貴重な「元手」である。この所得を地域外に流出させることなく、地域内で循環させることは、地域産業を維持し、さらには、地域外の所得を獲得する「移出力」を強化することにもつながる。

　このような「地域価値」の創造を目指す「内発的発展」を構想する上で大きな示唆を与えてくれるのが、岡田知弘京都大学名誉教授の「地域内再投資力論」である。岡田教授は『地域づくりの経済学入門─地域内再投資力論─［増補改訂版］』（2020年6月）の中で、地域経済の発展のあり方について、次のように述べている。「地域経済の発展のためには、住民の生活領域をベースにした『自治単位』で地域内再投資力と地域産業連関を構築していくことがもっとも重要」（352頁）であり、「その再投資主体として、基礎自治体の果たす役割は、過疎地域の小規模自治体であればあるほど、重要」（331頁）としている。岡田教授の地域経済学の中では、基礎自治体の果たす役割については強く認識されており、「地方自治体のもつ団体自治の権能と住民自治とを、住民の生活領域に近い広がりのなかで、住民生活の向上をはかるためにいかに再結合するか」（352頁）という視角は、特に重要である。

　本章では「中国山地」の事例を取り上げ、岡田教授の提示する「地域内再投資力論」の有効性を検証したい。「中国山地」は、1960年代において日本で最初に「過疎現象」が確認された地域として知られている[1]。1960年代から1970年代における「外来型開発」では開発対象地域とされず、高度経済成長とは無縁であった。1980年代以降も耕作放棄地の増加、第2次過疎化、限

第20章　地域内再投資力と新たな内発的発展　　409

界集落などの地域課題が次々と発生した。まさに、中国山地は全国有数の「課題先進地域」であった。

　しかし、現在、中国山地の各地を歩き回ると、そこには地域の特性を活かした多様な「内発的発展」が進められており、移住者増加や新産業創出などの地域経済の発展において特筆すべき実践が数多くなされている。筆者は、このような中国山地の内発的発展の集積を革新的IT企業が集積するアメリカの「シリコンバレー」になぞらえて「中国山地バレー」と呼びたい。筆者の所属する鳥取大学周辺の東中国山地だけを俯瞰しても、鳥取県の智頭町の百人委員会による住民協働のまちづくり、八頭町の隼Lab.を軸としたベンチャー企業集積、鳥取市鹿野町の鹿野祭りの似合うまちづくり、日野町のオシドリの住むまちづくり、日南町のLVL（Laminated Veneer Lumber、単板積層材）を軸とした林業再生、岡山県の西粟倉村の百年の森林構想、奈義町の子育て支援のまちづくり（2019年合計特殊出生率2.95）、津山市阿波村の「阿波村宣言」を起点とする住民主導の地域振興、真庭市のバイオマスタウン構想、新庄村のヒメノモチ6次産業化構想などを挙げることができる。

　これらの地域では、地方自治体や地域住民、地域企業などの地域の内部主体が地域それ自体に正面から向き合い、地域の内部主体主導により「地域価値」の創造に対して長期にわたり取り組んできた。このような「中国山地」の事例の中から、本章では「岡山県西粟倉村」を取り上げ、その実態を詳細にみていく。

1　「起業の村」を実現した人材誘致の村

　西粟倉村は、岡山県北東部の鳥取県と兵庫県の県境に位置する中国山地の山村である。村の面積57.93km²の93％は森林で占められ（その84％は人工林）、全国でも有数の林野率の高い村であり、森林は村の重要な地域資源である。このような西粟倉村が、現在、「起業家」の集積地として全国的にも注目されている。西粟倉村が、このような「起業の村」を目指して本格的に「地域経営」に取り組み始めた契機は、2004年に「平成の大合併」を拒否し

て「単独の道」を歩むことを決めたことにある。現在の西粟倉村は、全国か
ら起業家が集まり、「生きるを楽しむ」を村のスローガンに掲げて多くの元
気なよそ者が移住する活気のある村になっている。ここでは、その土台を築
いた「2004 年からの約 10 年間」に焦点をあて、現在の西粟倉村誕生の要因
を検討してみたい。そこには、中山間地域の内発的発展に関する多くの示唆
が埋め込まれている。

1 「起業家」の集積地へ変貌した西粟倉村

　西粟倉村は 2008 年頃より地域経営の取り組みを本格的に開始したが、こ
の時期以降、村外から 20 代から 30 代前半の若者を中心に転入者が増加して、
これらの若者の起業により多くの雇用の場が村内に創出された。2008 年度か
ら 2021 年度までの期間の村内への I ターン者数の推移をみると、この 14 年
間で I ターン者数は合計 321 人となる。この I ターン効果は、村の出生者数
や年少人口の推移にも影響を与え、2012 年度より年少人口も増加に転じる。
このような人口動向の結果、現在、西粟倉村の人口の約 16 ％は I ターン者で
占められている。また、年少人口の増加により、2018 年度には村内に保育所
が新築された。
　このような全国から村内への I ターン者増加の背景には、西粟倉村役場が
全国から起業志向の強い人材（以下、起業型人材と呼ぶ）の誘致を積極的に
進めてきたことにある。この人材誘致の中心的推進主体が 2015 年に村内の I
ターン者により設立された「エーゼロ株式会社」（以下、エーゼロと呼ぶ）で
ある。エーゼロは、うなぎの養殖事業やジビエ事業、ローカルベンチャー支
援事業、移住者への住居提供のための不動産事業など、さまざまな事業を展
開している。特に、注目されるのがローカルベンチャー支援事業である。ロ
ーカルベンチャー支援事業の主要事業は、「ローカルベンチャースクール」
（以下、LVS と呼ぶ）の運営ある[2]。2015 年から開始された同事業は、西粟倉
村役場がエーゼロに委託して実施している。起業したい人材を全国公募して、
事業プランを審査して起業型人材の発掘を目指している。このような西粟倉
村の起業型人材発掘の仕組みなどの効果もあり、2006 年から 2022 年までの

第 20 章　地域内再投資力と新たな内発的発展　　411

期間で50事業者が起業している。全国各地から起業の「想い」を持った若者が西粟倉村に集まり、村内に「ローカルベンチャー」の群れが形成されつつある。その事業分野を概観すると、LVS以前は木工関連の分野の起業が多かったが、LVS以降は、教育、福祉、飲食、物販などのサービス関連の分野の起業が増加している。事業者の売上額の規模も、2017年12月時点で、1000万円未満が10事業者、1000万円以上5000万円未満が6事業者などの状況の一方、1億円以上も3事業者ある[3]。

　次項では、西粟倉村の「起業の村」へ地域経営の取り組みを始めた経緯を確認する。

2　「起業の村」を作った「百年の森林構想」

　西粟倉村が、この一連の「起業の村」づくりに取り組み始めた契機は、前述した通り、2004年に周辺町村との合併協議会から離脱して「単独の道」を歩むことを決めたことにある。村内で何度も地区会を開催して合併のメリットやデメリットを協議し、18歳以上の村民に合併の賛否についてアンケート調査するなど、住民の意向を確認した上での決断であった。このような決断に至った要因として、当時の道上正寿村長のリーダーシップが大きい。村長は、合併が西粟倉村の住民の生活基盤や産業の生産基盤を弱体化させ、村の利益にはならないと考えた。しかしながら、単独の道を進むにしても、村の置かれた厳しい現実は変わらない。村長は地域の外部の知識やノウハウを村内に取り入れるため、同年、総務省の「地域再生マネージャー事業」に応募して採択される。同事業は、商業振興や観光振興、地域づくりなどで実践的ノウハウを有する民間企業や個人を地域再生マネージャーとして総務省が市町村に紹介し、市町村との業務委託契約により、3年間の期間で地域再生事業を進めていくものである。西粟倉村の申請時のテーマは「観光事業の再生」だった。村営の観光関連施設の経営が悪化しており、その施設のサービス向上や経営体質改善などを図ることが当初の目的であった。

　しかし、西粟倉村の地域再生マネージャーとなった「アミタ株式会社」と事業推進に向けて村役場と継続的な協議をしていくプロセスの中で、各観光

施設における事業採算への意識の低さや各観光施設間の連携の非効率さが浮き彫りになり、3年間の支援期間が終了した後も自らの力で運営ができるようになるためには、抜本的な経営改革が必要なことが明らかとなった。そこで、支援期間内における短期的な事業改善で終わるのではなく、村全体の長期的な地域経営改革を目指し、その最初の出発点として地域再生マネージャー事業を位置づけ、村の地域経営の理念づくりから検討することとなった。そうした取り組みの中で、村の個性を活かした「上質な田舎づくり」を目指し、商品やサービスの単なる取引でなく、その取引の背後にある人の心と心をつなぐことで新たな価値を生み出していくという「心産業」という理念を村の産業創出の基本方向とすることを決めた。

　また、地域再生マネージャー事業においても、観光関連施設の体質改善が進み、一定の経営成果が出せるようになっていたが、前述した理念での産業創出を具体的に展開していくため、2008年には村の基幹的な地域資源である森林の再生に集中的に取り組み、林業をはじめ、木材をベースとした産業の復興を目指すという方針が固められた。

　こうして村内各地区で説明会を開催して、この方針に対する住民の合意形成を進めたのち、村の森林づくりの長期ビジョンとして、2008年8月に「百年の森林構想」が着想され、2009年4月より「百年の森林事業」が開始されることとなった。

2　西粟倉村の地域内再投資戦略

　2008年8月に西粟倉村が提唱した「百年の森林構想」は、「50年前の世代が子孫を想い植林した森林を守り、それを50年先の次の世代に引き継ぎ、樹齢100年の美しい森林に囲まれた『上質な田舎』を創り出しつつ、その森林を活かして、そこに現在生きている世代がもうかる仕組みを構築する戦略」である[4]。その考え方には、前述した「心産業」の「人の心と心をつなぐ」という理念がベースにあり、ここでは、それが世代間の人々の心や想いをつなぎ、また、森林の商品に住民の「誇り」を込める中で、都市などに住む消

費者に村の「生活」や「文化」を届けることを目指す。村外から 2008 年頃に移住した起業型人材は、この構想に共感した。そして、この構想の実現を自己実現と重ね合わせた。その背景には、この構想が持続可能性や環境保全などの社会的課題を提示している一方で、経済的にも実現可能性が高いと彼らに評価されたためである。この構想を実現させ、軌道に乗せる戦略の柱となったのは、第 1 に、林業の「川上」の構造改革による木材の安定的な供給体制の確立と、第 2 に、「川下」の体制整備による木材の付加価値を高める商品づくりや顧客づくり、第 3 に、この「川上」と「川下」を財源面で支える「地域ファンド」の創設である。

　ここでは、この 3 つの柱について、それぞれの内容を概観しておく。

1 「川上」の構造改革による木材の安定供給実現

　「川上」の構造改革の本質は、森林所有者と村役場との長期森林管理契約による森林施業管理の集約化である。西粟倉村の森林は他地域に比べると森林の管理状況が比較的良好であるとはいえ、多くの中山間地域の林業経営と同様に、西粟倉村のそれは厳しい現状にある。日本の森林は、かつてその多くが地域の共有資産として管理され、木材をはじめ多様な林産物の生産を支えていた。しかし、森林の小口の私有化が進み、さらに過疎化や林業の衰退が要因となって、森林所有者個人による維持管理は困難になりつつあり、適切な手入れがなされないまま、活用の機会が失われていた。

　西粟倉村では「百年の森林事業」を進める土台として、総面積 3000ha にも及ぶ個人の民有林を村による一括管理にすることを目指して、10 年間の「長期施業管理に関する契約」を結び、小口に分散した山林所有の集約化を進めている。2009 年 4 月の事業開始以降、2018 年 3 月末時点で 724 名と契約し、契約面積は 1488ha となり、総面積のほぼ半分の面積の契約を完了している。集約化された森林の施業管理は森林組合に委託されて、森林組合はこの管理契約に基づいて長期的な事業計画を立て、新規雇用の増加など将来への投資ができるようになった。また、個人では効率的に間伐作業を行うことは困難であるが、集約化することにより一定の森林面積を取りまとめられる

ことで、林業機械が効率的に活用でき、施業生産性が向上し、木材の出荷量も大きく拡大している。木材出荷が安定的に「量」と「質」を確保することで、安定した価格で出荷できるようになり、住宅メーカー等の大口顧客の確保にもつながっている。

このような経費は「西粟倉村森林管理事業特別会計」により処理されているが、「百年の森林事業」が進むにつれて事業経費は増加しており、役場への負担は増している。すなわち、2010年度の本特別会計の設立当時は歳出額は約1182万円であったが、2021年度は約9736万円に急増している。一般会計の財政規模が約36億円（2021年度決算）の西粟倉村財政において決して軽い負担ではないが、森林整備のための最重要の公共投資と位置づけている。

2 「川下」の木材の商品づくりと顧客づくり

施業管理の集約化によって増産された木材の付加価値を高める商品づくりとともに、森林と都市住民をつなぎ、市場を創出する顧客づくりの役割を担っているのが「株式会社西粟倉・森の学校」（以下、森の学校と呼ぶ）である。同社は、西粟倉村役場とトビムシ[5]の共同出資により、1999年に廃校になった小学校を活用して2009年10月に設立された株式会社である。それまで、西粟倉村で生産された木材のほとんどは、村外の原木市場でそのまま販売され、地域内での雇用創出に結びついてこなかった。森の学校は、このような状況を打破して、トビムシの経営資源である専門人材と事業ノウハウを導入することにより、「商社機能」を村内に創出し、地域内での付加価値の創出を図ろうとしている。その結果、当時のIターン者の多くが森の学校に雇用され、Iターン者の受け皿として村内転入者の増加に寄与した。

森の学校設立当時の具体的な事業としては、役場が整備した木材乾燥機やモルダー加工機、ストックヤードなどを活用して、木材製品の生産機能を構築した上で、森林組合でランク分けされた木材のうち、A材、B材を自社製材工場で製材して工務店などへ住宅部材の産直販売を行ったり、内装材販売などの事業を展開している[6]。また、都市住民などを対象とした森林や田舎暮らしの体験プログラムの運営を通じて、西粟倉村の「ファン」をつくり、

第20章　地域内再投資力と新たな内発的発展　　415

木材製品の優良顧客の確保を図っている。これらの事業で得た収入は、素材販売料として森林組合や森林所有者に還元されるとともに、製品加工の一部を委託している地元の製材工場等にも分配されている。2014年3月に開催された定期株主総会は、森の学校において特別の総会となった。総会資料によると、2013年の年間売上額は1億8649万円となり、前年に対して57％増加し、特に、下期（7月から12月）には、同社設立後初めての半期での黒字を達成した。そして、2014年には遂に同社設立後初めての単年度黒字を達成した。森の学校は、森に関わる地域内のさまざまな事業主体が互いに協働しながら、商品づくりと顧客づくりを推進し、西粟倉村の総合力を発揮していくための「要」の役割を果たした。

3 「川上」と「川下」を支える「地域ファンド」

西粟倉村の「百年の森林構想」の枠組みにおけるもう一つの大きな特徴は、事業立ち上げ時に必要な初期投資の資金調達において、一口5万円の小口ファンドとして「西粟倉村共有の森ファンド2009」および「西粟倉村共有の森ファンド2010」を組成したことである。この資金調達により、例えば、林業経営基盤の整備のための高性能林業機械の購入や作業道開設費などを賄った。このファンドは2019年までの約10年間を契約期間として長期資金を供給することによって、村の長期的かつ計画的な森林再生事業を可能にした。

「共有の森ファンド」は、トビムシが事業主体として実施（運営業務は外部企業のミュージックセキュリティーズに委託）しており、都市住民などの投資家との間で出資契約を結んでいる。多くの方に出資をしてもらうため小口投資に限定しているが、423名が出資して、出資額は合計約4900万円となっている。出資者には特典として、「森の学校」の施設内に名前の入ったプレートを設置するほか、村内の宿泊施設や入浴施設、売店等の割引きなどを行っている[7]。

ファンドへの出資者に出資した理由を聞くと、構想に対する「共感」がある。出資者は、30歳代から40歳代が多く、その居住地は関東が52％と突出して多く、次いで近畿が19％と続き、大都市圏の住民が多い。出資者は、西

粟倉村の「ファン」となり、自分たちの出資したお金がどのように活かされ
ているのか、その実態を確かめるため、西粟倉村を何度も訪問した。すなわ
ち、出資者は森林事業のサポーターとなり、「森の学校」の重要な顧客として、
木材製品を購入したり、体験プログラムに参加して、村民と交流したのであ
る。

　これまでの村の振興資金は国からの交付金が多く、資金供給者の「顔」が
見えないお金を使うだけだった。しかし、このたびは、村外の多くの都市住
民などから出資を受け、しかも、出資者が実際に村を訪問して村民と交流す
る機会が設けられるようになり、村民や事業関係者の意識の中に事業に対す
る「責任感」や出資者の期待に応えたいという「意欲」が湧き起こるように
なった。「共有の森ファンド」は、「顔の見えるファイナンス」として機能し、
「百年の森林構想」実現のための「経済的基盤」だけでなく「精神的基盤」に
もなったのである。

4　「百年の森林構想」推進と起業型人材誘致

　地域産業を興すことを目的に、地域固有の資源を再評価し、その価値を検
討し、地域資源を活かした事業を構築するという地域活性化戦略は、さまざ
まな方法で国内各地に広まりつつある。一方で、特に中山間地域の場合、各
種の既得権益やしがらみが妨げとなり、事業がなかなか進まないことも多い。
こうした中で、地域外から専門性の高い人的資源やノウハウを地域内に取り
込み、これらをベースとした新たな「協働ネットワーク」のもとで事業を推
進する取り組みが西粟倉村の地域経済の発展戦略である。森林事業という西
粟倉村の基幹産業の構造改革という抜本的取り組みは、地域レベルでの対応
がもちろん基本であるが、不足するノウハウを補完したり、事業を動かすた
め、村外からの人材誘致が不可欠となる。

　西粟倉村において、このような人材誘致が成功した背景には、2つの大き
な要因がある。

　第1に、地域経済の発展戦略の軸となる「理念」の確立が大きい。地域資
源の有効活用は、中山間地域における地域循環型の産業創出の基盤であるが、

単発的な商品開発にとどまらないようにするためには、将来にわたって事業展開の軸となるような普遍的な村づくりの「理念」が必要である。西粟倉村では、「百年の森林」や「心産業」の創出といった「理念」が、村の地域再生や産業創出の方向性を示している。そして、これらの「理念」に基づいた長期的な視野のもとで、「軸」のぶれない事業展開を推進しながら、そのことが地域住民や都市住民の「信頼感」の醸成や「期待」をふくらませ、それがさまざまな村への支援や新たな事業展開の底上げにつながっていくという好循環の形成を実現した。「百年の森林構想」を策定したことにより、村の目指す地域づくりの「方向性」が明確に分かりやすく村外へ情報発信され、それが多くの起業型人材の「共感」を呼び、村内への転入者の急増となった。「百年の森林構想」が村外の起業型人材を呼び込み、「協働ネットワーク」を形成する土台となったのである。

　第2に、村外から起業型人材を取り込むための「仕組み」を構築したことである。その原動力となったのが2007年に国の補助金を受けて設置された「雇用対策協議会」（以下、協議会と呼ぶ）である。協議会は、村内では「村の人事部」と呼ばれ、村外から起業型人材を村内に呼び込むための推進主体と位置づけられた。この協議会が設置された契機は、2006年に村内に「ローカルベンチャー」が初めて誕生したことである。起業したのは、村の森林組合に勤務していた当時30代の國里哲也氏である。西粟倉村がこれからの地域経済の発展戦略の方向性を具体的な形にまとめることに苦心していた2006年に、経済取引の背後にある人の心と心をつなぐことで新たな価値を生み出していくという「心産業」のコンセプトを自ら実現するため、國里氏は森林組合を辞めて、「株式会社木の里工房木薫」を起業した。起業の動機は、木に触れることの少なくなったこどもたちに本物の木に触れて、木の温かみや手触りを感じてほしいという強い想いがあった。現在、村のスギやヒノキを使った幼稚園や保育所の遊具を生産して首都圏や京阪神などで販売している。「心産業」のコンセプトを具体的な形にしてみせた國里哲也氏の起業は、西粟倉村に大きな衝撃を与えた。この起業により、國里氏のような起業型人材を村内に誘致して「心産業」のコンセプトを村内で具体的に実現していくと

いう方向性が固まったのである。2008年には、その方向性を村民全体で具体的に共有するための「百年の森林構想」も策定された。協議会は、この構想を村外への情報発信の武器にして、村外からの起業型人材の誘致を強力に進めた。

3　地域内再投資力と新たな内発的発展

　中国山地は、1960年代の高度経済成長期に「過疎問題」が発生して注目された。中央政府は「過疎法」などを制定しさまざまな施策を打ち出したが、状況はますます深刻化している。このような危機的状況の中で、本章で取り上げた西粟倉村は、村外から多くの起業型人材を取り込んで、村独自の地域経済の発展戦略を展開している。その戦略の基盤には、明確な地域ビジョンを軸として、村内外の多様な組織や人々が協働する「場」としての「ネットワーク」の存在がある。それは、これまでの地域内の人材を軸とした内発的発展とは異なる「新たな内発的発展」の枠組みを提示している。

　ここでは、改めて、その本質を総括して、本章の結びとしたい。

1　人材を誘致した発展戦略とネットワーク

　西粟倉村に多くの起業型人材を誘致できた背景には、「心産業」をベースとした「百年の森林構想」の着想がある。この地域経済の発展戦略の軸となる「理念」の確立が大きい。地域資源の有効活用は、中山間地域における地域循環型の産業創出の基盤であるが、単発的な商品開発にとどまらないようにするためには、将来にわたって事業展開の軸となるような普遍的な発展戦略の「理念」が必要である。西粟倉村では、「百年の森林」や「心産業」の創出といった「理念」が、村の地域再生や産業創出の方向性を示している。そして、これらの「理念」に基づいた長期的な視野のもとで、「軸」のぶれない事業展開を推進してきたことが、地域住民や都市住民の「信頼感」の醸成や「期待」をふくらませ、それがさまざまな村への支援や新たな事業展開の底上げにつながっていくという好循環を実現した。「百年の森林構想」を着想

第20章　地域内再投資力と新たな内発的発展　　419

したことにより、村の目指す地域経済の発展戦略の「方向性」が明確に分かりやすく村外へ情報発信され、それが多くの起業型人材の「共感」を呼び、村内への転入者の急増となったのである。「百年の森林構想」が村内へ起業型人材を呼び込み、「協働ネットワーク」を形成する土台となった。

　西粟倉村において重視されていた地域経済発展の枠組みは、地域内のそれぞれの主体の「経済連関」を強化するそれである。すなわち、地域の森林という地域資源を軸とした経済連関システムを構築して村内の多くの地域経済主体に波及させる地域経済構造の形成である。その具体的戦略が「百年の森林構想」である。木材の生産、加工、販売の仕組みの中で、新たな雇用を生みだそうとしている。

　本章で紹介した西粟倉村の事例は、木材生産、加工、販売という仕組みの中で、高付加価値化と都市住民との交流促進を図るなど、6次産業化に成功している。この要因は、どこにあるのだろうか。筆者は、その要因を、西粟倉村が「百年の森林構想」という明確な村づくりの理念を掲げ、それを村の内外にわかりやすく情報発信し、村内外の多くの人々から「共感」を呼び、村に関わる主体に「一体感」を醸成させたことが大きいと考えている。

　それでは、なぜ、「百年の森林構想」は、ここまで多くの村内外の人々を西粟倉村に引きつけたのだろうか。それは構想の内容が単なるビジネスの範囲内に留まらず、貴重な森林資源を後の世代まで維持するという資源・環境保護の視点や村に住む人々の生存権や生活権を守るという姿勢など、「公共性」を有していることにあると考える。また、この構想を着想するプロセスにおいて、その内容を丁寧に地域内外の人々に説明する機会を持ったことも重要である。そのため、この構想に地域内外の多くの人々が「共感」して、村全体がひとつの強力な「ネットワーク組織」として形成されることになったのである。それは、村外からカネとヒトを呼び込み、村内からは國里哲也氏のような自らの力で自発的に起業する人を登場させたことからも明白である。

　前者のカネにおいては、村外の企業であるトビムシによる「共有の森ファンド」がつくられ、構想に賛同して応援してくれる個人からの資金調達を実現した。西粟倉村を応援する「顔の見えるお金」であり、村の人々にも、村

づくりは村内の住民だけが村の当事者ではなく、村の外にいる人々と「つながる」ことで、村は維持できるという考え方を浸透させることにもなった。また、後者のヒトにおいては、Ⅰターンの村の窓口として協議会がつくられ、構想に魅かれた多くの若者を受け入れた。この協議会の機能は、現在、エーゼロに引き継がれている。

2 ネットワークを動かす民間主体と自治体

　西粟倉村は「百年の森林構想」が起点となり、村外から多くの起業型人材が呼び込まれ、その後、「人が人を呼ぶ」効果もあり、多様な人材が村内に移住した。そして、村内に移住者を巻き込んだ「協働ネットワーク」が形成された。しかし、そのネットワークを動かすエンジンとなる主体がなければ、ネットワークは機能しない。その「エンジン主体」として大きな役割を果たした民間組織が2009年に設立された森の学校であり、2015年からは、それを引き継いだエーゼロである。

　2009年に設立された森の学校は、「百年の森林事業」の中核を担い、西粟倉村を「起業の村」へ変貌させる基礎を構築した。森の学校は、トビムシや西粟倉村役場などによる出資で誕生した。森の学校は、村から供給された木材を加工して付加価値をつけ、販売する役割を担っており、村の6次産業化の「要」となる組織である。森の学校の登場により、西粟倉村内に伐採から製材、加工製品、販売までの一貫した「林業サプライチェーン」が完結することになった。森の学校で注目される点は、地域内に独自の「商社機能」を構築したことである。原材料の調達から商品の流通や販売まで、独自のネットワークを駆使して事業展開をサポートするのが商社の役割である。森の学校は、地域資源の発掘から商品開発、商品やサービスの域外販売、それぞれの主体との連絡調整に至るまで、地域産業創出の「総合コーディネーター」としての役割を担っていた。こうした地域商社機能は、内発型の地域経済循環を基本とする産業創出において不可欠であるとともに、中山間地域に最も不足している機能とも言える。こうした機能を確保するためには、基本的に、地域の外部から技術やノウハウを有した事業者や人材を誘致するか、地域の

中で人材を発掘し、独自に育成していくかのいずれかしかない。西粟倉村は前者の方法を採用した。

　現在、村内で森の学校の地域産業創出の「総合コーディネーター」の機能を引き継いでいるのが、エーゼロである。エーゼロは、林業の6次産業化の枠組みにとどまらず、教育、福祉、飲食、物販などのサービス関連の分野の起業を増加させ、村内に多様な経済主体が活動するエコシステムの形成を目指している。

　さらに、触れておかなければならないのは、西粟倉村役場の役割である。これまで述べてきたように、この「協働ネットワーク」を構築する際に、地方自治体の役割は決定的に重要である。それは、地方自治体が地域を総合的にとらえることができ、地域内のさまざまな主体をつなぎ、調整できる唯一の主体であるからである。

　筆者は、地域を「活動原理の異なる2つの領域が具体的に見える場」と位置づけている。ひとつを「共同領域」と呼び、もうひとつを「市場領域」と呼ぶ。前者は、血縁関係や地縁関係などの要素を軸として相互扶助などを特徴とする領域であり、後者は、生産活動や消費活動などの経済関係を軸として商品やサービスなどの取引を特徴とする領域である。この2つの領域は「質」的に異なる領域であることから、「摩擦」が発生する。それを調整して解消することが地方自治体の役割である。地方自治体は、2つの領域と異なる領域に存在しており、この領域を「財政領域」と呼べば、筆者の考える「地域構造」は3層構造の地域となる。本章で取り上げた西粟倉村の地域経済発展戦略は、筆者の考える「地域3層構造」において、各領域に属している主体をつないで「協働ネットワーク」を形成して村の潜在力を顕在化させるための戦略と位置づけられる。地方自治体は、その戦略調整を行う地域内の唯一の主体として「協働ネットワーク」の中枢を担う。それは、岡田教授が述べる「一人ひとりが輝き、自然環境と人間社会が持続的に維持できるような地域づくりを持続するためには、この地域内再投資力を地域住民の自治（地域住民主権）と結びつけて、そのネットワークと地域内経済循環を押し広げることが決定的に重要であるという結論」[8]と重なる。西粟倉村が創造

した「起業型人材誘致による地域経済発展戦略」は、人口減少や高齢化に苦しむ中山間地域経済における新たな内発的発展の可能性を示唆するものである。

注

1 　小田切徳美・藤山浩編『地域再生のフロンティア―中国山地から始まるこの国の新しいかたち―』農山漁村文化協会、2013年、19頁。

2 　LVSで事業提案が採択された応募者は「ローカルベンチャー認定事業者」となり、2020年度までに13事業者が認定された。LVSは2020年度で終了し、2021年度から新たなローカルベンチャー支援政策（TAKIBIプログラム）が開始されている。

3 　西粟倉村役場の資料による。

4 　西粟倉村役場職員からのヒアリング調査による（2023年7月3日）。

5 　「百年の森林事業」を進める西粟倉村役場に対して、村外からの人材誘致や資金供給などの側面で実践的に支援した経済主体が「株式会社トビムシ」という東京のベンチャー企業である。同社は、地域資源としての森林を対象として、森林施業管理、製造加工、流通販売、経営支援など、森林の価値を向上させるための多角的な事業を展開する林業における総合企画企業である。西粟倉村役場とトビムシとの関係は、2004年の「地域再生マネージャー事業」において、トビムシの親会社であるアミタと西粟倉村役場が地域再生に向けて協働事業を開始したことに始まる。地域再生マネージャー事業は、3年の期間を経て2007年3月末に終了したが、村役場が森林再生に注力していく過程で、その後もアミタは村役場との信頼関係を深めていく。そうした状況の中で、トビムシは2009年2月にアミタの社内ベンチャー企業として誕生し、村役場の「百年の森林事業」の中核的な事業推進主体として活動することとなった。それまで、アミタはコンサルティングという手法で、間接的に村役場の事業展開を支援してきた。しかし、トビムシによる支援は、企業自身もリスクを取って「百年の森林事業」に当事者として関与していくというものであり、支援の「質」の大きな転換であった。西粟倉村の「百年の森林事業」では、林業に対する高い専門性とノウハウを有する村外企業（トビムシ）との協働が大きな原動力となった。

6 　西粟倉村役場職員からのヒアリング調査による（2023年7月3日）。

7 　西粟倉村役場職員からのヒアリング調査による（2023年7月3日）。

8 　岡田知弘『地域づくりの経済学入門―地域内再投資力論―［増補改訂版］』自治体研究社、2020年、6頁。

終 章

コロナショックと地域経済学

岡田知弘

はじめに

　いかなる科学も、その対象とする自然、社会が大きく変化しようとするとき、研究者はその渦中で対象を観察しながら、自らのよって立つ理論や歴史像を問い直し、新たな理論や方法、歴史像を創造する必要に迫られる。とりわけ社会科学、なかでも政治経済学の分野では、理論、歴史だけではなく政策論や社会運動論の問い直しが必要となる。

　その意味では、2019年中国に端を発した新型コロナウイルス感染症は、人類に対して文字通りの「コロナショック」をもたらしただけでなく、自然科学や社会科学といった諸科学に対しても大きな「ショック」を与えるものだといえる。それは、学問の内容や研究姿勢も含めた研究者のあり方も含めてのことである。だが、本稿執筆時点においては、未だ終息の見通しがつかない状況にあり、「ショック」による従来の議論の問い直しは進行途上のものである。

　以上のような制約条件の下ではあるが、本章では、地域経済学のフィールドから、理論、歴史、そして政策論を構築してきた一研究者が、ほぼ1年半の歳月のなかで試行錯誤してきた営為を記録として残すことを目的としている。現時点で文章化しておくことは、自らの研究の問い直しという意味だけではなく、今後、同様の外的「ショック」が起きた際に、後進の研究者にと

って何がしかの参考となるのではないかと考えるからである。

その意味で、本章は、拙稿「『災害の地域経済学』の構築に向けて：問題提起に代えて」『地域経済学研究』第 33 号（2017 年 8 月）、及び「地域経済学研究の回顧と展望—私的研究史として—」『地域経済学研究』第 39・40 合併号（2020 年 9 月）の続編にあたる。

1　災害の地域経済学の適用可能性

まず、今回のコロナ禍をどのような問題としてとらえるか、という論点から検討したい。最もわかりやすく語っていたのは、米国のトランプ大統領（当時）である。彼は、明確にウイルスとの「戦争」であると表現し、自らを「戦時下の大統領」であるとして、トップダウン的な政策運営と、WHO と中国への非難を強めた。それに倣うかのように、日本の安倍晋三首相（当時）も、東京オリンピック延期を決めた際に、「人類が感染症に打ち勝った証し」にしたいと表現したように、「戦い」として捉えていたのである。トップダウン的な緊急事態宣言や、戦時下の統制と同様の「補償なき自粛要請」に固執した理由もそこにあるといえる。

だが、それは、正しい見方なのだろうか。私は、その疑問を解くために、ウイルスや感染症に関する基本文献や最新資料を収集、読み進めるとともに、感染症の歴史研究を日本史研究者と開始した。また、たまたま京都大学医学研究科医療経済学講座の共同研究プロジェクトに参加していたことから、公衆衛生学や感染症学の専門家や病院経営者から基本的な知識や現状についての最新知識を得ることにした。並行して、日々変わる感染状況を世界レベル、国内レベルで把握するためにオックスフォード大学のデータベースも活用した。

その結論は、新型コロナウイルス感染症も、生物起源による人の命や健康の大規模な棄損なので、「自然災害」のひとつであるということである。例えば、防災学の国際的な標準テキストであるベン・ワイズナーほか『防災学原論』築地書館、2010 年では、生物起源によるバイオハザードも、自然災害

426　　終章　コロナショックと地域経済学

の一つとしてとらえている。

しかも、感染症学の最新知見によれば、ウイルス感染症は、トランプ前大統領や安倍元首相が強調したように、「撲滅」したり、「戦争に勝利」するような類のものではない。ウイルスは、完全に「撲滅」することはできない。いったん終息したとしても、人間の遺伝子情報のなかに埋め込まれてきた歴史があるため、むしろ「共生」という言葉を使うべきだとする見解が有力となっている[1]。

この新型コロナウイルス感染症による災害は、地震や津波、水害のように建物等の物的破壊はないが、人間の健康被害を通して、人間が生きるための基本である人間と人間の関係性を破壊して、社会経済的被害を生み出すという特質をもつ。「コロナ禍」という概念は、そのような災害現象を指す。しかも、コロナ禍は、地震や津波のように特定の空間を襲うものではなく、基本的にすべての空間を被災地にする。したがって、救援が難しく、それぞれの住民の住む自治体と国が感染予防（防疫）から始まり、公衆衛生、医療、経済対策に責任を持たねばならないということになる。

さて、ひとたびコロナ禍を「災害」として把握することができるとなれば、それを社会科学的に研究することに、大きな困難はない。これまでの災害（復興）の地域経済学の方法論を適用すればよいということになる。

まず、コロナ禍は、他の自然災害と同様、「地域性」と「社会性」という2つの側面をもつ。

「地域性」とは、国内に一様に感染者が発生するわけではなく、地域的不均等性をもって現象することである。今回のコロナ禍は、後に述べるように、人口と経済機能が集積し、交通の結節点である大都市部に集中するという災害特性をもつ。あわせて、一国内、都道府県内、そして市区町村内にも地域的不均等性があるとすれば、感染症への対応の主体も、地域経済再生の主体も明確となる。そもそも感染するのは一人ひとりの住民であり、発生する現場は個々の地域の現場である。したがって、感染症対策では、個々の基礎自治体に住む個人、家族、そして企業や協同組合、NPO等が、その主体となるのは理の当然であるといえよう。ここに政策論や復興論に結びつく契機が存

終章　コロナショックと地域経済学　　427

在する。

　また、「社会性」とは、社会的弱者に健康被害だけでなく経済的・社会的被害が集中する傾向があるという特性である。「自然災害」は、自然の変異が人間社会と接触するところで起きるものであり、必ず社会的側面をもつ。したがって、災害時の政策対応だけでなく、その後のケア、生活・営業再建をどうするかという事後対応が重要になる。どのような災害を見ても、社会的弱者ほど被害は深刻である。避難や復興、あるいは感染防止策が被災者や住民を苦しめることになると、「人災」「政策災害」と呼ばれることになる。

2　地域形成史の反省

　感染症の歴史を学び直すなかで、自ら研究してきた近現代日本の地域形成史、都市形成史に大きな弱点、欠落した視点があったことに気づくことになった。それは、感染症による地域社会や都市の変貌であり、都市政策をめぐる論点である。

　感染症の被害をめぐって、とくに近代日本については、有用な地域資料はほとんど残されていない。これは、自治体史の編纂をするなかで実感していたことである。それでも、『四日市市史』に関わるなかで、インド航路が開通したあとのペスト流行については当時の三重県機密資料を読むことができたし、それが四日市の工業都市化と不可分な関係にあったことは認識していた。また、一般的な常識として、ヨーロッパや日本でのコレラやペストの流行による社会的影響については、知っていたつもりであった。

　だが、改めて、新型コロナウイルス感染症と比較可能な 100 年前の「スペイン風邪」（スペイン・インフルエンザ）についての文献を調査し直してみて、愕然とした。当時の感染状況や国の対策をまとめた資料としては、内務省衛生局『流行性感冒』（1922 年）が存在するのみであった。同書では、1919 年 8 月から 21 年 7 月までに、3 波にわたる流行があり、総計 2380 余万人の「患者」と、約 38 万 8 千余人の「死者」を出したことが統計も含めて詳細に記されている。この報告書を批判的に検証し、地方新聞をもとに定性分析を試み

428　　終章　コロナショックと地域経済学

たのが、速水融『日本を襲ったスペイン・インフルエンザ』藤原書店（2006年）である。この著作が唯一、社会科学的検討がなされた文献である。

　速水は、本書のなかで、興味深い指摘を残している。彼がこの本を書くまで、スペイン・インフルエンザを対象にした日本語の著書や研究論文だけでなく、欧米の著作や論文も、ほとんど存在しなかったという。著者は、第一次世界大戦における世界の死者の4倍近く、そして日本では関東大震災の死者の5倍近くの死者を出しながら、なぜ、自然科学、人文社会科学の研究者から忘れられた存在になったのかと問いかける。

　速水は、国際的に第一次世界大戦への関心の方がまさっていたことに加え、その流行期が日本では米騒動や都市の労働運動の高まり、都市生活における電化の進展といった「身の回りの大きな変動が、スペイン・インフルエンザを『軽い』病気に見せたこと」があったとする。また、関東大震災のような劇的な物的・人的被害、都市の建造物の焼失という事態を伴わなかったがゆえに、「関東大震災の一撃によって、スペイン・インフルエンザは記憶の片隅に追いやられてしまった」と解釈している。

　このような見方が今や通説となっているが、果たして米騒動や労働運動、さらに大正デモクラシーの動きと、スペイン・インフルエンザとの関係は、互いに独立した変数として捉えうるものなのだろうか。逆に、自分自身あるいは家族が罹患したことによる生命の危機を体験したことで、個々人の意識や行動の変化が大正デモクラシー期の社会運動や文化運動等の発展の内在的・主体的要素となったといえるのではないだろうかと考えるに至った。

　例えば、岡田晴恵が紹介している、『横浜貿易新報』に投稿された与謝野晶子の一文が興味深い[2]。晶子の家では、11人の子どもを含め家族全員が感染し、倒れたという。晶子は、そのなかで、死の恐怖と闘いながら、インフルエンザに対して「あらゆる予防と抵抗」とを尽くして生きぬくべきだと書き残している。

　このような心情が、大正デモクラシー運動の一環として婦人参政権獲得運動への取組と無関係であったとはいえないし、むしろ晶子のような考え方をもった人たちが、生命の大切さを再確認したからこその自覚的な社会運動へ

終章　コロナショックと地域経済学　429

の取組がなされていったと考えることもできるのではないだろうか。これは、今回のコロナ禍の「当事者」として、自分の「生存の危機」を体験したからこその着想である。

　しかも、この時、全国で米騒動、婦人参政権獲得運動、労働組合運動、水平社運動をはじめとする大正デモクラシー期の社会運動が活発化し、寺内正毅藩閥内閣は倒れ、憲政史上初の本格的政党内閣である原敬内閣が誕生した。同政権の下で都市計画、社会政策の本格的展開が始まることになる。さらに、それが1923年の関東大震災の折に、後藤新平による建造環境の再建を重視した「帝都復興」構想に対抗する、福田徳三による「人間の復興」論に結びつき、現代の震災復興のあり方をめぐる対抗的な復興理念に結びついていると考えるようになった[3]。

　つまり、従来の都市形成史や地域形成史論では、D. ハーヴェイの都市形成論のフレームに依拠した形で「建造環境」と「社会的インフラストラクチャ」が資本循環によって形成され、それがもう一つの階級闘争の場でもあるという認識がなされていた。しかし、その建造環境や社会的インフラストラクチャが、ある特定の時代、地域で、大きく変わる要素として、災害としての地震や津波に加え感染症災害があることに注目しなければならないという点である。その生活領域で暮らしている住民が「生存」を最優先する運動や要求を、地方自治体や国家に対して突きつけることによって、都市政策や都市計画、そして公衆衛生や社会政策施設等の社会的インフラストラクチャや建造環境も変化することを示しているといえる。このことを、理論枠組みに正しく位置づけることが求められている。

3　感染症被害分析における地域経済学的視点の重要性

　新型コロナウイルス感染症が、全世界に広がる過程を見ると、当然、国ごとに感染拡大の波動は異なっている。それは、ウイルスに対する各国国民のもつ免疫力の違いだけでなく、公衆衛生・防疫体制、医療体制、国家権力トップ・官僚機構の政治・政策遂行能力の違いによるものである。そして、2

年以上経過する中でウイルスも変異しており、感染拡大を起こしている変異株の感染力の差異、ワクチンの接種状況、政府による行動規制の緩急等によって、引き起こされているといえる。この点の公衆衛生学あるいは感染症学からの解明が待たれるところである。

ここで問題になるのは、同じ国のなかでの感染症被害の地域的不均等性の存在である。第一波の際の緊急事態宣言の発出とその解除をめぐる政府の専門家会議の資料やテレビの解説では、新型ウイルスは免疫力を国民の6〜8割が持つまで感染が止まらない（これを「集団免疫」と呼んでいる）ので、ワクチンが開発されるまで、感染者増を抑える必要があるとよく言われた。

だが、この「集団免疫」のモデルは、マクロ経済学のモデルと同じように、一国に住民が均等に分布し、感染確率も均等であることを前提しているものである。実際には、「都市封鎖」を実施した諸国でも日本でも、一国のすべての地域で、同一水準で感染が広がっているわけではない。人口の過密度、日常的交通圏、地方自治体ごとの公衆衛生・医療・福祉に関わるストックや自治体の政策の違いによって不均等性があることを見落としているといえよう。

現実に、国内の感染者も死亡者も、東京都、大阪府を中心とする大都市圏に集中している。2021年10月29日時点の厚生労働省発表データをとると、東京都の人口シェアは11％だが、感染者比率は22％、死亡者比率は17％に達する。また、同様に大阪府は、人口比7％に対して感染者比率12％、死亡者比率17％に達する（**図終−1**）。

さらに、同一都道府県内で見ると、人口1位都市に集中する傾向が見られる。例えば、**図終−2**で京都府の発表データ（同10月29日）を分析すると、感染者の68％が京都市内（人口比率では57％）に集中しているうえ、大阪市・京都市内の通勤・通学圏内にある市町での感染者比重は、合計すると95％に達しているのである

この間、政府は、国土政策や地方創生政策の一環として「選択と集中」をすすめ、中核市以上の大都市に人口や行政・経済機能を集中させる政策をとってきたが、それがウイルス感染症の感染リスクを高めたといえる。

一方、このような不均等性は、コロナ禍を、一国レベルや一都道府県レベ

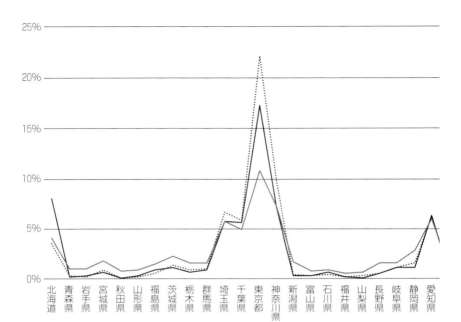

図終-1　新型コロナウイルス感染者・死亡者の都道府県別
出所：感染者・死亡数は厚生労働省発表資料、人口は、2020年1月1日時点での住民基本台帳人口

ルではなく、生活領域に近い地域的視点からとらえることの重要性を示している。感染者は、あくまで特定地域に生活する住民であり、感染症に対する防疫体制や医療、さらに産業・雇用対策も、少なくとも市区町村ごとの差異や特性を認識したうえでの対応策が必要だということである。コロナ禍は、一国経済論的な枠組みの非現実性とともに、人間の生活領域としての地域を基底にして、重層的かつ不均等に形成されている地域空間に対応する政治組織による政策的対応の重要性を改めて問題提起したといえる。

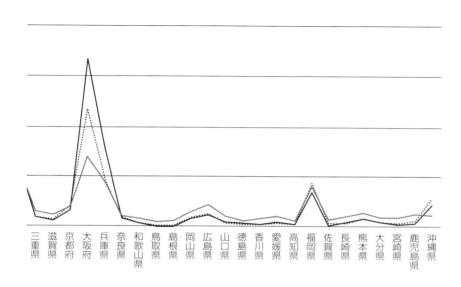

構成比と人口構成比（2021年12月21日までの合計数）
より作成。

4 自治体の独自施策の展開と評価

　コロナ禍にたいする国の対策の非科学性、無能さ、無力さが日々明らかになったのに対して、被災地に相当する現場を持った市区町村、都道府県は、独自の対応をせざるをえなかった。ただし、都道府県レベルでは、新型インフルエンザ特措法によって知事権限が強まったことにより、東京都や大阪府の知事のように、マスコミを活用して、自らの政治目標を達成する手段としてコロナ禍を活用する知事も出現し、批判をあびたところもある。

　他方で、初期の段階において医療クラスターが発生した和歌山県のように、厚生労働省の通知の範囲を大きく超えて、県独自の徹底したPCR検査を行い、

終章　コロナショックと地域経済学　433

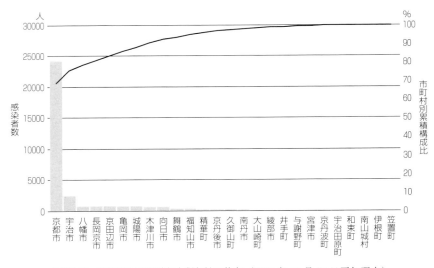

図終-2 京都府内市町村別感染者の分布（2021年12月22日正午現在）
出所：『京都新聞』2021年12月23日から作成。

早期に封じ込めに成功し、その後も大規模な感染拡大を防いでいる。同県では、地域保健法改正後も、県内各地にある保健所の統廃合をほとんど行わず、独自の地域保健行政を続けてきたことが、評価される。

　また、政府が補償策を講じないなかで独自の支援制度を創出した地方自治体が増えていったことも大きな特徴である[4]。当初は財政措置が講じられなかったために、財政力に規定された「支援格差」が拡大していったが、その後、地方創生臨時交付金がある程度措置されてきたことから、それを活用した中小企業や医療機関に対する独自支援策が広がったことは注目に値する。

　さらに、東京都世田谷区のように、PCR検査等を社会的検査として拡大し、感染状況の詳細な把握を行いながら、防疫体制、医療体制、福祉・介護体制の持続性の確保を図るとともに、産業・雇用の維持を図る政策も併せて立案・実施した先進的自治体も登場した。保坂展人（のぶと）区長は、社会的検査を新設するために、寄付金を集めると同時に、国や都に対して補助制度の新設を要求し、それが実現する。これを他の自治体も活用していったのである。

だが、コロナ禍が、健康被害と社会経済的被害の2つの領域で災害現象を引き起こしているにもかかわらず、それに対応した災害対策本部や専門家会議を置いた自治体は余り存在しない。また、大規模政令市などでは、少なくとも区役所単位での感染者や死亡者の分布、営業や雇用の状況をリアルタイムで把握することが望まれるが、これもなされていなかった。そもそも、保健所機能や地域産業支援組織を区役所内に置いている政令市は極めて少なく、この間の行政改革によって圧倒的に人員が不足していたといえる。

　今回のコロナ禍が終息した際に、国と地方自治体の政策のあり方を、徹底的に検証することが必要である。例えば、大阪市などでは、公共サービスの市場化を図り公務員を大幅に削減したために、検査対応が遅れ、感染症被害が深刻になったばかりか、各種給付金や協力金の交付も大幅に遅れた。これが、経済的・社会的な二次被害を拡大した主因のひとつであった。これに対して、住民や事業者の状況をよく把握している小規模自治体ほど、対応が早く、柔軟になされたことが明らかになっている。自治体の規模や行財政運営のあり方は、持続可能な地域社会をつくるために必要不可欠な論点である。

おわりに—内部循環型経済のクローズアップと鍛え直し—

　最後に、今後の日本の地域経済のあり方についてもコロナ禍は重要な問題提起をしたといえる。コロナ禍で明らかになったのは、これまでのようなグローバル化、効率性一本槍、「選択と集中」を重視した経済社会ではなく、人間の命と暮らし、地域の個性、地方自治を最優先した「新しい政治・経済・社会」こそが求められているということである。

　インバウンド観光や海外とのモノ・ヒトの交流が途絶するなかで、改めて足元の地域に注目し、経営を立て直し、地域内の企業や農家が取引を拡大することで内部循環型経済を志向する地域が増えた。京都市内では、販売先を失った農家の京野菜を旅館が協同で買い取り、それをテイクアウト弁当にして、京都市民に販売する取組みをするグループがでてきている。配達する際にも、外資系の宅配業者を使わず、地元タクシー業者を使うという徹底ぶり

である。文字通り「連帯経済」の実践である。

　このような狭い地域的範囲のなかでの内部循環型経済の構築を観察すると、単に貨幣経済における利益あるいは所得の維持を図るという視野の狭い目的のものではないことがわかる。そのような価値的側面での貨幣流通の組織化を超えて、互いに生きるために、かつ住民同士が文字通り「連帯」しながら、自覚的に取引していることがわかる。使用価値的側面にとどまらず、社会の維持と、人格のある個人としての相互確認を図るための経済循環であり、当然、自然や健康との関わりを重視する自覚的取引が重視されているのである。これは、新自由主義の下で利潤の拡大のみ追求してきた資本主義の原理に代わり、人間らしい生活を社会の構成員が自覚的につくろうとする新しい社会づくりの方向だといえる。このことは、災害からの復興過程において、人間らしい生活の再建を図ることを最優先すべきだとする「人間性の復興」論[5]と相通じる、普遍性を有するものである。

　今後、新型コロナウイルス感染症が終息し、また、広域的、あるいはグローバルな経済関係が復活すると考えられるが、その際に「人間性の復興」を達成するための内部循環型経済をベースに、より広域的な経済的取引が重層的に重なる経済構造への転換を理論的、政策論的、運動論的に展望する地域経済学が必要になってくるであろう。

（2021 年 12 月 24 日筆）

【追記】本稿執筆後の 2023 年 5 月 8 日、政府は、新型コロナウイルス感染症の感染法上の位置づけを 2 類相当から季節性インフルエンザと同等の 5 類に変更し、調査、検査、治療体制を大幅に弱め、病院や患者への医療費補助も順次撤廃してきている。しかし、2024 年 7 月には第 11 波の感染拡大がおき、限られた定点観測医療施設のデータを見ても入院患者・重症者数は、この一年で最多を記録している。さらに、2024 年 6 月 8 日に発表された厚生労働省の「人口動態統計」によると、2023 年にコロナ感染による死亡者数は 3 万 8088 人に達し、2020 年以来の累積死亡者数は 10 万人を超えている。23 年の死因別統計では、8 番目に多い数字となっており、決して「風邪と同じ」よ

うなレベルではない。したがって、未だ、日本も世界もコロナ禍から脱出している状況ではないといえる。この間の政府及び地方自治体の取組と問題点については、拙稿「国と自治体はコロナ禍にどう向き合ったのか」朝岡幸彦・水谷哲也・岡田知弘編『感染症と教育』自治体研究社、2024年を参照していただきたい。

　以上のような執筆後の経緯はあるものの、本章が目的とした「地域経済学のフィールドから、理論、歴史、そして政策論を構築してきた一研究者が、ほぼ1年半の歳月のなかで試行錯誤してきた営為を記録として残すこと」については、現時点においても意味のあることだと考える。基本的な観点、方法論、考え方について、あえて修正を要する点はないので、このまま読者に提供することにした。

（2024年8月11日）

注

1　例えば、山本太郎『感染症と文明—共生への道—』岩波新書、2011年などを参照。

2　岡田晴恵編『強毒性新型インフルエンザの脅威』藤原書店、2006年。

3　岡田知弘「災害と復興・祝祭をめぐる時間と空間の弁証法」『唯物論研究年誌』第25号、2020年10月、参照。

4　岡田知弘編『コロナと地域経済』自治体研究社、2021年。

5　「人間性の復興」については、岡田知弘「災害と開発から見た東北史」大門正克・岡田知弘・河西英通・川内淳史・高岡裕之編『「生存」の東北史—歴史から問う3・11』大月書店、2013年を参照。

あとがき

　本書は、私たちの恩師である岡田知弘先生が2019年3月に京都大学を退職されたのを記念して、先生の薫陶を受けた20名の研究者が結集して編まれた論文集である。

　これまで岡田研究室では、先生の恩師にあたる中野一新先生の退職記念論集である『京都経済の探究─変わる生活と産業─』（高菅出版、2006年）、岡田先生の還暦を記念して企画された『入門　現代日本の経済政策』（法律文化社、2016年）の2冊の論集を上梓してきた。本書は3冊目の共著であると同時に、先生の京都大学での28年間の教員生活に対する私たちの学恩への感謝を込めた書でもある。

　岡田先生の教え子は、研究者の主体性を重視する先生の教育姿勢と、先生ご自身の研究領域の守備範囲の広さを反映して、日本の地域経済にとどまらず、農業・食料経済論や地方財政論、経済理論、経済史、医療経済論、土地・住宅経済論、環境・エネルギー経済論、金融論、世界経済論、海外地域研究等、幅広い分野にわたっている。こうした分野に加えて、世代構成も多様な研究者が今回の企画に快く賛同し、地域とくらしの視座から歴史・理論・政策・主体形成に迫ろうとしたのが本書である。さらに、私たちの強い希望から岡田先生ご自身にもご寄稿いただき、コロナショックを素材に地域経済学の問い直しを提起する論考をご披露いただいた。当初の予定では、かなり早い時期に刊行予定であったが、私の不手際により、想定外の時間がかかってしまった。岡田先生はじめ早々に原稿を提出いただいた執筆者の皆さんに、心よりお詫び申し上げたい。

　さて、岡田先生は、『日本資本主義と農村開発』（法律文化社、1989年）に結実した農村開発・地域開発史研究を出発点に、「地域内再投資力論」をキー

概念とする地域経済の構造分析や、理論研究と自治体史の豊富な経験との結合から生み出された「地域形成論」を基軸に、農業経済論・アグリビジネス研究や近年の災害復興研究等を含む幅広い領域で、理論・歴史・政策を往還しながら多数の著書や論文を執筆される等、精力的に研究を進めてこられた。中でも代表作『地域づくりの経済学入門』（自治体研究社、2005 年）は、日本国内で多くの読者を獲得し、2020 年に増補改定版が出されるだけでなく、韓国でも翻訳される等、国内外で地域づくりの必読文献としての地位を築いてきた。

ただし、岡田先生を語る場合、日本地域経済学会の会長を含む学術面の功績だけでは不十分である。アカデミアの枠をこえて時代と対峙する「行動する科学者」の側面も、無視することはできないからである。自治体問題研究所理事長時代には、国が推進する「平成の大合併」や道州制、地方創生等に対抗するオピニオンリーダーとして地方自治運動の先頭に立つ一方、国立大学法人化等の大学再編に対しては大学の自治・学問の自由に基づくメッセージを常に発信してこられた。

しかも、単なる政策批判にとどまらず、多い時で 1 年の半分を費やして全国を行脚し、地域調査の指導や中小企業振興基本条例の助言等、住民のための地域づくりを現場に立って応援してこられたところが、先生が他の研究者と一線を画す重要なポイントであるといえる。全国各地からの熱烈な講演依頼は今も絶えず、超多忙なスケジュールにもかかわらず、時間の許す限り現場に足を運んでおられる。そのような姿を拝見するにつけ、先生のお体のことがいつも心配になるが、それでも岡田先生は、自分のことを省みず、先生の来訪を待ち望む人々のために、東奔西走の毎日を送られている。

もちろん、こうした研究や社会貢献に対して、私たちは岡田先生にいつも尊敬の念を抱くわけであるが、それだけではない。印象深いのは、どんなに忙しくても、大学教育には決して手を抜かず、常に学生との学びの空間を大切にしてくださったことである。京都大学では 243 名に上る多数の学部ゼミ生を輩出し、経済学部の中でも人気ゼミの 1 つであった。それは、先生のお人柄や学生の面倒見の良さに加えて、ゼミ指導の場では常に対等な立場で学

生の自由な発想を尊重し、それを反映させた調査報告書や卒論の執筆を辛抱強くご指導いただいたことも大きかったのではないだろうか。その過程で、リアルな現実を通した学問の醍醐味を実感し、学びのコアを大切に社会の一線で活躍する学生や、先生のような教育者・研究者に憧れて研究者を目指す学生が次々と巣立っていった。

　大学院でも同様に、長年にわたって100名を超える院生を指導されるとともに、学外の研究者を含む研究交流の場として「地域経済研究会」を主宰される等、研究者の育成にも取り組まれた。その一端は、研究会の機関誌『資本と地域』からもうかがうことができるが、多種多彩なメンバーが大学院ゼミや地域経済研究会に参加し、古典を含むテキスト輪読や研究報告・議論を自由な雰囲気で行っていた。岡田先生は、参加者の発言を聞きながら議論を楽しんでおられたが、逆に私たちの側では、岡田先生が一体どのようなコメントをされるのかがいつも楽しみであり、参加者全員が先生の一言一句に耳を傾けていたのを鮮明に覚えている。

　以上からもうかがえるように、先生の基本姿勢は、自分自身の内発的な学びを重視することであり、自分の頭で考え、自分の言葉でしゃべり、自分の責任で行動する社会的に自立した「自由人」であることを、先生は常に求められた。と同時に、先生は特定の学派をつくることを拒絶し、事実から発想する自由な創造的精神に基づいて研究することの大切さを常に訴えてこられた。これからも私たち一同、教育者・研究者として、先生が求める高い水準を目指して一層精進していきたいと考えている。

　なお、岡田先生は、京都大学退職後は、京都橘大学で教鞭をとられ、来年度より同大学学長に就任される予定である。先生には、今後のご健康とご多幸を祈念しつつ、引き続き日本の地域づくり・大学づくりのオピニオンリーダーとしてご活躍されることを祈念している。

　最後に、今回の出版に際しては、岡田ゼミナール同窓会の「ちひろ会」や大学院ゼミ・地域経済研究会の関係者の方々よりご賛同いただき、財政的・精神的に応援していただいた。貴重な浄財のおかげで、無事刊行にこぎ着けることができたことを、深く感謝したい。また、自治体研究社編集部の寺山

あとがき　　441

浩司さんには、本書の趣旨を深く理解し、ボリュームのある本書の刊行実現にきわめて迅速にご対応いただいた。民主的な地方自治の発展に長年寄与してきた自治体研究社から刊行できることを、大変光栄に思う次第である。この場を借りて御礼申し上げたい。

　2024 年 11 月

執筆者を代表して　岩佐和幸

執筆者紹介（掲載順）

岩佐和幸（いわさ・かずゆき）高知大学人文社会科学部教授
専門はアジア経済論、農業・食料経済論、地域経済論。
著書　『マレーシアにおける農業開発とアグリビジネス―輸出指向型開発の光と影―』法
律文化社、2005 年、『入門 現代日本の経済政策』（共編著）法律文化社、2016 年、『アグリ
ビジネスと現代社会』（共編著）筑波書房、2021 年、など。

名武なつ紀（なたけ・なつき）関東学院大学経済学部教授
専門は近現代日本経済史。
著書　『都市の展開と土地所有―明治維新から高度成長期までの大阪都心―』日本経済評
論社、2007 年、『都市の公共と非公共―20 世紀の日本と東アジア―』（共編著）日本経済評
論社、2013 年、など。

豊福裕二（とよふく・ゆうじ）三重大学人文学部教授
専門は土地・住宅経済論、産業経済論。
著書　『資本主義の現在―資本蓄積の変容とその社会的影響―』（編著）文理閣、2015 年、
『21 世紀のアメリカ資本主義』（共編著）大月書店、2023 年、『入門 現代日本の経済政策』
（共著）法律文化社、2016 年、など。

望月理生（もちづき・みちあり）東北学院大学経済学部講師
専門は地域経済論、地域開発論、漁業経済学。
論文　「沿岸漁場整備開発事業の形成とその意図」『北日本漁業』第 48 号、2020 年 8 月、
「沿岸漁場整備開発事業の地域における形成―北海道根室湾のホタテガイ漁場造成事業を
事例として―」『漁業経済研究』第 63 巻第 2 号・第 64 巻第 1 号合併号、2020 年 1 月、「戦
前日本内地における漁港修築国庫補助の形成」『漁業経済研究』第 60 巻第 1 号、2016 年 1
月、など。

林　昌宏（はやし・まさひろ）愛知学院大学法学部准教授
専門は行政学、地方自治論、公共政策学。
著書　『地方分権化と不確実性―多重行政化した港湾整備事業―』吉田書店、2020 年、『地
方自治入門』（共著）ミネルヴァ書房、2020 年、『総合検証 東日本大震災からの復興』（共
著）岩波書店、2021 年、など。

宇都宮千穂（うつのみや・ちほ）高知県立大学文化学部教授
専門は都市形成史、地域経済論。
著書　『入門 現代日本の経済政策』（共著）法律文化社、2016年、『大学的高知ガイド』（共
編著）昭和堂、2019 年、など。

徳永昌弘（とくなが・まさひろ）関西大学商学部教授
専門は新興市場経済論、地域経済論。

著書・論文　『20世紀ロシアの開発と環境―「バイカル問題」の政治経済学的分析―』北海道大学出版会、2013年、"Japan's foreign direct investment in Russia: A big return from a small opportunity," (co-authored) *Eurasian Geography and Economics*, 61(3), 2020、「国際貿易及び海外直接投資に対する社会的紐帯の誘引効果：中東欧・旧ソ連諸国の実証研究に関するメタ分析」『経済研究』第72巻第1号、2021年、など。

倪卉（に・き）島根大学法文学部山陰研究センター客員研究員
専門は農業・食料経済論、地域経済論。
著書　『蚕糸と現代中国』京都大学学術出版会、2016年、翻訳書『グローバル中国　改革開放と現代中国の農村―その構造・現状・課題―』科学出版社東京（孔祥智・鍾真・李賓ほか著、森路未央監訳）、2021年、など。

名和洋人（なわ・ひろひと）名城大学経済学部教授
専門はアメリカ経済論、経済政策論
論文　「アメリカのTVAによる窒素肥料の開発と普及―民間企業への無償技術移転と州農業機関の活動を中心に―」足立芳宏編『農業開発の現代史―冷戦下のテクノロジー・辺境地・ジェンダー―』（第2章）京都大学学術出版会、2022年、「自由化と生産調整の狭間で―農業大国の展開―」谷口明丈・須藤功編『現代アメリカ経済史―「問題大国」の出現―』（第5章）有斐閣、2017年、など。

LAMBINO, John Paragas（ランビーノ、ジョン・パラガス）京都橘大学経済学部教授
専門は国際政治経済学。
論文　「モダニティにおける『時間的一特性』についての一考察―『現在主義』の超克に向けて―」『京都橘大学院文化政策学研究科研究論集』第13巻、2019年、"Filipino Workers in Japan between 1980 and 2010: A Study of Socioeconomic Political Mechanisms of International Migration," *Asian Studies: Journal of Critical Perspectives on Asia*, 51(2), 2015、など。

池島祥文（いけじま・よしふみ）横浜国立大学大学院国際社会科学研究院教授
専門は地域経済学、農業経済学。
著書・論文　『国際機関の政治経済学』京都大学学術出版会、2014年、「リアルデータの追跡を通じた地産地消の近接性測定」『地域経済学研究』第44号、2023年、など。

三輪　仁（みわ・ひとし）九州国際大学現代ビジネス学部教授
専門は地域経済論、地域メディア論。
著書　『自立する関西へ』（共著）晃洋書房、2009年、『姫路市史　第6巻　本編　近現代3』（共著）姫路市、2016年、など。

藤本晴久（ふじもと・はるひさ）島根大学法文学部准教授
専門は農業・食料経済論、地域経済論。
著書　『グローバリゼーションと世界の農業』（共著）大月書店、2007年、『アグリビジネ

スと現代社会』（共著）筑波書房、2021 年、『21 世紀のアメリカ資本主義』（共著）大月書店、2023 年、など。

渡邉英俊（わたなべ・ひでとし）島根大学法文学部教授
専門は国際経済論、経済史。
著書　『アグリビジネスと現代社会』（共著）筑波書房、2021 年、『米中経済摩擦の政治経済学—大国間の対立と国際秩序—』（共著）晃洋書房、2022 年、など。

関根佳恵（せきね・かえ）　愛知学院大学経済学部教授
専門は農業経済学、農村社会学、政治経済学。
著書　『アグロエコロジーへの転換と自治体—生態系と調和した持続可能な農と食の可能性—』（共編著）自治体研究社、2024 年、『ほんとうのサステナビリティってなに？』（編著）農文協、2023 年、『13 歳からの食と農』かもがわ出版、2020 年、*The Contradictions of Neoliberal Agri-Food*, West Virginia University Press, 2016（Co-authored）、など。

金　佑榮（きむ・うよん）佛教大学社会学部公共政策学科准教授
専門は地域経済学、地域金融論、地域企業・産業分析。
論文　「災害復興におけるグループ補助金と地域金融機関の役割—東日本大震災とあぶくま信用金庫の取り組みを中心に—」『中小商工業研究』第 155 号、全商連付属・中小商工業研究所、2023 年、「地域内再投資力論の観点からみた地方自治体の公契約—仁川市と横浜市の比較を中心に—」『仁川学研究』第 34 巻、仁川学研究院、2021 年、「南丹市における産業構造の特徴と地域経済の実態に関する一考察—製造業の生産と所得分配を中心に—」『佛大社会学』第 42 号、佛教大学社会学会、2018 年、など。

小山大介（こやま　だいすけ）京都橘大学経済学部准教授
専門は世界経済論、地域経済学、多国籍企業論。
著書　『変容する日本経済—真に豊かな経済・社会への課題と展望—』（共編著）鉱脈社、2021 年、『米中経済摩擦の政治経済学—大国間の対立と国際秩序—』（共著）晃洋書房、2021 年、『国家安全保障と地方自治—「安保三文書」の具体化ですすむ大軍拡政策—』（共著）自治体研究社、2023 年、など。

大貝健二（おおがい・けんじ）北海学園大学経済学部教授
専門は地域経済論、中小企業論
著書　『新型コロナウイルス感染症と中小企業』（共著）同友館、2022 年、『アグリビジネスと現代社会』（共著）筑波書房、2021 年、『社会連帯経済と都市—フランス・リールの挑戦—』（共著）、ナカニシヤ出版、2021 年など。

髙山一夫（たかやま・かずお）京都橘大学経済学部教授
専門はアメリカの医療政策、医療経済論、医療産業論。
著書　『現代アメリカ医療政策の展開—ポストコロナへの軌跡とバイデン政権—』法律文化社、2024 年、『アメリカの医療政策と病院業—企業性と公益性の狭間で—』法律文化社、

2021 年、など。

多田憲一郎（ただ・けんいちろう）鳥取大学地域学部教授
専門は地域経済学・地方財政学。
著書　『地域再生のブランド戦略』イマジン出版、2012 年、『地域再生のフロンティア』
（共著）農山漁村文化協会、2013 年、『新版　地域政策入門』（共著）ミネルヴァ書房、2019
年、など。

岡田知弘（おかだ・ともひろ）京都橘大学経済学部教授・京都大学名誉教授
専門は地域経済学、農業経済学、近現代日本経済史、地方自治論。
著書　『日本資本主義と農村開発』法律文化社、1989 年、『地域づくりの経済学入門─地域
内再投資力論─［増補改訂版]]、自治体研究社、2020 年、『コロナと地域経済』（編著）
2021 年、自治体研究社、など

編著者

岡田知弘（おかだ・ともひろ）京都橘大学経済学部教授・京都大学名誉教授
岩佐和幸（いわさ・かずゆき）高知大学人文社会科学部教授

＊詳細は「執筆者紹介」参照

人間復興の地域経済学
——地域とくらしの歴史・理論・政策——

2024 年 12 月 25 日　　初版第 1 刷発行

　　　　　　　　編著者　　岡田知弘・岩佐和幸

　　　　　　　　発行者　　長平　弘

　　　　　　　　発行所　　㈱自治体研究社

　　　　　　　　〒162-8512 東京都新宿区矢来町 123 矢来ビル 4F
　　　　　　　　TEL：03・3235・5941／FAX：03・3235・5933
　　　　　　　　https://www.jichiken.jp/
　　　　　　　　E-Mail：info@jichiken.jp

ISBN978-4-88037-778-0 C0033　　　　　　印刷・製本／美研プリンティング株式会社

自治体研究社 ──────────────────────

地域づくりの経済学入門 [増補改訂版]
──地域内再投資力論
岡田知弘著　定価 2970 円

「コロナショック」は病床や保健所削減の誤り、そして東京一極集中の危険性をはっきりと示した。人間の生活領域から地域内経済を考える。

私たちの地方自治
──自治体を主権者のものに
岡田知弘著　定価 1430 円

私たちの仕事やくらしは、地方自治体と密接な関係にある。いま、その自治体はどのような状況にあるのか。憲法の理念から地方自治を考察。

コロナと地域経済 [コロナと自治体 4]
岡田知弘編著　定価 1540 円

国・自治体のコロナ対応を批判的に分析し、基礎自治体を軸にした感染対策と地域経済再生の重要性を営業動向調査等を通して明らかにする。

公共サービスの産業化と地方自治
──「Society5.0」戦略化の自治体・地域経済
岡田知弘著　定価 1430 円

公共サービスや公共施設の運営、公共機関がもつ国民・住民の個人情報まで、あらゆる公共領域が成長戦略の「市場」としてねらわれている。

「補充的指示権」と地方自治の未来 [地域と自治体第 40 集]
榊原秀訓編著、岡田知弘ほか著　定価 2530 円

「改正」地方自治法には国の強い指示権が盛り込まれ、指定地域共同活動団体制度も創設された。これらは地方自治の集権化と形骸化を加速。